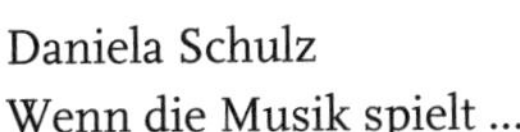

Daniela Schulz
Wenn die Musik spielt ...

Film

Daniela Schulz (Dr. phil.) promovierte an der Universität zu Köln im Fach Deutsche Philologie und arbeitet als ausgebildete TV-Redakteurin und Autorin für Nachrichtensendungen.

Daniela Schulz

Wenn die Musik spielt ...

Der deutsche Schlagerfilm der 1950er bis 1970er Jahre

[transcript]

Bibliografische Information der Deutschen Nationalbibliothek
Die Deutsche Nationalbibliothek verzeichnet diese Publikation in der Deutschen Nationalbibliografie; detaillierte bibliografische Daten sind im Internet über http://dnb.d-nb.de abrufbar.

Umschlaggestaltung: Kordula Röckenhaus, Bielefeld
Umschlagabbildung: Daniela Schulz
Korrektorat: Jan Wenke, Leipzig
Druck: Majuskel Medienproduktion GmbH, Wetzlar
ISBN 978-3-8376-1882-2

Gedruckt auf alterungsbeständigem Papier mit chlorfrei gebleichtem Zellstoff.
Besuchen Sie uns im Internet: *http://www.transcript-verlag.de*
Bitte fordern Sie unser Gesamtverzeichnis und andere Broschüren an unter: *info@transcript-verlag.de*

Inhalt

1. Einleitung

1.1 Konfekt(ion) und Apfelstrudel

In einem seiner zahlreichen Essays setzt sich der Berliner Autor Kurt Tucholsky 1914 kritisch mit der zeitgenössischen Dramaturgie, Aufführungspraxis und Rezeption von Operetten auseinander, die er einer wachsenden Kommerzialisierung ausgesetzt sieht. Der Text trägt den gleichnamigen Titel *Operetten* und ist Beleg seiner intensiven Beschäftigung mit Alltags- und Kulturphänomenen: »Die Technik hat sich entwickelt, die Industrie ist da«, konstatiert Tucholsky, »und was den Schlager angeht, so muß sein Text harmlos blöd sein, aber immer irgendeine erotische Ausdeutung zulassen. Um diesen Schlager wird die Operette gebaut, wölbt sie sich, wie die Glasglocke um den Kuhkäse.«[1] Mit Hilfe dieser metaphorischen Umschreibung spielt Tucholsky schon früh auf ein Gestaltungskonzept an, das aus der Bühnentradition stammt und später vom Film übernommen wird: Es geht um die Implementierung von Musiknummern in eine dialogisch aufgebaute Handlung – auch *song plugging*[2] genannt –, ein Prinzip, das für die

---

1 Kurt Tucholsky: Operetten [1914], in: Mary Gerold-Tucholsky/Fritz J. Raddatz (Hg.): Kurt Tucholsky. Gesammelte Werke, Bd. 1, 1907-1924, Hamburg 1960, S. 143-145, hier S. 145.

2 Vom englischen *to plug,* übersetzt mit: stopfen, verstopfen, zustopfen; oder *to plug in,* übersetzt mit: hineinstecken, einstöpseln, anschließen. Zitiert nach Margaret Deuter (Hg.): Das große Oxford Wörterbuch, Englisch-Deutsch, Deutsch-Englisch, 2. Aufl., Oxford 2009, S. 477. Den Begriff des »audiovisuellen Songpluggings« verwendet auch Fred Ritzel in seinem Text *More than you know.* Es

Tonfilmoperetten der 1930er Jahre, die Revuefilme und Musicals und auch für den Schlagerfilm, um den es in der vorliegenden Arbeit geht, als genrekonstituierend gelten kann.

Mit »Glasglocke« und »Kuhkäse« liefert Tucholsky ein Begriffspaar, das vor allem auf die intratextuelle Dimension dieses Konzeptes verweist, nämlich das Verhältnis von Plot und *number*. In der Musicalforschung wurde die Plot-*number*-Relation immer wieder thematisiert und häufig mit der Frage verbunden, wie es einem Film gelingt, die Nummern realistisch motiviert oder zumindest stringent in die Narration einzufügen. Die neuere Forschung sieht in den Verstößen gegen die »realistische« Rezeptionshaltung der Zuschauer – so Christoph Brecht und Ines Steiner – kein »lösungsbedürftiges Problem«[3] mehr, sondern eine »eigentümliche Hypothek«[4] der Geschichtsschreibung des Genres Musikfilm. Brecht und Steiner halten fest, dass es im Musikfilm keine Notwendigkeit gibt, die Nummer realistisch zu motivieren. Schließlich handele es sich um einen Musikfilm:[5] »Es ist, als wollte man im Märchen das Wunderbare verbieten«.[6]

Andrea Braidt beschreibt die Musiknummer als »Knotenpunkt«[7] und »Krisenort«[8] in der Narration, in der durch die musikalische Ebene eine Art »Parallelwelt«[9] etabliert wird.

---

handelt sich dabei um einen Vortrag, den er anlässlich der Filmmusik-Biennale in Bonn 1997 gehalten hat. Vgl. Fred Ritzel: More than you know – Musikpräsentationen als dramaturgische Orte in Spielfilmen der 80er und 90er Jahre, unter: http://www.staff.uni-oldenburg.de/ritzel/Material/More.htm (letzter Aufruf: 16. Januar 2012).

3 Christoph Brecht/Ines Steiner: »Dames are necessary to(ols of) show business«. Busby Berkeleys Production-Numbers in der Multimedialität des Film-Musicals, in: Claudia Liebrand/Irmela Schneider (Hg.): Medien in Medien, Mediologie Bd. 6, Köln 2002, S. 218-250, hier S. 220.

4 Ebd., S. 219.

5 Vgl. ebd., S. 219f.

6 Ebd., S. 220.

7 Andrea B. Braidt: Film-Genus. Zu einer theoretischen und methodischen Konzeption von Gender und Genre im narrativen Film, in: Claudia Liebrand/Ines Steiner (Hg.): Hollywood hybrid. Genre und Gender im zeitgenössischen Mainstream-Film, Marburg 2004, S. 45-66, hier S. 59.

»In der Musiknummer hält die Filmnarration an, um seinem spektakulären Subjekt – dem singenden, tanzenden Star – maximale Aufmerksamkeit zu gewähren, ungeachtet dessen, ob durch die Unterbrechung die im Sinne des Cinerealismus wahrhaftige Zeitwahrnehmung (chronologisch konsekutiv), Raumwahrnehmung (dimensional) und Ursache-Wirkung-Logik eingehalten ist.«[10]

Der »Cinerealismus« weicht also der Attraktion[11] in Form einer Musiknummer oder auch kombiniert mit einer Tanzszene, die in den Vordergrund tritt und die Handlung für die Dauer der Sequenz stoppt: Die Nummer übernimmt damit die Funktion eines so genannten *show stoppers*. In Filmkulturen wie zum Beispiel dem indischen Kino stellt sich die Frage nach der Motivation von Musiknummern gar nicht erst:

---

8 Ebd., S. 60ff. Mit dem Begriff Krisenort kennzeichnet Andrea Braidt die Musiknummer als eine Sequenz, in der Genregrenzen überschritten werden. Am Beispiel von 8 FEMMES (F 2001, R: François Ozon) zeigt sie, dass durch die Musiknummer die »generische Wahrhaftigkeit der Diegese« immer mehr in Frage gestellt wird und das realistische Kriminalstück zur »Farce« wird.

9 Ebd., S. 61.

10 Ebd.

11 Der Begriff der Attraktion wird bereits in der Frühzeit des Kinos von Film- und Theaterregisseur Sergej Eisenstein bekannt gemacht. Nach Eisenstein soll der Film die Bilder so zusammensetzen, dass sie eine aggressive, aufrüttelnde Wirkung auf den Zuschauer haben. In den 1980er Jahren greift der amerikanische Filmtheoretiker Tom Gunning den Begriff auf und entwickelt das Konzept des *Cinema of attractions*, des Attraktionskinos, das er ebenfalls auf das frühe Kino anwendet. Demnach sei Kino vor 1906 kein Kino der Narration, sondern der Attraktion. Vgl. Isabell Otto: Korreferat zum Vortrag von Eike Muny: Verfahren der Erzähltheorie. Vom Weg zu einer Narratologie des Dramas, in: Martin Roussel u.a. (Hg.): Eingrenzen und Überschreiten. Verfahren in der Moderneforschung, Würzburg 2005, S. 227-229, hier S. 228. Vgl. auch Tom Gunning: The Cinema of Attractions: Early Film, Its Spectator and the Avant-Garde, in: Thomas Elsaesser (Hg.): Early Cinema: Space, Frame, Narrative, London 1990, S. 56-62, hier S. 57ff.

»[T]he plot was not used to heal the split between narrative and spectacle. Instead, song and dance sequences were and are used as natural expressions of emotions and situations emerging from everyday life.«[12]

In Bollywood-Filmen wird die Musiknummer also als integraler Bestandteil der Handlung wahrgenommen. Die Brüche, die durch Gesangs- und Tanzsequenzen entstehen, gehören wie selbstverständlich zur Narration. Es wird kein Versuch unternommen, sie zu kaschieren. Das indische Kino wird aufgrund dieser Disposition auch als *cinema of interruptions*, ein Kino der Unterbrechungen, beschrieben.[13]

Ian Conrich und Estella Tincknell sehen in der Musiknummer ebenfalls eine »momentarily disruptive force«[14]. Er kennzeichnet Musik- und Tanzdarbietungen im Film als »musical moments«[15]. Dieses Konzept wendet er vor allem auf Filme an, die keine klassischen Hollywood-Musicals sind. Eine eingeschobene Musiknummer, ein Schlager zum Beispiel, kann somit auch im Abenteuerfilm auftauchen: »[T]he musical moment represents a temporary crossing of genre boundaries and expectations.«[16]

---

12 K. Moti Gokulsing/Wimal Dissanayake: Indian Popular Cinema. A Narrative of Cultural Change, New Delhi 1998, S. 21.

13 Der Begriff geht auf Lalitha Gopalan zurück. Sie sieht die Unterbrechung als kontinuierlichste Form im indischen Film an. Vgl. Rekha Kamath Rajan: Popularisierungsstrategien. Die Bombay-Filmindustrie und Hollywood, in: Gereon Blaseio u.a. (Hg.): Popularisierung und Popularität, Köln 2005, S. 282-302, hier S. 289.

14 Ian Conrich/Estella Tincknell: Introduction, in: dies. (Hg.): Film's Musical Moments, Edinburgh 2006, S. 1-14, hier S. 5.

15 Ian Conrich: Merry Melodies: The Marx Brothers Musical Moments, in: Bill Marshall/Robynn Stilwell (Hg.): Musicals. Hollywood and Beyond, Exeter 2000, S. 47-54, hier S. 47.

16 Conrich/Tincknell: Introduction, S. 5. Conrich und Tincknell nennen als Beispiel die Musiknummer *Qué será, será*, gesungen von Doris Day in THE MAN WHO KNEW TOO MUCH (USA 1956, R: Alfred Hitchcock). Das Lied war von Jay Livingston und Ray Evans eigens für den Film geschrieben worden und erhielt 1956 einen Oscar als bester Filmsong. Die Aufnahme von Doris Day schaffte es zudem in die Hitparade. Vgl. dazu auch Don Tyler: Music of the Postwar Era, Westport 2008, S. 113.

Die Nummer im Musikfilm nimmt – das soll evident geworden sein – eine viel diskutierte und exponierte Stellung ein. Sie ist charakteristisch für viele Arten von Musikfilmen, so auch für den deutschen Schlagerfilm der 1950er, 60er und 70er Jahre, der im Folgenden in den Blick genommen wird. Definiert sei er zunächst ganz allgemein als Film, der Schlagernummern beinhaltet. Diese Schlagernummern können unterschiedlich oft im Film auftauchen. Es wird versucht, sie auf unterschiedliche Weise zu integrieren und zu inszenieren. Im Anschluss an den eingangs zitierten Operettentext von Kurt Tucholsky seien mehrere Hypothesen formuliert, von denen die vorliegende Studie ausgeht.

Durch den Vergleich mit der Operette wird deutlich, dass der Schlagerfilm in einer ästhetischen Tradition steht und auf bereits bestehende und erprobte Strukturen zurückgreift. Der Schlagerfilm lässt sich demnach nicht als »ahistorische, stabile Kategorie«[17] begreifen. Vielmehr ist der Schlagerfilm als hybrides Genre zu konzeptualisieren, das auf einen medialen Prozess bezogen werden kann, der Musik und Film in Verhandlungen zwingt. So wie Tucholsky die Operette definiert, soll der Schlagerfilm als eine perforierte Form beschrieben werden, zu der der Schlager zunehmend als eine Art konfektionierte Größe beigefügt wird.

Der Schlagerfilm im ausgewählten Zeitraum (und auch darüber hinaus) formiert sich als Genre immer wieder neu. Eine mögliche Tendenz dabei ist, dass die Filmhandlung zugunsten der Implementierung von immer mehr Schlagernummern, also zugunsten der Attraktion, in den Hintergrund tritt. Tucholsky hat das schon früh an der Operette kritisiert. In der Musikwissenschaft wird diese Entwicklung später als ›Dissoziation der Operette‹ erkannt und als sukzessive Entwicklung eines Systems von Erfolgsnummern beschrieben, in deren Folge Schaueffekte allmählich die Forderung nach stringenter Handlung ersetzen.[18] Die Operettenhandlung weicht zugunsten

17 Gereon Blaseio: Genre und Gender. Zur Interdependenz zweier Leitkonzepte der Filmwissenschaft, in: Liebrand/Steiner (Hg.): Hollywood hybrid, S. 29-44, hier S. 35.

18 Michael Klügl: Erfolgsnummern. Modelle einer Dramaturgie der Operette, Thurnauer Schriften zum Musiktheater, Bd. 13, Laaber 1992, S. 136ff. Klügl beschreibt das anhand von Paul Linckes *Frau Luna*. Diese Operette mutiert durch zahlreiche Neuinszenierungen mehr und mehr zu einer Paul-Lincke-Re-

der Musik oder – konkreter formuliert – zugunsten einer Anhäufung einzelner Musik- und Tanznummern zurück. Der Schlager bestimmt die Operettenhandlung, sei es durch Integration zusätzlich komponierter Nummern oder Nummern aus anderen Kontexten oder durch eine Parzellierungsstrategie, bei der Teile des Schlagers wie zum Beispiel der Refrain ausgekoppelt und innerhalb der Operette wiederholt werden. Tucholsky macht vor allem das Publikum und die zunehmend wirtschaftlichen Interessen der Theatermacher für die Aufweichung der Strukturen verantwortlich. Die Tatsache, dass Operetten immer stärker auf den größtmöglichen Erfolg – auch auf den ihrer Musik – hin komponiert und durch Stereotypenbildung (»diese Jrafens und Barone«[19]) zugleich inhaltlich modelliert werden, löst in ihm Irritationen aus und festigt seinen kritischen Standpunkt.

»Die Monokel blitzen, die Paukenschlegel hüpfen im Zweivierteltakt, sie kriegen sich, Gruppe, Trauung, Segen, Schlußgeschrei. Warum sehen sich das die Leute an? Warum halten dabei Tausende aus, ohne mit der Wimper, geschweige denn mit den Händen zu zucken?«[20]

Der Text ist ein Beleg für die Schwierigkeit eines wertneutralen Umgangs – wie ihn diese Arbeit projektiert – mit dem Thema Schlager: Tucholsky nimmt diesen schon zu Beginn des 20. Jahrhunderts (und damit früher als fast alle anderen Kritiker) deutlich als kulturindustrielles Produkt wahr und betrachtet ihn deshalb mit Misstrauen und Distanz: »Der Schlager, das sind vier Zeilen, bei unerschöpflicher Phantasie acht«[21], schreibt er und bezeichnet die Schlagernummern der Operette am Ende seines Textes als »Grammophonwalzen«[22] und »musikalische Apfelstrudel«[23] – ein Zitat, das in der Sekundär- und Forschungsliteratur zum Schlager häufig herangezogen wird, weil es eine plakative Umschreibung für die unterstellte geringe Komplexität des Phänomens darstellt. Wie der Text zeigt, steht der Schla-

vue, die am Ende lediglich die erfolgreichsten Lincke-Schlager zu vereinigen sucht, bei der es dann nicht mehr um das ursprüngliche Konzept geht.

19 Tucholsky: Operetten, S. 145.

20 Ebd., S. 145.

21 Ebd., S. 144.

22 Ebd., S. 145.

23 Ebd.

ger als Teil einer populären Kultur im Verdacht, seicht und manipulierend zu sein.[24]

Dieser Diskurs wird in der Nachkriegszeit in Deutschland vor allem durch die Autoren der Frankfurter Schule weitergeführt und verfestigt: So beschreibt der Kulturtheoretiker Theodor Adorno den Schlager, den er der so genannten ›leichten Musik‹ zurechnet, in seiner *Einleitung in die Musiksoziologie* als »Reklame seiner selbst«[25], als Prototypen für eine standardisierte Fertigung.[26] Außerdem sieht er im Schlager ähnlich wie der Theaterkritiker Tucholsky eine Bedrohung für die Gesellschaft, weil er sein Publikum angeblich zur Passivität zwinge: »Nicht nur appellieren die Schlager an eine lonely crowd, an Atomisierte. Sie rechnen mit Unmündigen; solchen, die des Ausdrucks ihrer Emotionen und Erfahrungen nicht mächtig sind«[27].

Diese ideologisch aufgeladenen Vorwürfe haften dem Schlager bis heute an, auch wenn er nicht mehr als akute gesellschaftliche Bedrohung empfunden wird wie noch in den 1960er Jahren.[28] Parallel dazu gibt es immer-

---

24 Bei Tucholsky finden sich auch in anderen Schriften Hinweise auf seine distanzierte Haltung zur Unterhaltungsmusik: 1913 veröffentlicht er in der Zeitschrift *Die Schaubühne* einen Text unter dem Pseudonym Peter Panter und schreibt über den Schlager, den er vor allem in der Operette ansiedelt: »Man muss etwas haben, das man im Munde trägt, wie in der Hand den Spazierstock. Die Amerikaner haben den Kaugummi. Wir haben die Operettenmusik.« Siehe Peter Panter: Operettenmusik, in: *Die Schaubühne* vom 30. Oktober 1930, S. 1072, unter: http://www.textlog.de/tucholsky-operettenmusik.html (letzter Aufruf: 16. Januar 2012).

25 Theodor W. Adorno: Dissonanzen. Einleitung in die Musiksoziologie, Gesammelte Schriften, Bd. 14, Frankfurt a.M. 1973, S. 213. Als Gegensatz zur leichten Musik, also der Unterhaltungsmusik (»U-Musik«), sieht Adorno die ernste Musik (»E-Musik«), im Allgemeinen also die klassische Musik.

26 Ebd., S. 203.

27 Ebd., S. 205.

28 So warnt Günter Hegele Anfang der 1960er Jahre zum Beispiel vehement vor dem negativen Einfluss von Schlagermusik, der seiner Einschätzung nach ständig zunimmt. Vgl. Günter Hegele: Heiße Liebe und heiße Musik, 3. Aufl., München 1961, S. 111.

hin frühe Versuche, den Schlager als literarisches Phänomen zu beleuchten oder ihn gar als ein »Phänomen an der unteren Grenze der Dichtung«[29] anzusiedeln. Das sind Ansätze, auf die vor allem frühe germanistische und volkskundliche Arbeiten zum Thema Schlager zurückgreifen.

1.2 ZURÜCK IN DIE HEIMAT: REDIRNDLSIERUNG

Kritik und geringe Wertschätzung treffen den Schlagerfilm doppelt, weil nicht nur das Thema Schlager als wichtiger Bestandteil des Genres negativ konnotiert ist, sondern der Schlagerfilm zugleich als Subgenre des Heimatfilms angesehen wird, der ebenfalls unter Trivialitätsverdacht steht. »Der Kitschvorwurf ist ein so unvermeidlicher Bestandteil in der Heimatfilm-Rezeption, dass er fast genrekonstitutiv wirkt«[30], bemerkt Andreas Schreitmüller. Angeprangert wird nicht nur die ästhetische Qualität der Filme, sondern auch die Haltung der Zuschauer: Schlager-, Heimat- oder Ferienfilm befriedigen offenbar in erster Linie das Bedürfnis des Publikums nach heiler Welt und Zerstreuung. So lautet zugleich einer der klassischen Erklärungsansätze für den Erfolg des deutschen Nachkriegskinos. Heimatfilme werden rezeptionsbezogen als Spiegel der bundesdeutschen Befindlichkeiten nach 1945 wahrgenommen und damit psychologisch als Kompensationsmittel für den Verlust von Heimat durch den Zweiten Weltkrieg und die erlittenen Traumata gedeutet.[31] Im Sinne des berühmten Zitats von

---

29 Else Haupt: Stil- und sprachkundliche Untersuchungen zum deutschen Schlager unter besonderer Berücksichtigung des Vergleichs mit dem Volkslied, Diss., München 1957, S. 1.

30 Andreas Schreitmüller: Elektronischer Kitsch? Über Triviales und Kitschiges im Fernsehen, in: Wolfgang Braungart (Hg.): Kitsch. Faszination und Herausforderung des Banalen und Trivialen, Tübingen 2002, S. 213-220, hier S. 214. Schreitmüllers These bezieht sich zwar auf den Heimatfilm, lässt sich allerdings problemlos auf den Schlagerfilm übertragen, da beide Genres eng verwandt sind und manchmal auch komplett miteinander verschmelzen.

31 Ursula Bessen bemerkt dazu: »Der ›Heimatfilm‹ leistete einen wesentlichen Beitrag zur Verdrängung und Verharmlosung der aktuellen Gegenwart und ihrer sozialen wie wirtschaftlichen Probleme aus dem Phantasiehaushalt des Publi-

Siegfried Kracauer, nach dem »jeder populäre Film populären Wünschen entspricht«[32], geht diese Deutung einher mit dem Vorwurf, dass das deutsche Nachkriegskino unpolitisch gewesen sei und sich generell zu wenig mit der Vergangenheit auseinandergesetzt habe. Seltener dienen die eingeschränkten Produktionsbedingungen in Deutschland nach dem Krieg als mögliche Erklärung dafür, dass das 50er-Jahre-Kino »in diversen Zwangsjacken steckte und künstlerisch nicht besser sein konnte, als es war«[33]. Aber immer schwingt der Duktus einer Rechtfertigung in den Beiträgen zum Thema Nachkriegsfilm mit.

Was für den Nachkriegsfilm gilt, gilt forcierter noch für die Unterhaltungsfilme der 1960er und 1970er: In der Fernsehkritik werden Schlagerfilme aus diesem Zeitraum bis heute als ›Lustspiel-Tralala‹, ›spießiger Spaß nach Noten‹ oder ›Singsang aus der Mottenkiste‹ bezeichnet. Bislang fehlt eine nichtdenunziatorische Auseinandersetzung mit dem Sujet. Ziel der vorliegenden Arbeit ist es, eine solche zu leisten und die bestehende Forschungslücke zu verkleinern – sie schließen zu wollen, wäre aufgrund der Vielzahl der Filme und der Vielzahl möglicher Perspektiven zu vermessen. Das heißt, den

---

kums.« Siehe Ursula Bessen: Trümmer und Träume. Nachkriegszeit und fünfziger Jahre auf Zelluloid. Deutsche Spielfilme als Dokumente ihrer Zeit. Eine Dokumentation, Bochum 1989, S. 241. »Die äußerst unbequeme Konfrontation konnte hier [im Heimatfilm, *eigene Anmerkung*] so weit wie möglich zurückgedrängt, wenn nicht sogar vollständig ausgeblendet werden«, schreibt Jürgen Trimborn. Siehe Jürgen Trimborn: Der deutsche Heimatfilm der fünfziger Jahre. Motive, Symbole und Handlungsmuster, Filmwissenschaft 4, Köln 1998, S. 14f. Ein drittes Zitat stammt von Bernd Hoffmann: »Ein breites Angebot auf dem Unterhaltungssektor hilft im bundesrepublikanischen Alltag ebenso die nationalsozialistische Vergangenheit zu verdrängen wie die Anlaufschwierigkeiten der direkten Nachkriegszeit.« Siehe Bernd Hoffmann: Liebe, Jazz und Übermut. Der swingende Heimatfilm der 1950er Jahre, in: Thomas Phleps: Heimatlose Klänge? Regionale Musiklandschaften – heute, Beiträge zur Popularmusikforschung, 29/30, Karben 2002, S. 259-286, hier S. 259.

32 Siegfried Kracauer: Theory of Film. The Redemption of Physical Reality, Princeton 1997 [erstmals 1960], S. 164.

33 Walter Uka: Modernisierung im Wiederaufbau oder Restauration? Der bundesdeutsche Film der fünfziger Jahre, in: Werner Faulstich: Die Kultur der 50er Jahre, München 2002, S. 71-89, hier S. 80.

Schlagerfilm im Sinne der *Cultural Studies* als Teil des Mainstreamkinos zu akzeptieren und sich ihm mit »derselben Akribie und Skrupulösität«[34] zuzuwenden, »die für den Umgang mit kanonisierter, so genannter Hoch-Kultur, mit Manifesten der High Art ganz selbstverständlich«[35] sind.

Das Interesse ist begründet: Schlagerfilme sind ein regelmäßiger Bestandteil der gegenwärtigen Fernsehkultur.[36] »Ich werde jeden Sonntag daran erinnert« – so kommentiert der österreichische Schauspieler und Regisseur Peter Weck den Umstand, dass er selbst in vielen Musikfilmen mitgespielt und sogar Regie geführt hat.[37] Der Schlagerfilm ist im Laufe der Jahrzehnte von der Kinoleinwand auf den Fernsehbildschirm gewandert. Vor allem im Programm der öffentlich-rechtlichen Sender und ihrer dritten Programme, meist auf den Nachmittagssendeplätzen, vereinzelt auch in der Prime Time, sind Schlagerfilme präsent.[38] An manchen Tagen präsentiert ein Sender sogar gleich zwei Filme hintereinander. Oft überschneiden sich die Ausstrahlungstermine, werden Filme im Fernsehen parallel übertragen. Eine Spitzenposition hinsichtlich der Häufigkeit der Ausstrahlungen hält dabei meinen Recherchen zufolge der Film DIE PRINZESSIN VON ST. WOLFGANG (D 1957, R: Harald Reinl), der zwischen 2003 und 2007 gezählte 24 Mal ausgestrahlt wurde. Auf 23 Ausstrahlungen kommt im selben Zeitraum AM SONNTAG WILL MEIN SÜSSER MIT MIR SEGELN GEHN (D 1961, R: Franz Marischka). Schlager- und Heimatfilme der 50er, 60er und 70er Jahre behaupten ihren Stellenwert im Programm – und das, obwohl sie aufgrund des Zeitraums ihrer Entstehung eher älteres Fernsehpublikum ansprechen und

34 Claudia Liebrand: Einleitung, in: dies. (Hg.): Gender-Topographien. Kulturwissenschaftliche Lektüren von Hollywoodfilmen der Jahrhundertwende, Köln 2003, S. 7-21, hier S. 10.

35 Ebd.

36 Diesen Status sprechen Elizabeth Boa und Rachel Palfreyman auch dem Heimatfilm zu. Sie sehen Heimatfilme als »standard fillers in the televison schedules«. Elizabeth Boa/Rachel Palfreyman: Heimat – A German Dream. Regional Loyalities and National Identity in German Culture 1890-1990, New York 2000, S. 86.

37 Das Zitat von Peter Weck ist der ZDF-Talkshow *Johannes B. Kerner* vom 11. Juni 2003 entnommen. Der gebürtige Wiener Weck hat als Schauspieler ab 1954 in über 100 Filmen mitgewirkt.

38 Nicht berücksichtigt werden hier Ausstrahlungen im Pay-TV, zum Beispiel dem Heimatkanal des Bezahlsenders Sky.

weniger die Generation der 15- bis 29-Jährigen, um die bei den öffentlich-rechtlichen Sendern hart gekämpft wird. Bislang garantiert das Fernsehen durch die ständigen Wiederholungen weiterhin das Überleben des Schlagerfilms und unterstreicht damit zugleich seine eigene Funktion als »mediales Museum«[39]. Alte Schlager- und Heimatfilmproduktionen können durch Rotation und Kontinuität im Ausstrahlungsmodus von den Zuschauern immer wieder abgerufen und neu rezipiert werden. Darüber hinaus sind heute viele Schlagerfilme auf DVD erhältlich.[40]

Wolfgang Kaschuba hat die Präsenz von Unterhaltungsfilmen aus den Nachkriegsjahrzehnten schon 1990 beobachtet und wertet sie als

> »allgemeines Symptom neokonservativer Anfälligkeiten in der bundesrepublikanischen Gesellschaft – einer Gesellschaft, die nun allmählich beginnt, Rückblick auf ihre eigene ›Gründerzeit‹ [...] zu halten, auf jene Zeit der ungestörten materiellen Wertschöpfung noch ohne ideelle Wertekrisen.«[41]

Doch dahinter verbirgt sich weitaus mehr. So erfährt der Heimatbegriff seit Jahren eine auffällige Wiederbelebung in Medien und Kultur. Er dient als Etikett für Fernseh- und Radioformate und als Slogan von TV-Sendern.[42]

---

39 Sabine Gottgetreu: Der Arztfilm. Untersuchung eines filmischen Genres, Bielefeld 2001, S. 65.

40 Die Firma UFA Home Entertainment veröffentlichte 2006 zum Beispiel unter dem Titel »Wirtschaftswunderkino« gleich fünf DVD-Boxen à drei Filme, die jeweils einzelnen Schauspielern wie Caterina Valente, Peter Alexander, Peter Kraus oder Harald Juhnke gewidmet sind.

41 Wolfgang Kaschuba: Der Deutsche Heimatfilm – Bildwelten als Weltbilder, in: Bundeszentrale für politische Bildung (Hg.): Heimat. Analysen, Themen, Perspektiven, Schriftenreihe Bd. 294/I, Bonn 1990, S. 829-866, hier S. 830.

42 So gibt es beim WDR-Radiosender 1live an zwei Tagen in der Woche eine dreistündige Sendung namens *Heimatkult*, in der es speziell um deutschsprachige Musik und um Bands aus der Region, also aus Nordrhein-Westfalen geht. Ebenso hat das SWR-Jugendradio Das Ding ein Magazin für deutschsprachige Musik mit dem Titel *Heimatmelodie* im Programm. Weitere Beispiele: Der TV-Privatsender VIVA zeigte im Februar 2005 eine dreistündige Spezialsendung mit dem Titel *Heimatmusik*. Auch hier wurden nur deutschsprachige Musikvi-

Heimat – lange ein »gefühlsduseliges Wort der Ewiggestrigen«[43] – ist im Zuge von Retrotrends zu einem ›In-Begriff‹ geworden, der – trotz seiner nachhaltigen Usurpation im Dritten Reich – heute frei von Ressentiments zu sein scheint.

Auch als filmisches Gestaltungskonzept hat Heimat in den vergangenen Jahren wieder stark an Bedeutung gewonnen. Kritiker bemerken, dass Heimatfilme eine »gewisse Konjunktur«[44] erleben. Von einer »Redirndlsierung«[45] der Filmlandschaft ist die Rede: So nimmt das ZDF im Sommer 2004 im Glottertal bei Titisee-Neustadt beispielsweise die Dreharbeiten zu einer Fortsetzung der Erfolgsserie *Schwarzwaldklinik* (ZDF, 1984-1988)[46] auf und ruft die Fernsehkritiker erneut auf den Plan:

---

deos aus den Bereichen Pop, Rock und Hip-Hop gespielt. Der Lokalsender Center TV, der in mehreren Regionen Deutschlands etabliert ist, wirbt im Untertitel mit dem Begriff Heimatfernsehen und hat im Programm gleich zwei Sendungen, die diesem Slogan gerecht werden sollen: das Magazin *Heimatfilm* und die Nachrichtensendung *Heimat kompakt*.

43 Thomas Brussig: Heimat, in: *Frankfurter Allgemeine Sonntagszeitung* vom 30. Dezember 2001, unter: http://www.gemeinsamlernen.de/laufend/heimat/h371.htm (letzter Aufruf: 16. Januar 2012).

44 Bettina Göcmener: Die Rückkehr der Geierwally, in: *Die Welt* vom 7. Januar 2005, unter: http://www.welt.de/print-welt/article362446/Die_Rueckkehr_der_Geierwally.html (letzter Aufruf: 16. Januar 2012).

45 Diesen Begriff verwendet der Autor Jan Freitag in seinem Artikel *Die Rückkehr der Entwurzelten* über den so genannten Neo-Heimatfilm. Siehe Jan Freitag: Die Rückkehr der Entwurzelten, unter: http://www.fr-online.de/kultur/medien/die-rueckkehr-der-entwurzelten/-/1473342/4465812/-/index.html (letzter Aufruf: 16. Januar 2012). Darin geht es um den Film SCHATTEN DER ERINNERUNG (D 2010, R: Hartmut Griesmayr), der im Mai 2010 in der ARD ausgestrahlt wird. In dem Text kritisiert Freitag unter anderem die ständig neuen Aufgüsse des Heimatfilmgenres und deren gleichbleibend hohe Einschaltquoten. Die angesprochene »Redirndlsierung« bezieht er unter anderem auf die Darsteller: So sei Schauspielerin Julia Stemberger im aktuellen Film im Grunde die Sonja Ziemann der Gegenwart.

46 Ingesamt wurden 70 Folgen der Serie produziert. Bis zu 28 Millionen Zuschauer waren bei jeder Erstausstrahlung einer neuen Folge dabei. Die *SCHWARZWALDKLINIK* wurde zudem in 50 Länder exportiert.

»Die heile Welt funktioniert noch immer als Sedativ für die von der tosenden Realität gebeutelten Bundesrepublikaner – 20 Jahre nach der Schwarzwälder Ursuppe beweisen ›Bergdoktor‹, ›Landarzt‹ und ›Onkel Doc‹ die Massentauglichkeit des Schmusekurses.«[47]

Unter dem Titel SCHWARZWALDKLINIK – DIE NÄCHSTE GENERATION (D 2005, R: Hans-Jürgen Tögel) entsteht eine 90-minütige Spielfilmfassung, die am 20. Februar 2005 um 20.15 Uhr im ZDF ausgestrahlt wird und an diesem Abend 12,57 Millionen Zuschauer vor die Bildschirme lockt. Das entspricht einem Marktanteil von 32,5 Prozent. Für einen Spielfilm ist das eine außergewöhnlich hohe Quote – mehr Zuschauer erreichen heute in der Regel nur Live-Übertragungen wie Fußball-Länderspiele und die ZDF-Show »Wetten, dass …?«. Die »triviale TV-Gigantomanie«[48], die man der *SCHWARZWALDKLINIK* in den 1980er Jahren zuschrieb, kann mit der Neuauflage zwar nicht wiederholt werden – ein direkter Quotenvergleich ist heute aufgrund der zunehmenden Ausdifferenzierung der Senderlandschaft seit Ende der 80er Jahre auch gar nicht mehr möglich –, dennoch spricht das Zuschauerinteresse für sich.[49] Nahezu parallel zur Ausstrahlung der SCHWARZWALDKLINIK – DIE NÄCHSTE GENERATION durch das ZDF sendet die ARD ein Remake der GEIERWALLY (D 2004, R: Peter Sämann) mit Christine Neubauer in der Hauptrolle aus und wird damit am 7. Januar 2005 Prime-Time-Sieger: 7,49 Millionen Zuschauer schauen sich das Alpendrama an. Das entspricht einem Marktanteil von 22,5 Prozent.[50]

---

47 Jan Freitag: Operation am triefenden Herzen, in: *die tageszeitung* vom 9. August 2004, S. 13.

48 Walter Nutz: Trivialliteratur und Popularkultur. Vom Heftromanleser zum Fernsehzuschauer. Eine literatursoziologische Analyse unter Einschluß der Trivialliteratur der DDR, Wiesbaden 1999, S. 34.

49 Das ZDF dachte – ungerührt vom Verriss der Kritiker – über eine Fortsetzung der Erfolgsstory nach und sendete am 4. Dezember 2005 eine weitere Spielfilmfolge mit dem Titel SCHWARZWALDKLINIK – NEUE ZEITEN (D 2005, Regie: Hans-Jürgen Tögel), die aber nicht mehr an die Quoten des Vorgängers im Februar anknüpfen konnte.

50 Vgl. http://www.quotenmeter.de/index.php?newsid=8329 (letzter Aufruf: 16. Januar 2012).

Abgesehen von solchen Einzelproduktionen versuchen die Sender auch ganze Spielfilmreihen zu etablieren: Der Volksmusiksänger und Exskirennläufer Hansi Hinterseer dreht zwischen 2000 und 2009 acht Heimatfilme in Serie: DA WO DIE BERGE SIND (D 2000, R: Kurt Ockermüller) bildet den Auftakt dieser Reihe.[51] Auffällig ist hier nicht nur die topologische, sondern vor allem die sprachliche Anknüpfung an Spielfilmtraditionen aus den 1950er Jahren, in denen es eine Reihe nahezu gleich lautender Filmtitel gab.[52] Die immer wieder verwendete attributive Satzkonstruktion »Da wo« unterstützt den seriellen Charakter und die Zusammengehörigkeit der Filme. Heimat, Berge und Liebe fungieren als austauschbare Metaphern für eine heile, sorgenfreie Welt.

Solche sprachlichen Analogien zu Filmen aus den 1950er und 1960er Jahren tauchen auch bei anderen Fernsehproduktionen auf: DER FERIENARZT heißt beispielsweise eine Spielfilmreihe, die zwischen 2004 und 2006 vom ZDF produziert wird. Jede Folge der insgesamt drei Staffeln spielt an einem anderen touristischen Schauplatz. Der Titel »Ferienarzt« wird jeweils durch die Ortsangabe ergänzt: zum Beispiel DER FERIENARZT IN DER WACHAU (D 2004, R: Hans-Jürgen Tögel), DER FERIENARZT AUF CAPRI (D 2005, R: Stefan Bartmann), DER FERIENARZT AUF TENERIFFA (D 2005, R: Dieter Kehler). Auch hier scheinen Parallelen zu Spielfilmtiteln und populären Ferienregionen aus den 1950er und 1960er Jahren ganz bewusst gezogen zu sein.[53]

51 Es folgten bislang sieben weitere Produktionen: DA WO DIE LIEBE WOHNT (D 2002, R: Kurt Ockermüller), DA WO DIE HEIMAT IST (D 2004, R: Karl Kases), DA WO DIE HERZEN SCHLAGEN (D 2004, R: Karl Kases), DA WO ES NOCH TREUE GIBT (D 2006, R: Heidi Kranz), DA WO DAS GLÜCK BEGINNT (D 2006, R: Karl Kases), DA WO DIE FREUNDSCHAFT ZÄHLT (D 2007, R: Heidi Kranz) sowie DA WO WIR ZU HAUSE SIND (D 2009, R: Gloria Behrens).

52 Beispiele sind HEIMWEH – DORT, WO DIE BLUMEN BLÜHN (D 1957, R: Franz Antel) oder DORT OBEN, WO DIE ALPEN GLÜHN (D 1956, R: Otto Meyer).

53 Vor allem die Insel Capri und die Wachau verweisen eindeutig auf Spielfilmtraditionen der Nachkriegszeit. Vgl. dazu Filme wie GRUSS UND KUSS AUS DER WACHAU (D 1950, R: Fritz Schulz), VIER MÄDELS AUS DER WACHAU (Ö 1957, R: Franz Antel), UNTER DEN STERNEN VON CAPRI (D 1953, R: Otto Linnekogel) oder BLOND MUSS MAN SEIN AUF CAPRI (D 1961, R: Wolfgang Schleif).

Doch auch ein Blick zurück in die Produktionsgeschichte der 1980er und 1990er Jahre, in der das Privatfernsehen in Deutschland immer mehr Zuschauer gewinnt, zeigt das Interesse an einer Wiederbelebung alter Heimatfilmtopoi: Populäre Serien wie *FORSTHAUS FALKENAU* (ZDF, seit 1989), *DER BERGDOKTOR* (SAT1, 1993-98, heute im ZDF) oder *EIN SCHLOSS AM WÖRTHERSEE* (RTL, 1990-93) können hier als Beispiele genannt werden. Der Filmtopos Heimat war damit nie tot – auch wenn die Wissenschaft das Ende des Genres häufig propagiert und beschrieben hat.[54] »Rudimente«[55] des Genres sind nicht nur über Jahrzehnte in TV-Serien erhalten geblieben und fortgeschrieben worden, auch andere Formate wie zum Beispiel volkstümliche TV-Unterhaltungsshows arbeiten mit signifikanten Heimatfilm-

---

Ebenso gibt es in den 1960er Jahren einen Teneriffa-Film: WENN MAN BADEN GEHT AUF TENERIFFA (D 1964, R: Helmuth M. Backhaus).

54 Dass das Genre Heimatfilm »gestorben« sei, behauptet Thomas Elsaesser: »Heimatfilme died out after the mid-1960s, just as a number of New German Cinema films began to be critical of their social message and covert xenophobia.« Siehe Thomas Elsaesser: The BFI Companion to German Cinema, London 1999, S. 133. Rainer Rother spricht beim Heimatfilm von einem Korpus, der in einem »zeitlich eng begrenzten Rahmen« entstanden ist und dessen »Welle« beim Publikum schließlich »keinen Anklang mehr« fand. Siehe Rainer Rother: Kriegserfahrung im Heimatfilm, in: Ursula Heukenkamp (Hg.): Schuld und Sühne? Kriegserlebnis und Kriegsdeutung in den deutschen Medien der Nachkriegszeit (1945-1961), Amsterdamer Beiträge zur neueren Germanistik, Bd. 50-1, Amsterdam 2001, S. 321-332, hier S. 321ff. Jürgen Trimborn datiert das Ende des Heimatfilms in seiner Studie auf die späten 50er Jahre. Vgl. Trimborn: Der deutsche Heimatfilm der fünfziger Jahre, S. 7. Gertrud Koch kommt zu dem Ergebnis, das Genre sei Mitte der 1960er Jahre aus der Produktion verschwunden. Vgl. Gertrud Koch: Vom Heimatfilm zur *Heimat*, in: Gisela Eckert (Hg.): Kein Land in Sicht. Heimat – weiblich?, München 1997, S. 203-212, hier S. 209. Claudius Seidl behauptet, nach 1958 sei die Luft aus dem Genre raus gewesen. Vgl. Claudius Seidl: Das Pfeifen im Walde. Das deutsche Genre: Der Heimatfilm, in: ders. (Hg.): Der deutsche Film der fünfziger Jahre, München 1987, S. 52-102, hier S. 101f. Vgl. außerdem Manfred Barthel: So war es wirklich. Der deutsche Nachkriegsfilm, München/Berlin 1986, S. 96.

55 Michael Grisko: Von röhrenden Hirschen und feschen Förstern. Der deutsche Heimatfilm der 50er Jahre, in: *Der Deutschunterricht*, Nr. 5, 2001, S. 66.

elementen: So dienen Alpen, Nord- und Ostseestrände und die Lüneburger Heide häufig als Kulisse für Playback-Gesangsauftritte der in Trachten gekleideten Künstler. Nicht zuletzt funktionieren Rosamunde-Pilcher- oder Inga-Lindström[56]-Verfilmungen nach klassischem Heimatfilmmuster: Sie siedeln in der Regel konfliktbehaftete Liebesgeschichten in pittoresken Landschaften an, mit dem Unterschied, dass diese nicht in den Alpen oder im Schwarzwald liegen, sondern wie im Fall von Rosamunde Pilcher in Cornwall und bei Inga Lindström in Schweden.[57] Interessant ist dabei, dass es sich bei den Spielfilmreihen um deutsche bzw. deutsch-österreichische Produktionen handelt, die zwar an Schauplätzen in England und Skandinavien spielen, allerdings konsequent auf deutsches Fernsehfilm- und Serienpersonal zurückgreifen.[58] So wird Barbara Wussow, die Schwester Elke aus der *SCHWARZWALDKLINIK*, im Pilcher-Film zu Eleanor Dean und Bergdoktor Harald Krassnitzer zu Tom Talbot.[59]

Einen Versuch, den Schlagerfilm nach Vorbild der 50er und 60er Jahre wiederzubeleben, hat es im Oktober 2008 gegeben. Die ARD sendet DAS MUSIKHOTEL AM WOLFGANGSEE, eine deutsch-österreichisch-schweizerische Koproduktion unter der Regie von Stephan Pichl. Pichl hat bis dato vor allem Fernsehshows für Hansi Hinterseer produziert und versammelt in der »Schlagerette aus den Bergen«, wie der Film im Untertitel heißt, altbekanntes Personal aus Volksmusiksendungen wie dem *Musikantenstadl*: Karl Moik, Patrick Lindner, Francine Jordi, Claudia Jung, Semino Rossi und sogar Fernsehkoch Johann Lafer sind dabei. Doch was als ehrgeiziges Projekt startet, löst schon vor der Ausstrahlung eine heftige Debatte um Qualitätsfernsehen und die Verwendung von Gebührengeldern aus.[60] Der

56 Inga Lindström ist lediglich ein Pseudonym. Dahinter verbirgt sich die deutsche Drehbuchautorin Christiane Sadlo.

57 Vgl. Ruth Esterhammer: Heimatfilm in Österreich: Einblicke in ein facettenreiches Genre, in: Stefan Neuhaus (Hg.): Literatur im Film: Beispiele einer Medienbeziehung, Würzburg 2008, S. 177-198, hier S. 183.

58 Ebd., S. 184.

59 Vgl. ebd. Barbara Wussow und Harald Krassnitzer spielen die genannten Rollen gemeinsam im Film ROSAMUNDE PILCHER – DER LANGE WEG ZUM GLÜCK (D 2000, R: Dieter Kehler).

60 »Der Film von Stephan Pichl ist ein schier unfassbares Laienspiel, ein harmonisches Ineinanderfließen von konzertiertem Unvermögen«, urteilt zum Beispiel

Versuch, den Schlagerfilm – zumindest in dieser Form – wiederzubeleben, gilt am Ende als gescheitert. Bemerkenswert ist jedoch, dass sich der Streit letztlich positiv auf den Schlagerfilmdiskurs auswirkt: Nach Meinung vieler Kritiker wird die aktuelle Produktion dem Vorbild alter Schlagerfilme nicht annähernd gerecht – oder wie es im Umkehrschluss ein Internetmagazin formuliert: »Peter Alexander wusste einst im ›Weißen Rössl‹, was er tat.«[61] Der Schlagerfilm der 1950er und 1960er geht somit gestärkt aus der Diskussion hervor und erfährt im Rückblick – zumindest kurzzeitig – eine neue Würdigung.

1.3 SCHLAGERFILM ALS MEDIENFILM

Schauen wir uns heute einen Schlagerfilm der 1950er bis 1970er Jahre im Fernsehen oder auf DVD an, reagieren wir häufig irritiert. So sind wir nicht daran gewöhnt, dass ein Protagonist mehr oder weniger unvermittelt in Gesang ausbricht – es sei denn, wir wissen, dass es sich um einen Musical-, einen Bollywood- oder einen avantgardistischen Film im Stil von 8 FEMMES (F 2001, R: François Ozon) oder ON CONNAÎT LA CHANSON

die Zeitung *Die Welt*, André Mielke: Auf der Spur von Peter Alexander am Wolfgangsee, in: *Die Welt* vom 17. Oktober 2008, unter: http://www.welt.de/fernsehen/article2591574/Auf-der-Spur-von-Peter-Alexander-am-Wolfgangsee.html (letzter Aufruf: 16. Januar 2012). *Spiegel Online* bezeichnet das »Singspiel aus dem Salzkammergut« als »dreistesten Missbrauch von Gebührengeldern seit Langem«, Peter Luley: Süßstoff für den Samstagabend, unter: http://www.spiegel.de/kultur/gesellschaft/0,1518,584668,00.html (letzter Aufruf: 16. Januar 2012). Zuvor hatte sich Schauspieler Sascha Hehn im Magazin *Focus* über sein Mitwirken im Film geäußert. Im Interview wirft er den Machern Unprofessionalität vor und distanziert sich von der Produktion. Vgl. Josef Seitz: »Das ist bitterer Ernst« – Sascha Hehn will lieber Rasen mähen als Filme drehen wie sein ARD-Machwerk »Musikhotel am Wolfgangsee«, in: *Focus* 37 (2008), S. 130.

61 So urteilt Autor Wilfried Geldner in seiner Fernsehkritik im Internetportal *Monstersandcritics.com*, vgl. Wilfried Geldner: Heulende Hotelsirenen, unter: http://www.monstersandcritics.de/artikel/200838/article_102753.php/Das-Musikhotel-am-Wolfgangsee-18-10-2008-20-15-ARD (letzter Aufruf: 16. Januar 2012).

(F/CH/GB 1997, R: Alain Resnais) handelt.[62] Unser Genrewissen setzt eine bestimmte Rezeptionshaltung voraus. Dass auf der Kinoleinwand häufig gesungen wird, muss man sich immer wieder neu bewusst machen. In Zeiten, in denen es noch kein Musikfernsehen und keine Internetportale im Stil von *Youtube* gibt, ist der Film eine gern genutzte Plattform für Stars, um sich und ihre Lieder im On-Modus zu präsentieren.

Unser Blick ist heute geschult durch die Clipkultur, die vor allem vom Fernsehen und immer stärker auch vom Internet geprägt wird. In den 1980er und 1990er Jahren entwickelt sich das Musikvideo zu einer der wichtigsten Plattformen für Künstler. Der Videoclip ist ein »audiovisuelles Werbeangebot«[63], zugleich aber auch ein »selbständiges ästhetisches Objekt mit unterhaltendem Eigenwert«[64]. Wichtigste Abspielbasis von Videoclips ist zu diesem Zeitpunkt das Musikfernsehen. Sender wie MTV und VIVA erreichen in den 1990ern Millionen Zuschauer in Deutschland. Der Videoclip steht wie ein Kurzfilm für sich selbst, ist im Fernsehen lediglich eingebunden in ein Sendeschema.[65] Inhaltlich ist er in der Regel in sich ab-

---

62 In ON CONNAÎT LA CHANSON äußern sich Gedanken und Gespräche der Darsteller zeitweise in klassischen Chansontexten, die mit den Originalstimmen der Interpreten wie zum Beispiel Edith Piaf eingespielt werden. Die Musik ersetzt zum Teil das Gespräch zwischen den Handlungsträgern, zum Teil wirkt sie als innerer Monolog. Da es sich um in Frankreich bekannte Chansons aus den 1950er bis 1970er Jahren handelt, findet mit jeder Einspielung zugleich ein Sprung ins populärkulturelle Gedächtnis statt. Es werden damit aber auch durchaus komische Effekte erzielt. Diese Schlüsse zieht Oliver Fahle zusammenfassend in seinem Aufsatz zum Film, vgl. Oliver Fahle: Woher kommt das Lied? Alain Resnais' »Das Leben ist ein Chanson«, in: Jörn Glasenapp/Claudia Lillge (Hg.): Die Filmkomödie der Gegenwart, Paderborn 2008, S. 33-46, hier S. 38ff.

63 Gerhard Bühler: Postmoderne, auf dem Bildschirm, auf der Leinwand. Musikvideos, Werbespots und David Lynchs *Wild at Heart*, Filmstudien, Bd. 24, Sankt Augustin 2002, S. 157.

64 Ebd.

65 Vgl. Klaus Neumann-Braun/Axel Schmidt: McMusic. Einführung, in: Klaus Neumann-Braun (Hg.): Viva MTV! Popmusik im Fernsehen, Frankfurt a.M. 1999, S. 7-42, hier S. 13.

geschlossen.[66] Was Struktur und Funktion betrifft, lässt sich zwischen verschiedenen Clipformen unterscheiden. So kann man Musikvideos zum Beispiel vereinfacht einteilen in den Performance-Clip, in dem sich ein Künstler oder eine Band singend selbst präsentiert, in ein *narrative video*, in dem um einen Interpreten herum eine Geschichte erzählt wird, und in ein Konzeptvideo, das in assoziativ-illustrativer Form Bild und Musik verknüpft.[67] Daneben existieren jedoch auch immer mehr Mischformen. Das Internet hat die Ästhetik der Musikvideos in den letzten Jahren deutlich beeinflusst:

> »Wir erleben heute beispielsweise eine Revolution der Produktionsmittel. Niemand ist mehr an High-End-Bildern und hoher Bildauflösung interessiert. Videos werden heutzutage gerne auf Billig-Videokameras der Marke Aldi geschossen, und keiner merkt den Unterschied. Im Gegenteil. Die kleineren Wiedergabemasken, wie wir sie etwa auf YouTube finden, machen eine datenaufwendige Produktion gar nicht mehr notwendig. […] Schon jetzt ›lesen‹ wir das Musikvideo nicht mehr am Fernseher, sondern auf unserem iPhone oder Smartphone.«[68]

Anhand dieser Entwicklung lässt sich ablesen, wie abhängig Musikrepräsentation in audiovisuellen Medien von den jeweils gegenwärtigen Produktionsbedingungen ist. Das ist ein zentraler Aspekt, um den es in der vorliegenden Studie geht: Der Schlagerfilm ist ein Produkt der Medienkultur. Er passt sich seiner Zeit an und entwickelt seine spezifische Formen je nach Ausprägung des Mediensystems. In Zeiten, in denen es noch kein Fernsehen gibt, ist der Film bzw. das Kino für die Musikindustrie der ideale Partner. Die Branche kann ihre Künstler systematisch in Filmproduktionen platzieren. Der Sänger wird plötzlich zum Schauspieler, und – das ist wich-

---

66 Es gibt Ausnahmefälle, in denen Musikvideos als Teil einer Serie produziert werden und inhaltlich und ästhetisch eine Fortschreibung darstellen. Zu nennen wäre hier zum Beispiel die amerikanische Band *Guns'n'Roses*, die versuchte, mit den Videos zu *Don't cry* (1991), *Novemberrain* (1992) und *Estranged* (1993) eine Trilogie zu bilden.

67 Vgl. Neumann-Braun/Schmidt: McMusic, S. 13.

68 Max Dax: Das Musikvideo als Kommentar zur Zeit, unter: http://www.theeuropean.de/max-dax/1508-aesthetik-des-musikvideos (letzter Aufruf: 16. Januar 2012). Max Dax ist Chefredakteur des Musikmagazins *Spex*. *The European* ist ein deutsches Onlinemagazin.

tig – umgekehrt wird auch der Schauspieler zum Sänger. Der Star, egal ob er ursprünglich vom Film kommt oder aus der Musikbranche, ist in den 1950er Jahren ein multimedialer Alleskönner. Als sich das Fernsehen in den 1960er Jahren in Deutschland mehr und mehr etabliert, ändern sich die Bedingungen. Die Bedeutung des Films für die Plattenfirmen reißt zwar nicht ab, aber das Fernsehen tritt dem Medienverbund bei und beeinflusst wiederum die Filmproduktion. So entsteht eine Zirkelbewegung, in der sich der Schlagerfilm immer wieder neu behaupten muss.

Den Schlagerfilm in diesem medialen Geflecht wahrzunehmen und zu beschreiben ist Ausgangspunkt meiner Untersuchungen. Der Schlagerfilm wird als Medienfilm gelesen.[69] Er reflektiert nicht nur die Medienkultur seiner Zeit, sondern er gestaltet das Mediensystem in Deutschland mit. Ziel meiner Überlegungen ist es, die wechselseitigen Prozesse zu beschreiben. Der Film definiert sich durch den Schlager und seine Stars und ist nur im Kontext der Medienentwicklung zu verstehen. Anhand des Schlagerfilms, so meine These, lässt sich Mediengeschichte erklären.

Der Musiknummer kommt dabei eine besondere Bedeutung zu: Isoliert von der Filmhandlung lässt sie sich häufig als Performance-Clip lesen, denn in der Regel geht es im Schlagerfilm darum, dass der Künstler sein Lied präsentiert. Der Star steht singend, tanzend und spielend im Zentrum des Geschehens, um ihn und um die Nummern herum wird die Handlung des Films gewoben. Dieses Konzept wird in der Nachkriegszeit von den Filmemachern in Deutschland perfektioniert und vorangetrieben. Der Schlagerfilm entwickelt sich als erfolgreiches Produkt eines Medienverbundsystems und dient den Filmschaffenden schon früh als Verständigungsbegriff[70]. Der Begriff Schlagerfilm ist also nicht erst in der Retro-

---

69 Ich verwende in dieser Arbeit den Begriff der Lektüre, weil es mir bei meinen Filmanalysen und Perspektivierungen weniger um Interpretationen im hermeneutischen Sinne geht, sondern um einzelne Problemkonfigurationen, die den Film als Hybridmedium in den Blick nehmen. Vgl. Claudia Liebrand/Ines Steiner: Einleitung, in: dies.: Hollywood hybrid, S. 7-15, hier S. 11f.

70 Vgl. Siegfried Schmidt-Joos: Geschäfte mit Schlagern, Bremen 1960, S. 125: »Nach den Worten des gewieften Film-Produzenten *Arthur ›Atze‹ Brauner* gibt es nur drei Filmgattungen, die geschäftlich keine Enttäuschungen bereiten: den *Monumentalfilm*, den Film nach einem *Buch-Bestseller* oder Illustrierten-Roman oder den *Schlager-Film*. Und der *Schlager-Film* ist dabei gar bald der Produzen-

spektive entstanden, er wird schon in den Nachkriegsjahren als Produktionsformel verwendet. Die Schlagerfilmproduktion bedeutet für die Filmwirtschaft aufgrund der hohen Standardisierung ein relativ überschaubares wirtschaftliches Risiko.[71] Die Filmemacher sind sich also bewusst, dass sie mit einer dramaturgischen Strategie arbeiten, die erstens die Produktionskosten limitiert und zweitens vom Publikum gewürdigt wird. Der Schlager und die Stars bilden die Grundlage dieser Strategie, ohne sie funktioniert der Schlagerfilm nicht.

Fast wie im Musikvideo heute wird im Schlagerfilm der Auftritt des Stars und seiner Musik im Vorspann häufig insertiert: Der Star ist das Zugpferd des Films, was zum Beispiel im Vorspann deutlich wird, wenn es auf Texttafeln heißt: »Es singen und tanzen ...« oder »Caterina Valente in ...« oder »Roy Black singt auf Polydor ...«. *Song plugging* als dramaturgisches Prinzip wäre demnach gleichzeitig auch als *star plugging* zu begreifen. In anderen Fällen wird aber auch ein erfolgreicher Schlagertitel als Filmtitel genutzt, zum Beispiel OHNE KRIMI GEHT DIE MIMI NIE INS BETT (D/Ö 1962, R: Franz Antel). Solche crossmedialen Konzepte haben schon die Produzenten in den 1930er Jahren erkannt und erprobt, sie sind also in den 1950ern nicht mehr neu.[72] Allerdings – das ist eine weitere These, die ich verfolgen werde – hat die Musikfilm- bzw. Schlagerfilmproduktion nach 1945 in Deutschland im Hinblick auf solche Formen eine neue Dimension erreicht.

---

ten und Verleiher liebstes Kind geworden.« Siehe auch Hans Christoph Worbs: Der Schlager. Bestandsaufnahme – Analyse – Dokumentation. Ein Leitfaden, Bremen 1963, S. 93: »In der Saison 1958/59 fanden sich beispielsweise unter den zwanzig in der Bundesrepublik erfolgreichsten Filmen nicht weniger als neun Schlagerfilme.«

71 Vgl. Knut Hickethier: The Restructuring of the West German Film Industry in the 1950s, in: John Davidson/Sabine Hake (Hg.): Framing the Fifties. Cinema in a Divided Germany, New York/Oxford 2009, S. 194-204, hier S. 199.

72 Musik im Film spielte zum Beispiel im Weimarer Kino eine große Rolle. Der Film DER BLAUE ENGEL (D 1930, R: Joseph von Sternberg) – um einen Klassiker aus dieser Zeit zu benennen – beruht einerseits auf einer Literaturvorlage von Heinrich Mann, andererseits wurde die Geschichte für den Film eigens mit Schlagernummern von Friedrich Hollaender bestückt. *Ich bin von Kopf bis Fuß auf Liebe eingestellt* oder *Nimm dich in acht vor blonden Frauen* gelten als Stücke, die durch den Film populär wurden.

Bis zum Beginn der 1950er Jahre entstehen noch häufig Musikkomödien im Stil der alten UFA-Filme.[73] Ab Mitte der 1950er Jahre setzt jedoch ein Wandel ein. Es beginnt eine Periode, die aufgrund des außerordentlichen wirtschaftlichen Aufschwungs gemeinhin als ›Wirtschaftswunderzeit‹ bezeichnet wird. Politisch fällt sie unter die Amtszeit des konservativen Bundeskanzlers Konrad Adenauer. Erst in den 1960er Jahren kommt es zum Politikwechsel, zu Protesten und Reformen, die einen Umschwung in Deutschland bringen. Genau in dieser Zeit setzt auch die größte gesellschaftliche (Medien-)Revolution ein, nämlich die Etablierung des Fernsehens in Deutschland. Die Entwicklung des Schlagerfilms ist eng mit der Fernsehgeschichte verknüpft.

Der deutsche Film bringt neue Stars wie Bibi Johns, Peter Alexander, Conny Froboess, Freddy Quinn und Caterina Valente hervor, gleichzeitig schwindet das Interesse an den Stars der UFA-Zeit.[74] Die jungen Gesichter sind unverbraucht und lassen sich multimedial vermarkten, zum Beispiel in den Printmedien wie etwa dem 1956 neu gegründeten Magazin *Bravo*, im Radio und natürlich im Fernsehen, das sich seit Ende der 1950er Jahre in Deutschland mehr und mehr etabliert. Auch die Entstehung von Musikcharts spielt in diesem Zusammenhang eine Rolle. Sie werden zum Maßstab für den Erfolg der Künstler. Nach dem Prinzip »It's the singer, not the song« gewinnt die Akzeptanz des Interpreten gegenüber seinem Schlagertitel eine immer größere Bedeutung.[75] Produzenten sehen die Expansion der Medien als Chance, ihre Stars und ihre Musik auf allen Ebenen zu vermarkten. Es kommt zu einer diffusen Verzahnung der einzelnen Bereiche. So werden nicht nur Schlagerstars zu Filmstars und umgekehrt, auch für er-

---

73 Als Beispiel lässt sich hier WENN DER WEISSE FLIEDER WIEDER BLÜHT (D 1953, R: Hans Deppe) nennen. Der Titelschlager stammt von Franz Doelle und war bereits in den 1920ern populär. Ebenso greift der Film auf altbewährte Stars der Vorkriegszeit wie Willy Fritsch oder Magda Schneider zurück.

74 So haben Musikfilmstars wie Zarah Leander oder Ilse Werner nach 1945 große Schwierigkeiten, im Kino Fuß zu fassen. Ihre Filmkarrieren scheitern. Beide setzen ihre Karriere schließlich auf der Theaterbühne fort.

75 Vgl. Matthias Bardong u.a. (Hg.): Das Lexikon des deutschen Schlagers. Geschichte – Titel – Interpreten – Komponisten – Texter, 2. erw. und überarb. Aufl., Mainz/München 1993, S. 27.

folgreiche Sportler wird es plötzlich selbstverständlich, dass sie als Gesangsstars in Film, Fernsehen und Radio auftreten.[76]

Der Schlagerfilm stellt in diesem crossmedialen Netz eine mögliche Präsentationsform für Künstler und ihre Musik dar. Er ist das Produkt der Zusammenarbeit der aufstrebenden Film- und Musikindustrie, die damit einerseits kommerzielle Absichten verfolgt, in dieser Zeit jedoch gleichzeitig zur Entwicklung eines bestimmten Musikfilmtyps beiträgt. Immer wieder sucht der Schlagerfilm dabei die Nähe zum Heimatfilm. Er greift häufig auf dessen typische Motive und Handlungsmuster zurück, wie zum Beispiel den Stadt-Land-Gegensatz, unvollständige Familienstrukturen oder das Happy End. Insofern ist es nicht ganz falsch, wenn der Schlagerfilm in einem Atemzug mit dem Heimatfilm genannt und diskutiert wird. Ihn ausschließlich in diesem Zusammenhang zu lesen, würde der Komplexität des Schlagerfilms jedoch nicht gerecht werden. Er zeichnet sich gerade dadurch aus, dass er Merkmale verschiedener Genres mixt und immer wieder unterschiedlich an ihnen partizipiert: So orientiert er sich zum Beispiel an der Operette, ein anderes Mal tritt er eher als Revuefilm in Erscheinung. Er ist Heimatfilm, Ferienfilm und Kriminalfilm. Im Kontext der deutschen Nachkriegsfilmgeschichte stellt der Schlagerfilm demnach ein Phänomen dar, an dem sich nicht nur Mediengeschichte erzählen lässt. Der Schlagerfilm fordert auch eine Diskussion des Genrebegriffs, weil er statische Klassifikationen grundsätzlich in Frage stellt.

1.4 FILMKORPUS

In diesem medienhistorisch sehr bewegten Zeitraum der 1950er bis 1970er Jahre siedele ich mein Korpus an, das nicht nur auf den ersten Blick sehr unterschiedliche Filmbeispiele versammelt: Für den Schlagerfilm lässt sich kein Prototyp benennen, der als Fixpunkt und Startschuss für weitere Produktionen gelten kann.[77] Ebenso lassen sich kein Datum und keine Jahres-

76 Prominente Beispiele sind hier der Skifahrer Toni Sailer und das Eislaufpaar Marika Kilius und Hans-Jürgen Bäumler.

77 In der Heimatfilmforschung ist das anders: Sie glaubt bislang an stabile Grenzen, vermutlich auch ein Aspekt, der die Beschäftigung mit dem Thema Heimatfilm forciert hat – ein scheinbar ›kompaktes‹ Genre innerhalb der deutschen

zahl ausmachen, an der die Schlagerfilmproduktion endet. Dass ich mich hier auf einen bestimmten Zeitraum beschränke, nämlich die 1950er bis 1970er Jahre, bedeutet selbstverständlich nicht, dass der Schlagerfilm sein Ende in den 1970ern mit Roy Black erlebt hat.

Obwohl keine quantitative Analyse zu Grunde liegt, wurden mehr als 200 deutsche Musikkomödien aus dem genannten Untersuchungszeitraum gesichtet. Dabei handelt es sich hauptsächlich um Filmmaterial, das bis heute für jeden Fernsehzuschauer zugänglich ist, weil es durch wiederholte Ausstrahlungen vor allem in den öffentlich-rechtlichen Programmen zirkuliert. Darüber hinaus lagen Filme vor, die heute auf DVD erhältlich sind. Die Prämisse, mit einem in den Medien präsenten und verhältnismäßig leicht erhältlichen Filmmaterial zu arbeiten, unterstreicht nach meiner Auffassung die Relevanz der Auseinandersetzung mit dem Thema: Schlagerfilme sind Teil der Medienkultur in Deutschland.

Es ist davon auszugehen, dass eine (kleinere oder, wahrscheinlicher) größere Zahl von Filmen noch in Archiven, wie zum Beispiel dem Kirch-Archiv, liegen und seit ihrer Kinoaufführung in den 1950er oder 1960er Jahren nicht mehr an die Öffentlichkeit gelangt sind. Manfred Hobschs Lexikon »Liebe, Tanz und 1000 Schlagerfilme«[78] nennt eine Reihe solcher Filmtitel, die in diese Kategorie fallen dürften. Aufgrund einer fehlenden wissenschaftlichen Aufarbeitung des Themas Schlagerfilm existiert allerdings bislang keine verlässliche Übersicht und damit kein Kanon, der als repräsentativ für das Genre gelten könnte.

Meine Auswahl versucht dennoch, einen Querschnitt durch die Schlagerfilmproduktion der 1950er, 1960er und 1970er Jahre zu bieten. Dazu zähle ich sowohl deutsche als auch österreichische Produktionen, die eben-

---

Filmgeschichte, das sich aufgrund dieser Abgeschlossenheit gut analysieren lässt. So legt Jürgen Trimborn den Beginn des Genres im deutschen Nachkriegskino durch die Realisierung des SCHWARZWALDMÄDEL-Projekts exakt auf das Jahr 1950 fest. Vgl. Trimborn,Der deutsche Heimatfilm der fünfziger Jahre, S. 20. Eine solche Sichtweise ignoriert allerdings, dass es sich bei SCHWARZWALDMÄDEL (D 1950, R: Hans Deppe) zusätzlich um eine Operettenverfilmung handelt.

78 Manfred Hobsch: Liebe, Tanz und 1000 Schlagerfilme. Ein illustriertes Lexikon – mit allen Kinohits des deutschen Schlagerfilms von 1930 bis heute, Berlin 1998.

so für den deutschen bzw. deutschsprachigen Markt bestimmt waren. Es wäre Aufgabe einer weitergehenden Beschäftigung mit dem Thema, auch Filme aus Archiven in die Diskussion mit einzubeziehen. Die vorliegende Arbeit will Grundlegendes leisten: Sie befasst sich mit den über Jahrzehnte populär gebliebenen, immer wieder ausgestrahlten Schlagerfilmen.

1.5 AUFBAU DER ARBEIT

Im Sinne von Susan Hayward sind Genres niemals endgültig festgelegte Einheiten, sondern einem konstanten Wandel unterworfen.[79] Diese Vorstellung basiert auf der Idee von Steve Neale, der Genres als »always *in* play rather than simply being *re*-played«[80] begreift. Der prozesshafte Charakter macht es schwer, sie zu verallgemeinern und in Grundbegriffe zu fassen.[81] Aussagen über Genres lassen sich demnach »nicht en général statuieren, in den Blick kommen muss stets der spezifische historische Ort und die spezifische Ausgestaltung eines Genre-Films«[82]. Dieser Prämisse will diese Arbeit folgen: Sie trägt der Prozesshaftigkeit und der Historizität des Schlagerfilms Rechnung.

Die 1950er bis 1970er Jahre gelten als die Phase, in der Schlagerfilme in Deutschland besonders populär sind und einen regelrechten »Boom«[83] erleben. Wie bereits beschrieben, fällt dieser Zeitraum mit dem Beginn des Fernsehzeitalters zusammen, das den Schlagerfilm in besonderer Weise beeinflusst. Die Filme ändern permanent ihr Gesicht: Sie bringen ständig neue Stars hervor, orientieren sich an immer wieder neuen Themen und vermischen einzelne Genres, die sie wiederum mit Schlagern garnieren. So ließe sich die Entwicklung des Schlagerfilms vorab grob umschreiben.

In Kapitel 2 wird zunächst die Forschung in den Blick genommen, die für den Schlagerfilm bis auf wenige Hinweise in Studien zum Heimatfilm,

79 Vgl. Susan Hayward: Cinema Studies. The Key Concepts, 3. Aufl., London/New York 2006, S. 168.

80 Steve Neale: Genre and Hollywood, London/New York 2000, S. 219 *[Hervorhebung i.O.]*.

81 Ebd.

82 Liebrand/Steiner: Einleitung, S. 8.

83 Vgl. Hobsch: Liebe, Tanz und 1000 Schlagerfilme, S. 18.

der generell als verwandt angesehen wird, kaum existiert. Während die Musikkomödien der 1930er und 1940er Jahre in Deutschland relativ gut erforscht sind, besteht bislang kaum Interesse am Musikfilm der Nachkriegszeit. In anderen Filmkulturen ist das anders: So sind populäre Musikfilme der 1950er und 1960er Jahre wie die von Elvis Presley immer wieder Gegenstand wissenschaftlicher Auseinandersetzung.[84]

Im Anschluss geht es um die historische Verortung des Schlagerfilms in der Musikfilmtradition. Die Filme der Nachkriegs- und Wirtschaftswunderzeit sind im Zusammenhang mit der Genregeschichte zu lesen. Sie greifen auf bereits bekannte und bewährte Muster zurück. Schlager im Film sind schon in der Weimarer Zeit sehr beliebt. Schlagermusik wird durch Radio und Schallplatte zu einem wichtigen Teil der Alltagskultur. Der Schlagerbegriff wandelt sich in dieser Phase von einem Erfolgs- zu einem Genrebegriff.

Kapitel 4 nähert sich dem Schlagerfilm schließlich von der theoretischen Seite und definiert ihn als ein hybrides Genre, das sich zwar insgesamt durch seinen Schlager, seine Stars und die Verbindung zum Heimatfilm auszeichnet, jedoch innerhalb dieses Rahmens keinerlei Kontinuitäten bildet. So kann ein Film, der lediglich einen Schlager beinhaltet, ebenso als Schlagerfilm gelten wie eine Operettenverfilmung oder eine Musikparade, die viele Titel aneinanderreiht. Diese Problematik soll anhand der Revueoperette *Im weißen Rössl* verdeutlicht werden, die bereits in den 1920ern als Bühnenstoff entstanden ist und zwischen 1950 und 1980 mehrfach den Weg auf die Kinoleinwand gefunden hat. Dabei sind ganz unterschiedliche Filmversionen entstanden: Während sich IM WEISSEN RÖSSL (D 1952, R: Willi Forst) noch sehr stark an der Bühnenvorlage orientiert, rückt IM WEISSEN RÖSSL (D/Ö 1960, R: Werner Jacobs) Peter Alexander als ›singender Oberkellner‹ in den Mittelpunkt. Als unmittelbare Reaktion auf den Erfolg des Films entsteht IM SCHWARZEN RÖSSL (Ö 1961, R: Franz Antel). Knapp zehn Jahre später folgt mit AUSSER RAND UND BAND AM WOLFGANGSEE (D/Ö 1972, R: Franz Antel) ein weiterer Film, der sich unmittelbar in die

84 Vgl. u.a. Andrew Caine: Interpreting Rock Movies. The Pop Film and its Critics in Britain, Manchester 2004, S. 53-80; Peter Guttmacher: Elvis! Elvis! Elvis! The King and his Movies, New York 1997; Bernard Seibel/Christian Unucka: Elvis Presley und seine Filme: Ein filmographischer Bildband, Herbertshausen 1988.

Rössl-Tradition einschreibt. Der Stoff hat hier vielfältige Umschriften erfahren, die es vor allem im Hinblick auf die Schlager-Repräsentation und den Genrekontext zu beschreiben gilt.

Das nachfolgende Kapitel 5 widmet sich schließlich genauer den Veränderungen, die durch die Fernsehlandschaft entstehen. Film und Fernsehen werden ab Ende der 1950er Jahre immer engere Partner, das hat sich an der Rössl-Debatte bereits aufzeigen lassen. Doch es geht nicht nur um den Austausch von Stars wie Peter Alexander, der auf allen Bühnen erfolgreich ist. Auch die Entstehung der Hitparaden hat Einfluss auf den Schlagerfilm, ebenso wie der Film die Hitparaden mitbestimmt. Zudem perfektioniert der Film die Strategie, aus dem Fernsehen bekannte Sportstars als Schlagersänger zu gewinnen.

Da die Schlagernummer unabhängig von ihrer Häufigkeit im Filmtext als zentrales Merkmal des Schlagerfilms gelten kann, wird ihre Einbindung Thema in Kapitel 6. Der Vorspann stellt im Schlagerfilm oft die erste Sequenz dar, in die ein Musiktitel eingeschoben wird, und erhält damit eine besondere Bedeutung. Im Vorspann werden Schlagernummern zudem oft schriftlich angekündigt oder sogar als eigene Rahmenhandlung inszeniert. Der Schlagerfilm kündigt sich im Vorspann selbst als Schlagerfilm an.

Dieser autothematische Aspekt wird im nachfolgenden Kapitel aufgegriffen. Der Schlagerfilm erzählt gerne davon, wie Stars ›gemacht‹ werden, wie erfolgreiche Schlager produziert werden. Schlagerfilme erzählen Mediengeschichte und Geschichten über Medien. Diese Selbstreferenz ist schon bei Musikkomödien der 1930er Jahre zu beobachten, sie schreibt sich in den 1950ern fort: Der Schlagerfilm transportiert und gestaltet Mediendiskurse und will damit als modern gelten. Interessant dabei ist, dass er sich dabei jedoch kaum aus der Heimatfilmtradition lösen kann, die immer auch auf konservativere Handlungsmuster verweist. So schwankt der Film zwischen den beiden Polen, nutzt aber auch das Konfliktpotential. Die Schlagernummer übernimmt dabei die Rolle eines Bindeglieds: Innerhalb der Nummer werden die im Film bislang verhandelten Genrekonventionen außer Kraft gesetzt.

Um die Musiknummer geht es auch in Kapitel 8. Es wurden bereits die Wechselwirkungen zwischen Fernsehen, Hitparaden und dem Schlagerfilm angedeutet. Zu einer noch älteren Tradition zählt jedoch die Revue, die dem Schlagerfilm wie auch vielen Fernsehshows Modell steht. Caterina Valente gilt in den 1950er Jahren als der Star, der den Revuestil in besonderer Weise beherrscht und ihn sowohl im Fernsehen als auch in seinen Filmen propagiert. Durch den Hinweis auf die Revue wird auch der Genrebegriff noch einmal erweitert: So wie der Schlagerfilm an der Operette partizipiert, so macht er sich auch Revuestrukturen zu eigen, die nicht nur Schlagernummern, sondern zum Beispiel auch Tanzszenen beinhalten. Der Schlagerfilm ist somit oft auch ein Tanzfilm.

In Kapitel 9 wird der Schlagerfilm mit Hilfe des Filmbeispiels SCHWARZWALDMÄDEL (D 1950, R: Hans Deppe) schließlich an den Heimatfilmdiskurs angebunden. Die Diskussion erfolgt an dieser Stelle, weil zunächst klar werden sollte, dass der Schlagerfilm eine Vielfalt an Genremerkmalen verhandelt und es deshalb nicht ausreicht, ihn lediglich in den Heimatfilmkontext einzuordnen. Kapitel 10 erweitert den Heimatbegriff schließlich noch um den der ›Ferne‹ und stellt eine Variante des Heimatfilms vor, nämlich den des Ferienfilms. Der Tourismus floriert in den Wirtschaftswunderjahren, die Menschen entdecken ihre Reiselust.

»Die Verschränkung von dynamischer Moderne (Automobilboom, Massentourismus, Fernsehgesellschaft usw.) und Zurücktasten zum Altvertrauten (z.B. hinsichtlich autoritärer Wertemuster in Ehe, Familie und Schule) läßt die Gründerjahre der Bundesrepublik zu einer faszinierenden Zeit werden«,[85]

fasst Axel Schildt zusammen und verweist damit auf eine Dichotomie, die nicht nur die Schlagerfilme, sondern vor allem auch die Schlager dieser Zeit verhandeln.

---

85 Axel Schildt: Modernisierung im Wiederaufbau. Die westdeutsche Gesellschaft der fünfziger Jahre, in: Werner Faulstich (Hg.): Die Kultur der fünfziger Jahre, 2. Aufl., München 2007, S. 11-22, hier S. 11.

2. Schlagerfilm in der Forschung

2.1 Im Schatten des Silberwalds: Überblick

Der Schlagerfilm der 1950er bis 1970er Jahre ist ein nahezu unerschlossenes Forschungsgebiet. Bis auf wenige Aufsätze, ein Lexikon sowie verstreute Hinweise in Publikationen zum deutschen Schlager und zur deutschen Filmgeschichte hat das Genre bislang kaum Beachtung gefunden. Im Vergleich zum Musikfilm der 1930er und 1940er Jahre, den so genannten Tonfilm-Operetten und Revuefilmen der Weimarer Zeit, sowie den Komödien der NS-Zeit, fehlt für den Schlagerfilm des oben genannten Zeitraums nicht nur generell eine kritische Auseinandersetzung. Es mangelt auch an Grundlagenforschung wie zum Beispiel einer Verortung in der Genretradition, der Untersuchung allgemeiner Entwicklungstendenzen sowie an Studien zu einzelnen Stars und Filmen.

Der Hauptgrund für die wissenschaftliche Vernachlässigung des Schlagerfilms mag in der Hierarchie liegen, die sich innerhalb der Kategorie Unterhaltungsfilm auftut: Der Schlagerfilm wird häufig als ›Subgenre‹ oder bloßer Ableger[1] des Heimatfilms verstanden – ein Eindruck, der vor allem durch die in der Filmwissenschaft häufig propagierte, aber die filmgeschichtliche Realität verfälschende These entsteht, der Schlagerfilm habe den Heimatfilm bereits Ende der 1950er Jahre abgelöst. Aus dieser Sichtweise leitet sich eine gewisse Zweitrangigkeit des Schlagerfilms gegenüber

1 Vgl. Daniela Sannwald: Von der Filmkrise zum Neuen Deutschen Film. Filmausbildung an der Hochschule für Gestaltung Ulm 1958-1968, Berlin 1997, S. 21.

dem Heimatfilm ab. Sie hat die Forschungsbemühungen zum Kino der Nachkriegszeit maßgeblich beeinflusst: Die Filmwissenschaft nähert sich bis heute vor allem den Unterhaltungsgenres an, die mit Paradigmen arbeiten, die sich in einem politisch und gesellschaftlich relevanten Kontext erörtern lassen: Heimat, Familie, Medizin.[2]

Der Heimatfilm ist dabei wohl das Genre, das bislang am intensivsten diskutiert wurde und dessen Forschungsgeschichte über die Jahrzehnte zudem auf eine gewisse Kontinuität zurückblicken kann. So lässt sich hier der Bogen exemplarisch spannen von Willi Höfigs Standardwerk 1973, in dem zum ersten Mal über 300 Heimatfilme der Nachkriegszeit analysiert werden,[3] bis hin zu neuesten Publikationen wie *Screening Nos-*

2 Bärbel Westermann zum Beispiel untersucht Spielfilme der 1950er Jahre im Hinblick auf die »nationale Identität« und wendet sich in ihren Analysen ausschließlich Genres wie Kriegsfilm, Familienfilm und Heimatfilm zu. Als Kriterium für ihre Filmauswahl gibt sie den kommerziellen Erfolg der einzelnen Produktionen an. Der Musikfilm taucht darin nicht auf. Vgl. Bärbel Westermann: Nationale Identität im Spielfilm der fünfziger Jahre, Europäische Hochschulschriften Bd. 39, Frankfurt a.M. u.a. 1990. Auch Manfred Barthel lässt in seiner Gesamtdarstellung zum Spielfilm der Nachkriegszeit den Schlagerfilm außer Acht. Er beruft sich auf vier große Themenwellen zwischen 1949 und 1972, in deren Zentrum er vier Berufsgruppen ansiedelt: Ärzte, Priester, Offiziere und Detektive. Flankiert werden die vier Wellen nach Barthel vom Heimatfilm. Vgl. Barthel: So war es wirklich.

3 Vgl. Willi Höfig: Der deutsche Heimatfilm 1947-1960, Stuttgart 1973. Höfig gelingt es, den Erfolg von Heimatfilmen statistisch zu belegen. Seine Arbeit stellt bis heute aufgrund des immensen, empirischen Datenschatzes eine der wichtigsten Studien in der Heimatfilmforschung dar. Höfig hat nicht nur die Strukturen des Heimatfilms wie Motive, Themen und Handlungsverläufe untersucht, sondern auch Material über den zeitgenössischen Kinomarkt und das Filmpublikum in Deutschland zusammengetragen und ausgewertet. Höfig kontextualisiert seine Analysen, indem er die allgemeinen Entwicklungslinien des deutschen Unterhaltungsfilms zwischen 1947 und 1960 nachzeichnet, und liefert damit auch für meine Untersuchungen zur deutschen Schlagerkomödie wichtige Grundinformationen. Außerdem durchdringen sich Heimat- und Schlagerfilm motivisch und thematisch in vielerlei Hinsicht, so dass auch hier ein Rückgriff auf Höfigs Analysen möglich ist.

talgia[4] von Alexandra Ludewig, die den Zeitraum sogar noch weiter fasst und 100 Jahre deutsche Heimatfilmtradition untersucht. Vor allem Ende der 1980er und in den 1990er Jahren erscheinen zahlreiche, auch internationale Forschungsbeiträge zum Thema Heimatfilm – eine Entwicklung, die möglicherweise durch die deutsche Wiedervereinigung 1989 und die Wiederbelebung von Diskursen über Heimat oder dem Nachdenken über Begriffe wie Identität begünstigt wurde.[5] Ein weiterer Grund für die Beachtung des oft als ›typisch deutsch‹ gekennzeichneten Genres mag in der Tatsache liegen, dass die Regisseure des so genannten ›Neuen deutschen Films‹ mit dem Topos Heimat und seinen bekannten Motiven gespielt und ihn zugleich weiterentwickelt haben. Galt der Heimatfilm einerseits als »Inbegriff der Misere des bundesdeutschen Kinos«[6], so stellte er andererseits eine künstlerische Herausforderung für die jungen Filmemacher dar.[7] Vor diesem Hintergrund entstanden seit Ende der 1960er Jahre zahlreiche Produktionen, die man dem so genannten Anti-Heimatfilm zurechnete und die sich kritisch mit Themen wie Provinzialität, Dialekt und

---

4 Alexandra Ludewig: Screening Nostalgia. 100 Years of German Heimat Film, Bielefeld 2011.

5 Vgl. die Studien von Kaschuba: Der deutsche Heimatfilm oder Koch: Vom Heimatfilm zur *Heimat*. Vgl. auch Manuela Fiedler: Heimat im deutschen Film. Ein Mythos zwischen Regression und Utopie, Aufsätze zu Film und Fernsehen, Bd. 16, Frankfurt a.M. 1995. Aus dem Bereich der internationalen Forschung sind zu nennen Heide Fehrenbach: Cinema in Democratizing Germany. Reconstructing National Identity after Hitler, Chapel Hill/London 1995, und Johannes von Moltke: No Place like Home. Locations of Heimat in German Cinema, Berkeley/London 2005.

6 Fritz Göttler: Westdeutscher Nachkriegsfilm. Land der Väter, in: Wolfgang Jacobsen u.a.: Geschichte des deutschen Films, Stuttgart/Weimar 1993, S. 171-210, hier S. 197.

7 Hans Günther Pflaum und Hans Helmut Prinzler zählen zum Beispiel die Westernrenaissance in Europa zu den auslösenden Momenten, ebenso wie die zunehmenden Schwierigkeiten der jungen, deutschen Regisseure, sich vor einem größeren Publikum dauerhaft zu behaupten. Vgl. Hans Günther Pflaum/Hans Helmut Prinzler: Film in der Bundesrepublik Deutschland. Der neue deutsche Film von den Anfängen bis zur Gegenwart, Bonn 1992, S. 19.

Brauchtum auseinandersetzen.[8] Die größte Beachtung fand in diesem Zusammenhang Edgar Reitz 1984 mit seinem elfteiligen Fernsehzyklus HEIMAT, der in der öffentlichen Wahrnehmung schnell den »Charakter eines Nationalepos'«[9] erhielt und es den Zuschauern erlaubte, »wieder ohne Schuldgefühle über Begriffe wie Nation und Heimat nachzudenken«[10]. Heimat wurde – nachdem Joseph Vilsmaier 1988 mit HERBSTMILCH die Lebenserinnerungen einer Bäuerin aus Niederbayern verfilmte und dafür den Deutschen Filmpreis in Silber erhielt – von den Intellektuellen zu einer acht- und diskutierbaren Kategorie gemacht. Weil sich die Filmemacher mit dem Thema auseinandersetzten und den Kritikern Diskussionsstoff lieferten, erhielt Heimat auch als filmwissenschaftlicher Diskurs plötzlich eine Legitimation. Daraus ergab sich eine Art Rückkopplungseffekt: Gut 30 Jahre nach dem vermeintlichen Boom des Heimatfilmgenres in Deutschland schienen alte Barrieren wie zum Beispiel Debatten über Wert und Unwert von unterhaltenden Filmgenres endgültig überwunden.[11]

Leider gingen von der engagierten Heimatfilmforschung in dieser Phase keine direkten Anreize aus, die Lücken auf dem Gebiet des ›verwandten‹ Schlagerfilms gleich mit zu schließen. Er blieb stets im Schatten des Heimatfilms zurück. Das belegen einzelne Aufsatztitel wie *Durch die Heimat und so weiter. Heimatfilme, Schlagerfilme und Ferienfilme der fünfziger Jahre*[12], die den Schlagerfilm deutlich als Anhängsel oder vermeintliches

---

8 Vor allem die Regisseure Peter Fleischmann (JAGDSZENEN AUS NIEDERBAYERN, 1968), Volker Schlöndorff (DER PLÖTZLICHE REICHTUM DER ARMEN LEUTE VON KOMBACH, 1971) und Rainer Werner Fassbinder (DIE NIKLASHAUSER FAHRT, 1970) setzten sich für den neuen deutschen Heimatfilm ein.

9 Eric Rentschler: Film der achtziger Jahre. Endzeitspiele und Zeitgeistszenerien, in: Jacobsen u.a. : Geschichte des deutschen Films, S. 285-322, hier S. 310.

10 Ebd., S. 311.

11 Das Metzler Lexikon zur Kultur der Gegenwart widmet dem Heimatfilm einen eigenen Artikel, vgl. Rainer Rother: Heimatfilm, in: Ralf Schnell (Hg.): Metzler Lexikon Kultur der Gegenwart. Themen und Theorien, Formen und Institutionen seit 1945, Stuttgart/Weimar 2000, S. 201.

12 Georg Seeßlen: Durch die Heimat und so weiter. Heimatfilme, Schlagerfilme und Ferienfilme der fünfziger Jahre, in: Hilmar Hoffmann/Walter Schobert

Nebenprodukt der Heimatfilmkultur deklarieren. Der Heimatdiskurs erscheint heute in vieler Hinsicht wissenschaftlich legitimiert. Der Schlagerdiskurs dagegen bereitet Probleme – zumindest im Zusammenhang mit dem Film, vor allem mit dem der Nachkriegszeit.

2.2 Nun singen sie also: Einzelpublikationen

Erste Hinweise auf den Schlagerfilm liefern populärwissenschaftliche Quellen wie Siegfried Schmidt-Joos, der 1960 in dem Band *Geschäfte mit Schlagern* den zeitgenössischen Musikmarkt in den Fokus nimmt.[13] Darin zeichnet er dezidiert nach, wie die »sehr glückliche Ehe«[14] zwischen Film und Schallplatte in den 1950ern funktioniert. Schmidt-Joos enthüllt die Strategien der Filmproduzenten, beschreibt, wie Verträge in der Branche geschlossen werden, und liefert zudem eine der wichtigsten Thesen über das Genre gleich mit: »Er [der Schlagerfilm, *meine Anmerkung* lebt vom Star.«[15]

Schmidt-Joos führt diese Idee weiter aus und legt dar, wie die kommerziellen Ziele der Musik- und Filmwirtschaft die Produktionsbedingungen und damit letztlich die Ästhetik des Films beeinflussen:

> »Schwierigkeiten gibt es […], wenn eine Film-Firma auf den kuriosen Einfall kommt, *zwei* Stars, die bei verschiedenen Plattenfilmen unter Exclusiv-Vertrag stehen, zusammen in *einem* Film auftreten zu lassen. […] Jede Firma möchte für ihren Star und für sich ein möglichst großes Stück des Film-Kuchens ergattern. Wieviele Schlager darf jeder singen? Wie können Drehbuch und die Regie so abgestimmt werden, damit ja keiner im Schatten des anderen steht?«[16]

Der Anteil von Gesangs- und Spielszenen wird vorab genau kalkuliert; die Rolle, die der Star im Film spielt, im Hinblick auf sein bereits feststehendes

(Hg.): Zwischen Gestern und Morgen. Westdeutscher Nachkriegsfilm 1946-1962, Frankfurt a.M. 1989, S. 136-161.

13 Schmidt-Joos: Geschäfte mit Schlagern.

14 Ebd., S. 128.

15 Ebd., S. 131.

16 Ebd., S. 129 *[Hervorhebung i.O.]*.

oder geplantes Image[17] konstruiert; die Handlung wird anschließend um diese Komponenten herum gestrickt. Interessant ist, dass Schmidt-Joos auch die umgekehrte Variante – Filmstars als Schlagerinterpreten – in seine Ausführungen einbezieht. »Nun singen sie also«[18] lautet sein Kommentar zu einer Entwicklung, die sich im Schlagerfilm in den 1960er Jahren immer stärker durchsetzt: Die Plattenfirmen bringen inzwischen auch scheinbar ›branchenfremde‹ Künstler ans Mikrofon wie zum Beispiel Sportstars.[19] Einzelne Unterhaltungs- und Medienbereiche wie Film, Musik und Sport wachsen in dieser Zeit immer stärker zusammen. Schmidt-Joos kann 1960 nicht abschätzen, welche Dimensionen diese kommerzielle und künstlerische Verzahnung annehmen und welche Auswirkungen sie wiederum auf das zeitgenössische Mediensystem haben wird, aber er hat die Tendenzen früh erkannt.

Leider liefern auch spätere Studien zu diesen Verhandlungsprozessen des Medienverbunds keine Erkenntnisse. Die Anstöße, die Schmidt-Joos gegeben hat, werden nicht fortgeführt. In der Folgezeit bleibt es in Bezug auf den Schlagerfilm bei punktuellen Aussagen. Werner Mezger hat 1975 in seiner sehr umfangreichen Studie zum deutschen Schlager, in der es neben der Schlagergeschichte auch um die Musikbranche und deren Erfolgsstrategien geht, nur wenige Bemerkungen für den Film übrig, dem er eine gewisse »Sonderstellung«[20] einräumt. Seinen Beobachtungen zufolge ist es inzwischen nicht mehr der Film, der dem Schlager zum Erfolg verhilft, sondern der Schlager muss jetzt dazu beitragen, »das allmählich kinomüde gewordene Publikum wieder in die Lichtspielhäuser zu locken«[21]. Mezger interessiert sich dagegen primär für die Medien, die seiner Meinung nach den Erfolg des Schlagers ausmachen, wie Rundfunk, Fernsehen

17 Zur Gestaltung von Images und ihrer Marktorientierung vgl. zum Beispiel Stephen Lowry/Helmut Korte: Der Filmstar, Stuttgart 2000, S. 14ff.

18 Schmidt-Joos: Geschäfte mit Schlagern, S. 130.

19 Vgl. Kapitel 5 in dieser Arbeit.

20 Werner Mezger: Schlager. Versuch einer Gesamtdarstellung unter besonderer Berücksichtigung des Musikmarktes der Bundesrepublik Deutschland, Untersuchungen des Ludwig-Uhland-Instituts der Universität Tübingen, Bd. 39, Tübingen 1975, S. 69.

21 Ebd.

und Presse. Wieder rückt der Schlagerfilm in die zweite Reihe der wissenschaftlichen Auseinandersetzung.

Als Genre ist der Schlagerfilm bis dato noch gar nicht näher betrachtet worden. Erst in der jüngeren Zeit sind vereinzelte Publikationen erschienen, die sich dem Sujet annehmen und es zumindest in die Diskussion des Nachkriegskinos einbeziehen. So zählt Walter Uka den Schlagerfilm 2002 in seinem Aufsatz über den Film der 1950er Jahre zu den wichtigsten Filmgenres der Nachkriegszeit.[22] Ebenso kennzeichnet er den Schlagerfilm als hybrides Genre, das vor allem eine Allianz mit dem Heimatfilm eingegangen ist.[23] Letztlich bleibt es aber bei der Auflistung weniger Fakten, die den Schlagerfilm zwar aus der Masse der Nachkriegsfilme hervorheben, die jedoch nicht wirklich ins Detail gehen.

Einen alternativen Einblick bietet der Musikwissenschaftler Bernd Hoffmann 2002 in seinem Aufsatz *Liebe, Jazz und Übermut*, in dem er sich dem »swingenden Heimatfilm der 1950er Jahre«[24] annimmt. Sein Interesse gilt dem Jazz als Teil der Jugendkultur in der Adenauer-Ära. Hoffmann schaut sich Filme im Hinblick auf ihre Jazzrepräsentationen an und operiert mit Begriffen wie Landjazz- und Stadtjazzfilm[25], die für meine Untersuchung jedoch etwas umständlich und wenig brauchbar erscheinen. Sie spielen auf den Stadt-Land-Gegensatz an, ein zentrales Motiv des Heimatfilms. Nach Hoffmanns Auffassung unterscheiden sich die Jazzrepräsentationen in beiden Filmtypen deutlich: Im Landjazzfilm sind es eher die vagabundieren Musiker, die ins ländliche Milieu eindringen, im Stadtjazzfilm geht es dagegen hauptsächlich um die Darstellung der urbanen Jazzclubkultur.[26] Meiner Ansicht nach lässt sich diese Trennlinie jedoch nicht so einfach ziehen, da sich Stadt- und Landszenarien im Film häufig vermischen und ›Clubauftritte‹ afroamerikanischer Jazzsänger zum Beispiel auch in den Alpen in einem Ferienhotel stattfinden können.[27] So bleibt Hoffmanns An-

22 Vgl. Uka: Modernisierung im Wiederaufbau oder Restauration?, S. 83f.

23 Ebd.

24 Hoffmann: Liebe, Jazz und Übermut, S. 259.

25 Vgl. ebd., S. 262ff.

26 Ebd.

27 Das belegt zum Beispiel der Film DER SCHWARZE BLITZ (D 1958, R: Hans Grimm), eine Mischung aus Ski-, Heimat- und Schlagerfilm, in dem Sängerin Olive Moorefield in der Hotelbar die Lieder *Etwas leise Musik* und *Im Nachtlo-*

satz eine exemplarische Perspektive auf den Musikfilm der 1950er Jahre, die zwar einen Einblick in die Musiklandschaft zu geben vermag, Genrefragen jedoch außen vor lässt.

Während der Schlagerfilm in Deutschland weiter stiefmütterlich behandelt wird, schärft sich in der internationalen Forschungslandschaft zunehmend der Blick für das deutsche Nachkriegskino, vor allem im angloamerikanischen Raum. In den amerikanischen *Film Studies* und auch *German Studies* scheint der Begriff Schlagerfilm längst gängig zu sein. So definiert Hester Baer den Schlagerfilm nicht nur allgemein als »pop-music film«[28], sondern ordnet ihn auch eindeutig einem jugendlichen Publikum zu: »The most sustained attempt to apply the Hollywood model to the domestic film market came in the uniquely German genre of the *Schlagerfilm*, an adaption of the Hollywood ›teenager film‹.«[29] Obwohl Baer in ihrem Buch gar nicht explizit auf den Schlagerfilm eingeht, hat sie in diesem Satz weitere wichtige Aussagen über das Genre gemacht: Schlagerfilme sind in ihren Augen nicht nur typisch für die deutsche Filmkultur, sie lassen sich nach ihrer Definition durchaus in der Tradition des Hollywood-Kinos lesen, konkret knüpfen sie an den amerikanischen Teenagerfilm[30] an. Diese in einem solch knappen Umfang sehr vereinfachende These resultiert möglicherweise aus der angloamerikanischen Forschungstradition, die Musikfilme der 1950er und 1960er Jahre, besonders Elvis-Presley-Filme, häufig im Bereich des

---

kal Klein-Chicago darbietet. Die geborene Amerikanerin war in den 1950ern in vielen Musikkomödien zu sehen, oft als Barsängerin, meist auch unter ihrem eigenen Namen. Vgl. http://www.fuenfzigerjahresaenger.de/Lexikon/Moorefield.htm (letzter Aufruf: 31. Januar 2012).

28 Hester Baer: Dismantling the Dream Factory. Gender, German Cinema and the Postwar Quest for a New Film Language, Oxford/New York 2009, S. 183.

29 Ebd., S. 240 *[Hervorhebung i.O.]*.

30 Christoph Brecht beschreibt den Teenagerfilm bzw. das »Teen Movie« als hybrides Genre, das sich nicht anhand einzelner Merkmale fassen lässt, sondern zwischen verschiedenen Filmgenres wie Komödie, Melodram, Horror oder Fantasy wandert, die dann ins »Teenage-Format« transkribiert werden. Vgl. Christoph Brecht: Teenage Negotiations. Gender als Erzähltechnik in Amy Heckerlings Teen Movie Clueless, in: Liebrand/Steiner (Hg.): Hollywood hybrid, S. 67-90, hier S. 67ff.

»teenpic«[31] ansiedelt, weil sie Diskurse verhandeln und Stars hervorbringen, die sich hauptsächlich an ein jugendliches Publikum richten.[32] Der deutsche Schlagerfilm beschränkt sich allerdings sicher nicht auf die von Baer angesprochenen »performances of rock«[33] und damit auf Produktionen wie WENN DIE CONNY MIT DEM PETER (D 1958, R: Fritz Umgelter), also auf Filme mit deutschen Teenager- und Rock-'n'-Roll-Idolen wie Conny Froboess und Peter Kraus. Dennoch wird hier eine bestimmte Haltung zum Genre sichtbar, die viele deutsche Publikationen bislang vermissen lassen.

Vielversprechend klingt im Zusammenhang mit der internationalen Perspektive auf deutsche Filmgeschichte auch der Aufsatz von Tim Bergfelder *Between Nostalgia and Amnesia: Musical Genres in 1950s German Cinema*.[34] Auch hier geht es um die Frage, in welchem Verhältnis der deutsche Musikfilm in den 1950ern zum Hollywood-Musical steht. Bergfelder teilt das deutsche Nachkriegskino – was den Musikfilm betrifft – in verschiedene Subgenres wie Operetten- und Revuefilm, Heimatfilm mit Volksliedtradition und den Schlagerfilm ein. Zugleich betont er:

»Rather than providing a clearly definable generic framework, German musical films in the 1950s subdivided into a number of different categories according to different musical styles (and tastes), while at the same time entering into hybrid combinations with other narrative and musical conventions.«[35]

---

31 »The rock musical was born in the 1950s with teenpics like *Jailhouse Rock* (1957) and *The Girl Can't Help It* (1956)«, schreibt zum Beispiel Steve Neale und legt dar, dass sich die Debatten um diese Art von Musikfilm immer wieder um das Verhältnis zum klassischen Hollywood Musical drehen, siehe Neale: Genre and Hollywood, S. 110f. Vgl. ebenso Caine: Interpreting Rock Movies, S. 8ff.

32 Laut Andrew Caine sind Rock-'n'-roll-Musicals einerseits nicht ganz vom Teenagerfilm zu trennen, andererseits lassen sich nicht alle Filme mit jungen Darstellern automatisch in die »teen movie formula« pressen. Caine rät daher zu einer kritischen Differenzierung, zumal der Begriff Teen Movie in den 1950ern und 1960ern nicht als Produktionsbegriff existierte. Vgl. ebd.

33 Baer: Dismantling the Dream Factory, S. 240.

34 Tim Bergfelder: Between Nostalgia and Amnesia: Musical Genres in 1950s German Cinema, in: Bill Marshall/Robynn Stilwell (Hg.): Musicals. Hollywood and Beyond, Exeter 2000, S. 80-88.

35 Ebd., S. 81.

Dieser Hybridität des Genres trägt Bergfelders Text durch seine starre additive Auflistung und Abarbeitung einzelner Genrekategorien jedoch letztlich keine konsequente Rechnung. Nach Bergfelders Definition zeichnet sich der Schlagerfilm in den 1950ern allein durch seine kommerzielle Funktion aus: »The *Schlager* film was less a self-contained genre in its own right, but an extension of, and advertisement, for the leisure industries and entertainment media from which it emerged.«[36] Diese Erkenntnis ist nicht neu und bildet inzwischen den Ausgangspunkt sämtlicher Diskussionen über den Schlagerfilm. Sie dient Bergfelder jedoch zu der Konklusion, dass sich die deutsche Musikfilmlandschaft in den 1950ern aus unterschiedlichsten Einflüssen gebildet hat und damit einfachen Klassifizierungen trotzt.[37] Unnötig erscheint in diesem Zusammenhang die schon beinahe stereotype Negativdeutung deutscher Nachkriegsfilme:

> »Alternately provincial (the *Heimat* film) and eagerly cosmopolitian (the *Schlager* film), they are cultural products of a society unsure about its identity, balancing a legacy of national guilt, self-pity and defeat with renewed confidence, international relations, mobility and affluence.«[38]

Auch wenn sich der Text somit nicht frei machen kann von alten Ressentiments, liefert er doch einen guten und in dieser Form bislang auch einzigartigen Überblick über den deutschen Musikfilm der Nachkriegszeit.

2.3 LEXIKA UND FILMGESCHICHTEN

Echte Fleiß- und Pionierarbeit hat der Berliner Journalist Manfred Hobsch geleistet. 1998 ist sein illustriertes Schlagerfilmlexikon mit dem Titel *Liebe, Tanz und 1000 Schlagerfilme* erschienen – keine wissenschaftliche Aufarbeitung des Genres, sondern das Werk eines Filmliebhabers.[39] Das 240 Seiten umfassende Buch stellt den bislang einzigen Versuch dar, einen systematischen Überblick über das Genre zu liefern. Inhaltlich arbeitet Hobsch

---

36 Ebd., S. 86 *[Hervorhebung i.O.]*.

37 Ebd., S. 87.

38 Ebd *[Hervorhebung i.O.]*.

39 Hobsch: Liebe, Tanz und 1000 Schlagerfilme.

mit einer Dreiteilung: Im ersten Teil wird die Schlagerfilmgeschichte beschrieben, angefangen mit den Revuefilmen der 1930er Jahre bis hin zur Schlager-Retro-Welle in den 1990er Jahren, in deren Zuge Filme mit Schlagerbarden wie Helge Schneider und Guildo Horn entstanden sind. Der zweite Teil des Buches widmet sich den Stars des Genres. Ein kurzer biografischer Überblick wird hier jeweils mit einer Filmografie des jeweiligen Künstlers verknüpft. Im dritten Teil stehen schließlich die Filme selbst im Mittelpunkt: In chronologischer Reihenfolge stellt Hobsch ein Korpus samt Inhaltsangaben von Schlagerfilmen seit 1930 zusammen, das eine wichtige Orientierungshilfe bietet, jedoch keinen Anspruch auf Vollständigkeit erhebt.[40] Die Auswahl der Filme, die im Übrigen auch Produktionen der ehemaligen DDR einbezieht, erscheint subjektiv. Nicht jeder Film wird in gleicher Ausführlichkeit besprochen. Doch Hobsch wird mit seinem Lexikon der Hybridität des Genres gerecht, indem er auch Filme bespricht, die zum Beispiel ebenso als Operettenverfilmungen gelten könnten wie der DER ZAREWITSCH (D 1954, R: Arthur Maria Rabenalt) oder GRÄFIN MARIZA (D 1958, R: Rolf Schündler). Durch seinen enormen Datenschatz und die Dichte an zusammengetragenem Material, darunter Kinoplakate und Kritikerstimmen, besitzt das Lexikon für die vorliegende Arbeit erheblichen Wert. Hobschs Kanon bildete die Grundlage meiner Filmrecherche und leistete als Nachschlagewerk Hilfe bei der Filmauswahl.

Ältere Filmgeschichten und Filmlexika schweigen sich dagegen über den Schlagerfilm, seine kommerziell erfolgreichen Darsteller und Regisseure, nahezu kollektiv aus. Franz Antel zum Beispiel, der »von der Kritik meistgeschmähte österreichische Nachkriegsregisseur«[41], drehte seit 1948 mehr als 100 Unterhaltungsfilme. Damit zählte Antel zu den produktivsten deutsch-

40 Während meiner Recherche bin ich immer wieder auf Filme gestoßen, die nach meiner Definition eindeutig Schlagerfilme sind und für meine Arbeit eine Rolle spielen, die bei Hobsch jedoch nicht explizit berücksichtigt werden wie zum Beispiel MUSIK, MUSIK, DA WACKELT DIE PENNE (D 1970, R: Franz Antel). Darsteller in diesem Film waren u.a. Ilja Richter, Chris Roberts und Graham Bonney. Das soll kein Vorwurf an Hobsch sein, sondern unterstreicht lediglich die Dimension, die der Schlagerfilm innerhalb der deutschen Filmproduktion einnimmt.

41 Hans-Michel Bock: Cinegraph. Lexikon zum deutschsprachigen Film, Lieferung 10, München 1988, D1.

sprachigen Regisseuren; drei Jahrzehnte lang galt er sogar als der kommerziell erfolgreichste deutsche Regisseur und Produzent.[42] Einen Preis für seine Arbeit bekam er nie.[43] Sein Name wird in Filmgeschichten in der Regel nicht erwähnt – ein Beispiel, das symptomatisch für den Umgang mit dem deutschen Unterhaltungsfilm, seinen Machern und seinen Stars ist.

In der *Geschichte des deutschen Films* von Wolfgang Jacobsen, Anton Kaes und Hans Helmut Prinzler taucht der Begriff Schlagerfilm nicht auf – nicht einmal im Zusammenhang mit dem Heimatfilm. Ein eigenständiges Kapitel deutscher Filmgeschichte wird damit seitens der Chronisten komplett ignoriert. Ebenso verfährt Eric Rentschler in seinem Beitrag *Das »Dritte Reich« und die Folgen* in Geoffrey Nowell-Smiths *Geschichte des internationalen Films.*[44] Rentschler wirft auf die Nachkriegsjahre nur ein sehr kurzes Schlaglicht, beschreibt auf anderthalb Seiten hauptsächlich die Bestrebungen, die motivierte Filmemacher unternahmen, um die »unfruchtbare und provinzielle Lage«[45] in der deutschen Filmindustrie zu verändern. Auf die erfolgreichen Produktionen dieser Zeit geht er nicht ein. Jerzy Toeplitz widmet dem deutschen Nachkriegsfilm in seiner *Geschichte des Films*[46] einen ebenso schmalen Raum, integriert die Entwicklung in Deutschland in ein umfassenderes Kapitel mit dem Titel *In Westeuropa und auf dem Balkan.* Toeplitz interessiert sich vor allem für Produktionsbedingungen und die wirtschaftlichen und kommerziellen Aspekte der Filme. Zum Schlagerfilm bemerkt er lapidar: »Neben den Heimatfilmen gab es Musikkomödien und Melodramen, die ebenso sichere Kasseneinnahmen brachten.«[47] Eine Beschreibung von spezifischen Merkmalen der Musikkomödie und eine nähere Erläuterung der Gründe für ihren Erfolg finden sich bei Toeplitz dann allerdings nicht.

---

42 Vgl. Herbert Holba u.a.: Reclams deutsches Filmlexikon. Filmkünstler aus Deutschland, Österreich und der Schweiz, Stuttgart 1984, S. 21.

43 Antels Alterswerk DER BOCKERER (D/Ö 1981), in dem Antel das Leben eines Wiener Fleischers während der Nazi-Zeit erzählt, wurde 1981 für die Oscar-Nominierung eingereicht, ging aber leer aus.

44 Eric Rentschler: Das »Dritte Reich« und die Folgen, in: Geoffrey Nowell-Smith (Hg.): Geschichte des internationalen Films, Stuttgart/Weimar 1998, S. 338-347.

45 Ebd., S. 346.

46 Jerzy Toeplitz: Geschichte des Films, Bd. 5: 1945-1953, Berlin 1992.

47 Ebd., S. 393.

Etwas differenzierter – mit einem immerhin kurzen Blick auf die diegetische Einbindung von Musik – verfährt Ricarda Strobel in der *Fischer Filmgeschichte.*[48] In ihrem Aufsatz zum SCHWARZWALDMÄDEL (D 1950, R: Hans Deppe) verweist sie auf eine mögliche Lesart des Heimatfilms als Musikfilm und eröffnet damit eine Perspektive für weitere Forschungsbemühungen auf diesem Feld.

»Mit diesem starken Gewicht auf den musikalischen Teilen stand Schwarzwaldmädel am Anfang einer spezifischen Form des Heimatfilms, des sogenannten Operettenfilms. Aber auch in Heimatfilmen, die keine Operettenvorlage hatten, spielte die Musik oft eine tragende Rolle: Gesangseinlagen wie in GRÜN IST DIE HEIDE oder Volksmusik- und Schlagereinlagen wie in SCHWARZWÄLDER KIRSCH.«[49]

Doch auch hier geraten Genrebezüge und Begrifflichkeiten durcheinander. Der Operettenfilm wird plötzlich als Sonderform des Heimatfilms verstanden, eine filmhistorische Aufeinanderfolge der beiden Genres wird propagiert.

Für die Jahre 1961 bis 1976 finden sich in der *Fischer Filmgeschichte* schließlich einige Hinweise auf Freddy-Quinn-Filme. Werner Faulstich und Helmut Korte sprechen von der »deutschen Trivialität dieser Zeit«[50] und beurteilen die Freddy-Quinn-Filme als »typische Filmschnulzen, in denen dürftige Handlungsstränge eine Reihe mehr oder weniger erfolgreiche Schlager verknüpfen, die bereits vorher oder parallel dazu auf Platten ausgewertet wurden«[51]. Quinn-Filme werden als rein kommerzielles Produkt gekennzeichnet und in die zeitgemäße Tradition der Karl-May-Filme und Simmel-Verfilmungen eingeordnet. Die Darstellung bleibt jedoch auf wenige Zeilen beschränkt.

---

48 Ricarda Strobel: Heimat, Liebe und Glück: Schwarzwaldmädel (1950), in: Werner Faulstich/Helmut Korte (Hg.): Fischer Filmgeschichte, Bd. 3: Auf der Suche nach Werten, Frankfurt a.M. 1990, S. 148-170.

49 Ebd., S. 160.

50 Werner Faulstich/Helmut Korte: Der Film zwischen 1961 und 1976: ein Überblick, in: dies. (Hg.): Fischer Filmgeschichte, Bd. 4: Zwischen Tradition und Neuorientierung 1961-1976, Frankfurt a.M. 1992, S. 11-39, hier S. 17.

51 Ebd., S. 16.

Auch Hilmar Hoffmann gibt in seiner Filmgeschichte *100 Jahre Film*[52] dem Heimatfilm einen Vorrang vor dem Schlagerfilm. Wie Ricarda Strobel sieht auch er den Film SCHWARZWALDMÄDEL aufgrund seiner Erfolg versprechenden »Rezeptur«[53] als genrekonstituierend an. Hoffmann analysiert vor allem die 1950er und 1960er Jahre als eine Epoche, die filmgeschichtlich von aufeinander folgenden Genrewellen geprägt war.

> »Zur Welle der Heimatfilme gesellte sich bald die Arztfilmwelle, gefolgt von den Serienprodukten der Militärfilme, der Edgar-Wallace-Krimis, der Karl-May-Folgen usw. Später folgten noch die Reise- und Schlagerfilme, insgesamt also eine attraktive Melange verschiedener Elemente und Versatzstücke«.[54]

Wie an dieser Aufzählung deutlich wird, ist der Schlagerfilm laut Hoffmann in dieser Zeit nur ein Genre neben vielen anderen, das Erfolge beim Publikum erzielen kann. Auch hier wird der Fokus auf den Seriencharakter gerichtet, der das Argument der künstlerisch anspruchslosen Massenproduktion rechtfertigt.

Auffallend ist, dass die zahlreichen Vorbehalte gegenüber dem Schlagerfilm in neueren Filmgeschichten zunehmend abgebaut werden und sich offenbar eine veränderte Wahrnehmung einstellt. So integriert Sabine Hake 2004 in ihrem Buch *Film in Deutschland*[55] den Schlagerfilm in das Kapitel zum bundesdeutschen Nachkriegsfilm. Darin beschreibt sie nicht nur sein enges Verhältnis zu Operetten- und Revuefilmen, sondern kennzeichnet ihn auch als Genremischform.[56] Auch im nachfolgenden Kapitel zum deutschen Film zwischen 1962 und 1989 greift sie den Schlagerfilm auf. Sie sieht ihn als Teil der Jugendkultur, der er sich in den 1960er Jahren mehr und mehr anpasst, und schließlich im engen Zusammenhang mit den damals sehr be-

---

52 Hilmar Hoffmann: 100 Jahre Film. Von Lumière bis Spielberg, Düsseldorf 1995.

53 Ebd., S. 244.

54 Ebd.

55 Sabine Hake: Film in Deutschland. Geschichte und Geschichten seit 1895, Hamburg 2004.

56 Vgl. ebd., S. 200f.

liebten Schulkomödien.[57] Außerdem sieht sie in ihm die »deutsche Alternative zum Rock-'n'-Roll-Film«[58]. Hakes Blick auf den Schlagerfilm bleibt zwar pauschal und relativ knapp, ist aber um Wertneutralität bemüht.

Werner Faulstich widmet dem Schlagerfilm in seiner 2005 erschienen *Filmgeschichte*[59] ein eigenes, wenn auch kurzes Kapitel und reiht ihn in die Riege der typisch deutschen Nachkriegsgenres ein. Bemerkenswert ist, dass Faulstich entgegen der Meinung anderer Filmwissenschaftler und Chronisten keinen Bruch zwischen den 1950er und 1960er Jahren sieht, sondern einen konstant bleibenden Erfolg von Musikfilmen in dieser Epoche feststellt.[60] Zum ersten Mal wird damit die Kontinuität des Schlagerfilms in der deutschen Filmgeschichte gewürdigt.

2.4 WUNSCHWELTEN UND TRAUMVERFÜHRER: SCHLAGER IN DER GERMANISTIK

So wenig bislang über den Schlagerfilm als filmisches Genre geschrieben wurde, so umfangreich und unübersichtlich ist die Zahl der wissenschaftlichen Publikationen zum Thema Schlager. Das Interesse zieht sich durch unterschiedlichste Fächer. In einem kurzen Exkurs sollen zur Ergänzung des bisherigen Forschungsberichtes einige Ansätze skizziert werden. Damit lässt sich verdeutlichen, dass es um eines der wichtigsten Merkmale des Schlagerfilms, nämlich den Schlager, seit Jahrzehnten wissenschaftliche Auseinandersetzungen gibt.

Genauer gesagt seit Ende der 1950er Jahre: Seit dieser Zeit wird versucht, den Schlager als Genre innerhalb der populären Musik zu definieren, seine Sprache und Rezeption zu analysieren und ihn als Produkt in einer sich wandelnden Medienkultur zu verorten.[61] Die größte Beachtung hat der

57 Hake nennt als Beispiel DIE LÜMMEL VON DER ERSTEN BANK (D 1967, R: Werner Jacobs). Hier wirken u.a. Hansi Kraus, Theo Lingen und Georg Thomalla als Darsteller mit. Vgl. ebd., S. 263.

58 Ebd.

59 Werner Faulstich: Filmgeschichte, Paderborn 2005.

60 Vgl. ebd., S. 139.

61 Burkhard Busse hat bereits 1976 Ansätze aus verschiedenen Forschungsbereichen wie Psychologie, Pädagogik, Soziologie und Wirtschaftswissenschaften

Schlager dabei in der Musikwissenschaft, der Ethnologie bzw. der Volkskunde und auch in der Germanistik gefunden, die sich in der Anfangszeit vor allem dem Schlagertext als einer Art Sonderform moderner Dichtung widmete. Schlager wurden aus dieser Sicht noch nicht als Teil einer komplexeren Medienkultur betrachtet, sondern als »Phänomene, die an der unteren Grenze der Dichtung«[62] stehen und damit im weiteren Sinne zur Literatur gehören. Willy Haas umschreibt den Schlager 1957 in seinem *Schlagerbuch* sogar als »Minnelyrik unseres Zeitalters«[63].

Das klingt zunächst nach einer Nobilitierung des Gegenstandes, doch die Wissenschaftler hatten Gegenteiliges im Sinn. Schlager trat »als negativer Begriff in den wissenschaftlichen Diskurs«[64] ein. Das belegt bereits 1957 eine Studie von Else Haupt, der »Urmutter aller Schlager-Promoventen«[65]. In ihren *Stil- und sprachkundlichen Untersuchungen* geht es Haupt zwar einerseits darum, Kennzeichen des Schlagers zu bestimmen, vor allem aber bemüht sie sich darum, ihn von anderen Liedformen wie dem Volkslied abzugrenzen. Diese Vorgehensweise wirkt aus heutiger Sicht anachronistisch, ist aber typisch für den zeitgenössischen Umgang mit dem Thema. Schlager und Volkslied werden aufgrund ihrer Popularität und ihrem hohen Verbreitungsgrad als gewissermaßen verwandt angesehen. »Eine äußere Abgrenzung zwischen Schlager und Volkslied kann kaum gefunden werden«[66], schreibt Haupt und verweist auf die »populäre Verwechslung«[67] der Begriffe. Sowohl Schlager als auch Volkslied definieren sich unter dieser allgemeinen Prämisse als beliebte Musikstücke mit eingängiger Melodie und einprägsamem Refrain, wobei der Schlager als

zusammengetragen und verglichen, vgl. Burkhard Busse: Der deutsche Schlager. Eine Untersuchung zu Produktion, Distribution und Rezeption von Trivialliteratur, Diss., Wiesbaden 1976, S. 7ff.

62 Haupt: Stil- und sprachkundliche Untersuchungen zum deutschen Schlager, S. I.

63 Willy Haas: Das Schlagerbuch, München 1957, S. 11.

64 Julio Mendívil: Ein musikalisches Stück Heimat. Ethnologische Beobachtungen zum deutschen Schlager, Bielefeld 2008, S. 202.

65 Dietrich Kayser: Neuere Publikationen der Schlager- und Popmusikforschung. Ein Forschungsbericht, in: Rolf Wilhelm Brednich (Hg.): Jahrbuch für Volksliedforschung, 22. Jhg., Berlin 1977, S. 130-140, hier S. 131.

66 Haupt: Stil- und sprachkundliche Untersuchungen zum deutschen Schlager, S. 3.

67 Ebd., S. I.

kommerzielles Produkt in dieser Zeit zunehmend als Bedrohung für das traditionelle Liedgut und die Musikkultur begriffen wird.[68] Else Haupts Arbeit ist wie nahezu alle nachfolgenden Studien von der Dichotomie Tradition versus Kommerz geprägt. »Ein Literaturhistoriker kann sich der Frage nicht entziehen, wie das Lied beschaffen ist, das heute Kunstlied und Volkslied zu ersetzen droht«[69], sagt sie und gibt damit den Tenor vor, der in den kommenden Jahrzehnten richtungsweisend für die Schlagerforschung ist: Es geht den Wissenschaftlern vor allem um Wertungsfragen.

Das ist nicht verwunderlich, haben doch Adorno und Horkheimer 1947 den Begriff der Kulturindustrie eingeführt, wonach Kulturgüter einem Prozess der Standardisierung und Serienproduktion unterworfen werden und damit massenhaft verfügbar sind, zugleich aber auch entwertet werden.[70] Schlager bedeuten somit den Einbruch des Kommerzes in die Sphäre der mündlichen Liedtradition – ein Szenario, das es aus Sicht vieler Musikwissenschaftler, Volkskundler und Literaturwissenschaftler wachsam und vor allem kritisch zu beobachten gilt.[71]

---

68 Haupt kennzeichnet den Schlager als »Volkslied der Großstadt« (ebd., S. 3), was ihrer Meinung nach die Terminologie weiter verkompliziert. Aber vorherrschend in diesem Zeitraum ist offensichtlich der Gedanke, dass der Schlager mehr und mehr in die Heimat des Volksliedes, die Dörfer, eindringt. Der Schlager wird also per se als ein kosmopolitisches Produkt verstanden, während das Volkslied eher die Tradition verkörpert, ein Gegensatz, der auch bei der Diskussion von Schlager und Heimat noch eine Rolle spielen wird. Vgl. ebd.

69 Ebd.

70 Konrad Paul Liessmann (Hg): Kulturindustrie, in: Ansgar Nünning: Metzler Lexikon Literatur- und Kulturtheorie. Ansätze – Personen – Grundbegriffe, Stuttgart/Weimar 2004, S. 360-361, hier S. 361.

71 Rolf Wilhelm Brednich: Das Lied als Ware, in: ders. (Hg.): Jahrbuch für Volksliedforschung, 19. Jhg., Berlin 1974, S. 11-20, hier S. 11. Eine Zusammenfassung über den Diskurs und seine Entwicklung über die Jahrzehnte liefert Matthias Bandur: Er trägt in seinem Lexikonartikel viele Stimmen zeitgenössischer Kritiker zusammen und belegt damit die problematische Stellung, die der Schlager im Verhältnis zum positiv konnotierten Gassenhauer und zum Volkslied einnimmt. Vgl. Matthias Bandur: Schlager, in: Hans Heinrich Eggebrecht (Hg.): Handwörterbuch der musikalischen Terminologie (HmT), 19. Auslieferung, 1991, S. 1-12, hier S. 6ff.

Aufschlussreich ist in diesem Zusammenhang ein exemplarischer Vergleich zweier Beiträge aus einem musikwissenschaftlichen Standardwerk, und zwar aus dem Lexikon *Die Musik in Geschichte und Gegenwart*, kurz *MGG*[72] genannt. In der Erstauflage von 1963 schreibt Hans Christoph Worbs den Artikel zum Thema Schlager und bestimmt ihn darin noch eindeutig als »literarisches und musikalisches Phänomen«[73]. Hier kommt erneut der Vergleich mit dem Volkslied zum Tragen, das sich gegenüber dem Schlager durch Variantenbildung, durch häufiges Umsingen und vereinzelt auch durch eine größere Langlebigkeit auszeichnet.[74] In der Neuauflage des Lexikons 1998[75], also genau 35 Jahre später, taucht diese Verknüpfung mit dem Volkslied im Schlagerartikel nicht mehr auf. Autor Peter Wicke distanziert sich explizit von der Theorie Adornos und derartigen Werturteilen: Wicke sieht Schlager als Teil der Alltagskultur und nicht als Instrument der Aufklärung.[76] Schlager seien demnach mit einem »wie immer auch gearteten Kunstbegriff«[77] nicht zu fassen.

Eine solch neutrale, urteilsfreie Sicht auf den Schlager ist im Gros der germanistischen Forschungsbeiträge allerdings nicht zu finden. Die Mehrzahl der Studien entsteht vor einem kulturpessimistischen Hintergrund in den 1960er und 1970er Jahren. Der Schlager wird als Teil der unterhaltenden Literatur angesehen und vielfach als »triviale Poesie«[78] oder auch »Triviallyrik«[79] gekennzeichnet. Im Zentrum des wissenschaftlichen Interesses

72 Friedrich Blume (Hg.): Die Musik in Geschichte und Gegenwart. Allgemeine Enzyklopädie der Musik (MGG), Bd. 11, Kassel u.a. 1963.

73 Hans Christoph Worbs: Schlager, in: Blume (Hg.): MGG, 1963, S. 1738-1745, hier S. 1738f.

74 Ebd., S. 1738.

75 Friedrich Blume (Hg.): Die Musik in Geschichte und Gegenwart. Allgemeine Enzyklopädie der Musik (MGG), Bd. 8, Kassel u.a. 1998.

76 Peter Wicke: Schlager, in: Blume (Hg.): MGG, 1998, S. 1063-1070, hier S. 1065f.

77 Ebd., S. 1065.

78 Walther Killy: Gedanken über deutsche Schlagertexte, in: *Neue Rundschau*, Bd. 82, 1971, S. 259-279, hier S. 261.

79 Götz Grossklaus: Das Lied als Ware, in: Anton Kaes/Bernhard Zimmermann (Hg.): Literatur für viele 1. Studien zur Trivialliteratur und Massenkommunikation im 19. und 20. Jahrhundert, Zeitschrift für Literaturwissenschaft und Lingu-

steht vor allem die Erforschung des sozialen Umfeldes, in dem Schlager produziert und gehört wurden. Dementsprechend widmen sich die einzelnen Untersuchungen neben der Textanalyse vor allem dem Schlagerfan, sowie der Schlagerindustrie und damit der systematischen Verbreitung von Schlagern. Germanistische Studien dieser Zeit berufen sich durchgängig auf den künstlerisch anspruchslosen Warencharakter des Schlagers. Als exemplarisch kann hier die 1976 erschienene Dissertation von Burkhard Busse gelten.[80] Busse setzt in seiner empirisch angelegten Studie drei Untersuchungsschwerpunkte: Er befasst sich mit dem Hörer, der Industrie und dem Schlagertext. Interessant daran ist die Wahl der Reihenfolge seiner Schwerpunkte im Vergleich zur inhaltlichen Gewichtung. Die Textanalyse tritt zugunsten der Rezeptions- und Verbreitungsforschung zunächst in den Hintergrund, macht aber letztlich den quantitativ größten Teil der Arbeit aus. Die Befunde in den Studien dieser Zeit ähneln sich und werden mit austauschbaren Textbeispielen belegt, um einzelne Details ergänzt und neu gruppiert. Die Haupterkenntnisse sind: Schlager behandeln vorrangig das Thema Liebe.[81] Schlager operieren mit Schlüsselwörtern wie »Welt«,

---

istik, Beiheft 1, Göttingen 1975, S. 43-58, hier S. 43. Aufsätze wie dieser von Götz Grossklaus stehen in der Tradition der Trivialliteraturforschung. Der Begriff ist pejorativ. Trivialliteratur steht für eine minderwertige Literatur. Die alten Grenzziehungen zwischen hoch- und minderwertiger Literatur wurden in Zeiten der Postmoderne aufgelöst. Vgl. Laurenz Volkmann: Trivialliteratur, in: Ansgar Nünning (Hg.): Metzler Lexikon Literatur- und Kulturtheorie, S. 671-672, hier S. 672.

80 Busse: Der deutsche Schlager.

81 Vgl. Werner Hahn: Schlagertexte, in: Siegmund Helms (Hg.): Schlager in Deutschland. Beiträge zur Analyse der Popularmusik und des Musikmarktes, Wiesbaden 1972, S. 25-40, hier S. 30. Annamaria Rucktäschel hat in diesem Zusammenhang herausgefunden, dass Liebe nicht als bleibende Realität dargestellt wird, sondern als Wunsch nach Wiederholung von bereits Erlebtem, vgl. Annamaria Rucktäschel: Die Schlager des Jahres. Analysen erfolgreicher Schlagertexte, in: dies./Hans-Dieter Zimmermann (Hg.): Trivilalliteratur, München 1976, S. 377-401, hier S. 379f. Mit Burkhard Busse lässt sich ergänzen, dass sich Liebe im Schlager eher im traumhaften Bereich abspielt und Körperlichkeit oder Sexualität komplett ausgeklammert werden, vgl. Busse: Der deutsche Schlager, S. 69ff.

»Herz« oder »Glück«.[82] Schlager sind so genannte »Traumverführer«[83], also realitätsfern. Schlager bestätigen das Weltbild des Hörers.[84]

Laut Mark Terkessidis konnten sich solche »Schlager(text)untersuchungen der sechziger und siebziger Jahre [...] problemlos darauf einigen, daß die realitätsverleugnende Ästhetik des Schlagers die Unzufriedenheit mit einem genußarmen und frustrierenden Leben kompensiere«[85]. Im Prinzip kommt hier dieselbe Formel zum Tragen, die auch immer wieder als Erklärung für den Erfolg des Heimatfilms herangezogen wird: Heimatfilme und Schlager reagieren auf die Bedürfnisse einer traumatisierten Gesellschaft, die Ablenkung in der ›heilen Welt‹ sucht. Terkessidis behauptet, dass diese Art von Kritik selbst von Realitätsverleugnung betroffen war, denn die Menschen hätten keinen unglücklichen Eindruck gemacht – im Gegenteil, denn sie verließen die Welt des Mangels und traten in ein neues Leben, in dem Vergnügen reproduzierbar wurde.[86]

Walter Nutz[87] hat an der Schlagertextanalyse kritisiert, dass es den Autoren an echtem Interesse am Gegenstand gemangelt habe. Sie hätten ledig-

---

82 Vgl. u.a. Hahn: Schlagertexte, S. 39; Busse: Der deutsche Schlager, S. 58ff. Busse hat die Häufigkeit von Wörtern in Schlagern analysiert, indem er aus 1200 Schlagern nach dem Zufallsprinzip 70 ausgewählt und die Substantive darin aufgeschrieben hat. 48 Mal kamen »Liebe« und »Welt« in den Texten vor, 43 Mal »Traum«.

83 Hahn: Schlagertexte, S. 29. Vgl. zum Thema Schlager und Realität ebenso Killy: Gedanken über deutsche Schlagertexte, S. 265 und Rucktäschel: Die Schlager des Jahres, S. 397.

84 Vgl. Peter O. Chotjewitz: »Einsamer nie« oder »Love me do«. Zum Sprachgebrauch in Beat- und Schlagertexten, in: *Akzente*, Nr. 18, H3 (Der deutsche Schlager), 1971, S. 194-206, hier S. 194. Rucktäschel sieht darin den Haupterfolg des Schlagers: Wer Einstellungen und Überzeugungen bestätigt, kann mit Erfolg rechnen, deshalb vermeide der Schlager kritische Inhalte, vgl. Rucktäschel: Die Schlager des Jahres, S. 398.

85 Mark Terkessidis: Die Eingeborenen von Schizonesien. Der Schlager als deutscheste aller Popkulturen, in: Tom Holert/Mark Terkessidis: Mainstream der Minderheiten. Pop in der Kontrollgesellschaft, Berlin 1996, S. 115-138, hier S. 119.

86 Vgl. ebd., S. 119f.

87 Nutz: Trivialliteratur und Popularkultur.

lich einen Indikator für den Beweis benötigt, dass Trivialliteratur zur Affirmation des Systems gehörte und als Produkte einer kapitalistischen Kulturindustrie mithalfen, den Menschen kulturell zu unterdrücken, um ihn besser materiell und politisch ausbeuten zu können.[88] Nutz' Kritik richtet sich damit auch gegen Theodor Adorno, der den Schlager in seinen ›Schriften zur Musiksoziologie‹ behandelt hat und ihn als Teil eines »musikalischen Massenzustands«[89] charakterisiert, mit dem eine »Regression des Hörens«[90] einhergeht. Günter Helmes hat Adornos Sprachregister analysiert und merkt an, dass sich Adorno bei seiner Wortwahl sogar teilweise auf den »Boden totalitärer Unsprache«[91] begebe.

Insgesamt liefert die germanistische Schlagerforschung letztlich nur spärliche Hinweise auf den Schlagerfilm. Sie hat sich neben den angesprochenen Wertungsfragen rund ums Thema Schlager vor allem mit begrifflichen Klärungen, Textinhalten und dem Rezeptionsaspekt beschäftigt. Dabei wurden als Verbreitungsmedien jedoch eher Schallplatte, Radio und Zeitschriften in den Blick genommen. Der Film wird von den Autoren höchstens am Rande gestreift. Hin und wieder lassen sich aus einzelnen Befunden Verbindungslinien aufstellen: So entwickelt Else Haupt zum Beispiel die Idee, dass der Schlager aufgrund seines sprachlichen Stils als »Endprodukt der Romantik«[92] anzusehen ist, und betont damit zugleich den Stel-

---

88 Vgl. ebd., S. 23.

89 Theodor Adorno: Über den Fetischcharakter in der Musik und die Regression des Hörens, in: ders., Dissonanzen, S. 15-50, hier S. 16.

90 Ebd., S. 34.

91 Günter Helmes: Popularmusik und Gefühle. Beobachtungen und Überlegungen zum deutschen Schlager (unter besonderer Berücksichtigung der späten 40er bis frühen 60er Jahre), in: *Der Deutschunterricht*, Nr. 2, 1996, S. 62-82, hier S. 69. Helmes nennt in der Fußnote Wortbeispiele, mit denen Adorno Unterhaltungskultur beschreibt, und wertet dies zugleich als Adornos Preisgabe eigener Diskursfähigkeit.

92 Haupt: Stil- und sprachkundliche Untersuchungen zum deutschen Schlager, S. 10. Auch Mark Terkessidis weist auf die Verbindung des Schlagers zur Romantik durch die Verwendung von Heimweh/Fernweh-Konzepten hin. Vor allem die in Schlagern viel besungene Südsee gehöre zu den Topoi der Romantik, denn in der unberührten Inselwelt fand man seiner Ansicht nach ein utopisches Asyl. Vgl. Terkessidis: Die Eingeborenen von Schizonesien, S. 129f.

lenwert des Kindes und der Kinderstimme.[93] Hier könnte Forschung ansetzen und die spezielle Bedeutung von Kinderstars im Schlagerfilm wie Conny Froboess[94], Hendrik Simons alias Heintje[95] oder Anita Hegerland alias Anita[96] erarbeiten. Solche Anregungen bleiben jedoch punktuell und beliebig, sie entziehen sich jeglicher Systematisierung.

Der Schlager ist in der Germanistik als Forschungsfeld – auch das lässt sich resümieren – aus der Mode gekommen. Was Liedtexte betrifft, hat sich der Fokus verschoben: So wie es vor 30 Jahren Schlagertexte waren, ist es heute die Hip-Hop-Kultur mit ihrem Sprechgesang, so genannten Rap-Texten, die auch Literaturwissenschaftler interessiert.[97] Eine bemerkenswerte Arbeit zum Thema Schlager ist zuletzt in der Psychologie entstanden:

---

93 Vgl. ebd.

94 Conny Froboess (Jahrgang 1943) wird 1950 mit dem Schlager *Pack die Badehose ein* berühmt. Damals ist sie sieben Jahre alt. Als Teenager wird sie mit Rock-'n'-Roll-Hits zum Idol und spielt an der Seite von Peter Kraus und anderer Schlagerstars immer wieder in Filmen mit. Vgl. Hobsch: Liebe, Tanz und 1000 Schlagerfilme, S. 61.

95 Heintje ist gebürtiger Niederländer und feiert Ende der 1960er mit dem Schlager *Mama* in Deutschland einen Riesenerfolg. Zwischen 1968 und 1971 dreht er sechs Schlagerfilme. Vgl. ebd., S. 64.

96 Die Norwegerin Anita Hegerland landet 1971 mit *Schön ist es auf der Welt zu sein* einen Riesenhit. Sie tritt mehrfach in Roy-Black-Filmen auf, unter anderem in KINDERARZT DR. FRÖHLICH (D 1972, R: Kurt Nachmann).

97 Sascha Verlan hat 2000 versucht, eine Typologie von Rap-Texten zu erstellen und sie als Teil der Hip-Hop-Jugendkultur nach Inhalten, Themen und Funktion zu kategorisieren. Vgl. Sascha Verlan: Rap-Texte, Arbeitstexte für den Unterricht, Reclams Universal-Bibliothek Nr. 15050, Stuttgart 2000. Im selben Jahr erschien mit dem Titel *Hiphop, Sprechgesang: Raplyriker und Reimkrieger* auch ein Materialienbuch für den Deutschunterricht, vgl. ders./Johannes Loh: Hiphop, Sprechgesang: Raplyriker und Reimkrieger. Ein Arbeitsbuch – Materialien für den Unterricht, Mülheim an der Ruhr 2000. Rap-Texte werden darin wie moderne Lyrik behandelt und in den einzelnen Kapiteln unter verschiedenen Gesichtspunkten besprochen: Themen, Motive, Geschlechterverhältnisse, Erzählpositionen etc. Obwohl das Buch ausdrücklich betont, Rap-Texte seien keine Literatur im eigentlichen Sinne, so zieht es doch immer wieder textliche Parallelen zu Gedichten von Aristophanes, über Goethe bis hin zu Kästner.

Carmen Wulf hat 136 deutschsprachige Liebeslieder analysiert, unter anderem aus den Jahren 1967 bis 1970 und 2001 bis 2005.[98] Laut ihrer Studie handeln Schlager heute viel häufiger vom Thema Liebeskummer als noch Ende der 1960er Jahre – für sie ein Beweis dafür, dass Trennungserfahrungen heutzutage häufiger sind und die Liebe als instabiler empfunden wird. Geht man jedoch mit Helmes davon aus, dass »die verbreitete Praxis, Schlageranalyse auf Textanalyse zu reduzieren«, unvollständig und damit »nicht akzeptabel«[99] ist, dann können künftig nur interdisziplinäre Ansätze die Forschungslücken schließen.

Unter diesem Aspekt ist es notwendig, den Blickwinkel zu schärfen: Recherchen über den Schlagerfilm gestalten sich als fächerübergreifende Spurensuche. Bereits existierende Ergebnisse und Hinweise müssen aufgrund der problematischen Forschungslage zudem aus unterschiedlichsten Quellen zusammengetragen werden: Neben wissenschaftlichen Aufsätzen, Lexikonartikeln und filmgeschichtlichen Darstellungen scheint es effizient, auch Sachbücher, Künstlerbiografien und Magazine in die Forschungsarbeit einzubeziehen.

98 Vgl. Carmen Wulf: Historischer Wandel von Liebesvorstellungen: theoretische Aspekte emotionalen Wandels und empirische Untersuchung des Wandels von Liebesauffassungen in populären Liebesliedern, Diss., Hamburg 2008.

99 Helmes: Popularmusik und Gefühle, S. 71.

3. *Von der glänzenden Lust zu singen*

Schlager und Schlagerfilm 1930/40

Schlager sind schon in den 1920er und 1930er Jahren Teil der Alltagskultur – in einer Zeit also, in der Musik nicht nur mittels Tonträgern wie Schallplatten vervielfältigt wird, sondern auch Millionen Menschen per Radio erreicht. Populäre Lieder begleiten ihre Zuhörer durchs Leben, wie zum Beispiel diese Szene aus Irmgard Keuns Roman *Gilgi, eine von uns* (1931) veranschaulicht:

»Mittagskonzert vom Westdeutschen Rundfunk. Schallplatten: ... wenn du mal in Hawaii bist – und wenn dann gerade Mai ist – und wenn dein Herz dann frei ist ... Ein bißchen viel verlangt – dieses Zusammentreffen mehrerer unalltäglicher Zufälligkeiten –, findet Gilgi und ist im übrigen damit beschäftigt, Martins Strümpfe zu stopfen.«[1]

Protagonistin Gilgi geht ihrer Hausarbeit nach und hört nebenbei eine Musiksendung im Radio an. *Wenn du mal in Hawaii bist* ist ein zeitgenössischer Schlager, der 1931 von Willy Rosen komponiert und getextet wurde.[2]

---

1 Irmgard Keun: Gilgi, eine von uns, Bergisch Gladbach 1981 [1931], S. 180.

2 Vgl. Bardong u.a. (Hg.): Das Lexikon des deutschen Schlagers, S. 418. Willy Rosen heißt eigentlich Willy Julius Rosenbaum, ist jüdischer Abstammung und wird 1884 in Magdeburg geboren. Rosen ist in den 1920ern in den Berliner Kabaretts als Künstler tätig. 1933 muss er vor den Nazis fliehen, wird jedoch festgenommen und stirbt 1944 in Auschwitz. Vgl. Ulrich Liebe: Verehrt, verfolgt, vergessen. Schauspieler als Nazi-Opfer, Weinheim/Basel 2005, S. 243.

Das Lied verhandelt Themen wie Fernweh und Sehnsucht, die ebenso wie Liebe, Freundschaft oder Heimat als typisch für das Schlagergenre gelten.[3] Die Leichtigkeit des Stückes wird in Keuns Zitat gespiegelt, denn die Autorin verdreht in ihrem Roman die Verse: Bewusst oder unbewusst hat sie im Vergleich zum Originalschlager »Herz«- und »Mai«-Passage vertauscht, was weder für die Botschaft des Liedes noch für den Reim von Bedeutung ist[4] – es macht in der Umkehrung keinen Unterschied. Das Beispiel zeigt jedoch, dass Schlagermusik oft beiläufig wahrgenommen und dementsprechend von ihren Hörern auch nicht immer korrekt wiedergegeben wird. Das mag in der Disposition des Genres liegen: Die Schlager der 1920er Jahre sind häufig Tanznummern, meist als selbstständige Lieder komponiert.[5] Rhythmisch orientieren sie sich in dieser Periode immer mehr an amerikanischen Einflüssen wie zum Beispiel dem Jazz.[6] Cakewalk, Shimmy, Charleston und Foxtrott werden begeistert aufgegriffen, ebenso haben Nonsensschlager mit pikant-erotischem Unterton zwischen Inflation und Weltwirtschaftskrise Konjunktur.[7] Was aber ebenso bemerkenswert ist: Schlager animieren zum Mitsingen. Manche werden durch ständige Wiederholung und Neuinterpretationen sogar zu so genannten Evergreens, die ihre Popularität jahrzehntelang bewahren. Ein wichtiges Merkmal – unabhängig von Inhalt oder Funktion – scheint dabei zu sein, dass Schlager den »Schein des Bekannten«[8] wecken: Von seinen Zuhörern »erst erarbeitet werden zu müssen, würde dem Wesen des Schlagers widersprechen«[9].

Irmgard Keuns Romanfigur Gilgi, eine 21-jährige Stenotypistin aus strengem Elternhaus, die trotz persönlicher und beruflicher Widrigkeiten ein unabhängiges Leben anstrebt, wächst in der Medienkultur der Weimarer Republik auf. Die Zeit ist geprägt von ständig wachsenden Möglichkeiten,

---

3 Ebd., S. 77ff.

4 Ebd. Im Original lautet die Reimfolge: »Wenn du mal in Hawaii bist und wenn dein Herzchen frei ist, und wenn dann g'rade Mai ist, dann komm zu mir«.

5 Vgl. Christian Schär: Der Schlager und seine Tänze im Deutschland der 20er Jahre. Sozialgeschichtliche Aspekte zum Wandel der Musik- und Tanzkultur während der Weimarer Republik, Diss., Zürich 1991, S. 36.

6 Ebd., S. 234.

7 Vgl. Bardong u.a. (Hg.): Das Lexikon des deutschen Schlagers, S. 17.

8 Ebd.

9 Ebd.

Musik zu vervielfältigen und zu verbreiten. Zu einem wichtigen Medium der »Klangkonservierung«[10] entwickelt sich in den 1920ern die Schallplatte, denn durch sie wird es möglich, Musikstücke aus den Konzertsälen, Theatern und Kabaretts herauszulösen und sie einer breiten Öffentlichkeit zugänglich zu machen: So werden 1927 in Deutschland 25 Millionen Platten verkauft, 1929 sind es bereits 30 Millionen.[11] Danach bricht der Umsatz aufgrund der Weltwirtschaftskrise ein und halbiert sich. Dennoch entsprechen 15 Millionen verkaufter Platten einem Niveau, das erst in den 1950er Jahren wieder erreicht werden kann.[12] Der Tonträger wird zum gesellschaftlich dominierenden Vermittler musikalischer Botschaften.[13] Von Bedeutung ist in diesem Zusammenhang, dass 1929 etwa 75 Prozent aller verkauften Schallplatten Schlagerplatten sind.[14] Aus dieser Statistik lässt sich ablesen, dass Schlagermusik im Verhältnis zur klassischen Musik das Gros an Zuhörern anspricht. Dafür ist vor allem der Rundfunk verantwortlich, der sich ab 1923 in Deutschland etabliert und zur Hauptabspielstation von Schallplatten wird. 1926 gibt es bereits zwei Millionen Radioempfänger in Deutschland mit einem Vielfachen an Hörern in den Familien.[15] Musikgenuss ist also nicht zwingend an den Besitz eines Grammofons gebunden, das als Luxusgegenstand gilt und damit längst nicht für alle Menschen erschwinglich ist. Auch von Gilgi erfährt der Leser, dass sie ihr eigenes Grammofon wie die »Erika-Schreibmaschine mit Überstunden verdient«[16] hat.

Der Medienverbund von Radio und Schallplatte wird zuerst geboren und gibt der Musikindustrie einen ersten Schub: Im Jahr 1925 nimmt sie

10 Schär: Der Schlager und seine Tänze im Deutschland der 20er Jahre, S. 44.

11 Vgl. Kurt Blaukopf: Massenmedium Schallplatte. Die Stellung des Tonträgers in der Kultursoziologie und Kulturstatistik, Wiesbaden 1977, S. 26f. Blaukopf beruft sich in seiner Statistik auf zwei Quellen: Ulrich Lachmann: Die Struktur des deutschen Musikmarktes, Tübingen 1960, S. 31. Außerdem zitiert er nach Dietrich Schulz-Köhn: Die Schallplatte auf dem Weltmarkt, Berlin 1940, S. 40.

12 Vgl. Blaukopf: Massenmedium Schallplatte, S. 26f.

13 Ebd., S. 12.

14 Vgl. Schär: Der Schlager und seine Tänze im Deutschland der 20er Jahre, S. 40.

15 Vgl. André Port le Roi: Schlager lügen nicht. Deutscher Schlager und Politik in ihrer Zeit, Essen 1998, S. 17.

16 Vgl. Keun: Gilgi, eine von uns, S. 19.

unter 44 Industriezweigen den vierten Rang ein.[17] Ende der 1920er Jahre bricht der Film in diese »Ehe«[18] ein – und um diese erfolgreiche Dreierverbindung, die bis in die 1950er Jahre hinein dominierend sein wird, geht es in diesem Kapitel.

»Im Augenblick seines Erscheinens demonstrierte der Tonfilm seine Möglichkeiten: nicht nur Lieder zu Erfolgstiteln zu machen, sondern auch deren Filminterpreten zu Stars. Tonfilm und Schallplatte, und besonders der Rundfunk ›kanonisierten‹ die jeweils gültigen Interpretationen eines Titels.«[19]

Der Film eröffnet der Musikindustrie eine Vielzahl neuer Möglichkeiten, sei es, dass Schlagerkomponisten und -texter nun auch Filmsongs schreiben dürfen, oder dass Schauspieler singen lernen müssen – eine Entwicklung, die in den 1950er Jahren durch den Anbruch des Fernsehzeitalters einen weiteren Schub erhält und schließlich ihre Blüten treibt. Musik und Film entdecken schon in der Weimarer Zeit und in den Folgejahren ihre technischen, wirtschaftlichen und ästhetischen Möglichkeiten, an die der Film der 1950er Jahre zunächst noch unmittelbar anknüpft, bevor der Medienverbund schließlich durch eine vierte Komponente, nämlich das Fernsehen, erweitert wird. In diesem Kapitel soll erörtert werden, inwieweit in den 1930ern und 1940ern auf dem Gebiet des Musikfilms genrespezifische, also strukturelle und inhaltliche Grundlagen geschaffen werden. Da ich den Schlagerfilm als eine historische Kategorie und ein hybrides Genre begreife, muss den Produktionen der 1950er und der Folgejahrzehnte eine bestimmte Entwicklung vorausgegangen sein. So oft auch erwähnt wird, dass der Schlagerfilm in den 1950ern und 1960ern einen echten »Boom«[20] erleb-

---

17 Hanno Sowade: Mein Herz müsste ein Rundfunksender sein. Technischer Fortschritt und die Ware Schlager, in: Stiftung Haus der Geschichte der Bundesrepublik Deutschland (Hg.): Melodien für Millionen. Das Jahrhundert des Schlagers, Bielefeld/Leipzig 2008, S. 22-33, hier S. 25. Leider nennt Sowade keine Quelle für diese Zahl und lässt offen, welche Industriezweige auf den ersten drei Plätzen liegen.

18 Mezger: Schlager, S. 49.

19 Port le Roi: Schlager lügen nicht, S. 18.

20 Hobsch: Liebe, Tanz und 1000 Schlagerfilme, S. 18.

te, so ist das Genre dennoch nicht aus dem Nichts entstanden, sondern greift auf bestimmte, bereits erprobte Mechanismen zurück.

Mit Hilfe von zwei literarischen Texten möchte ich die historische Perspektive auf den Schlager und den Schlagerfilm sowie deren Stellung in der frühen Medienkultur eröffnen. Im bereits angesprochenen Roman *Gilgi, eine von uns* spielt Schlagermusik eine zentrale Rolle, ebenso wie in Irmgard Keuns zweitem Roman *Das kunstseidene Mädchen* (1932),[21] auf den ich später zu sprechen komme. Die Musik wird in den Romanen als Teil der Lebenswelt der jungen Frauen, Gilgi (»Eine von uns«) und Doris (»Das kunstseidene Mädchen«), beschrieben.

»[T]he central characters in Keun's two pre-1933 novels seem to conform to the stereotype of the gold-digging flapper of the Roaring Twenties. Young women like her protagonists streamed by the thousands from the provinces into the German cities, [...] in search of glamour and the good life.«[22]

Gilgi und Doris verkörpern demnach die so genannte Neue Frau, einen Typus, der sich nach amerikanischem Vorbild in der Weimarer Zeit mehr und mehr von konservativen Rollenbildern befreit. Es geht um eine Abkehr vom Lebensstil der Müttergeneration. Auch Merkmale wie Bubikopf oder Sportlichkeit sowie ein freierer Umgang mit Sexualität gewinnen an Bedeutung. »Die ›Neue Frau‹ avanciert zu einem Symbol für Modernität«, schreibt Kerstin Barndt, »sie spiegelt Freiheits- *und* Angstpotential des ambivalenten Prozesses der Modernisierung.«[23] Nicht selten führt die Neue Frau das Leben einer Bohemienne. Ebenso ist sie häufig berufstätig, verdient also ihr eigenes Geld, und macht Großstadtkarriere – im Idealfall. Doch mehrheitlich misslingt dieser Plan.[24] Katharina von Ankum spricht in

---

21 Irmgard Keun: Das kunstseidene Mädchen, Bergisch Gladbach 1980 [1932].

22 Elke Matijevich: The Zeitroman of the Late Weimar Republic, in: *Studies in modern German literature*, Vol. 77, New York 1995, S. 63-93, hier S. 67.

23 Kerstin Barndt: Sentiment und Sachlichkeit. Der Roman der Neuen Frau in der Weimarer Republik, Köln 2003, S. 10.

24 Mit den Schwierigkeiten eines unabhängigen Lebens hat sich Autorin Irmgard Keun (1905-1982) als junge Frau selbst auseinandersetzen müssen. Sie arbeitete als Bürohilfe in der Firma ihres Vaters, wollte aber eigentlich lieber Schauspielerin sein. Als solche hatte sie allerdings nur mittelmäßige Erfolge. Hinzu kom-

diesem Zusammenhang von einem »emancipatory myth of the metropolis«[25] und verweist auf die Ernüchterung, die viele Frauen einholt, wenn sie merken, dass sie dem Bild nicht entsprechen können.[26]

Typisch für den Diskurs ist, dass er sich um 1930 zunehmend für die zeitgenössische Populärkultur öffnet.[27] Bilder der Neuen Frau werden in Filmen und Romanen, Schlagertexten und Fotoreportagen, auf der Bühne und auf Reklametafeln multipliziert.[28] Die Romanfiguren Gilgi und Doris sind vor diesem Hintergrund entstanden.[29] Während Gilgi vor allem nach Unabhängigkeit vom Elternhaus strebt, sucht Sekretärin Doris ihr Glück in Berlin, wo sie am liebsten Filmschauspielerin werden will, mit diesem Vorhaben jedoch am Ende scheitert.

»Doris is a product of the rising, American-influenced German mass society, a semi-liberated young woman who, like thousands of others, hopes to achieve fame and, more importantly, fortune in the face of daunting economic and social obstacles.«[30]

---

men wechselnde Männerbekanntschaften und eine früh gescheiterte Ehe. In *Gilgi* wird diese Zerrissenheit deutlich. Um Bücher wie diese schreiben zu können, musste sie Dinge laut Keuns Biografin Gabriele Kreis zum Teil selbst erleben. Kreis verweist immer wieder auf die autobiografischen Spuren in Keuns Büchern sowie Keuns vermeintlichen Hang, sich eine eigene Realität zu schaffen. So existieren zum Beispiel unterschiedliche Angaben über Keuns Geburtsjahr. Keun selbst hat statt 1905 immer wieder 1910 genannt. Vgl. Gabriele Kreis: Irmgard Keun. Was man glaubt, gibt es, München 1991, S. 13ff.

25 Katharina von Ankum: Gendered Urban Spaces in Irmgard Keun's Das kunstseidene Mädchen, in: dies. (Hg.): Women in the Metropolis. Gender & Modernity in Weimar Culture, Berkeley u.a. 1997, S. 162-184, hier S. 179.

26 Ebd.

27 Barndt: Sentiment und Sachlichkeit, S. 10.

28 Ebd.

29 Vgl. Doris Rosenstein: Irmgard Keun. Das Erzählwerk der dreißiger Jahre, Forschungen zur Literatur- und Kulturgeschichte, Bd. 28, Frankfurt a.M. u.a. 1991, S. 52ff. Doris Rosenstein weist jedoch auch deutlich darauf hin, dass Keun das Lebenskonzept der Neuen Frau in ihren Büchern vor dem Hintergrund der sozialen Realität in den 1930er Jahren letztlich für untauglich erklärt, vgl. ebd., S. 55.

30 Matijevich: The Zeitroman of the Late Weimar Republic, S. 91.

Der Traum von Ruhm, Reichtum und sozialem Aufstieg ist schon vor 1930 ein zentrales Thema von Musical und Film gewesen.[31] Die Geschichten von Gilgi und Doris docken an diesen Diskurs an. Keun beschreibt die Lebensumstände der beiden jungen Frauen um 1930. Dazu gehört, dass sowohl Gilgi als auch Doris immer wieder Schlagertexte zitieren. Sie geben wieder, was sie im Radio, im Kino oder im Café gehört haben und drücken damit häufig ihre Emotionen aus.

»Das Mädchen Gilgi steht vor dem Spiegel. Zieht einen schwarzen Wildledergürtel über dem dicken grauen Wolljumper fest zusammen, summt einen melancholischen Schlagertext, ein Zeichen guter Laune, und betrachtet sich mit sachlichem Wohlgefallen. Reich mir zum Abschied noch einmal die Hände – good nihight, good nihight ...«[32]

Der Schlager *Reich mir zum Abschied noch einmal die Hände* stammt aus der 1930 uraufgeführten Operette *Viktoria und ihr Husar* von Komponist Paul Abraham. 1931 entsteht ein gleichnamiger Spielfilm unter der Regie von Richard Oswald.[33] Auch in dieser Szene wird der Schlager, wie schon im Eingangszitat, wieder als etwas Beiläufiges geschildert: Gilgi »summt« den Text, das bedeutet, es geht nicht um eine korrekte Wiedergabe des Wortlautes, sondern um die Vermittlung von Emotionen sowie die melodische Botschaft, die von diesem Musikstück ausgeht. Es ist der langsame Walzer, der dieser Szene in der Parallellektüre Sinnlichkeit, Ruhe und auch eine gewisse Eleganz verleiht.

---

31 Schon der Film THE JAZZ SINGER (USA 1927, R: Alan Crosland) mit Al Jolson in der Hauptrolle, der aus filmhistorischer Perspektive als erster Tonfilm überhaupt gilt, erzählt die Geschichte eines jüdischen Sängers, der gegen den Willen seines Vaters am Broadway Karriere machen will. Vgl. Stanley Green: Hollywood Musicals Year by Year, 2. Aufl., Milwaukee 1999, S. 3.

32 Keun: Gilgi, eine von uns, S. 6.

33 VIKTORIA UND IHR HUSAR (D 1931, R: Richard Oswald). Ein zeitgenössischer Kritiker bemerkt dazu in *Der Film*, Nr. 51, 19.12.1931: »Was dem Film seine glühende Farbigkeit, seinen Schwung und seinen Zauber gibt (vergleiche Zahlen aus der Provinz), das ist die Musik. Da steckt Süße und Blut drin. Die reißt hin, die betört, die versöhnt.«

»Reich mir zum Abschied noch einmal die Hände – good nihight, good nihight ... Bißchen Niveacreme auf die Brauen schmieren, daß sie schön glänzen, ein Stäubchen Puder auf die Nasenspitze. Schluß. Schminken gibt's nicht am Vormittag, Rouge und Lippenstift bleiben für den Abend reserviert. Reich mir zum Abschied noch einmal ... Hat was Sympathisches, so'n Spiegel, wenn man zwanzig Jahre ist und ein faltenloses, klares Gesicht hat.«[34]

Durch das Einflicken des Zitats weckt Irmgard Keun beim Leser vielfältige Assoziationen. Die Autorin setzt bewusst darauf, dass der Leser den Schlager kennt. Die Melodie schleicht sich ins Ohr und gibt den Leserhythmus vor. Der Schlagertext kommt als weitere Bedeutungsebene hinzu. Mit einer gewissen Melancholie betrachtet sich Gilgi im Spiegel: Sie weiß, dass Schönheit und Jugend vergänglich sind, umso mehr kostet sie den Moment mit ihrem Spiegelbild aus. In der Szene zeigt sich zudem, dass Keun das Spiel mit den Schlagerzitaten in ihren Texten strategisch betreibt. Es gelingt ihr einerseits, den Realitätsgrad der Romane durch die Einsprengsel zu steigern und die Fiktion zu sprengen.[35] Andererseits schafft das Zitieren bekannter Schlager durch den Wiedererkennungswert auch eine Verbindung zum Leser, ein »Wir-Gefühl«, das einen emotionalen Zusammenhalt bewirkt.[36]

---

34 Keun: Gilgi, eine von uns, S. 6.

35 Vgl. Rosenstein: Irmgard Keun, S. 110f. Durch diese »Wirklichkeitsverpflichtung« ordnet Rosenstein Keuns Romane der so genannten neu-sachlichen Literatur zu. Der Begriff ›Neue Sachlichkeit‹ stammt eigentlich aus der Malerei und bezeichnet eine Gegenströmung zum Expressionismus. Er wurde auf die Literatur übertragen und bezeichnet hier im Allgemeinen Texte, die sich stärker um das Dokumentarische, um Alltagsschilderungen und die Auseinandersetzung mit der modernen Gesellschaft in der Weimarer Zeit bemühen. Vgl. Sabina Becker: Neue Sachlichkeit. Band 1: Die Ästhetik der neusachlichen Literatur (1920-1933), Weimar/Wien 2000.

36 Auf diese besondere Funktion des Schlagers, die durch Mitsingen oder Mitsummen entsteht, weist Peter Wicke hin. Peter Wicke: Wenn der Zeitgeist singt. Warum Schlager klingen, wie sie klingen, in: Stiftung Haus der Geschichte der Bundesrepublik Deutschland (Hg.): Melodien für Millionen. Das Jahrhundert des Schlagers, Bielefeld/Leipzig 2008, S. 14-21, hier S. 17f.

Für diese Arbeit ist interessant, welcher Schlagerbegriff sich aus Keuns Romanen ableiten lässt. Die Schlager wirken meist beiläufig, werden mitgesummt und inhaltlich verdreht. Sie werden somit als Unterhaltungsmusik gekennzeichnet, was dem gängigen Diskurs in den 1930er Jahren entspricht und nicht zwangsläufig ein negatives Merkmal ist, denn Keun nutzt genau diesen Effekt für das Spiel mit den Ebenen. Die Schlagerzitate werden ohne Anführungsstriche im Roman übernommen. Sie lassen an den »unsichtbaren Schnitt im Film«[37] denken und liefern somit den Beleg, wie sehr Medien den Alltag der Menschen durchdringen und vor allem mit welcher Schnelligkeit mediale Prozesse in dieser Periode ablaufen. So hat *Reich mir zum Abschied noch einmal die Hände* nur ein Jahr später, nahezu parallel zur Uraufführung der Operette (1930) und dem Erscheinen des Films (1931), bereits Eingang in einen Romantext wie *Gilgi* gefunden.

Was anhand des Romans ebenfalls deutlich wird, ist, dass der Schlager um 1930 noch sehr stark mit der Operette verwoben ist. Die Einführung des Rundfunks 1923 und seine schnelle Ausbreitung löst den Schlager zwar zunehmend aus den Salons und Theatern heraus und macht ihn zu einer Kleinform eigener Art.[38] Doch der Einfluss der Operette als ›Schlagerlieferant‹ wirkt ungebrochen. Ursache dafür mag unter anderem der Tonfilm sein, der in seiner Frühphase vielfach auf Operettenstoffe zurückgreift und somit noch mal zur Verbreitung von Operettenmelodien beiträgt. Festzustellen ist, dass sich im Rahmen dieser Verwertungsmaschinerie um 1930 der Schlagerbegriff vom Erfolgs- zum Genrebegriff wandelt.

3.1 Schlager als Erfolgsmoment und musikalisches Genre

Schlager ist ein Begriff, der im gegenwärtigen Sprachgebrauch hauptsächlich als Bezeichnung für ein musikalisches Genre verwendet wird. Eigentlich liegt ihm jedoch eine doppelte Wortbedeutung zu Grunde: Schlager gilt

37 Hugues Gérard Dandjinou: Modernistische Erzähltechniken im Roman der Weimarer Republik. Studien zur Ästhetik des neusachlichen Romans, Aachen 2007, S. 159.

38 Vgl. ebd., S. 16f.

nämlich zunächst als ein allgemeiner »Erfolgsbegriff«[39], der sich nicht zwangsläufig als musikalischer Terminus versteht, sondern sich aus der kaufmännischen Sprache ableitet und kommerziell erfolgreiche Produkte, so genannte Verkaufsschlager kennzeichnet. Synonyme Verwendung dazu findet im heutigen Sprachgebrauch das englische Wort *hit*. Als Produkt der Musikindustrie lässt sich der Schlager analog dazu als eine »Form des populären Liedes«[40] bestimmen, als eine Musiknummer, die besonders großen Anklang beim Publikum findet. In Zeiten, in denen Fernsehen und Internet noch keine und das Radio sowie Speichermedien wie zum Beispiel Schallplatten eine verhältnismäßig geringe Rolle spielten, bezeichnete man erfolgreiche Musikstücke oft auch als »Gassenhauer«[41]. Heute nennt man sie wie alle anderen erfolgreichen Produkte in aller Regel Hits.

Als musikalischer Genrebegriff ist Schlager in erster Linie ein Verständigungsbegriff. Er dient sowohl auf Seite der Produzenten als auch auf der Seite der Rezipienten dazu, Erwartungen zu regulieren und Orientierung zu stiften. Wer von Schlager spricht, hat bereits eine Vorstellung davon, welche Merkmale dieser zum Beispiel textlich oder melodisch nach persönlichem Wissen und Empfinden aufweist oder welche Künstler als Schlagerinterpreten gelten können. Wie bei Filmen bildet sich über Produktions- und Rezeptionserfahrungen ein »Konsens darüber aus, was das einzelne Genre ausmacht«[42]. Doch hierin liegt auch das Problem:

> »Was meint man denn mit Schlager, wo kommt der Begriff denn überhaupt her? Der Schlager ist in seiner Zeit jeweils sehr verschieden, was diese Stilkategorie in ihrer Pauschalität untauglich macht.«[43]

---

39 Thomas Phleps: Schlager, in: Ralf Schnell (Hg.): Metzler Lexikon Kultur der Gegenwart. Themen und Theorien, Formen und Institutionen seit 1945, Stuttgart/Weimar 2000, S. 456.

40 Wicke: Schlager, S. 1063.

41 Hans Christoph Worbs bemerkt dazu jedoch, dass der Begriff Gassenhauer anders als Schlager noch kein kommerzielles Moment beinhaltete und vor allem durch Parodien auf landläufige Kompositionen lebte. Vgl. Worbs: Der Schlager, S. 12ff.

42 Nils Borstnar u.a.: Einführung in die Film- und Fernsehwissenschaft, Konstanz 2002, S. 51.

43 Götz Alsmann zitiert nach o.V.: Neues deutsches Entertainment. »Ganz einfach Jazzschlager!«. Ein Interview mit Götz Alsmann, in: Dieter Gorny/Jürgen Stark

Wie Götz Alsmann hier formuliert, hat sich die Vorstellung darüber, was Schlager ist, im Laufe der Jahrzehnte immer wieder gewandelt. Schlager ist somit keine feststehende, immer gültige Kategorie. Als Genrebezeichnung bleibt der Schlagerbegriff unscharf. Bardong, Demmler und Pfarr haben in ihrem *Lexikon des deutschen Schlagers* auf die Schwierigkeit einer Definition hingewiesen und festgestellt, dass »die Übergänge zu anderen Gattungen der populären wie der ernsten Musik fließend sind«[44]. Dennoch listen sie in ihrem Lexikon über 1000 Interpreten, Komponisten und Produzenten auf, die ihrer Meinung nach Schlager singen, komponieren oder produzieren. Dieser Versuch, einen Kanon zu schaffen, gerät jedoch in Schieflage: So umfasst ihre subjektive Auswahl zum Beispiel eine Band wie »Die Fantastischen Vier«, die sich selbst vermutlich nie in die Kategorie Schlager einordnen würde, oder die »Wildecker Herzbuben«, die andere Rezipienten eher als Volksmusikstars und weniger als Schlagersänger wahrnehmen. Die Autoren verstehen Schlager somit als einen Begriff, der sich allgemein auf deutschsprachige Musik bezieht und so weit gefasst und pauschal bleibt, dass er sich in Einzelfällen und in bestimmten Kontexten als unkorrekt erweist. In diesem Fall hat Götz Alsmann Recht, wenn er sagt, dass eine pauschale Verwendung des Schlagerbegriffs fehlschlägt.

Wie in der Filmkultur sind auch in der Musik Hybridisierungstendenzen die Ursache dafür, dass es nicht möglich ist, eine allgemein- und immer gültige Definition von Schlager zu liefern. Im Laufe der Zeit ist der Schlager vielfältigen Einflüssen ausgesetzt: Er mischt sich im instrumentalen Bereich mit jazzigen Rhythmen, mit exotischer Tanzmusik oder beispielsweise auch mit Pop. Inhaltlich orientiert er sich oft an zwischenmenschlichen Themen, zum Beispiel der Liebe. Zudem hat es immer schon Trends gegeben: In den 1950er Jahren war zum Beispiel das Thema Italien in Schlagertexten aufgrund der neu entdeckten Reiselust in der Wirtschaftswunderzeit sehr populär. Diese Problematik sei hier nur kurz angerissen, sie wird später noch ausführlicher diskutiert. Was anhand dieser schlaglichtartigen Beispiele jedoch deutlich werden soll, ist, dass sich der Schlager seit Jahrzehn-

(Hg.): Popkultur 2002/2003. Das Jahrbuch für Musikkultur, Musikmedien und Musikindustrie, Hamburg 2002,S. 192-194, hier S. 193.

44 Bardong u.a. (Hg.): Das Lexikon des deutschen Schlagers, S. 13. Vgl. auch Phleps: Schlager, S. 456. Thomas Phleps geht in seinem Lexikonartikel zum Thema Schlager sogar davon aus, dass das Genre nicht exakt zu definieren ist.

ten durch unterschiedlichste kulturelle Einflüsse immer wieder wandelt und neu konstituiert. Hinzu kommt: Innerhalb des Genres Schlager kann natürlich ein einzelnes Musikstück wiederum zum Kassenschlager werden. Die beiden Bedeutungsebenen – Schlager als Erfolgsbegriff und/oder als musikalisches Genre – sind also nicht immer klar voneinander trennbar, auch wenn sie historisch betrachtet nacheinander Einzug in den Sprachgebrauch gehalten haben.

In der Forschung ist man sich durchgehend einig darüber, dass das Wort Schlager im deutschsprachigen Raum erstmals in der zweiten Hälfte des 19. Jahrhunderts verwendet wurde. Einheitliche Quellenbeweise gibt es dafür jedoch nicht. Am häufigsten wird in der Forschungs- und Sekundärliteratur ein Zitat aus der *Wiener National-Zeitung* von 1881 herangezogen, das gelautet haben soll: »Zündende Melodien – Schlager nennt sie der Wiener«, dessen konkrete Einordnung jedoch in der Regel fehlt.[45] Czerny und Hofmann nehmen diese Quelle zur Kenntnis, halten aber fest, dass der Wiener Schauspieler und Sänger Alexander Girardi bereits 1871 nach einer uraufgeführten Posse von Karl Millöcker gerufen haben soll: »Kinder, das hat eingeschlagen!«.[46] André Port le Roi bringt als dritte Quelle eine weitere Rezension aus der *Wiener National-Zeitung* ins Spiel: Und zwar soll der nicht genannte Kritiker über die Uraufführung der Strauß-Operette *Der lustige Krieg* 1881 geschrieben haben: »Das Publikum begleitete erst die Weise mit einem leichten Neigen und Wiegen der Köpfe. Das schlug – ein Blitz, ein Knall – granatenhaft ein, und Girardi musste den Walzer drei Mal singen.«[47] Matthias Bandur liefert als Nachweis für die Verwendung des Begriffs einen Zeitungsbericht über eine Wiener Faschingsliedertafel und

---

45 Vgl. unter anderen Haas: Das Schlagerbuch, S. 23, Mezger: Schlager, S. 14. Vgl. auch Elmar Kraushaar: Rote Lippen. Die ganze Welt des deutschen Schlagers, Hamburg 1983, S. 14. Peter Wicke (vgl. Wicke: Schlager, S. 1063) sieht das häufig genannte Zitat aus der *Wiener National-Zeitung* als längst widerlegt an. Er erwähnt hierzu eine Arbeit von Norbert Linke, die eine Rezension vom 15. Februar 1867 als Ursprungsdatum nennt.

46 Peter Czerny/Heinz Hofmann: Der Schlager. Ein Panorama der leichten Musik, Bd. 1, Berlin 1968, S. 8. Einen Beleg, wo dieses Zitat fixiert wurde, liefern Czerny und Hofmann jedoch nicht. Vgl. auch Haas: Das Schlagerbuch, S. 23.

47 Port le Roi: Schlager lügen nicht, S. 9. Ein genauer Beleg fehlt jedoch. Interessant ist, dass die zitierte Rezension ebenfalls aus dem Jahr 1881 stammen soll.

einen Brief von Jetty Strauß, beide aus dem Jahre 1867, geht allerdings davon aus, dass »die Prägung vor 1867 zumindest in Wien umgangssprachlich geläufig gewesen sein muß, möglicherweise auch in einer nicht belegbaren und allgemeinen Bedeutung«[48].

Wenn die erstmalige Nennung des Schlagerbegriffs auch nicht konkret zu belegen ist, so kann man sich doch im Allgemeinen darauf verständigen, dass er nach 1850 in Wien aufkommt – als Bezeichnung für textierte Musiknummern in Operetten, die ›durchschlagenden Erfolg‹ haben.[49] Damit zielt er im 19. Jahrhundert noch auf eine reine Rezeptionswirkung und dient um diese Zeit noch nicht als Genrebegriff. Schlager implizieren den Erfolgsmoment. Nur Musikstücke, die beim Publikum Zuspruch finden und ›einschlagen‹, können ›Schlager‹ werden und werden dementsprechend auch als solche bezeichnet. Dass der Begriff in Wien geprägt wird, ist dabei offenbar kein Zufall: Erfolgreiche Lieder, als dramaturgische Elemente auch Nummern genannt, rekrutieren sich damals vor allem aus der Operette, deren Entstehung (neben Paris) untrennbar mit der Kulturgeschichte Wiens verbunden ist. Wien hat sich in der zweiten Hälfte des 19. Jahrhunderts zu einem einflussreichen, kulturellen Zentrum in Europa entwickelt, das nicht nur Literaten- und Intellektuellenzirkel beheimatet und ein großes Theaterangebot bereithält, sondern sich selbst auch immer wieder als eine »Musikstadt *par excellence*«[50] darstellt. Es ist nicht verwunderlich, dass der Schlagerbegriff sehr häufig im Zusammenhang mit Bühnenkritiken in den einschlägigen Printmedien auftaucht, gilt vor allem die Operette doch als »Fundgrube für zündende Melodien«[51]. Der Schriftsteller Stefan Zweig beschreibt die

---

48 Bandur: Schlager, S. 1. Auch Michael Klügl vermutet, dass das Phänomen Schlager schon vor seiner schriftlichen Fixierung bestanden hat, vgl. Klügl: Erfolgsnummern, S. 7.

49 Vgl. Jürgen Hunkemöller: Schlager, in: Ralf Noltensmeier u.a. (Hg.): Das neue Lexikon der Musik in vier Bänden, Bd. 4, Stuttgart/Weimar 1996, S. 201-203, hier S. 201.

50 Jean-Paul Bled: Wien. Residenz – Metropole – Hauptstadt, Wien u.a. 2002, S. 341 *[Hervorhebung i.O.]*.

51 Mezger: Schlager, S. 20.

»Theatromanie«[52] der Wiener, ihren leidenschaftlichen »Drang zum Kulturellen«[53] und ihr ausgeprägtes musikalisches Gespür gegen Ende des 19. Jahrhunderts in seinem Roman *Die Welt von Gestern* (1944):

»[T]ief in das Volk hinab ging dieses Wissen um richtigen Rhythmus und Schwung, denn selbst der kleinste Bürger, der beim ›Heurigen‹ saß, verlangte von der Kapelle ebenso gute Musik wie vom Wirt guten Wein; im Prater wiederum wußte das Volk genau, welche Militärkapelle den meisten ›Schmiß‹ hatte [...]; wer in Wien lebte, bekam gleichsam aus der Luft das Gefühl für Rhythmus in sich.«[54]

Die Wiener Mentalität findet sich nicht nur in der lokalen Liedtradition, dem so genannten Wienerlied[55] wieder, sondern vor allem in der Tanzmusik, besonders im Walzer. Johann Strauß der Jüngere entwickelt mit *Indigo* 1871 seine erste von insgesamt 16 Operetten. Bis dahin hatte er nur Tanzstücke komponiert. Strauß wird vorgeworfen, er hätte seine Werke stets nur als Musiker gedacht und den Libretti – und damit Text und Handlung – kaum Interesse geschenkt.[56] Kritiker sehen in der Vernachlässigung des Inhalts und der Betonung der Musik einen Anhaltspunkt, warum die Operette als musikalische Gattung in Misskredit gerät: Der Fokus des Interesses wird immer öfter auf einzelne musikalische Nummern gerichtet und seltener auf die Ausgestaltung von Handlungszusammenhängen. Die Entwicklung des Schlagerbegriffs als Erfolgsbegriff steht in unmittelbarem Zusammenhang mit diesem dramaturgischen Modell. Die Musik erscheint im Vergleich zur Handlung exponiert. Mit ihr wirbt die Operette um die Gunst des Publi-

52 Stefan Zweig: Die Welt von Gestern. Erinnerungen eines Europäers, 32. Aufl., Frankfurt a.M. 2000 [1944], S. 34.

53 Ebd., S. 27.

54 Ebd., S. 35.

55 Vgl. Elisabeth T. Fritz/Helmut Kretschmer (Hg.): Wien. Musikgeschichte, Teil 1. Volksmusik und Wienerlied, Geschichte der Stadt Wien, Bd. 6, Wien 2006.

56 Vgl. Anton Würz: Operette, in: Friedrich Blume (Hg.): Die Musik in Geschichte und Gegenwart. Allgemeine Enzyklopädie der Musik (MGG), Bd. 10, Kassel u.a. 1962, S. 97f. Der Vorwurf trifft jedoch nicht nur Strauß allein. Michael Klügl schreibt: »Im Gegensatz zur großen Oper war die Operette zu keiner Zeit ein Genre, das sich in besonderem Maß um die Wahrscheinlichkeit einer Handlung kümmerte.« Klügl: Erfolgsnummern, S. 134.

kums. Wirksame Schlager gelten als »Visitenkarte«[57]. Der Erfolg von Operetten bemisst sich vor allem daran, ob die darin enthaltenen Melodien ›einschlagen‹ oder nicht.

Neben Wien gilt Berlin seit Beginn des 20. Jahrhunderts als richtungsweisend in der deutschsprachigen Operettentradition: Mit der kontinuierlich steigenden Einwohnerzahl – 1875 hat Berlin eine Million Einwohner, 1905 sind es schon zwei Millionen – wächst auch das Bedürfnis nach Amüsement. Operettenhäuser, Varietés und Amüsierkabaretts entstehen: »Da konnte einer, der den Zeitton traf, sein Glück machen«[58]. Es setzt ein regelrechter »Gründerboom an Veranstaltungsstätten«[59] ein. Berlin wird mehr und mehr zum »Standort einer mächtigen Unterhaltungsindustrie«[60]. Mit dem ständig größer werdenden Publikum steigt auch die Nachfrage nach Schlagern und damit der Druck auf die Produzenten, egal ob in Berlin, Wien oder anderen Städten, immer neue Stücke liefern zu müssen, um wirtschaftlich konkurrenzfähig zu bleiben.

> »Voraussetzung eines Schlagers war seine Eigendynamik. Eine musikalische Nummer, bewußt als Schlager konzipiert, mußte von der Operettenhandlung isolierbar sein, um auch außerhalb des dramaturgischen Kontextes nichts an Wirkung einzubüßen; sie mußte schallplattengerecht sein und sich in jedes beliebige Kaffeehauspotpourri einfügen lassen.«[61]

Michael Klügl hat am Beispiel von Paul Linckes Operette *Frau Luna* von 1899 die »Verselbständigung und zunehmende Isolierung«[62] von Erfolgsnummern nachgezeichnet. Seiner Analyse zufolge wurden den Neubearbeitungen des Stücks immer mehr bekannte Lincke-Schlager – auch aus ande-

57 Martin Lichtfuss: Operette im Ausverkauf, . Studien zum Libretto des musikalischen Unterhaltungstheaters im Österreich der Zwischenkriegszeit, Wien/Köln 1989, S. 61.

58 Lutz-W. Wolf: Puppchen, du bist mein Augenstern. Deutsche Schlager aus vier Jahrzehnten, München 1981, S. 152.

59 Isabel Allihn u.a.: Berlin, in: Musik in Geschichte und Gegenwart, Sachteil 1, 1994, S. 1442-1457, hier S. 1442 und 1457.

60 Ebd.

61 Lichtfuss: Operette im Ausverkauf, S. 62.

62 Klügl: Erfolgsnummern, S. 138.

ren Operetten, Possen und Revuen – zugefügt: *Frau Luna* verändert sich 1929 schließlich von der ursprünglich tradierten Operette hin zu einem revueartigen Potpourri, das wie ein Schallplattensampler alle großen Hits von Paul Lincke beinhaltet. Mit diesem Hinzufügen von Schlagern geht nicht nur die Verschiebung der Handlung, sondern die komplette Dissoziation der Operette einher, die sich schließlich auf das ganze Genre überträgt. Klügl geht davon aus, dass die Berliner Operette von Beginn an »revueartige Einschübe nicht nur erlaubte, sondern in sich barg«[63], und bezieht sich damit auf ihre löcherige Dramaturgie und vernachlässigbare Handlung. Die Dissoziation ist jedoch auch Auswirkung einer ganz offensichtlichen »Bedeutungsverlagerung«[64]: Ausschlaggebend ist nicht mehr der Geschmack des Publikums, das darüber entscheidet, ob eine Melodie einschlägt oder nicht, sondern der Geschäftssinn der Produzenten, die den Erfolg vorab zu kalkulieren versuchen und das aufgeführte Bühnenstück so musikalisch ausgestalten, dass es inklusive seiner Musikstücke kommerziell bestmöglich abschneidet. Erfolg bemisst sich in diesem Zusammenhang auch daran, wie oft sich die Noten an Tanzkapellen verkaufen, denn die gelten noch bis zu den ersten Tonfilmen Ende der 1920er Jahre in Deutschland als die »Hauptmedien des Nachverwertungsgeschäfts«[65]. Der Beginn des Radiobetriebs in Deutschland und die Erfindung der Schallplatte revolutionieren schließlich das Musikgeschäft.

> »Hatte früher ein vorgegebener Rahmen, also eine Operette oder Revue, den Schlager geprägt, so begann nun allmählich der ab ovo selbständige Schlager den für ihn angemessenen Rahmen zu bestimmen.«[66]

---

63 Ebd., S. 165. Dem stimmt auch Peter Wicke zu, vgl. Wicke: Schlager, S. 1066. Er bestätigt, dass vor allem die Komponisten der Berliner Operette wie zum Beispiel Paul Lincke, Victor Hollaender oder Jean Gilbert ihre Kompositionen für das Unterhaltungstheater bewusst so anlegten, dass sich von vornherein Einzelnummern herauslösen ließen.

64 Bandur: Schlager, S. 4.

65 Fred Ritzel: »... vom Paradies ein gold'ner Schrein« – Schlagerpräsentationen im Tonfilm der Weimarer Republik, in: Helmut Rösing (Hg.): Populäre Musik zur Zeit der Weimarer Republik, Beiträge zur Popularmusikforschung 15/16, Freiburg 1995, S. 157-180, hier S. 160.

66 Mezger: Schlager, S. 20.

In diesem Kontext vollzieht sich der Wandel des Schlagerbegriffs vom ursprünglichen Erfolgsbegriff hin zu einer Genrebezeichnung. Die Loslösung des Schlagers vom Erfolgsmoment steht damit im engen Zusammenhang mit dem zunehmenden Einfluss von Radio, Schallplatte und schließlich dem Film, der für den Schlager, seine Komponisten und vor allem für die Interpreten ab den 1930er Jahren immer bedeutsamer wird.

3.2 *ALLES SINGT:* WANDEL DER PRODUKTIONSBEDINGUNGEN

Der Komponist Peter Kreuder (1905-1981) hat eine klassische Musikausbildung genossen und sich erste Sporen am Theater und im Kabarett verdient. Er steht am Beginn seiner Karriere, als das Ende der Stummfilmzeit in Deutschland eingeleitet wird:

»In der Straßenbahn sitzend überlegte ich mir, ob ich den Tonfilm verfluchen oder herbeisehnen sollte. Denn der Stummfilm bedeutete schließlich für Tausende von Musikern das tägliche Brot. [...] Andererseits, wer weiß, irgendeine Musik mußten die Leute doch bei diesem neuartigen Tonfilm auch gebrauchen können. [...] Vielleicht würde man nicht nur altbekannte Melodien und Lieder zusammenstellen, um die Handlung zu untermalen, vielleicht könnte man sogar für diese Tonfilme eine besondere Musik komponieren, wie für eine Oper, eine Operette oder ein musikalisches Lustspiel. Ein fesselnder Gedanke, bei dem es mir in den Fingern kribbelte.«[67]

Für Kreuder als Musiker und für viele seiner Kollegen eröffnet der Film neben der Bühne ein weiteres Tätigkeitsfeld, das sowohl aus künstlerischer als auch aus finanzieller Sicht interessant scheint. Wer vorher Operetten, Schlager und Chansons für Revuen geschrieben und komponiert hat, der schreibt jetzt häufig auch Filmmusiken.[68] Schon der Stummfilm fordert für

67 Peter Kreuder: Nur Puppen haben keine Tränen. Erinnerungen, München 2003, S. 156.

68 Ulrich Rügner nennt als Beispiele unter anderen den Komponisten Werner Richard Heymann (1896-1961) sowie Franz Léhar und Robert Stolz und weist darauf hin, dass vor allem Film und Operette in den ersten 30 Jahren des 20. Jahrhunderts immer wieder eng zusammengearbeitet haben. Vgl. Ulrich Rügner: Die

die Orchesterbegleitung viele eigene, neue Kompositionen und hat damit den Beginn eines neuen Medienzeitalters angedeutet – eine Entwicklung, die eng mit der Etablierung des Rundfunks zu Beginn der 1920er Jahre und der zeitgleichen Expansion des Schallplattenmarkts in Deutschland verknüpft ist. Die Industrie hat damals schon erkannt, wie profitabel die Medienzweige Film und Musik ineinandergreifen können, wenn man sie im Kino miteinander verbindet. Mit dem Tonfilm erreicht die Medialisierung jedoch eine neue Dimension: Durch den Schritt hin zum Audiovisuellen wird die Entwicklung der wesentlich an das Kino gebundenen Medienkultur auf eine neue Grundlage gestellt und erreicht vor allem im Verbund der populären Unterhaltungsmittel Kino und Schlager qualitativ eine neue Stufe.[69] Der Film verlangt als erstarkender Industriezweig nach Melodien, nach Nummern, die sich parallel im Radio und auf Schallplatte vermarkten lassen.

Viele in dieser Ära gedrehte Komödien werden mit Schlagern bestückt. Die ›tönende Leinwand‹ – sie stachelt nicht nur die künstlerischen, sondern vor allem die kommerziellen Ambitionen der Filmemacher an: Der Trend geht dahin, in jeden Unterhaltungsfilm wenigstens zwei Schlager zu integrieren; eine Praxis, die während der 1930er und 1940er Jahre ungebrochen bleibt.[70] Der Schlagerfilm ist, wie schon erwähnt, so gesehen keine Erfin-

---

Filmmusik der Weimarer Republik im Kontext der Künste, in: Harro Segeberg (Hg.): Die Perfektionierung des Scheins. Das Kino der Weimarer Republik im Kontext der Künste, Mediengeschichte des Films, Bd. 3, München 2000, S. 159-176, hier S. 168.

69 Jörg Schweinitz: »Wie im Kino!«. Die autothematische Welle im frühen Tonfilm. Figurationen des Selbstreflexiven, in: Koebner, Thomas (Hg.): Diesseits der »Dämonischen Leinwand«. Neue Perspektiven auf das späte Weimarer Kino, München 2003, S. 372-392, hier S. 379.

70 Vgl. ebd. Eine ähnliche These zur Musikkomödie und ihrer Produktionspraxis vertritt auch Karsten Witte. Vgl. Karsten Witte: Lachende Erben, Toller Tag. Filmkomödie im Dritten Reich. Berlin 1995. Er bescheinigt ihr Beständigkeit über viele Jahrzehnte: »Nie ebbte diese Welle ab: Riviera, Pikanterien unter Künstlern und Puten, Verwechslungen am laufenden Band [...] – rücksichtslos spulten sie über jedes Regime hinweg; gleich ob als Rheinlandkonjunktur in der Weimarer Republik, als Revuefilm im Dritten Reich (da war die Welle nur am höchsten) oder als Musikfilm der Adenauer-Ära.« Ebd., S. 70.

dung der 1950er oder 1960er Jahre. Beschränkt man die Definition auf die Hypothese, dass Schlagerfilme ›Musikfilme mit implementierten Schlagernummern‹ sind, dann erlebt der Schlagerfilm schon mit der Wende zum Tonfilm seine erste Blüte.[71] Die Verwendung des Terminus Schlagerfilm ist zu dieser Zeit unter Filmschaffenden allerdings noch nicht üblich; anders der Begriff Tonfilmoperette, der 1930 zum Beispiel auf dem Poster zum Film DIE DREI VON DER TANKSTELLE (D 1930, R: Wilhelm Thiele) mit Lilian Harvey, Willy Fritsch und Heinz Rühmann zu lesen ist.[72] Dabei handelt es sich nicht um eine Operettenverfilmung, sondern um einen neuen Filmtyp, der Musik und Tanz konsequenter als die Operette in die Handlung einbaut.[73] Die Kostümwelt der Operette und ihre starren Rollenmuster haben in der Tonfilmoperette ausgedient.[74] Es geht nicht um »vertonte Sze-

---

71 Vgl. Lothar Prox: Melodien aus deutschem Gemüt und Geblüt, in: Belach, Helga (Hg.): Wir tanzen um die Welt, München/Wien 1979, S. 73-86, hier S. 81. Ulrich Rügner (vgl. Rügner: Die Filmmusik der Weimarer Republik im Kontext der Künste) setzt die Epoche sogar noch früher an: Er schreibt, dass es offensichtlich schon zu Stummfilmzeiten Filme gegeben hat, die nur gedreht wurden, um von der Popularität eines Schlagers zu profitieren. Als Beispiel nennt er den Film ZWEI ROTE ROSEN (D 1928, R: Robert Land). Vgl. ebd.: S. 168.

72 Vgl. Wolfgang Trautwein: Liebeswalzer an der Tankstelle. Werner Richard Heymann und die Begründung der Tonfilm-Operette, in: Wolfgang Schaller (Hg.): Operette unterm Hakenkreuz. Zwischen hoffähiger Kunst und »Entartung«. Beiträge einer Tagung der Staatsoperette Dresden, Berlin 2007, S. 61-75, hier S. 66. Vgl. dazu auch den programmatischen Text aus der Filmillustrierten *Licht-Bildbühne* von 1930, der den Titel »Schafft die deutsche Tonfilm-Operette!« trägt. Vgl. http://www.cinegraph.de/kongress/98/k11_06.html (letzter Aufruf: 17. Januar 2012). Dabei handelt es sich um einen Aufruf an deutsche Komponisten, nach amerikanischem Vorbild ein Genre zu schaffen, für das neben witzigen Dialogen und Szenen auch eigene Schlager geschrieben werden.

73 Helmut Korte: Der Spielfilm und das Ende der Weimarer Republik. Ein rezeptionshistorischer Versuch, Göttingen 1998, S. 325.

74 Vgl. Leonardo Quaresima: Tankstelle und Hinterhof: »Genre«-Entwicklung als Modernisierungsprogramm, in: Malte Hagener, Jan Hans (Hg.): Als die Filme singen lernten: Innovation und Tradition im Musikfilm 1928-1938, München 1999, S. 61-70, hier S. 67.

nen« und »inszenierte Melodien«[75], sondern es wurde ein neuer Darstellungsstil entwickelt. Den Musikkomödien der Weimarer Zeit, die in ihrer Gesamtheit eine Mixtur aus allem sind, aus Operettenfilm, Tonfilmoperette und Revue, geht es in erster Linie um das Ausstellen der technischen Möglichkeiten.

> »Dieses Kino setzt weniger auf das geschlossene Subjekt [...], sondern auf episodische Highlights und Action – vor allem aber auf ein vorwissendes Publikum, das die Strategien der Genres und seine Erzählmuster kennt, das den Einfallsreichtum beim Einhalten und Brechen der Gesetze des Genres goutiert und einen Teil seiner Freude aus der Vorhersehbarkeit des Geschehens zieht.«[76]

Wie die Komponisten stellt der Tonfilm auch die Darsteller vor neue Herausforderungen. Nicht nur ihr schauspielerisches Können, ihre Mimik und Gestik, sondern vor allem ihre Stimme ist auf einmal gefragt. Weil die Industrie schnell erkennt, dass der Tonfilm ein wichtiges Segment in der Vermarktung von Schallplatten darstellt, nimmt der Gesang in der Filmproduktion einen immer größeren Stellenwert ein. An etliche Filmrollen wird plötzlich der Vortrag von Schlagernummern geknüpft – eine neue Anforderung für die Schauspieler, die dieser Aufgabe aufgrund einer bislang fehlenden Ausbildung zum Teil nicht ganz gerecht werden können, aber von Produzenten und Regisseuren dennoch akzeptiert und sogar gefördert werden, vor allem wenn sie als Stars »Show-Wert«[77] besitzen. Das zeigt das Beispiel Marlene Dietrich. Sie erhält die prestigeträchtige Hauptrolle der singenden Nachtclubtänzerin Lola in DER BLAUE ENGEL (D 1930, R: Joseph von Sternberg) neben »Professor Unrat« Emil Jannings. Die genauen Hintergründe der Rollenvergabe lassen sich nicht rekonstruieren, sie basieren vor allem auf persönlichen Erinnerungen, zum Beispiel von Komponist Peter Kreuder, der in seinen Memoiren auf die Begegnung mit Marlene Dietrich im Vorfeld des Filmdrehs eingeht:

75 So beschreibt Manfred Hobsch den Film DIE DREI VON DER TANKSTELLE, der häufig als prototypisch für die Tonfilmoperette angesehen wird. Vgl. Hobsch: Liebe, Tanz und 1000 Schlagerfilme, S. 78f.

76 Malte Hagener/Jan Hans: Musikfilm und Modernisierung, in: dies. (Hg.): Als die Filme singen lernten, S. 7-22, hier S. 11.

77 Prox: Melodien aus deutschem Gemüt und Geblüt, S. 82.

»Sie konnte nicht singen. Ich wußte es. Ich hatte erlebt, wie sie in den Cabarets einige Chansons vortrug. Sie hat die Chansons wirklich nur vorgetragen und nicht gesungen. Aber ich antwortete Sternberg: ›Sie müssen sie hören. Machen sie eine Probeaufnahme mit ihr.‹«[78]

Marlene Dietrich erwähnt in ihren Memoiren jene Probeaufnahme zum BLAUEN ENGEL nur am Rande. Sie bemerkt lediglich, dass von Sternberg sie rügte, weil sie keine eigenen Noten mitgebracht hatte, und schließlich ein amerikanisches Lied vortrug.[79] Eine dezidierte Gesangsausbildung hat sie jedoch nach eigener Auskunft bis dato tatsächlich nicht genossen. Dass sie offenbar selbst an der Qualität ihrer Stimme zweifelt, kommt in ihren Erinnerungen an ein früheres Vorsprechen für die Revue *Es liegt was in der Luft* in der »Komödie« am Kurfürstendamm zum Ausdruck: »Ich war gefragt worden, ob ich singen könnte, und hatte mit schüchterner Stimme geantwortet: ›Ja, ein bisschen.‹«[80] Selbstkritisch berichtet Dietrich weiter: »Der Pianist gab mir den Ton. Ein dünnes Kinderstimmchen kam zwischen meinen Lippen hervor – die Tonlage war viel zu hoch für mich –, eine zitternde Fistelstimme, die nichts mit Gesang zu tun hatte.«[81] Erst als der Pianist in eine tiefere Tonlage wechselt, kommt angeblich Marlene Dietrichs tiefe, androgyn wirkende Stimme zum Ausdruck, die später zu ihrem Markenzeichen wird.

Dieses Beispiel soll verdeutlichen, wie der Film die Personalisierung des Schlagers in diesem Zeitraum vorantreibt. Autobiografische Erinnerungen liefern zwar nicht zwangsläufig faktische Belege, sondern können ebenfalls konstruiert sein und einen Versuch darstellen, die Realität ›umzuerzählen‹ – auch im Sinne einer Mythenbildung wie im Fall der tiefen Stimme Marlene Dietrichs. DER BLAUE ENGEL wurde jedoch gerade durch ihre Interpretation der Rolle und der Musiknummern zu einem Welterfolg.

Aus der historischen Perspektive lässt sich jedoch kaum über den Schlager schreiben, ohne immer wieder auf kritisch behaftete Schlagerdiskurse zu stoßen, die dessen Geschichte bis in die Gegenwart durchziehen.

---

78 Kreuder: Nur Puppen haben keine Tränen, S. 185.

79 Marlene Dietrich: Ich bin, Gott sei Dank, Berlinerin. Memoiren, Berlin 1997, S. 79f.

80 Ebd., S. 73.

81 Ebd., S. 74.

Es gilt, diese zur Kenntnis zu nehmen und sich dazu zu positionieren. So bemerkt zum Beispiel Lothar Prox zum Thema Filmmusik in der Weimarer Zeit, die Schlager seien durch den Film simpler und schlichter geworden, die Melodien seien eigens auf die beschränkten Stimmregister der vortragenden Künstler reduziert worden.[82] Er attestiert der Epoche nicht nur einen »Verlust der Stimmkultur«[83], sondern auch eine »Verarmung im Programm der Liedtypen«[84]. Neben den ausgebildeten Stimmen wie zum Beispiel denen von Zarah Leander, Johannes Heesters oder Jan Kiepura habe man in dieser Zeit oftmals die »halbwegs trainierten oder (überwiegend) dilettierenden Stars«[85] gehört. Diese Argumentation verwundert nicht, denn sie passt zu der häufig pauschalen Verurteilung des Schlagers und seiner Interpreten in den 1930er Jahren. So gilt Schlagermusik in dieser Zeit in Kritik und Wissenschaft nahezu durchgängig als »Beweis für die negative Wirkungsmacht der Massenkultur«[86].

---

82 Prox: Melodien aus deutschem Gemüt und Geblüt, S. 82f. In Künstlerbiografien wird dieser Umstand in der Retrospektive häufig anders formuliert. Es heißt, die Lieder wurden ihnen ›auf den Leib geschrieben‹.

83 Ebd., S. 82.

84 Ebd.

85 Vgl. ebd.: S. 86. Als Beispiele für angeblich »dilettierende Stars« nennt Prox hier unter anderen Marika Rökk, Heinz Rühmann, Willy Forst, Ilse Werner und Hans Albers.

86 Brian Currid: Das Lied einer Nacht. Filmschlager als Organe der Erfahrung, in: Hagener/Hans (Hg.): Als die Filme singen lernten, S. 48-60, hier S. 49. Vgl. ebenso die Studie von Ulrike Sanders über das Verhältnis von Schlagern und nationalsozialistischer Ideologie am Beispiel von Liedern Zarah Leanders: Ulrike Sanders: Zarah Leander – Kann denn Schlager Sünde sein?, Pahl-Rugenstein-Hochschulschriften Gesellschafts- und Naturwissenschaften 251, Köln 1998. Die Autorin fragt, ob und in welcher Weise Schlager zur Aufrechterhaltung des faschistischen Systems gedient haben, und bedient damit einen Ansatz, der dem Schlager schon im Vorfeld jeglicher Betrachtung manipulative Energien einschreibt. So kommt Sanders dann auch zu dem erwarteten Schluss, dass Zarah Leander eine Nutznießerin des faschistischen Systems war und ihren – wenn auch ungewollten Beitrag – zu dessen Fortbestand geleistet hat. Die programmatische Ausrichtung dieser Arbeit spiegelt sich schließlich auch in der Titelwahl wider.

Durch die Einführung des Tons entdecken Film- und Musikbranche aus meiner Perspektive jedoch neue Möglichkeiten der Zusammenarbeit, die sie zunehmend intensivieren und mit denen sie auch experimentieren. Der Film als visuelles Medium nimmt unmittelbar Einfluss auf die Entwicklung des Schlagers. Das Singen wird ›sichtbar‹. Damit steigt auch das Interesse an den Schauspielern, die der Musik ihr Gesicht geben. In den 1930er und 1940er Jahren sind es Stars wie die bereits erwähnte Zarah Leander, das damalige ›Film-Traumpaar‹ Lilian Harvey und Willy Fritsch, Marta Eggerth, Johannes Heesters, aber auch die noch junge Ilse Werner, die in den Musikkomödien auftrumpfen und durch Filmrollen bekannt werden. Die meisten Künstler dieser Zeit kommen allerdings vom Theater und haben bereits eine Bühnenkarriere begonnen, bevor sie ins Filmgeschäft einsteigen. In der Regel laufen beide Karrieren auch parallel. Die Stars der Zeit können in diesem Sinne durchaus als Multitalente bezeichnet werden, damit unterscheiden sie sich kaum von Musikfilmstars späterer Jahrzehnte. Daran lässt sich deutlich die Durchmischung einzelner Medien- und Kunstbereiche ablesen, die im Prinzip eintritt, sobald ein neues Medium, wie in diesem Fall der Tonfilm, entsteht. Es sind singende Schauspieler und schauspielernde Sänger, die das Personal des Musikfilms in den 1930ern stellen, bestenfalls haben sie beides gelernt – zumindest fordert der Film beide Talente, Schauspiel und Gesang. Ebenso sind es beide Talente, die der Film mit seinen Darstellern wiederum an die Bühne abgibt. Bühne und Film profitieren gegenseitig voneinander und sind im hier besprochenen Zeitraum personell sehr eng miteinander verknüpft.

Aber auch Stars aus anderen Branchen werden schon in den 1930ern für den Film und für den Schlager interessant: Boxer Max Schmeling tritt 1930 im erst stumm begonnenen und dann später doch vertonten Film LIEBE IM RING (D 1930, R: Reinhold Schünzel) auf. Daraus stammt auch der bis heute bekannte Schlager *Das Herz eines Boxers*, den Schmeling gemeinsam mit seinen Filmpartnern Hugo Fischer-Köppe und Kurt Gerron präsentiert. Schmeling ›spricht‹ den Refrain mehr, als dass er ihn singt, er hat große Angst vor der Kamera, doch den Titel nimmt er am Ende sogar auf Schallplatte auf.[87] Max Schmeling ist ein Beispiel dafür, wie sehr der Sport bereits in dieser Zeit als Teil des Showbusiness betrachtet wird. Gut zwanzig Jahre später werden auch Fußballer, Skirennläufer und Eiskunstläufer zu-

---

87 Vgl. Liebe: Verehrt, verfolgt, vergessen, S. 40f.

nehmend von der deutschen Schlager- und Filmbranche entdeckt. Max Schmeling kann in der Funktion als multimedialer Star jedoch als Pionier gelten. Der spätere Boxweltmeister wird Teil der deutschen Filmindustrie, zumal er mit Anny Ondra 1933 auch noch eine der begehrtesten und beliebtesten Schauspielerinnen dieser Zeit heiratet. 1935 drehen Schmeling und Ondra gemeinsam den Film KNOCKOUT – EIN JUNGES MÄDCHEN, EIN JUNGER MANN (D 1935, R: Carl Lamac, Hans H. Zerlett). Schmeling übernimmt darin die für ihn leichteste Rolle: Er spielt sich selbst, einen Boxer namens Max Breuer, und mimt gemeinsam mit seiner Frau ein Liebespaar.[88]

3.3 SCHLAGERPHANTASIEN UND AUFSTIEGSTRÄUME

Die beschriebene Filmwelt löst in den 1930ern eine große Faszination auf die Menschen aus. Sie beginnen, sich mit den Stars zu identifizieren und ihnen nachzueifern. Das System wird durchschaut: Talent scheint nicht zwingend für eine große Karriere, es genügen oft die richtigen Kontakte und ein gewisses Timing: Man muss einfach zur rechten Zeit am rechten Ort sein. Das ist zumindest der Ausgangspunkt, den Irmgard Keun im Roman *Das kunstseidene Mädchen* wählt. Protagonistin Doris »spiegelt sich nicht nur in den großstädtischen Medien, Weiblichkeitstypen und begehrenden Männerblicken, sondern identifiziert sich mit den Produktionsstädten der Spiegelbilder: Kino, Wochenschau und Bühne«[89]. Die junge Frau,

---

88 Im Film MAX SCHMELING (D 2010, R: Uwe Boll), einer Mischung aus *biopic* und Boxfilm, spielt Ex-Boxchampion Henry Maske Max Schmeling und hat als nicht ausgebildeter Schauspieler mit ähnlichen Vorurteilen zu kämpfen wie sein Idol in den Dreißigern. Maske wird für seine Schauspielleistung vielfach kritisiert. Letztlich sorgt der Film durch die Besetzung von Maske als Max Schmeling jedoch für dieselbe Authentizität, die Schmeling als Filmstar hatte. Die Produktion von 2010 verweist somit nicht nur auf Schmeling als eine Box-Legende, sondern auch auf sein Image als Schauspieler und Sänger.

89 Kerstin Barndt: »Engel oder Megäre«. Figurationen einer ›Neuen Frau‹ bei Marieluise Fleißer und Irmgard Keun, in: Maria E. Müller/Ulrike Vedder (Hg.): Reflexive Naivität. Zum Werk Marieluise Fleißers, Berlin 2000, S. 16-34, hier S. 23.

die in einer mittelgroßen Stadt eigentlich als Sekretärin für einen Rechtsanwalt arbeitet, träumt von einer Karriere als Filmschauspielerin in Berlin. Sie möchte dort »ein Glanz«[90] werden, eine Berühmtheit, ein großer Star. Ihr Weg dorthin führt über die Bühne, sie nimmt zunächst eine Statistenrolle am Theater an. Auffallend ist, dass Doris zwischen Film und Theater keinen Unterschied macht. Dass man als Darsteller im Film schon in der Weimarer Zeit unter Umständen ein Millionenpublikum erreicht, im Gegensatz zu einem Engagement am Theater, wird nicht thematisiert. Es ist für Doris auch nicht entscheidend. Bühne ist für sie Bühne und verschafft Popularität, egal ob Kameras im Spiel sind oder nicht. Wichtiger scheint aus ihrer Sicht, ob man im Theater eine Textrolle bekommt, denn »je mehr einer zu sagen hat auf der Bühne, desto mehr ist er«[91], hat sie bereits gelernt. Die Wirkungsmacht des Mediums Film wird im Vergleich zu anderen Künsten nicht hervorgehoben. Stattdessen wird eine andere Voraussetzung für das Berühmtwerden vorgestellt: Eine wirkliche Karriere ist nur in der Großstadt möglich.

Ein Leben in der Stadt ist für Doris gleichbedeutend mit ihrem Wunsch nach Ansehen. Selbst wenn sie es beim Film nicht schaffen sollte, so möchte sie doch zumindest am glamourösen Berliner Nachtleben und den Vergnügungen der jungen Großstadtgeneration und »Angestellten-Bohème«[92] teilhaben. Zu diesem Milieu zählt Siegfried Kracauer in *Die Angestellten* (1930) einen bestimmten Mädchentypus, bevorzugt die »nette Fabrikantentochter aus Westdeutschland«[93], die aus der bürgerlichen Welt ihres Heimatortes ausgebrochen ist und jetzt in der Anonymität der Stadt »richtig leben«[94] will.

»Mädchen, die in die Großstadt kommen, um Abenteuer zu suchen, und wie Kometen durch die Angestelltenwelt schwirren. Ihre Laufbahn ist unberechenbar, und ob sie auf der Straße oder im Hochzeitsbett enden, kann auch der beste Astronom nicht ermitteln.«[95]

---

90 Keun: Das kunstseidene Mädchen, S. 45.

91 Ebd., S. 35.

92 Siegfried Kracauer: Die Angestellten. Eine Schrift vom Ende der Weimarer Republik, 3. Aufl., Allensbach/Bonn 1959 [1930], S. 65.

93 Ebd.

94 Ebd.

95 Ebd.

Doris kommt zwar aus bescheidenen Verhältnissen, aber der Wunsch nach Bewunderung und Popularität, die vor allem die vermeintliche Glitzerwelt des Films offeriert, hat nichts mit Herkunft zu tun. Doris hat genaue Vorstellungen vom Leben als Star: »Mit weißem Auto und Badewasser, das nach Parfüm riecht, und alles wie Paris.«[96] Ein Glanz zu sein, bedeutet für sie in erster Linie Reichtum, aber auch eine Loslösung vom bisherigen Leben. Sie braucht dafür ihrer Ansicht nach keine besondere Bildung. Wenn sie erst mal ein Star ist, wird sie niemand mehr aufgrund ihres mangelnden Wissens oder ihrer Herkunft auslachen: »Ich werde ein Glanz, und was ich dann mache, ist richtig«[97].

Diese Kopplung von Stardiskurs und Großstadtleben wird später in den Filmen der 1950er aufgegriffen: Die Großstadt gilt im Gegensatz zum Dorf oder der Kleinstadt als Wunschort für den Künstler. Die Stadt steht mit ihren Bars und Theatern, mit Agenturen und Tonstudios sinnbildlich für Professionalität und den modernen Amüsierbetrieb. Hier kann man als Sänger oder Schauspieler Karriere machen. Zahlreiche Filme der 1950er und 1960er bauen auf diesem Zusammenhang auf und nutzen ihn als dramaturgisches Element: In LASS MICH AM SONNTAG NICHT ALLEIN (D 1959, R: Arthur Maria Rabenalt) ist es zum Beispiel Toni Hauser (Willy Hagara), ein Müllersohn aus dem Altmühltal, der erst berühmt wird, als er mit seinem Schlager *Eine Hand voll Heimaterde* einen Radiowettbewerb in der Stadt gewinnt. In den Filmen müssen sich die Protagonisten häufig zwischen Tradition und Fortschritt entscheiden, sind hin- und hergerissen zwischen Heimat und Ferne.

Doris' Ziel ist Berlin. Ihr Blick auf die Hauptstadt und das, was dort auf sie wartet, ist jedoch verklärt. Noch während Doris in der ›mittleren Stadt‹ als Sekretärin arbeitet, imitiert sie einen zeitgenössischen Star, den sie aus dem Film kennt, und versucht mit nachgespielter Mimik ihren Chef zu beeinflussen:

> »[I]ch hatte zu wenig Briefe geschrieben wegen an Hubert denken und mußte auf einmal mit Dampf loslegen, um noch was fertig zu kriegen [...]. Und guck schon gleich beim Reinbringen wie Marlene Dietrich so mit Klappaugen-Marke: husch ins Bett.«[98]

---

96 Keun: Das kunstseidene Mädchen, S. 45.

97 Ebd.

98 Ebd., S. 23.

Die Vorstellung ist so überzeugend, dass der Chef einen Annäherungsversuch startet. Doris weiß, dass sie ihn provoziert hat, dennoch wehrt sie sich gegen sein Verhalten. Mehr noch, sie droht ihm sogar, »daß die Männer vor Gericht nur seine miese Visage sehen brauchen«[99] und ihr sofort glauben werden, dass sie »nie sinnliche Blicke geworfen habe«[100]. Diese Szene zeigt, wie der Film Grenzen von Fiktion und Realität verwischt. Die träumerische Doris hat sich selbst in eine Falle gelockt und sich von einer Leinwandfigur blenden lassen, deren Mimik sie einfach übernommen hat, ohne an die Konsequenzen zu denken. Anhand dieser Textstelle lässt sich bereits erahnen, dass Doris auch im Folgenden falschen Vorstellungen vom Filmgeschäft aufsitzen wird. Sie verliert sich im schnellen Leben Berlins, flüchtet sich in kurze Beziehungen, droht am Ende sogar als Prostituierte zu enden. Der Glanz, den Kracauer als Zerstreuung oder auch als Vergnügungssucht kennzeichnet, den man heute vielleicht Glamour nennen würde, entpuppt sich als Schein. Doris hört dennoch nicht auf, sich an ihre illusorischen Vorstellungen vom erfüllten, abwechslungsreichen Leben zu klammern.

Der Roman *Das kunstseidene Mädchen* ist in diesem Zusammenhang durchzogen von Liedzitaten, die sich in Doris' Ohr gewoben haben und mit denen sie häufig ihr Empfinden ausdrückt. Es sind Schlager aus Operetten, aus Revuen und aus dem Film. Es sind Lieder von Hans Albers wie der Seemannschoral *In Hamburg an der Elbe*[101] oder Titel der Comedian Harmonists wie *O Donna Klara*[102]. Irmgard Keun bedient sich aus dem kompletten Angebot des zeitgenössischen Amüsierbetriebs. Ihre Romane sind perforierte Texte, durchlässig für Schlagerzitate jeder Art und Herkunft, und erinnern damit strukturell gesehen selbst an Musikfilme, indem sie immer wieder neue Lieder integrieren. Protagonistin Doris macht die Schlagersprache zu ihrer eigenen Sprache. »Mein Herz ist ein Grammophon und spielt aufregend mit spitzer Nadel in meiner Brust«[103], schreibt sie. Ihr Erzählen in Tagebuchform entfaltet häufig eine schwärmerische Wirkung: »Da ist ja so eine glänzende Lust in mir, zu singen – das gibt's

99 Ebd., S. 26.

100 Ebd.

101 Ebd., S. 117.

102 Ebd., S. 146.

103 Ebd., S. 58.

nur einmal, das kommt ... und ich kenne keinen Tschaikowsky – nur so Lieder und kein Schubert – aber meine Haut singt.«[104]

Wie in *Gilgi* sind auch die Schlagerzitate in *Das kunstseidene Mädchen* mehr als nur »Metonyme für die massenkulturelle Erfahrungswelt«[105] der 1930er Jahre. Wieder werden sie von Irmgard Keun strategisch eingesetzt, um den Romantext um weitere Sinnebenen zu erweitern. Das zitierte *Das gibt's nur einmal* zum Beispiel ist ein Lied, das durch den Film DER KONGRESS TANZT (D 1931, R: Eric Charell, D: Lilian Harvey, Willy Fritsch) bekannt wurde, eine Tonfilmoperette aus der Babelsberger UFA-Schmiede. Wieder ist bemerkenswert, wie schnell der Musiktitel Eingang in einen Romantext gefunden hat. Keun zitiert das Lied sogar mehrmals, hier in Verbindung mit dem Refrain aus *Wien, du Stadt meiner Träume* (1914), einer Komposition des Österreichers Rudolf Sieczynski. »Ich habe einen Schwips [...]. Wien, Wien, nur du allein, Wien, Wien – da saßen wir bei dieser Musik aus dem Radio. Ach, so schön. Das gibt's nur einmal, das kommt nicht wieder – das ist zu schön um – Wien, Wien, nur du allein«[106].

Der Schlager *Das gibt's nur einmal* besitzt für Doris offensichtlich Symbolkraft. Im Film DER KONGRESS TANZT singt es Handschuhmacherin Christel (Lilian Harvey) während einer fast siebenminütigen Kutschfahrt. Zar Alexander (Willy Fritsch) hat sich in das Mädchen verliebt und es in seine Villa eingeladen. Er lässt Christel abholen. Auf dem Weg zu ihm bietet sie diesen Schlager dar, in dem es im Refrain heißt:

»Das gibt's nur einmal, das kommt nicht wieder.
Das ist zu schön, um wahr zu sein.
So wie ein Wunder fällt auf uns nieder, vom Paradies ein gold'ner Schrein.
Das gibt's nur einmal, das kommt nicht wieder, das ist vielleicht nur Träumerei. [...]
Das kann's im Leben nur einmal geben, denn jeder Frühling hat nur einen Mai.«

Es ist das »Lied vom märchenhaften Glückstreffer«[107], den sich auch Doris vom Leben erhofft – sowohl in der Liebe als auch im Beruf. Doch Hoff-

104 Ebd., S. 201.

105 Currid: Das Lied einer Nacht, S. 49.

106 Keun: Das kunstseidene Mädchen, S. 194.

107 Ritzel: »... vom Paradies ein gold'ner Schrein«, S. 166.

nung und Enttäuschung liegen eng beieinander, wie Keun mit einem weiteren Schlager deutlich macht, den sie besonders häufig einspielt: *Das ist die Liebe der Matrosen*, ein Schlager von Werner Richard Heymann aus dem Jahr 1931, der ebenfalls durch die Comedian Harmonists bekannt wurde.[108] Wieder ist es ein aktueller Titel, mit dessen Hilfe Irmgard Keun einen Einblick in Doris' Seelenleben bietet. Zum Beispiel, als sie mit ihrer Silvesterbekanntschaft Ernst, einem verheirateten Mann, ins Kino geht. Sie hofft, ihm im gedämmten Licht des Saales näherzukommen.

»Es war ganz dunkel – nimmt er denn nicht meine Hand? Ich lege sie ihm in die Nähe – nimmt er sie denn nicht – ich atme sein Haar auf – wo ist der wandernde Granatsplitter denn? Bin ich ein Kino oder eine Liebe. Das ist die Liebe der Matrosen... ich würde mein Feh verkaufen, wenn ich es mit dem Geld bezahlen könnte, einmal sein Haar lange hintereinander anfassen zu dürfen.«[109]

Doris erfährt die Liebe als etwas Vergängliches, schwer Erreichbares, Beziehungen als etwas Austauschbares. Sie ahnt wohl, dass Ernst, dessen Name unmittelbar auf seinen Charakter verweist, ihre Hand nicht nehmen wird, und sie beginnt zu weinen, wobei unklar bleibt, ob sie es tut, weil Ernst ihre Gefühle nicht erwidert, weil sie gerührt ist durch den Film[110] oder durch den Gedanken an den traurigen Matrosenschlager, in dessen Text es weiter heißt:

»Das ist die Liebe der Matrosen,
auf die Dauer lieber Schatz ist mein Herz kein Ankerplatz.
Es blüh'n an allen Küsten Rosen
und für jede gibt es tausendfach Ersatz.«

Das Kino – durch sein schummeriges Licht und das gemeinsame Filmerlebnis eigentlich der perfekte Ort für Verliebte, der eine erste Annäherung

108 Bardong u.a. (Hg.): Das Lexikon des deutschen Schlagers, S. 344.

109 Keun: Das kunstseidene Mädchen, S. 192.

110 Doris und Ernst schauen sich im Kino MÄDCHEN IN UNIFORM (D 1931) an, einen Film von Regisseurin Leontine Sagan unter Mithilfe von Carl Froelich, in dem es um die Liebe von Internatsschülerin Manuela (Hertha Thiele) zu ihrer Lehrerin (Dorothea Wieck) geht.

ermöglicht oder geradezu fordert – wird zu einem Ort der Enttäuschung. Statt Doris zu berühren, entdeckt Ernst im Publikum am Ende ein Mädchen, das seiner Frau ähnlich sieht.

Täuschung, Enttäuschung und Schein werden durch die Parallellektüre von Romantext, Schlager und zeitgenössischem Film in *Das kunstseidene Mädchen* immer wieder besonders anschaulich. Zudem erfüllen die Zitate eine programmatische Funktion. In den Schlagern bekräftigen Frauen wie Doris oder Gilgi ihre Zugehörigkeit zur Gesellschaft der Großstadt. Sie sind eine Art Bekenntnis zum modernen Leben der 1930er Jahre und bekräftigen damit eine bedingungslose Teilhabe an den medienkulturellen Diskursen der Zeit. Der Zusatz »Eine von uns« im *Gilgi*-Romantitel verdeutlicht das. Gilgi steht stellvertretend für eine bestimmte Gruppe von Frauen ihrer Zeit, die ähnliche Vorstellungen vom Leben teilen. Die Musik, das Kino, die Mode sind ein Teil dessen, was die junge Generation verbindet. Dasselbe trifft auch auf *Das kunstseidene Mädchen* Doris zu.

Darüber hinaus ist eine enge Verbindung von Film und Literatur zu erkennen: Die Musikkomödien der 1930er Jahre passen sich zeitlich und inhaltlich der Alltagsrealität des Publikums an, das heißt, sie spielen meist in der Gegenwart und behandeln das Leben der kleinen Leute, der Arbeiter, Sekretärinnen, Angestellten, die oft arm oder arbeitslos sind.[111] Häufig siedeln sie als Revuefilm ihre Handlung auch im Showmilieu an, erzählen von jungen Frauen oder Männern, die am Theater Karriere machen wollen, und verschmelzen mit der Tradition des US-amerikanischen *backstage musicals*: »The backstage plot was a natural, for it permitted a maximum of singing with a minimum of justification.«[112]

Egal ob die Handlung in der Arbeits- oder der Theater- und Filmwelt spielt: Die Protagonisten verbindet der Wunsch, es im Leben zu etwas zu bringen. Keuns Romanheldinnen Gilgi und Doris stellen eine Symbiose aus beidem dar: Sie stammen aus dem Angestelltenmilieu und sind auf der Suche nach dem Glück. Keuns Romane schreiben sich damit unmittelbar in den filmischen und soziokulturellen Diskurs der 1930er Jahre ein – nicht nur inhaltlich, indem sie, wie die »Realitätsmärchen«[113] auf der Kinoleinwand, an dasselbe Lebensgefühl vom erträumten sozialen Aufstieg appel-

---

111 Korte: Der Spielfilm und das Ende der Weimarer Republik, S. 323.

112 Rick Altman: The American Film Musical, Bloomington 1989, S. 210.

113 Korte: Der Spielfilm und das Ende der Weimarer Republik, S. 348.

lieren, sondern auch formal: So wie Musik und Gesang im Film »die Glücksbotschaft steigern«, die Vorstellung, »dass sich die Situation fast von selbst zum Besseren wende, wenn man nur fleißig singt, tanzt und fröhlich ist«[114], so erfüllen die Schlagerzitate in Keuns Romanen eine ähnliche Funktion. Sie dienen Gilgi und Doris als Lebensmotto. Sie erinnern auch in ihrer Melancholie an den Traum vom besseren Leben, denn der Alltag hält für beide Frauen immer wieder Hürden parat: Jobangst, ungewollte Schwangerschaft (Gilgi), Prostitution (Doris).

»In the figure of Doris, [...], Keun created a near parody of the flighty young thing who cares only for men, movies, sex, and fashion, who worries about her next date, money for the newest hat, and little else. But closer scrutiny reveals Doris to be an unsentimental realist, with few illusions about life in general and men in particular, who tries to get by as best she can on her own wit and wiles.«[115]

In diesen Kontext lässt sich ein Film wie DIE PRIVATSEKRETÄRIN (D 1931, R: Wilhelm Thiele) einordnen, in dem Renate Müller eine junge Stenotypistin namens Vilma Förster spielt, die als Sekretärin Karriere machen will und einen Bankdirektor (Hermann Thimig) für sich gewinnt. Paul Abraham hat die Musik zu diesem Film komponiert, der bekannteste Titel daraus ist der Schlager *Ich bin ja heut' so glücklich*, der als programmatisch gelten kann. »Ich möchte nicht die Frau oder die Freundin eines kleinen Bankbeamten sein«, definiert Vilma Förster in einer Szene ganz klar ihr Lebensziel, »ich will nicht den ganzen Tag hinter der Schreibmaschine sitzen und Sorgen haben, ich will mein Leben ein bisschen genießen können.« Der Film wurde unter dem Titel SUNSHINE SUSIE (GB 1931, R: Victor Saville)[116] auch als englischsprachige Version produziert, ebenfalls mit Renate Müller in der Hauptrolle. Da es noch keine Synchronisation gibt, sind solche mehrsprachigen Versionen in den frühen 1930ern eine gängige Metho-

114 Ebd., S. 323.

115 Matijevich: The Zeitroman of the Late Weimar Republic, S. 67.

116 In den USA läuft der Film unter dem Titel THE OFFICE GIRL und kommt dort 1932 in die Kinos. In Deutschland wird in den 1950ern ein Remake mit dem damaligen Filmtraumpaar Sonja Ziemann und Rudolf Prack gedreht, DIE PRIVATSEKRETÄRIN (D 1953, R: Paul Martin).

de der Filmwirtschaft.[117] Aus dem Schlager *Ich bin ja heut' so glücklich* wird in der englischen Fassung *Today I feel so happy*. Das Schlagerprinzip, also Schlagernummern in Filme zu implementieren, und der propagierte Traum vom sozialen Aufstieg sind in dieser Periode also kein rein deutsches, sondern ein internationales Phänomen. Das lässt sich an dieser erfolgreichen Verwertungskette ablesen. Egal ob als Vilma Förster oder Susie Surster alias »Sunshine Susie«: Mit dem Schlager und ihrem Tanz durch die Kulissen weckt Renate Müller die Emotionen des zeitgenössischen Kinopublikums. Stephen C. Shafer hat die Rezeption des Films in Großbritannien untersucht und stellt fest, dass Susie aufgrund ihres Optimismus ein begehrenswertes *role model* für die britische Gesellschaft wurde.[118]

Susie und Vilma, Doris und Gilgi – diese in Film und Literatur der 1930er entworfenen Frauenfiguren haben eine gemeinsame Tradition: Sie bedienen ähnliche Vorstellungen und Sehnsüchte und entfalten ihr Identifikationspotential. Wenn Doris in einem fort Schlager zitiert, dann entspricht dies der Musiknummer im Film. Den Schlagertexten ist von der Wissenschaft – wie bereits erwähnt – immer wieder nachgesagt worden, dass sie realitätsfern seien und die gesellschaftliche Wirklichkeit mit all ihren konkreten Problemen nicht zur Kenntnis nähmen,[119] dass sie von Traumwelten erzählten. In Keuns Texten steigern jedoch gerade die eingespielten Schlagerzitate den Realitätsgehalt der Geschichten, die Einsprengsel lesen sich als Zeitzeugnisse. Die Romane verhandeln somit einen eigentlichen Widerspruch: Gerade der Schlager als angeblich realitätsferner Text steigert die Authentizität des Romans.

Doris und Gilgi gehen teils offensiv mit den Zitaten um. Zum Teil werden sie aber auch von der Musik gefangen, die überall in Bars, im Radio, im Kino präsent ist. Irmgard Keun beschreibt solche Szenen in ihren Romanen häufig,

117 So entsteht zum Beispiel von DER KONGRESS TANZT (D 1931, R: Eric Charell) eine englische Version mit dem Titel THE CONGRESS DANCES (D/UK 1931, R: Eric Charell) und eine französische Version mit dem Titel LE CONGRÈS S'AMUSE (D/F 1931, R: Eric Charell, Jean Boyer). Vgl. zu diesem Thema Jörg Distelmeyer u.a. (Hg.): Babylon in FilmEuropa. Mehrsprachen-Versionen der 1930er Jahre, München 2006.

118 Vgl. Stephen C. Shafer: British Popular Films, 1929-1939. The Cinema of Reassurance, London/New York 1997, S. 98f.

119 Vgl. unter anderen Rucktäschel: Die Schlager des Jahres, S. 397.

so wie in dieser, in der Gilgi zum Beispiel in ein Café gegangen ist: »Gilgi blättert in den Zeitschriften … auch du wirst mich einmal betrügen – auch du – auch du … Die Leute sollten das Grammophon abstellen, man kann das süße Schmalzzeug nicht immer vertragen …«[120] *Auch du wirst mich einmal betrügen* ist ein Lied von Robert Stolz aus dem Jahr 1930, das aus dem Film ZWEI HERZEN IM DREIVIERTELTAKT (D 1930, R: Géza von Bolváry, D: Willi Forst, Paul Hörbiger) stammt. Wieder umgibt eine heitere Melodie einen eigentlich melancholischen Text. Das Lied ist als Tanznummer angelegt und geht schnell ins Ohr. Während Gilgi die Musik ihrer Zeit häufig auch kritisch kommentiert, berauscht sich Doris an den Melodien und verfällt ins Schwärmen, besonders, wenn sie unter Alkoholeinfluss steht. »Und der Geiger in der Palastdiele singt wie sanftes Mehl – […] ja so ein Tangomärchen … was es doch für wunderbare Musik gibt – wenn man betrunken ist, ist sie wie eine Rutschbahn, auf der man heruntersaust.«[121]

Siegfried Kracauer übt in *Die Angestellten* keine Kritik am Schlager selbst, sondern am Typ der jungen, städtischen Frau seiner Zeit, die sich seiner Ansicht nach berieseln lässt von dem, was sie musikalisch umgibt. »Bezeichnend für sie ist, dass sie, im Tanzsaal oder im Vorstadtcafé, kein Musikstück anhören kann, ohne sofort den ihm zugestimmten Schlager mitzuzirpen. Aber nicht sie ist es, die jeden Schlager kennt, sondern die Schlager kennen sie, holen sie ein und erschlagen sie sanft.«[122]

Kracauer ist bekannt für seine Kritik an massenkulturellen Phänomenen seiner Zeit,[123] und diese Beschreibung könnte ohne Zweifel auch auf Frauen wie Gilgi oder Doris zutreffen. Doch jenseits jeglicher Wertung zeigt dieses Zitat die Dimension auf, in der sich die Schlagermusik in den 1930er Jahren bereits befindet, vor allem durch den Film, mit dessen Hilfe sie um 1930 Millionen Menschen in ganz Deutschland erreicht.[124] Welchen Stel-

120 Keun: Gilgi, eine von uns, S. 55.

121 Keun: Das kunstseidene Mädchen, S. 29.

122 Kracauer: Die Angestellten, S. 61.

123 Vgl. in diesem Kontext auch Siegfried Kracauer: Die kleinen Ladenmädchen gehen ins Kino, in: ders. (Hg.): Das Ornament der Masse. Essays, Frankfurt a.M. 1977, S. 279-294. Der Text erschien erstmals 1928 in der *Frankfurter Zeitung*.

124 Was die Kinobesucherzahlen in den 1930ern und 1940ern betrifft, so kursieren in der Literatur immer wieder ähnliche Zahlen. Die *Geschichte des deutschen*

lenwert Schlager einnehmen, wird auch Doris bewusst, wenn sie euphorisch die Medienkultur ihrer Zeit beschreibt: »Ich bin immer gegangen am Leipziger Platz und Potsdamer. Aus Kinos kommt eine Musik, das sind Platten, auf denen vererbt sich die Stimme von Menschen. Und alles singt.«[125]

3.4 *Da geht Euch der Hut hoch!* Schlager-(Film-)Experimente

Nach 1933 und der Machtübernahme der Nationalsozialisten wandeln sich in Deutschland die Arbeitsbedingungen für Künstler. Viele Schlagersänger, Komponisten und Filmstars verlassen das Land, weil sie entweder aufgrund ihrer jüdischen Abstammung mit einem Berufsverbot belegt werden oder unter den Repressalien und Kontrollen der faschistischen Regierung nicht weiter in Deutschland arbeiten wollen.[126] »Die Musikszene«, so resümiert Julio Mendívil, »verändert sich radikal«[127]. Es ist problematisch, in verkürzter Form über dieses schwierige Kapitel deutscher Geschichte schreiben zu wollen, weil man ihm auf wenigen Seiten kaum gerecht werden kann. Dennoch sollte erwähnt werden, dass die Musikfilme der NS-Zeit trotz aller kulturpolitischen Veränderungen und der vielen Künstler, die ins Exil gehen, an die filmischen Traditionen der frühen dreißiger Jahre anknüpfen. Die »Durch-

---

Films spricht 1928 von 350 Millionen Kinobesuchern im damaligen Reichsgebiet, vgl. Jacobsen u.a.: Geschichte des deutschen Films, S. 62. Rudolf Stöber vermeldet für das Jahr 1928 352,5 Millionen Besucher und beruft sich auf verschiedene Quellen wie zum Beispiel Wilfried von Bredow/Rolf Zurek (Hg.): Film und Gesellschaft in Deutschland. Dokumente und Materialien, Hamburg 1975, S. 217, vgl. Rudolf Stöber: Die erfolgverführte Nation, Stuttgart 1998, S. 100.

125 Keun: Das kunstseidene Mädchen, S. 95.

126 Unter den Emigranten sind bekannte Künstler wie Werner Richard Heymann, der hunderte Filmmusiken, unter anderem die Musik zu DER KONGRESS TANZT (D 1931), komponiert hatte. Vgl. Hans-Jörg Koch: Das Wunschkonzert im NS-Rundfunk, Köln 2003, S. 272.

127 Mendívil: Ein musikalisches Stück Heimat, S. 192.

ökonomisierung«[128] der Branche geht trotz des politischen Machtwechsels weiter, die Popularität des Musikfilms ist ungebrochen. Helmut Korte hat herausgefunden, dass Filme mit positiven, heiteren Inhalten und betontem Happy End bereits um 1930 kontinuierlich zunehmen.[129] Das ist keine Eigenart der deutschen Filmkultur. Stephen Guy attestiert zum Beispiel dem britischen Kino in den 1930ern eine ganz ähnliche Entwicklung: Er verweist auf die grundsätzliche Affinität des Musikfilms zur Komödie.[130] In den Kriegsjahren schreibt sich dieser Trend fort: Die Filme sind häufig alltagsnah und durchsetzt mit positiven Botschaften, die vor allem über die Schlagernummern transportiert werden. Die Schlager halten an der »gefühlshaft weichen, traumhaft versponnenen Stimmung«[131] fest. Für die Filmwissenschaft sind diese Merkmale immer wieder ein Beleg dafür, dass gerade die Unterhaltungsfilme Teil der nationalsozialistischen Propaganda waren und vom harten Kriegsalltag ablenken sollten.[132] Ungeachtet dieser politischen Dimension und dem wiederholt verwendeten Eskapismusargument entstehen in der NS-Zeit viele Schlager, die trotz ihrer Historie nie aus der Mode kamen und heute zu Evergreens geworden sind: *Nur nicht aus Liebe weinen*, ein Filmhit von Theo Mackeben, gesungen von Zarah Leander zum Beispiel,[133] oder die

128 Jan Hans: Musik- und Revuefilm, in: Harro Segeberg (Hg.): Mediale Mobilmachung I. Das Dritte Reich und der Film, Mediengeschichte des Films, Bd. 4, München 2004, S. 203-228, hier S. 220.

129 Korte: Der Spielfilm und das Ende der Weimarer Republik, S. 358ff.

130 Stephen Guy: Calling All Stars: Musical Films in a Musical Decade, in: Jeffrey Richards (Hg.): The Unknown 1930s. An Alternative History of the British Cinema, 1929-1939, London/New York 1998, S. 99-120, hier S. 99.

131 Koch: Das Wunschkonzert im NS-Rundfunk, S. 276.

132 Sabine Hake weist in ihrer Studie *Popular Cinema of the Third Reich* darauf hin, dass diese deterministische Sichtweise die Forschung behindert hat, und wirbt für einen offeneren Umgang mit den Filmen der NS-Zeit. »Third Reich Cinema can no longer be treated as an aberration of the past but must be acknowleged as an integral part of the aesthetic and ideological legacies of the twentieth century, including its traumas and burdens«. Sabine Hake: Popular Cinema of the Third Reich, Austin 2001, S. viii.

133 Das Lied stammt aus dem Jahr 1939 und wurde von Zarah Leander in ES WAR EINE RAUSCHENDE BALLNACHT (D 1939, R: Carl Froelich) dargeboten. Die Kölner Mundartband »Brings« nahm den Schlager 2007 neu auf.

Heinz-Rühmann-Nummer *Ich brech' die Herzen der stolzesten Frau'n* aus dem Film FÜNF MILLIONEN SUCHEN EINEN ERBEN (D 1938, R: Carl Boese).[134]

Neben Revue- und Operettenfilmen, Verwechslungskomödien und Possen entstehen in dieser Zeit Musikfilme, die sich selbstreflexiv mit der Medienkultur befassen und stilistisch und inhaltlich sehr nah an das spätere Wirtschaftswunderkino heranreichen. WIR MACHEN MUSIK (D 1942, R: Helmut Käutner) mit Ilse Werner und Viktor de Kowa in den Hauptrollen ist ein solches Beispiel. Der Film erzählt die Geschichte der jungen Musikschülerin Anni Pichler (Ilse Werner), die in Bars nebenbei ihr Geld als Schlagersängerin verdient. Sie tritt regelmäßig als Sängerin der Mädchenband »Die Spatzen« auf und singt und pfeift auch eigene Kompositionen. In der Musikschule lernt sie Karl Zimmermann (Viktor de Kowa) kennen, der dort ›Harmonielehre‹ unterrichtet und selbst gerade eine Oper komponiert. Im Gegensatz zu Anni hat Karl mit seiner schwermütigen Musik keinen Erfolg und blickt neidisch auf die junge, talentierte Frau herab. Insgeheim gefällt ihm Anni jedoch. Er beschließt, ihr Privatunterricht zu geben, um sie vielleicht doch für ›ernstere‹, das heißt in seinem Sinne klassische Musik zu begeistern. Das gelingt ihm zwar nicht, aber dafür gewinnt der Junggeselle am Ende Annis Herz.

Die Lieder des Films wie der Titelsong *Wir machen Musik* oder *Mein Herz hat heut' Premiere* sind in den 1940ern Gassenhauer.[135] Manfred Hobsch bezeichnet die Produktion nicht nur wegen seiner Schlager als »Film mit ungewöhnlicher Breitenwirkung«[136]. Das mag daran liegen, dass Käutner den Film nach amerikanischem Vorbild als *screwball comedy*[137]

---

134 Das Lied wurde von Max Raabe und seinem Palastorchester 1992 neu aufgenommen und veröffentlicht. Max Raabes Repertoire besteht vor allem aus Schlagern der 1920er bis 1940er Jahre, die er meist im Originalarrangement einspielt. Vgl. Bardong u.a. (Hg.): Das Lexikon des deutschen Schlagers, S. 251.

135 Beide Titel wurden von Peter Igelhoff und Adolf Steimel komponiert und von Helmut Käutner und Aldo von Pinelli getextet. Vgl. ebd.: S. 392ff.

136 Hobsch: Liebe, Tanz und 1000 Schlagerfilme, S. 108f.

137 Zum Begriff der *screwball comedy* vgl. Katrin Oltmann: Remake/Premake. Hollywoods romantische Komödien und ihre Gender-Diskurse 1930-1960, Diss., Bielefeld 2008, S. 144ff. Oltmann betrachtet die *screwball comedy* weniger als »präzise zu isolierendes Genre«, sondern mehr als »filmic mode«,

inszeniert. Anni und Karl liefern sich erfrischende Rededuelle, hauptsächlich wird der genretypische *battle of sexes* jedoch über die Musik erzählt. Es geht um den Gegensatz zwischen der so genannten E- und U-Musik, der ernsten und der unterhaltenden Musik – ein Diskurs, der auch später in den Filmen der 1950er Jahren weiter eine Rolle spielt. Karl ist fest davon überzeugt, dass jede andere Musik als die klassische minderwertig ist. »Aber wäre es nicht schrecklich, wenn es nur solche Musik gäbe?«, wendet Anni ein, nachdem Karl ihr ein Stück von Johann Sebastian Bach am Klavier vorgespielt hat. »Warum?«, lautet Karls Gegenfrage, woraufhin Anni argumentiert: »Kann doch nicht immer Feiertag sein. Muss doch auch Musik für alle Tage geben. Zärtliche Musik, verliebte Musik, lustige Musik.« Als Anni zudem einwendet, dass auch der »große Bach« für seine Frau Anna Magdalena ein »kleines Liebeslied« komponiert hat, kann Karl Annis Charme nicht mehr widerstehen. Anni hat in dieser Diskussion die besseren Argumente.

Klaus Kanzog schreibt dem Dialog eine Schlüsselfunktion zu.[138] Der Schlager wird hier von Anni als ein Genre definiert, das nicht auf eine elitäre Zuhörerschaft setzt, sondern sich für sein Publikum öffnet, egal in welcher Lebenslage dieses sich gerade befindet. Schlager haben für den Hörer in ihrem Sinne somit stets einen ›Mehrwert‹, sie erheitern und emotionalisieren den Alltag. Anni selbst pfeift im Film ihre Lieder vor sich hin, egal ob sie auf der Bühne steht oder gerade ihrer Hausarbeit nachgeht. Karl scheint aus Annis Sicht einer der wenigen Menschen zu sein, der dem Schlager nichts abgewinnen kann. Diese Schieflage in punkto Interessen stachelt den verbalen Zweikampf der beiden immer wieder an. Für Karl sind Annis Schlager »Banalitäten«, Anni wiederum wirft Karl vor, er sei zu stolz, »etwas zu schreiben, was den Leuten gefällt«. Die Stimmung kippt und mündet schließlich in der Trennung der beiden – ausgelöst von Karls Verdacht, Anni habe ihn betrogen. Tatsächlich war Anni lediglich mit

---

eine bestimmte Erzählweise, die in den 1930ern viele Subgenres der *romantic comedy* prägt, vgl. ebd., S. 147.

138 Vgl. Klaus Kanzog: Wir machen Musik, da geht euch der Hut hoch! Zur Definition, zum Spektrum und zur Geschichte des deutschen Musikfilms, in: Michael Schaudig: Positionen deutscher Filmgeschichte: 100 Jahre Kinematographie. Strukturen, Diskurse, Kontexte, diskurs film, Bd. 8, Münchner Beiträge zur Filmphilologie, München 1996, S. 197-240, hier S. 232.

ihrem guten Freund Peter im Theater. Dieser ist Musikverleger. Anni leidet darunter, dass ihr neuerdings keine guten Texte und Melodien mehr einfallen. So ist Peter am Ende derjenige, der Karl überzeugt, heimlich für Annis Revue zu komponieren. Das Revuefinale, das im Film eine sechsminütige Sequenz einnimmt, wird ein voller Erfolg. Die Szene hat dabei optisch alles zu bieten, was typisch für eine Filmrevue ist: steppende Showgirls, Tänzer in Frack und Zylinder, ein Klavier als Bühnenkonstruktion, eine Protagonistin (Anni), die auf einem Trapez von der Decke herab gelassen wird, sowie Spezialeffekte wie Bärte, die den Tänzern aus dem Gesicht fallen. Anni hat nicht geahnt, dass ihr Mann für diese Inszenierung verantwortlich ist. Am Ende feiern sie die Revue jedoch als einen gemeinsamen Erfolg. Der Streit ist beigelegt, der Film hat damit sowohl in Sachen Musik als auch in Sachen Liebe ein versöhnliches Ende. Der Schlager, über den im Film viel diskutiert und gestritten wird, übernimmt hauptsächlich die Funktion eines privaten Friedensstifters. Er ist Handlungsmotor und sorgt für zahlreiche Showstopper, meist in Form einer Bühnenhandlung, in der Anni mit ihren »Spatzen« singt. Darin unterscheidet sich WIR MACHEN MUSIK von den Tonfilmoperetten der 1930er Jahre, in denen Tanz und Gesang meist unvermittelter ausbrechen und kein Theater oder eine Bar benötigen, um sich zu entfalten. Die Musiknummern sind hier im Verhältnis eher streng motiviert, werden sogar angekündigt, wie durch die Einblendung des Revueplakates: »Notenparade – ausverkauft«.

Im Stil wie in WIR MACHEN MUSIK ist der Schlager in den Nachfolgejahren in keinem anderen deutschen Musikfilm mehr thematisiert worden, sieht man einmal von den Remakes des Films aus den Jahren 1955 und 1966 ab.[139] In TAUSEND MELODIEN (D 1956, R: Hans Deppe, D: Bibi Johns, Martin Benrath) geht es ebenfalls um das Verhältnis von klassischer Musik zum Schla-

139 1955 dreht Regisseur Ernst Mantrey eine neue Version des Films mit dem Titel MUSIK, MUSIK UND NUR MUSIK. Die Rolle der Anni Pichler übernimmt Inge Egger, Karl wird gespielt von Walter Giller. 1966 entsteht zudem ein Fernsehfilm: EINE KLEINE HARMONIELEHRE (D 1966, R: Karl Vibach). Klaus Kanzog hat den Schlüsseldialog zwischen Anni und Karl über Schlagermusik in der Version von 1942 und 1966 im Hinblick auf ideologische Einflüsse verglichen und festgestellt, dass in punkto Begrifflichkeiten 1966 Anpassungen vorgenommen wurden, Karl aber auch weiterhin mit seiner ernsten Komposition durchfällt und der verkannte Musiker bleibt. Vgl. ebd.: S. 232ff.

ger, aber die *Screwball*-Effekte entfallen in der Handlung komplett. Der Film liefert auch keine detailliertere Definition für Schlager, er suggeriert lediglich, dass es eine Musik ist, mit der sich besonders schnell Reichtum und Berühmtheit erlangen lässt. Geiger Martin Hoff (Martin Benrath) hat gerade seinen Abschluss an der Musikhochschule gemacht und träumt von einer großen Solokarriere, als ihm die Schlagersängerin Irina Servi (Bibi Johns) ein Angebot macht, mit ihr auf Tournee zu gehen. Martin wehrt sich dagegen, weil er, wie er sagt, »nicht jahrelang Musik studiert hat«, um dann in einem »Unterhaltungsorchester« zu spielen. Doch als er merkt, dass er als Solist mit klassischer Musik kein Geld verdienen kann, schlägt er auf das Angebot ein. Im Gegensatz zu WIR MACHEN MUSIK kommt TAUSEND MELODIEN eher brav daher. Es gibt keine bissigen Dialoge zwischen Martin und Irina, die beiden werden auch erst am Ende des Films ein Paar. Wie Karl wird Martin zwar auch depressiv wegen seines Misserfolgs – in beiden Filmen sind es die Männer, die leiden und den Part des ›Schwachen‹ übernehmen –, aber Martin neigt darin eher zur Aggression, indem er seiner Familie Geld stiehlt und seine Freundin verstößt, während Karl sein Leiden immer wieder betont und damit beinahe kokettiert. In beiden Filmen sind es die Frauen, die dem Schlager zugetan sind, damit Erfolg haben und ihre Männer damit letztlich versöhnen. In TAUSEND MELODIEN wird die Handlung jedoch zusätzlich um die Heimatkomponente erweitert: Martin stammt eigentlich aus einem kleinen Dorf, ist Müllersohn und gilt dort als Exot bzw. als jemand, der »große Rosinen im Kopf« hat. Martin ist in die Stadt gezogen, hat sich von seiner Freundin Barbara entfremdet – es verwundert nicht, dass die Beziehung der beiden scheitern muss. Es ist ein klassisches Heimatfilmmuster, dass Stadt und Land zwei Welten sind, die voneinander getrennt bleiben. So heiratet Barbara Martins Bruder Thomas, der jetzt die Mühle besitzt, während Martin mit Schlagerstar Irina zusammenkommt. So ist TAUSEND MELODIEN ein für die 1950er Jahre klassischer Mix aus Heimat- und Musikfilm. Die Musikdiskurse und das Figurenschema (›schwacher Mann‹ – ›erfolgreiche Frau‹), sowie das Happy End (Versöhnung des Protagonistenpaares im gemeinsamen Erfolg) sind jedoch 1956 keineswegs neu, genauso wenig wie die opulente, finale Revueszene und die einzelnen, im Bühnenmilieu angesiedelten Musiknummern.[140]

140 Auch in TAUSEND MELODIEN findet eine eher strenge Einbindung der Musiknummern statt: Gesungen wird meist auf einer Bühne, zum Teil werden die

Wenn der Film der 1950er selbstreflexiv den Schlager thematisiert – so viel sei an dieser Stelle vorweggenommen –, dann verschiebt sich der Diskurs häufig: Es geht weniger darum, ob Schlager nun ein ›leichtes‹ Genre ist oder nicht und wie er sich zur klassischen Musik verhält, sondern es geht mehr um den Konflikt zwischen Jung und Alt, bei dem die Schlagerrhythmen, die immer öfter auch Rock-'n'-Roll-Elemente aufweisen, immer auf der Seite der jungen Leute stehen. Es stehen sich also nicht wie in WIR MACHEN MUSIK der Klassikfreund und die Schlagerliebhaberin gegenüber, sondern in der Regel Jugendliche und ihre Elterngeneration, wobei die Eltern den Schlager ihrer Kinder meist als ›Krach‹ abstempeln. Kaum ein Film der 1950er kommt ohne diesen Generationenkonflikt aus. Es geht nicht mehr darum, den Schlager vor der Klassik zu verteidigen (TAUSEND MELODIEN zeigt sich hier als eher konservatives Filmbeispiel), sondern seine Vorzüge gegenüber anderen Musikrichtungen wie dem Volkslied oder der volkstümlichen Musik oder betulichen Walzerrhythmen zu betonen.

Resümieren lässt sich an dieser Stelle, dass der Musikfilm in den 1930er und 1940er Jahren Experimentierfreude zeigt und unterschiedlichste Ausprägungen entwickelt. Er changiert zwischen Revue- und Operettenfilm, kann aber auch lediglich eine Verwechslungskomödie mit einzelnen Schlagernummern sein. Diese Wandlungsfähigkeit überträgt er auf spätere Jahrzehnte. Es wird schon mit Beginn der Tonfilmära deutlich, das sich Musikfilme in keine Schablone pressen lassen. Sie stellen sich den jeweils veränderten Produktionsbedingungen, indem sie durchlässig für Schlagernummern werden. Es werden unterschiedlichste Methoden ausprobiert, wie sich diese Nummern integrieren lassen. Das erschwert Debatten um einen fixen Genrebegriff und macht deutlich, dass sich hier mit bestimmten Merkmalskatalogen kaum arbeiten lässt. Vielmehr muss der Film in seiner Prozesshaftigkeit beschrieben und müssen seine Hybridisierungstendenzen aufgezeigt werden.

Schlagerfilme sind musikalisches Gemischtwarenkino. Sie schreiben die erprobten Traditionen fort und vereinen unterschiedlichste Strömungen, sei es musikalisch, dramaturgisch oder inhaltlich. Ein wichtiger Punkt ist: Der Schlagerfilm leugnet seine Operettentradition nicht. Im Gegenteil: Operettenfilme und -verfilmungen spielen gerade im Kino der Weimarer

---

Auftritte auch angekündigt wie durch die Einblendung eines Programmblattes vorab: »Heiterer Abend der kultivierten Unterhaltung«.

Republik und auch nach 1950 eine wichtige Rolle. Nach Klaus Kanzog besitzen Operetten für den Film vor allem einen Materialwert in Form überlieferter Schlagernummern.[141] Das ist eine These, die jedoch so nicht ausreichend ist. So werden zum Beispiel auch dramaturgische Merkmale der Operette, besonders der Bühnenoperette, im Schlagerfilm der 1950er übernommen wie die Ouvertüre, ein Potpourri aus den beliebtesten Schlagern: Der Film integriert dieses Potpourri häufig in den Vorspann, indem er hier seine Hauptschlager schon einmal präsentiert.[142]

Der Film braucht die Operette nicht zwangsläufig als Schlagerlieferanten. Der Schlager wird schon mit dem Beginn der Tonfilmproduktion um 1930 immer eigenständiger. Schlagernummern isolieren sich, können auch ohne den Film erfolgreich sein. Strukturell gesehen offenbart sich der Musikfilm so schon lange vor dem Anbruch des Fernsehzeitalters als ein Produkt des Medienverbundes. Rundfunk und Schallplatte helfen bei der Popularisierung. In den 1930ern und 1940ern werden in diesem Zusammenhang Voraussetzungen und Erfolgsstrategien geschaffen, die dem Zuschauer im Film der 1950er und 1960er wieder begegnen: Branchenfremde Stars wie Sportler werden als Schlager- und Filmstars herangezogen, Schlagertitel liefern zugleich den Filmtitel.

Auch inhaltlich lassen sich aus der Retrospektive einige Parallelen zwischen dem frühen Musikfilm und den Schlagerfilmen der 1950er erkennen: Es sind häufig Träume vom sozialen Aufstieg und die Probleme der einfachen jungen Leute, die im Film verhandelt werden, oft geht es in Anlehnung an das US-amerikanische *backstage musical* um eine Karriere als Sänger oder Schauspieler. In der Wirtschaftswunderzeit kommen neue Themen hinzu: Heimatdiskurse gewinnen an Bedeutung, zugleich geht es aber auch verstärkt um Statussymbole wie zum Beispiel das Reisen und um Einflüsse, die nach 1945 vermehrt aus der amerikanischen Kultur nach Europa schwappen. Der Schlagerfilm erweist sich hier als integrationsfähig und variabel. Verwechslungskomödien haben weiterhin Konjunktur. Es scheint, als herrsche lediglich ein wenig Anpassungsbedarf. Doch der Anbruch des Fernsehzeitalters stellt den Schlagerfilm vor ungeahnte Herausforderungen.

---

141 Vgl. ebd.: S. 203.

142 Vgl. Kapitel 6 in dieser Arbeit: *Roy Black singt auf Polydor.*

4. *Der Zauber der Saison*

Schlagerfilm und Genre

4.1 Schlagerfilm und Genretheorie: ein Definitionsversuch

Schlagerfilme verstehe ich zunächst ganz allgemein als eine Gruppe von Filmen, die Musik auf spezifische Weise in die Handlung integrieren. Der Begriff Schlager verweist dabei auf eine bestimmte Form der Unterhaltungsmusik, auf populäre Musiknummern, die nicht zwingend deutschsprachig sein müssen, sondern in den 1950ern und 1960ern vor allem auch durch US-amerikanische Einflüsse geprägt werden.[1] Die Musiknummer, der Schlager, kann damit als Hauptmerkmal des Schlagerfilms gelten, unabhängig davon, wie hoch sein Anteil im Film ist, ob er realistisch motiviert ist oder nachträglich einmontiert wurde. Durch diese sehr weit gefasste Definition lassen sich sehr viele deutsche Filme in die Kategorie Schlagerfilm einordnen. Das macht das Schlagerfilmlexikon von Manfred Hobsch deutlich, das in den Einzelbesprechungen Operettenverfilmungen, Revuefilme, Tonfilmoperetten, Schlagerparaden, Ferien- und Heimatfilme, Paukerfilme und Verwechslungskomödien aufzählt – alle gespickt mit Schlagernummern.[2] Der Schlagerfilm, so scheint es, mixt als ›Film mit Schlagern‹ unterschiedlichste Genrekonventionen.

1 Weil englischsprachige Musik in den 1960ern in Deutschland zunehmend populär wird, gibt es in Schlagerfilmen immer wieder auch Auftritte von Künstlern mit englischsprachigen Titeln wie zum Beispiel Bill Haley.

2 Vgl. Hobsch: Liebe, Tanz und 1000 Schlagerfilme.

Der Film WENN DU BEI MIR BIST (D 1970, R: Franz Josef Gottlieb) sei hier ein exemplarisch gewählter Beleg für die Vielseitigkeit des Schlagerfilms. Durch die Besetzung der Hauptrolle mit Schlagerstar Roy Black ist der Film als Musikfilm konnotiert: Der Zuschauer erwartet, dass mindestens ein Roy-Black-Schlager im Film vorkommt. Black spielt den Piloten Chris Bergen, der sich in die thailändische Prinzessin Tamani (Zienia Merton) verliebt, die in Bangkok jedoch einen einheimischen Prinzen heiraten soll. Durch Setting und Rollenbesetzung verhandelt der Film zahlreiche Subtexte. So ist schon der Vorspann, in dem asiatische Tempelbauten gezeigt werden, nahezu identisch mit dem Vorspann des Films KOMMISSAR X – DREI GOLDENE SCHLANGEN (D/I 1969, Roberto Mauri).[3] Eine Lesart als Krimi oder Agentenfilm ist somit in WENN DU BEI MIR BIST schon in den ersten Filmminuten angelegt. Auch Lex Barker, der als Old Shatterhand aus den Karl-May-Filmen bekannt ist, übernimmt eine Rolle im Film: Er spielt Flugkapitän Schneider, um den sich ebenfalls eine Liebesgeschichte rankt. Hinzu kommt Protagonistin Zienia Merton als Prinzessin Tamani, die bereits aus dem englischen Science-Fiction-Film MASTERS OF VENUS (GB 1962, R: Ernest Morris) bekannt ist. Auf dieser Basis entwickelt WENN DU BEI MIR BIST eine Ästhetik, die sich sehr stark an populären 1960er-Jahre-Genres wie Krimi, Abenteuer und Science-Fiction orientiert. Diese Mixtur macht eine Genrezuschreibung problematisch, wenn man beachtet, dass Roy Black im Film auch mehrere Schlager präsentiert.

WENN DU BEI MIR BIST verfolgt damit eine Strategie, die typisch für den Schlagerfilm ist: Er macht die Schlagernummern nie zwangsläufig zum Hauptthema, sondern nutzt unterschiedliche ›Verpackungen‹ oder ›Musikbetten‹. Das erschwert seine Definition, erst recht wenn man bedenkt, wie viele populäre Themen zwischen den 1950ern und 1970ern zirkulieren, die der Schlagerfilm als ›Film mit Musiknummern‹ potentiell verhandeln kann: Heimat, Ferien, Krimi, Abenteuer bis hin zur beginnenden Sexfilmwelle. Die Musiknummer kann als eigenständige Sequenz quasi jedem anderen Genre ›aufgepfropft‹[4] werden und damit jeden Film zum Schlagerfilm machen.

---

3 Der Film ist der sechste Teil von insgesamt sieben Kommissar-X-Filmen, die zwischen 1965 und 1971 gedreht wurden. Kommissar X ist ein Privatdetektiv, der Gangstern weltweit das Handwerk legt, und basiert auf einem Heftromankrimi.

4 Vgl. dazu auch Kapitel 6, *Roy Black singt auf Polydor*, in dieser Arbeit.

Genrebegriffe wie der Schlagerfilm dienen der Kommunikation, sie sind Verständigungsbegriffe für Produzenten, Filmkritiker, Zuschauer und nicht zuletzt für Wissenschaftler. Steve Neale beschreibt Genre als »a multi-dimensional phenomenon, a phenomenon that encompasses systems of expectation, categories, labels and names, discourses, texts and groups or corpuses of texts, and the conventions that govern them all«[5]. Genreetikettierungen organisieren ein bestimmtes Wissen über die filmische Gestaltung und stiften Erwartungen.[6] Mit der Verwendung von Genrebegriffen werden Vorstellungen von Genre transportiert. Der Zuschauer verbindet damit die »Erfüllung bestimmter Konventionen, die den visuellen und akustischen Filmstil ebenso betreffen wie zum Beispiel das Casting, die Stoffauswahl und die Dramaturgie«[7]. Doch genau in dieser Zirkularität liegt ein zentrales Problem: Genres lassen sich nur beschreiben, wenn bereits eine bestimmte Vorstellung darüber existiert, was das Genre ausmacht. Um über Genres zu diskutieren, werden also Zuordnungskriterien benötigt, doch die lassen sich nur aus den Filmen selber gewinnen.[8] Wenn man den Begriff Schlagerfilm verwendet, hat man also bereits eine Idee, was ein Schlagerfilm ist.

Nach Robert Stam gibt es vielfältige Möglichkeiten, Genres in den Blick zu nehmen:

---

5 Neale: Genre and Hollywood, S. 2. Zur Komplexität von Genres und ihrer Theoretisierung vgl. auch Susan Hayward: Genre/Subgenre, in: dies. (Hg.): Cinema Studies, S. 163-168; Christine Gledhill: »Rethinking Genre«, in: dies./ Linda Williams (Hg.): Reinventing Film Studies, London 2000, S. 221-243; Rick Altman: Film/Genre, London 1999; Jörg Schweinitz: ›Genre‹ und lebendiges Genrebewußtsein. Geschichte eines Begriffs und Probleme seiner Konzeptualisierung in der Filmwissenschaft, in: *montage/av* 3/2 1994, S. 99-118.

6 Vgl. Knut Hickethier: Genre und Genreanalyse, in: Jürgen Felix (Hg.): Moderne Film Theorie, 2. Aufl., Mainz 2003, S. 62-96, hier S. 63.

7 Blaseio: Genre und Gender, S. 32.

8 Werner Faulstich: Grundkurs Filmanalyse, 2. Aufl., Stuttgart 2008, S. 28. Auf diese Problematik weist bereits Andrew Tudor hin: »To take a *genre* such as a ›Western‹, analyse it, and list its principle characteristics, is to beg the question that we must first isolate the body of films which are ›Westerns‹.« Andrew Tudor: Theories of Film, New York 1974, S. 135.

»While some genres are based on story content (the war film), others are borrowed from literature (comedy, melodrama) or from other media (musical). Some are performer-based (the Astaire-Rogers films) or budget-based (blockbusters), while others are based on artistic status (the art film), [...] or sexual orientation (Queer cinema).«[9]

Nach Stam ist das Thema dabei das schwächste Kriterium, nach dem man Filme gruppieren kann, weil damit nicht ausgedrückt wird, auf welche Weise das Thema im Film verhandelt wird.[10] Damit bestätigt Stam quasi die Theorie von David Bordwell, nach der jedes Thema in jedem Genre auftreten kann.[11]

Im Begriff Schlagerfilm verweist der Zusatz Schlager weniger auf Schlagermusik als Thema, sondern mehr auf ein dramaturgisches Prinzip und auf die intermediale Verfasstheit des Genres. Der Schlagerfilm ist ein Produkt des Medienverbundes aus Film, Musik und Fernsehen. Zwischen den 1950ern und 1970ern verändert er durch die rasante Entwicklung der Medienlandschaft und populärkulturelle Einflüsse stetig sein Gesicht, weil er sich immer wieder neu an beliebten Musikstilen, Stars und Themen orientiert. Eine Genredefinition muss diese Aspekte berücksichtigen. Der Schlagerfilm ist in erster Linie als Medienverbundfilm und als Musikfilm zu begreifen.

»The musical has always been a mongrel genre«[12], fasst Steve Neale zusammen. »In varying measures and combinations, music, song and dance have been its only essential ingredients.«[13] Der Schlagerfilm wäre nach Neales Argumentation damit dem Musical oder Musicalfilm zuzurechnen. Neale fasst unter dem Begriff des Musicals verschiedenste Ausprägungen des Genres zusammen, zum Beispiel Revue, Operette und auch Elvis-

9 Robert Stam: Film Theory. An Introduction, New York/Oxford 2000, S. 14. Stam nennt als Beispiel den Nuklearkrieg, der zum Beispiel in Satire-, Dokumentationsfilmen oder auch im Melodram thematisiert werden kann.

10 Vgl. ebd.

11 Vgl. David Bordwell: Making Meaning. Inference and Rhetoric in the Interpretation of Cinema, Harward 1991, S. 147

12 Neale: Genre and Hollywood, S. 105.

13 Ebd.

Presley-Filme.[14] Dabei wendet er sich gegen Rick Altman, der mit *The American Film Musical*[15] eine der wichtigsten und umfassendsten Studien zum Musicalfilm vorgelegt hat. Altman geht davon aus, dass das Musical auf der Struktur eines *dual focus* beruht, also auf einer grundlegenden Dichotomie von Männlichkeit und Weiblichkeit, die am Ende mit der romantischen Paarbildung der männlichen und weiblichen Protagonisten aufgelöst wird.[16] Neale kritisiert diesen Ansatz, weil er den Genrebegriff einenge.

»Altman's insistence on the centrality of romance and a dual-focus structure is [...] problematic, both because romance and a dual-focus structure characterize romantic comedies as well as musicals, and because some musicals lack either or both.«[17]

Musikfilme über strukturelle Merkmale zu definieren erscheint demnach problematisch, weil Genres Strukturmerkmale mischen, völlig verwerfen oder neu bilden können. Dennoch ist die Musiknummer gerade für den Schlagerfilm das zentrale Strukturmerkmal. Die Musicalforschung unterscheidet hinsichtlich der Musikrepräsentation zwischen zwei Arten von Musikfilmen: Als Musicals werden Filme bezeichnet, die über einen größeren Anteil von diegetischer Musik verfügen, das heißt über Musik, die innerhalb der Erzählwelt entsteht.[18] Demgegenüber stehen Filme, die lediglich Musiknummern enthalten und nur lose in die Erzählhandlung eingebunden sind. Martin Rubin präzisiert diesen Gedanken:

14 Ebd.

15 Vgl. Altman: The American Film Musical. In den USA hat die Musicalforschung im Bereich der *Film Studies* eine lange Tradition. Vgl. u.a. Beiträge von Richard Dyer: Entertainment and Utopia [1977], in: Steven Cohan (Hg.): Hollywood Musicals. The Film Reader, New York/London 2002, S. 19-30; Jane Feuer: The Hollywood Musical, 2. Aufl., London 1993 [1982]. Bill Marshall/Robyn Stilwell (Hg.): Musicals: Hollywood and Beyond, Exeter 2000.

16 Vgl. Altman: The American Film Musical, S. 16ff.

17 Neale: Genre and Hollywood, S. 112. Auf Neales Kritik an Altman weist auch Katrin Oltmann hin; vgl. Oltmann: Remake/Premake, S. 254.

18 Vgl. Rick Altman: Das Hollywood-Musical, in: Geoffrey Nowell-Smith (Hg.): Geschichte des internationalen Films, Stuttgart/Weimar 1999, S. 268-276, hier S. 268.

»A musical is a film containing a significant proportion of musical numbers that are impossible [...] persistently contradictory in relation to the realistic discourse of the narrative. This definition is useful for distinguishing bonafide generic musicals from movies that are merely films with musical performances in it«.[19]

Rubin spricht damit Szenen an wie das Paar, dass sich gerade erst getroffen hat und spontan ein romantisches Lied anstimmt, oder ganz konkret die Rollschuhnummer von Fred Astaire und Ginger Rogers in SHALL WE DANCE (USA 1937, R: Marc Sandrich), in der beide auf Rollschuhen tanzen, obwohl zuvor gesagt wurde, dass sie gar nicht Rollschuhlaufen können. Damit wird eine Trennlinie zwischen Musicals und ›Filmen mit Musiknummern‹ gezogen. Leider verkennt auch dieser Ansatz, dass Musikfilme häufig Mischformen bilden, in denen ›unmögliche‹ und urplötzliche Gesangsausbrüche neben realistisch motivierten Nummern stehen. Der Schlagerfilm hält zahlreiche Beispiele für eine solche Durchmischung bereit: Filme von Caterina Valente lassen sich nach Rubins Definition oft als Musical lesen. Sie entwickelt Gesang und Tanz regelmäßig aus Dialogszenen. Ebenso gibt es Nummern, die sich im nichtdiegetischen Raum abspielen, genauso werden Nummern im gleichen Film einfach in die Handlung eingestreut.[20]

Auch der bereits erwähnte Roy-Black-Film WENN DU BEI MIR BIST macht die Komplexität des Problems deutlich. Wenn Chris Bergen seiner angebeteten Prinzessin Tamani ein Liebesgeständnis macht und ihr, zwischen Tempelbauten wandernd, den Schlager *Wenn du bei mir bist* singt, dann rutscht der Film in einen Musicalmodus: Die Situation wurde aus der Handlung generiert, im Lied gesteht Chris Tamani seine Liebe. Wenn zudem ein Chor thailändischer Kinder in einem Kinderheim im Beisein von Chris und Tamani das Volkslied *Es waren zwei Königskinder* anstimmt, dann wirkt das irritierend und unrealistisch, obwohl der Besuch der beiden im Kinderheim erklärt wurde. Anhand dieser Beispiele wird deutlich, dass sich der Schlagerfilm nicht in Kategorien pressen lässt, wie sie immer wie-

19 Martin Rubin: Busby Berkeley and the Backstage Musical, in: Cohan (Hg.): Hollywood Musicals, S. 53-62, hier S. 57.

20 Vgl. Kapitel 8 in dieser Arbeit. Als Beispiel kann hier der Film CASINO DE PARIS (D/F/I 1957, R: André Hunebelle) gelten, in der Caterina Valente unter anderem einen Auftritt mit Rock-'n'-Roll-Star Bill Haley hat.

der für das Musical vorgenommen wurden, sondern über eine eigene Hybridität verfügt, die er nicht nur im Themenmix, sondern auch in der Einbindung seiner Nummern besonders zur Schau stellt. Selbst wenn man den Schlager also über die Musiknummer definiert, ist es möglich, dass der Film innerhalb des Genres Musikfilm oszilliert und an Revue, Operette und Musical partizipiert. Ein starrer Merkmalskatalog erweist sich bei der Diskussion von Schlagerfilmen in jeder Hinsicht als unbrauchbar.

Eine Orientierung an einer Genretheorie, die sich an »strukturalistische Vorgaben«[21] hält und den Schlagerfilm als ein System von Filmen begreift, das in sich geschlossen ist, ist nicht sinnvoll. Vielmehr bietet sich das Modell der konstitutiven Nachträglichkeit an: »Genres, Genre-Schemata wie Genre-Rahmungen sind nicht in einer temporalen Reihenfolge zu fassen, sondern jeweils als konstitutiv nachträglich.«[22] Damit muss nicht die »zeitliche Linie eines Vorher/Nachher, sondern ein rekursiver Prozess«[23] angenommen werden. Das bedeutet: »Genre geht nicht als essenzialistische Kategorie dem jeweiligen Film voraus, sondern realisiert sich in jedem einzelnen Film neu, entsteht erst in der eigentlichen Umsetzung.«[24] Diese Idee geht auf Steve Neale zurück, der Genre als Prozess versteht: »Each new genre film constitutes an addition to an existing generic corpus and involves a selection from the repertoire of generic elements available at any one point in time.«[25] Genres sind demnach nicht statisch, sondern historisch zu fassen. Gereon Blaseio fasst zusammen: »Filme beziehen sich auf Genre-Konventionen und schreiben diese zugleich um, modifizieren sie, konstruieren sie aber gleichzeitig auch. Jeder einzelne Film ist genrehybrid; aus diesen Hybriden werden die Genre-Begriffe abgeleitet.«[26]

Für die Diskussion von Schlagerfilmen bedeutet das im übertragenen Sinn, dass jeder einzelne Film die Genregeschichte mit- und umschreibt. Er

---

21 Blaseio: Genre und Gender, S. 33.

22 Irmela Schneider: Genre, Gender, Medien. Eine historische Skizze und ein beobachtungstheoretischer Vorschlag, in: Liebrand/Steiner (Hg.): Hollywood hybrid, S. 16-28, hier S. 25.

23 Ebd.

24 Blaseio: Genre und Gender, S. 36.

25 Steve Neale: Questions of Genre, in: Barry Keith Grant (Hg.): Film Genre Reader III, Austin 2003, S. 160-184, hier S. 171ff.

26 Blaseio: Genre und Gender, S. 36.

ist in einen Prozess eingebunden und von stetigem Wandel geprägt. Eine solche Perspektive auf den Schlagerfilm ist neu. Bislang überwiegen bei der Betrachtung des deutschen Nachkriegsfilms strukturalistische Ansätze.[27] Die Perspektive schließt eine Auflistung einzelner Genremerkmale aus. Vielmehr geht es darum, den Schlagerfilm im Geflecht anderer Filme sowie die Umsetzung von Genreelementen im Film zu betrachten.

4.2 WOLFGANGSEE RELOADED: GENREGESCHICHTEN AM BEISPIEL VON *Im weißen Rössl*, 1952-1972

4.2.1 *Det Jeschäft is richtig:* Rezeption

Ein Stoff, der die deutsche Filmgeschichte aufgrund seiner Wandlungsfähigkeit in besonderer Weise mitgeprägt hat und in allen Dekaden des hier besprochenen Zeitraums immer wieder aufs Neue eine Filmgrundlage bot, ist das Alt-Berliner Lustspiel *Im weißen Rössl* von Oskar Kadelburg und Gustav Blumenthal. Die beiden Autoren sollen es 1896 während eines Aufenthaltes am Wolfgangsee im Hotel »Zum weißen Rössl« geschrieben haben. Das Hotel existiert bis heute. Die Besitzer konnten um die Jahrhundertwende nicht ahnen, zu welcher Berühmtheit dieses Theaterstück ihrem Haus noch verhelfen würde.

Die Geschichte spielt zu Zeiten der Habsburger Monarchie und beinhaltet im Kern die unglückliche Liebe der »Rössl«-Wirtin Josepha Voglhuber zu ihrem preußischen Stammgast, dem Rechtsanwalt Dr. Siedler. Zugleich verschmäht Josepha die Liebe ihres Oberkellners Leopold Brandmeyer, dem sie unterstellt, er habe es lediglich auf ihr Hotel abgesehen. Dazwischen ranken sich allerlei Verwicklungen und Konflikte rund um die Hotelgäste, die ihre Ferien am Wolfgangsee verbringen – ein Stoff, der durch das 20. Jahrhundert hindurch international Erfolgsgeschichte schrieb und immer wieder gerne bearbeitet, verfilmt und fortgeschrieben wurde.[28] Das

27 Vgl. Kapitel 2 in dieser Arbeit: Schlagerfilm in der Forschung.

28 Zur Aufführungsgeschichte vgl. Kevin Clarke: Zurück in die Zukunft. Zur Aufführungspraxis des Weißen Rössl, in: Ulrich Tadday (Hg.): Im weißen Rössl.

weiße Rössl wanderte auf Bühne, Leinwand und Fernsehbildschirm durch alle Jahrzehnte und ist bis heute in TV-Wiederholungen und auf vielen Theaterbühnen präsent.

1926 gibt es unter der Regie von Richard Oswald eine erste Stummfilmfassung mit Liane Haid und Max Hansen in den Hauptrollen und mit Begleitmusik von Werner Richard Heymann.[29] Aber der Grundstein für den späteren Kinodurchbruch erlebt das Rössl mit seiner Inszenierung durch den Berliner Regisseur und Produzenten Eric Charell. Er lässt es 1930 im Großen Schauspielhaus in Berlin uraufführen und gilt als der eigentliche Schöpfer des Stücks, weil er es als Revueoperette anlegt und bestimmt, welche Musiknummern in welcher Form und Instrumentierung hineingenommen werden.[30] Als Hauptkomponisten engagiert Charell Ralph Benatzky. Der muss sich die musikalische Gestaltung des *Weißen Rössls* allerdings mit Robert Gilbert *(Was kann der Sigismund dafür, dass er so schön ist)* und Bruno Granichstaedten *(Zuschaun kann i net)* und vor allem mit seinem Wiener Kontrahenten Robert Stolz (*Die ganze Welt ist himmelblau* und *Mein Liebeslied muss ein Walzer sein*) teilen. Aus den Federn dieser Texter und Komponisten stammen die Schlager, mit denen Charell nach Broadway-Vorbild seine Rössl-Inszenierung 1930 bestückt.[31] An dieser arbeitsteiligen Produktionsweise lässt sich bereits ablesen, dass es sich um einen durchlässigen Plot handeln muss, der die Implementierung von Musiknummern unterschiedlichster Herkunft prinzipiell zulässt oder forciert.

Zwischen Kunst und Kommerz, Musik-Konzepte H. 133/134, München 2006, S. 101-126.

29 Im Dezember 2006 wurde der 95-minütige Stummfilm mit rekonstruierter Begleitmusik in der Reihe »wiederentdeckt« im Deutschen Historischen Museum (DHM) in Berlin aufgeführt. Im Februar 2007 zeigte ihn auch die Komische Oper Berlin als »Film-Live-Konzert«, zu dem das Deutsche Filmorchester Babelsberg spielte.

30 Jens-Uwe Völmecke: Die Stars von Charells *Rössl*-Inszenierung, – vor und nach 1933, in: Tadday (Hg.): Im weißen Rössl, S. 127-150, hier S. 127.

31 Vgl. Eugen Semrau: Der Rivale von Ralph Benatzky: Robert Stolz, in: Tadday (Hg.): Im weißen Rössl, S. 81-100, hier S. 85f. Die beiden Stolz-Schlager *Die ganze Welt ist himmelblau* und *Mein Liebeslied muss ein Walzer sein* waren zu dem Zeitpunkt, als sie ins *Rössl* Einzug hielten, laut Eugen Semrau bereits populär.

In der *Internet Movie Database* sind insgesamt fünf Rössl-Filme verzeichnet: Es handelt sich dabei um die bereits erwähnte Stummfilmversion von 1926, eine Tonfilmfassung von 1935 (R: Carl Lamac), eine Nachkriegsfassung von 1952 (R: Willi Forst), die durch die zahlreichen Fernsehwiederholungen heute wohl noch immer bekannteste Version mit Schlagerstar Peter Alexander von 1960 (R: Werner Jacobs) sowie eine TV-Verfilmung von 1967 (R: Hans-Dieter Schwarze).[32]

Besprochen werden sollen neben den Versionen von 1952 und 1960 die beiden Fortschreibungen des österreichischen Regisseurs Franz Antel: IM SCHWARZEN RÖSSL von 1961 und AUSSER RAND UND BAND AM WOLFGANGSEE von 1972. Die beiden Filme sind nicht nur deshalb von Bedeutung, weil sie die Wandlungsfähigkeit des Stoffs dokumentieren und einen Beweis für dessen Popularität liefern, sondern auch weil sie ältere Rössl-Versionen zitieren und zu einer Re-Lektüre[33] der vorangegangen Filme animieren. Insgesamt lassen sich an den einzelnen Filmbespielen und ihrer jeweiligen Um- bzw. Neugestaltung des Stoffs Aussagen über die Ästhetik und Dramaturgie des Genres Schlagerfilm in der jeweiligen Dekade ableiten, wobei die 1960er-Version von Werner Jacobs inhaltlich an die 1952er-Version von Willi Forst anknüpft und sich weitgehend mit ihr deckt. IM SCHWARZEN RÖSSL von Franz Antel, 1961, ist dagegen eigentlich ein Remake des Films EVA ERBT DAS PARADIES (Ö 1951, R: Franz Antel). Es erzählt die Geschichte einer jungen Frau, die ein verfallenes Hotel erbt. Doch Antel legt die Handlung an den Wolfgangsee und stellt eine Verbindung zum »Weißen Rössl« her. Er lässt beide Hotels in Konkurrenz zueinander treten.

Inhaltlich sind die größten Differenzen also zwischen den beiden Filmen zu erwarten, die 1960 und 1961 mit dem kürzesten zeitlichen Abstand produziert wurden, wobei das SCHWARZE RÖSSL 1961 als direkte Reaktion auf den kommerziellen Erfolg des Peter-Alexander-Films zu werten ist und als dessen Fortsetzung gelesen werden kann.

---

32 Vgl. das Verzeichnis unter http://www.imdb.com/find?s=all&q=Im+wei %DFen+R %F6ssl (letzter Aufruf: 22. Januar 2012).

33 Mit Re-Lektüre bezeichnet Katrin Oltmann im Sinne von Mieke Bal ein *rewriting*, das der frühere Text, in diesem Fall der Filmtext, durch den späteren bezieht; vgl. Oltmann: Remake/Premake, S. 31.

»Als 1960 Werner Jacobs' Remake von ›Im Weißen Rössl‹ reüssierte, hängte sich Antel mit seinem ›Schwarzen Rössl‹ dran, genügte dem Operettenhaften durch Schlagersänger (Kraus, Backus), mischte ländliche Heimatansichten mit Weinstubenatmosphäre und bekam von den Autoren die dankbare Hauptrolle eines ehemaligen Nummerngirls geliefert. Karin Dor nämlich erbt ein Hotel direkt an einem austrischen See und tritt in (natürlich turbulente) Konkurrenz zur Nachbarpension.«[34]

Franz Antel importiert aber auch einen Teil der Figuren, wie zum Beispiel die Rössl-Wirtin oder den grantigen Berliner Feriengast. Zusätzlich installiert er eine Musikband rund um einen jugendlichen Sänger (1961 gespielt von Peter Kraus), die vom »Weißen Rössl« engagiert wurde, aber schließlich wie zahlreiche Hotelgäste durch Verwechslungen und Täuschungen ins »Schwarze Rössl« übersiedelt. Sämtliche Konflikte, die aus der Konkurrenzsituation entstehen, lösen sich jedoch am Ende wohlwollend und mit viel Musik auf. Das Fest, das bei allen Rössl-Filmen die Schlusssequenzen bestimmt,[35] stellt die Filme deutlich in den Heimatfilmkontext.[36]

1972 schafft Antel noch einmal ein aktualisiertes Remake des SCHWARZEN RÖSSLS, in dem er vor allem die Rollen verjüngt und neu besetzt. Peter Kraus wird in seiner Rolle als Schlagersänger zum Beispiel durch Michael Schanze ersetzt. Und statt Gus Backus und Lil Babs kommt 1972 unter anderen Roberto Blanco zu einem Auftritt.

Das *Weiße Rössl* zeigt mit seinen Fortschreibungen wie kein anderer Stoff die Entwicklungstendenzen des Schlagerfilms unter dem fortschreitenden Medienwandel in Deutschland auf: Während die Version 1952 vor allem durch die Regiearbeit von Willi Forst noch in Teilen an die Tonfilmoperetten der 1930er Jahre erinnert und das Drehbuch von Eric Charell

34 Oliver Baumgarten: Im Schwarzen Rössl. Ein Klassiker des österreichischen Heimatfilms, unter: http://www.schnitt.de/236,3239,01 (letzter Aufruf: 31. Januar 2012).

35 1952 ist es das traditionelle Schützenfest am Wolfgangsee und die Abreise des Kaisers Franz Joseph I., 1960 ein Feuerwehrfest, 1961 und 1972 dann ein Sommerfest, das im Hotel stattfinden soll.

36 Vgl. Trimborn: Der deutsche Heimatfilm der fünfziger Jahre, S. 129ff. und 135f. Demnach wird im Happy End die aus den Fugen geratene Ordnung der Heimatfilmwelt wieder hergestellt. Im Trachtenfest erreicht der Heimatfilm laut Trimborn seinen »Idealzustand« (ebd. S. 130).

mitgestaltet wird, weist das Rössl 1972 als ›Anti‹-Rössl und typische Antel-Produktion schon auf die nachfolgende Wirtin- und Softsexwelle im deutschen Unterhaltungskino hin.

Am Theater ist das *Weiße Rössl*, wie Lutz W. Wolff 1981 schreibt, »einer der meistaufgeführten Dauerbrenner«[37]. Dieses Urteil ist bis heute gültig, allerdings hat es in den 1980ern und 1990ern Phasen gegeben, in denen der Stoff weniger im Fokus der Theaterbühnen stand. »Wie unpopulär dieses einst so überpopuläre Stück 1994 war, zeigt ein Blick auf den deutschen Aufführungskalender: es stand 1993 gerade bei drei Bühnen auf dem Spielplan«[38], schreibt Kevin Clarke. 1994 erlebt das Rössl durch eine Inszenierung von Ursli Pfister und Walter Schmidinger in der Berliner »Bar jeder Vernunft« ein Revival.

> »Plötzlich war die alte, viel geschmähte, längst abgeschriebene Kunstform Operette wieder da – ironisch, kitschig, campy [...], zeitgemäß und herrlich schrill, genau wie sich's gehört. Plötzlich wurde auch das ganze Genre nicht mehr als Wunschkonzert-Nummernfolge im Musikantenstadl-Format wahrgenommen, sondern als intelligente Unterhaltung fürs moderne Großstadtpublikum, als Unterhaltung, die sich mit Loveparade, Christopher Street Day, MTV und Kino messen kann.«[39]

Im Fernsehen bleibt IM WEISSEN RÖSSL über Jahrzehnte durch Wiederholungen in den Erinnerungen der Zuschauer lebendig. Die Filmversionen von 1952 und 1960 werden regelmäßig ausgestrahlt. Beide Filme sind inzwischen auch als DVD erhältlich. Das häufigste Wiedersehen gab es für die Fernsehzuschauer in den letzten Jahren mit AUSSER RAND UND BAND AM WOLFGANGSEE: Allein 2005 und 2006 wurde der Film mindestens zehn Mal auf diversen TV-Kanälen gezeigt. »Det Jeschäft is richtig«, so lautet ein Zitat des Berliner Fabrikanten Giesecke im Film, das bereits Sprichwortcharakter hat.[40] Besser lässt sich auch der Erfolg des Rössls kaum charakterisieren. Die Filme werden von der Kritik allerdings wenig geschätzt. Dabei lohnt es sich, wie Kevin Clarke anregt, genauer hinzuschauen: So

---

37 Wolff: Puppchen, du bist mein Augenstern, S. 173.

38 Clarke: Zurück in die Zukunft: S. 102.

39 Ebd.: S. 101.

40 Vgl. Kevin Clarke/Helmut Peter: Im weißen Rössl. Auf den Spuren eines Welterfolgs, St. Wolfgang 2007, S. 28.

seien zum Beispiel die ironischen Brüche des Films 1952, die möglicherweise von Eric Charell, der am Drehbuch mitwirkte, eingespielt wurden, bislang noch nicht wahrgenommen worden.[41]

4.2.2 *Das weiße Rössl bin immer noch ich:* Umschriften

Am Beispiel der Rössl-Filme lassen sich Hybridisierungstendenzen des Schlagerfilmgenres aufzeigen. Der Fokus liegt dabei vor allem auf den Musiknummern und damit verbunden auf dem Figureninventar. Die Filme von 1952 und 1960 sind trotz ihrer Operettenvorlage als Schlagerfilme identifizierbar. 1961 und 1972 wird der populäre Stoff schließlich in neue Geschichten übertragen. Das ehemals ›weiße‹ Rössl schreibt sich in ›schwarzer‹ Tradition fort.

Zwischen 1952 und 1972 haben sich – abgesehen von der Fernsehfassung 1967 – in Deutschland drei Regisseure mit dem Rössl auseinandergesetzt: Willi Forst, Werner Jacobs und Franz Antel.[42] Entstanden sind vier Filme, die auf unterschiedliche Art mit dem Thema, den Figuren und vor allem mit der Musik des Stücks umgehen. Während sich die Filme 1952 und 1960 schon allein durch die Beibehaltung des Titels deutlich auf die Operettenvorlage berufen, eröffnet Franz Antel 1961 und 1972 eine alternative Sichtweise auf den Wolfgangsee und seine Anwohner, indem er – wie bereits angedeutet – eine junge Revuetänzerin ein heruntergekommenes Hotel erben lässt, das jedoch mit der charmanten Hilfe des Besitzers des berühmten »Weißen Rössls« ohne ihr Wissen aufgepeppt wird und als poppiges Refugium in Konkurrenz zu dem Traditionshotel tritt.

Unter Antel wird das Rössl am Wolfgangsee quasi noch einmal neu geschaffen, samt jugendlicher Wirtin. Seine Filme bilden die ›schwarze‹ Konkurrenz zum ›weißen‹ Rössl, eine Betitelung, die 1961 deutlich auf die

---

41 Vgl. Clarke: Zurück in die Zukunft, S. 120. So gibt es in der Filmversion von 1952 ein Gespräch zwischen Leopold und dem Fabrikanten Giesecke. Darin dreht es sich um »Hemdhosen«. Giesecke stellt welche her, die vorne geknöpft werden, sein Konkurrent Sülzheimer welche, die hinten geknöpft werden. Giesecke fragt Leopold: »Wo tragen Sie denn?« Leopolds Antwort: »Wo Sie wollen!«

42 In Dänemark ist 1964 außerdem die Verfilmung SOMMER I TYROL (Regie: Erik Balling) entstanden, vgl. Tadday (Hg.): Im weißen Rössl, S. 189.

Krimiwelle im Kino verweist und an die Antel sich auch mit der Besetzung von Karin Dor als Wirtin des »Schwarzen Rössls« anlehnt: Karin Dor ist in den 1960er Jahren unter anderem durch Edgar-Wallace-Filme bekannt geworden. 1972 taucht der Rössl-Begriff im Filmtitel nicht mehr auf, sondern wird durch AUSSER RAND UND BAND AM WOLFGANGSEE ersetzt. Die Formulierung »Außer Rand und Band« steht jetzt eher im Kontext der Lausbuben- und Lümmelfilme, die seit Ende der 1960er Jahre populär wurden. Auch hier schafft Antel wieder eine Verknüpfung mit Hilfe der Besetzung: Für die Rolle des Lehrlings Leopold im »Weißen Rössl« engagiert er Hansi Kraus, der als der aufmüpfige Schüler Pepe Nietnagel aus den Lümmelfilmen bekannt ist und auch als Leopold am Wolfgangsee wieder seine Streiche machen darf.[43]

Von Bedeutung ist in allen vier Filmen die Musik bzw. die Verarbeitung einzelner Musiknummern. Der Musikanteil in Form von Nummern in den einzelnen Filmen ist unterschiedlich hoch: 1952 beträgt er bei einer Gesamtspieldauer von 90 Minuten lediglich 11 Minuten. 1960 steigt er auf 20:43 Minuten (bei einer Gesamtspieldauer von 99 Minuten). Im SCHWARZEN RÖSSL 1961 wird er erneut angehoben, und zwar auf 25:19 Minuten bei einer Gesamtlänge von 91 Minuten. 1972 liegt der Anteil bei 15:38 Minuten – gemessen an der Spieldauer von 89 Minuten ist das ein Mittelwert. Nicht berechnet wurde hier die Musik, die in einzelnen Sequenzen kurz angespielt als Hintergrundelement fungiert, sondern die Nummer, die den Handlungsfluss unterbricht und damit als *show stopper* identifizierbar ist.

In die Filme von 1952 und 1960 werden die meisten Stücke aus der Charell-Operette importiert, zum Beispiel Im Weißen Rössl am Wolfgangsee, da steht das Glück vor der Tür, Was kann der Sigismund dafür, Im Salzkammergut, Es muss was Wunderbares sein und Zuschaun kann i net. 1952 werden sie überwiegend von Leopold (Walter Müller) und von Dr. Siedler (Johannes Heesters) vorgetragen. 1960 dann fast ausschließlich von Peter Alexander als »singendem Oberkellner« Leopold. Dahinter steckt eine Strategie: Peter Alexander wird schon im Vorspann als Star des Films eingeführt: Hier heißt es: »Peter Alexander in ...«. Durch die Personalisierung gewinnt die Rolle des Leopold 1960 deutlich an Bedeutung: IM WEISSEN RÖSSL ist als Peter-Alexander-Film gekennzeichnet.

---

43 Vgl. Kapitel 7 in dieser Arbeit: *Wir drehen hier keine Operette.*

Die Antel-Filme von 1961 und 1972 verzichten vollständig auf die Lieder der beiden Vorgängerfilme. Stattdessen reaktivieren sie den Robert-Stolz-Schlager *Die ganze Welt ist himmelblau* aus der alten Charell-Revue, der wiederum 1952 und 1960 fehlt. Der Schlager wird in beiden Filmen zum musikalischen Leitmotiv und verankert die Filme eindeutig in der Rössl-Tradition. Daneben werden zahlreiche neue Musiknummern von Peter Kraus, Gus Backus und Lil Babs eingespielt, die 1972 wiederum gegen solche von Michael Schanze und Roberto Blanco ausgetauscht werden. Die Filme orientieren sich also jeweils an aktuellen Stars der Musikszene.

Das Liedrepertoire der einzelnen Filme zeigt auf, dass es sich beim Rössl um einen durchlässigen Stoff handelt, der es prinzipiell leicht macht, immer wieder neue Nummern zu integrieren: Im und um das Hotel herum bietet sich immer wieder eine Bühne für die Darsteller, auf denen sich Gesang und Tanz entfalten können. In den Finalszenen wird deutlich, wie der Schlagerfilm im angesprochenen Zeitraum seine Ästhetik verändert: Während Forsts Version von 1952 noch ein großes Operettenfinale bietet, in dem der österreichische Kaiser St. Wolfgang verlässt und noch einmal Marschmusik angespielt wird, treten 1960 Peter Alexander und seine Wirtin vor das Hotel und stimmen gemeinsam *Im weißen Rössl* an. In den beiden Filmversionen des ›schwarzen Rössls‹ 1961 und 1972 bildet ein großes Schlagerfinale im Rahmen eines Festes den Schluss, bei dem alle angesagten Stars noch zu ihrem Auftritt kommen. Die Filme sind Musikparaden, in denen die Nummern zum Teil nachträglich in den Film geschnitten werden, wie der Auftritt von Roberto Blanco 1972, der mit *Ich komm' zurück nach Amarillo* vermutlich nicht einmal im selben Filmset aufgenommen, sondern nachträglich einmontiert wurde.

Wie bereits angedeutet steht der Film von Willi Forst 1952 im Zeichen zweier ästhetischer Traditionen: Zum einen erinnert er an das Kino der 1930er Jahre, zum anderen ist er als Heimatfilm im Stil der frühen 1950er Jahre gestaltet. Willi Forst war in den 1930er Jahren ein bekannter Schauspieler und Regisseur, vor allem in Musikfilmen wie zum Beispiel der UFA-Produktion EIN BLONDER TRAUM (D 1932, R: Paul Martin) hatte er mitgewirkt. Forst engagiert für seinen Rössl-Film seinen ehemaligen Weggefährten Johannes Heesters und gibt ihm die Rolle des charmanten Rechtsanwalts Dr. Siedler, der als Stammgast nach St. Wolfgang kommt und von der schwärmerischen Wirtin Josepha schon sehnsüchtig erwartet wird. Mit Heesters und Forst verweisen also bereits zwei wichtige Namen auf die deutsche Kinovergangenheit.[44] Den Blick auf die Gegenwart lenkt dagegen die junge Österreicherin Johanna Matz, die die Rolle der Wirtin Josepha Voglhuber übernimmt. Matz ist damals gerade mal 20 Jahre alt und wird noch im selben Jahr als Försterchristl im gleichnamigen Film DIE FÖRSTERCHRISTL (D 1952, R: Arthur Maria Rabenalt) bekannt.[45] Sie stammt also eindeutig aus einer neuen Generation von Filmschauspielerinnen und etabliert sich zu dieser Zeit als Volksschauspielerin im Heimatfilmmilieu.

Matz verleiht der Rössl-Wirtin durch ihr jugendliches Alter einen mädchenhaften Charme. Sie hat eine hohe Stimme, die in Kombination mit einem sehr schnellen Sprechtempo zum Kennzeichen der Rolle wird. Ihr Auftreten wirkt zum Teil überdreht, eine Interpretation, die noch aus der frühen Operettenzeit stammen dürfte, in der die Rolle der Josepha kabarettistisch angelegt war: So soll Charells Rössl-Wirtin 1930 durchaus derbe Züge gehabt haben,[46] was auf Johanna Matz nicht zutrifft. Sie verliert sogar gegen Ende des Films an Souveränität und zeigt zunehmend Schwäche, indem sie gegenüber dem gerade in Sankt Wolfgang angekommenen Kaiser erstens vor Nervosität kein Wort mehr herausbringt und zweitens bei einem vertraulichen Gespräch mit dem Kaiser im Balkonzimmer später aus Liebeskummer sogar zu weinen beginnt.

In der Rolle der Rössl-Wirtin ist das Mitwirken von Eric Charell am Drehbuch 1952 also nur wenig zu spüren, stattdessen aber umso mehr an der Ausgestaltung der männlichen Figuren. Bereits in der Bühnenfassung 1930 sollen sexuelle Doppelbödigkeiten vielfach für ironische Brüche gesorgt haben.[47] Damit ist dem alten Revueoperettenstoff in einzelnen Figuren, Szenen und Dialogen eine subversive Lesart eingeschrieben, die möglicherweise 1952 unter Eric Charells Mitwirken wieder eingespielt werden.

44 Weil Forst und Heesters eher mit dem Kino der 1930er und 1940er in Verbindung gebracht wurden und kaum mit den Idealen der 1920er Jahre, wurde Clarkes Meinung nach eine Wertschätzung des Rössl-Films 1952 bislang verhindert. Vgl. Clarke: Zurück in die Zukunft, S. 120.

45 Johanna Matz war Max-Reinhardt-Schülerin und wurde 1951 vom Regisseur und dem späteren Begründer der SISSY-Filme Ernst Marischka für den Film entdeckt. Das WEISSE RÖSSL ist einer von fünf Filmen mit Johanna Matz in der Hauptrolle, die 1952 erscheinen.

46 Vgl. ebd.

47 Ebd.: S. 104.

Das kann einerseits wie von Kevin Clarke gefordert durch die Rückbindung an die alte Bühnenfassung von 1930 geschehen, andererseits aber – so mein Vorschlag – auch ohne die Kenntnis der Revueoperette durch das Remake mit Peter Alexander von 1960.

Unter der Regie von Werner Jacobs wird die Handlung um Rössl-Wirtin Josepha und ihren Zahlkellner Leopold 1960 in die Gegenwart verlegt. Jacobs gilt als Musikfilmspezialist. Er hat in den 1950er Jahren in zahlreichen Filmen mit Schlagerstars wie Caterina Valente und Vico Torriani Regie geführt. Auch Protagonist Peter Alexander hat 1958 beim Dreh zum Film MÜNCHHAUSEN IN AFRIKA bereits mit ihm zusammen gearbeitet. Als Alexander die Rolle des singenden Oberkellners Leopold übernimmt, ist er 34 Jahre alt und als Filmstar auf dem Höhepunkt seiner Karriere: 21 Filme hat er bis dato gedreht, bis zu vier Stück im Jahr. Seit 1956 wurden seine Filme als »Peter-Alexander-Filme« angekündigt.[48]

Alexander hatte in seinen früheren Filmen nicht nur sein komödiantisches Talent bewiesen, sondern stets auch sein gesangliches. Mit Hilfe des Films konnte er sich in Deutschland als Schlagersänger etablieren. Seine Schlager brachte er kontinuierlich neben den Filmen heraus, zwischen zwei und sechs Titel pro Jahr.[49] Mit dieser Strategie gehört Alexander, der später auch als Fernsehstar weiter große Erfolge feiert, in die Reihe der multimedial orientierten Stars in Deutschland: Seine Entwicklung als Künstler folgte im Wesentlichen den Verschiebungen der kulturellen Mediendominanz: der herausragenden Bedeutung des Kinofilms in den 1950er Jahren, der Betonung der Schallplatte im Zusammenhang mit Rock und Beat in den 1960ern und der Entwicklung des Fernsehens in den 1970ern.[50]

Die Konfektionierung des WEISSEN RÖSSLS als Peter-Alexander-Film und damit als Starfilm ist eine wesentliche Umschrift, die 1960 im Vergleich zu 1952 vorgenommen wird. Leopold, der laut Filmtext als »singender Oberkellner« und »Attraktion aus unserer Zeit – der Gesang ist im Pauschalpreis inbegriffen«, in die Handlung eingeführt wird, ist Dreh- und Angelpunkt der Geschichte und übernimmt bis auf ein einminütiges Intermez-

---

48 Ricarda Strobel/Werner Faulstich: Peter Alexander – Der multimediale Star, in: dies. (Hg.): Die deutschen Fernsehstars, Bd. 2: Show- und Gesangsstars, Göttingen 1998, S. 112-153, hier S. 115.

49 Vgl. ebd., S. 116.

50 Vgl. ebd., S. 118.

zo von Gunter Philipp als Sigismund Sülzheimer *(Was kann der Sigismund dafür)* und einer Chornummer aus Zimmermädchen zu Beginn des Films vollständig den Vortrag der Gesangsnummern. Damit hat sich das RÖSSL 1960 deutlich von der Operettenvorlage entfernt. Es ist quasi in eine Einmannshow umgewandelt worden. Alexander fungiert als Zugpferd des Films, er darf all seine schauspielerischen Stärken ausspielen: Als Leopold mimt er den Tolpatsch und den Charmeur, den verschmähten Liebhaber und sogar den Actionhelden, was er in einer Wasserskiszene auf dem Wolfgangsee beweisen darf.[51] Vor allem aber ist Leopold ein Sänger, der auch gerne mal eine flotte Sohle aufs Hotelparkett legt. Er ist ständig in Bewegung. Selbst als er sich hinsetzt, um das Bild der Rössl-Wirtin anzuschmachten und den Schlager *Es muss was Wunderbares sein* anzustimmen, wird eine Traumsequenz eingeschnitten, in der Leopold gemeinsam mit der Wirtin in einer Theaterkulisse agiert und in Gedanken Szenen aus seinem zukünftigen Leben mit Josepha durchspielt. Damit ist Peter Alexander als Song-and-Dance-Man zu kennzeichnen.[52] Als männlicher Star wird er in Szene gesetzt und befindet sich damit – wie Katrin Oltmann zusammenfasst – in einer Situation, die prekär ist:[53] Die Position vor der Kamera gilt in den *film studies* gemeinhin als ›weiblich‹ besetzt. Rückt der männliche Darsteller in diese Position, wird er feminiert.[54]

---

51 Die artistische Wasserskieinlage von Peter Alexander hat Showstopperqualitäten und erinnert an den Film EASY TO LOVE (USA 1953, R: Charles Waters) mit Schwimmstar Esther Williams in der Hauptrolle. Der Film nennt sich selbst im Trailer »Outdoor-Musical« und zeigt im Finale eine artistische Wasserskichoreografie. Für Wasserskieinlagen ist auch Leinwandagent James Bond bekannt, unter anderem in LICENCE TO KILL (USA 1989, R: John Glen).

52 Vgl. Steven Cohan: ›Feminizing‹ the Song-and-Dance-Man. Fred Astaire and the Spectacle of Masculinity in the Hollywood Musical, in: ders./Ina Rae Hark (Hg.): Screening the Male. Exploring Masculinities in Hollywood Cinema, London/New York 1993, S. 46-69.

53 Vgl. Oltmann: Remake/Premake, S. 287.

54 Zur Debatte vgl. Steve Neale: Masculinity as Spectacle. Reflections on Men and Mainstream Cinema [1983], in: Cohan/Hark (Hg.): Screening the Male, S. 9-22; Laura Mulvey: Visual Pleasure and Narrative Cinema, in: dies. (Hg.): Visual and Other Pleasures, Basingstoke/London 1989, S. 14-26.

Die Rolle der berühmten Rösslwirtin und damit der Peter-Alexander-Partnerin übernimmt 1960 die österreichische Schauspielerin Waltraut Haas. Haas hatte 1947 in DER HOFRAT GEIGER (Ö 1947, R: Hans Wolff) ihr Filmdebüt gefeiert und ist 33 Jahre alt, als sie als Rössl-Chefin über die Kinoleinwand flimmert.[55] Anders als ihre Vorgängerin Johanna Matz verkörpert sie in der Wirtinnenrolle nicht mehr das unbekümmert Mädchenhafte, sondern verwandelt Josepha in eine reife, konsequente Frau, deren einzige Schwäche es ist, dass sie ihr Herz an ihren Stammgast, den Rechtsanwalt Dr. Siedler verloren hat. Diese Schwäche verteidigt sie gegenüber ihrem Oberkellner und innigen Verehrer Leopold mit aller Konsequenz. So wird Leopold nicht nur permanent verbal gemaßregelt, er fängt sich sogar eine Ohrfeige ein, als er Josepha »verdrehte Kalbsaugen« macht. Die Rössl-Wirtin rechtfertigt die Ablehnung von Leopolds Avancen mit dem Vorsatz, ihren Besitz schützen zu wollen: »Ich weiß schon was euch hier anzieht, das schöne Hotel, nicht ich«, erklärt sie Leopold, dem in dieser Situation kein Gegenargument einfällt. Umgekehrt analysiert der seine Lage mit Piccolo Franzl: »Was will denn eine Wirtin mit einem Doktor?« Franzls Antwort: »Das wäre ja direkt eine Mischehe!« Dieser Satz ist genau so zu verstehen: Eine Liebe zwischen Josepha und Doktor Siedler ist unmöglich – aber nicht aufgrund ihres beruflichen Standes, sondern wegen ihrer unterschiedlichen Herkunft.

Während die stets Dirndl tragende und hoch geschlossene Rössl-Wirtin für Österreich und die Traditionen der Alpenwelt steht, gehört Doktor Siedler zu den Erholung suchenden, »preußischen« Urlaubsgästen, die in Sankt Wolfgang für allerhand Geschichten sorgen.[56] Siedler selbst besiegelt beim Kaffee mit der Wirtin diese unüberbrückbare Trennung, indem er Josepha sagt: »Die Mannsbilder hier in diesem Land müssen doch blind sein.« Auch

55 Für Waltraut Haas hat die Rolle der Rössl-Wirtin eine ungeheure Nachwirkung: Haas spielt in der Folgezeit ihrer Karriere immer wieder in Wörther- und Wolfgangsee-Filmen mit, unter anderem IM SINGENDEN RÖSSL AM KÖNIGSEE (Ö 1963, R: Franz Antel) und HAPPY END AM WÖRTHERSEE (Ö 1964, Regie: Hans Hollmann), bevor sie auch AUSSER RAND UND BAND AM WOLFGANGSEE 1972 auftritt.

56 In den Figuren der Feriengäste, die nach Sankt Wolfgang kommen, offenbart sich der Stadt-Land-Gegensatz, der für den Heimatfilm als ein genrekonstituierendes Motiv gilt.

dieser Satz ist so zu verstehen, wie er gesagt wird: Siedler geht per se davon aus, dass für Josepha nur ein Österreicher in Frage kommt. Zugleich manifestiert er damit seine eigene Position als Gast in einer Ferienwelt. Trotz seiner Treue zum »Weißen Rössl« hat er nicht vor, dauerhaft in Sankt Wolfgang zu bleiben. Deshalb ist Josepha als Frau auch nicht interessant für ihn.[57] Siedler interessiert sich stattdessen für die attraktive Tochter Otti des Berliner Fabrikanten Giesecke. Diese Handlungsprämisse geht laut Forschung auf die Operettenfassung und ihren historischen Kontext zurück, wonach eine Liebschaft zwischen der österreichischen Wirtin und ihrem preußischen Gast auch politisch unmöglich erscheint. Gieseckes, Hinzelmanns, Sülzheimer und Siedler bleiben in Sankt Wolfgang unter sich, die »Okkupation der Preußen beschränkt sich auf die Saison«[58]. So landet die Rössl-Wirtin am Ende quasi zwangsläufig in den Armen ihres treuen Oberkellners Leopold.

Im hysterischen Tonfall der Rössl-Wirtin gegenüber Leopold schimmert sowohl bei Johanna Matz als auch bei Waltraud Haas der Campcharakter[59] des Rössls durch. Der Tonfall wechselt interessanterweise in AUSSER RAND UND BAND AM WOLFGANGSEE 1972 auf eine andere Figur: Waltraud Haas spielt hier noch einmal die Wirtin des Weißen Rössls und hätte allen Grund, aufgeregt zu sein, da die junge Eva (Heidi Hansen) in St. Wolfgang ein konkurrierendes Hotel eröffnet hat, nämlich das »Schwarze Rössl«. Doch die alte Rössl-Wirtin gibt sich ganz gemäßigt, unterstützt sogar ihren Bruder Martin (Ernst Schütz), der sich in Eva verliebt hat und ihr beim Aufbau des Hotels hilft. Stattdessen ist nun Eva diejenige, die zickig wirkt. So wie Josepha einst ihren Kellner Leopold verbal angefahren hat, ist es nun Eva, die ihren Vereh-

---

57 Abgesehen davon bleibt Josepha auch 1960 modisch traditionsbewusst und hat noch nichts mit der Freizügigkeit der nachfolgenden Softsex-»Wirtinnen« zu tun.

58 Norbert Abels: Operettenfinale und Weltverspottung. Das *Weiße Rössl*, Robert Gilbert und das Ende einer Kunstform, in: Tadday (Hg.): Im weißen Rössl, S. 5-24, hier S. 21.

59 Camp kommt vom englischen Wort *campy* und bedeutet so viel wie kitschig, übertrieben oder schwülstig. Der Begriff wurde von Susan Sontag aufgegriffen und geprägt. Dabei geht es ihr um ein subversives Verhältnis zur Popkultur, nicht um Verunglimpfung. Vgl. Susan Sontag: Notes on ›Camp‹, in: dies.: Against Interpretation and Other Essays, New York 1966, S. 275-293.

rer Martin kommandiert und sich gegen seine Avancen wehrt. Auch hier wird die Fortschreibung des alten Stoffes sichtbar.

Dem Regisseur gelingt es mit seinen beiden Filmversionen 1961 und 1972, das schwarze und das weiße Rössl miteinander zu versöhnen. Betrachtet man alle vier Filme im Zusammenhang, dann zeigt sich, wie der Rössl-Diskurs durch diese beiden Dekaden getragen wird. Durch die Lockerung der Handlung, das Zirkulieren von Darstellern und Figuren, den Austausch der Musik wird die eigentlich eher operettenhafte Version von 1952 rückwirkend im Schlagerfilm-Kontext verortet. Die Filme unterliegen dem besungenen *Zauber der Saison.*[60] Durch die Rolle von Peter Alexander als Song-and-Dance-Man lassen sich demnach auch Rückschlüsse auf Leopold 1952 ziehen. Walter Müller singt und tanzt zwar nicht wie Peter Alexander, dafür nimmt die Kamera seine nackten Waden in den Blick. Außerdem kommt es zwischen ihm und Dr. Siedler (Johannes Heesters) in einer Trinkszene zu einem Kuss. Mit Hilfe des Films von 1960 werden solche Anspielungen im Rückblick sichtbar.

Die ruhmvolle Vergangenheit des Weißen Rössls wird dabei zu keiner Zeit angetastet. Das stellt auch Waltraud Haas klar, wenn sie 1972 sagt: »Das *Weiße Rössl* bin immer noch ich!«

60 *Der Zauber der Saison* ist eine Musiknummer aus der Filmversion von 1960, gesungen von einem Zimmermädchenchor.

5. *Da pfeift die Sache!*

Erfolgsfaktoren des Schlagerfilms

Die Rolle von Peter Alexander im WEISSEN RÖSSL nimmt die zunehmende Bedeutung des Mediums Fernsehen vorweg. In den ersten beiden Nachkriegsjahrzehnten ist der Alltag in Deutschland von vielfältigen Veränderungen bestimmt: Während sich die noch junge Bundesrepublik auf politischer Ebene konsolidiert, hält der rasante ökonomische Aufschwung zahlreiche Neuerungen bereit, auf die sich die Menschen nach und nach einstellen müssen. Eine davon ist die Etablierung des Fernsehens. Das Fernsehen ist in den 1950er Jahren zwar keine technische Neuheit, schon vor 1945 hat es staatlich organisierte Ausstrahlungsversuche gegeben.[1] Erstmals stellt das Fernsehen jedoch eine institutionelle Organisation mit gesetzlich festgelegten Aufgaben dar.[2] Zudem wird es mehr und mehr als ein gesellschaftlicher Faktor wahrgenommen, als eine Art Spiegel, in dem die Gesellschaft auch Auskunft über ihren eigenen Zustand gibt.[3]

---

1 Vgl. Jens Ruchatz/Christina Bartz: Tele-Medien: Telegrafie, Television, in: Claudia Liebrand u.a. (Hg): Einführung in die Medienkulturwissenschaft, Einführungen Kulturwissenschaft, Bd. 1, Münster 2005, S. 199-222, hier S. 214.

2 Vgl. Joan Kristin Bleicher: Institutionsgeschichte des bundesrepublikanischen Fernsehens, in: Knut Hickethier (Hg.): Geschichte des Fernsehens in der Bundesrepublik Deutschland. Bd. 1: Institution, Technik und Programm. Rahmenaspekte der Programmgeschichte des Fernsehens, München 1993, S. 67-132.

3 Vgl. Christina Bartz: Massenmedium Fernsehen: Die Semantik der Masse in der Medienbeschreibung, Bielefeld 2007, S. 18ff.

Der Beginn des Fernsehzeitalters stellt eine wichtige Zäsur innerhalb der Mediengeschichte dar, wobei Deutschland der Entwicklung in den USA deutlich hinterherhinkt.[4] Zudem vollzieht sich der Medienumbruch[5] nicht sprungartig, er erstreckt sich über fast zwei Jahrzehnte: So gibt es 1952 in Deutschland lediglich 300 angemeldete Fernsehgeräte, 1958 wird die erste Million überschritten, 1960 sind es schließlich drei Millionen.[6] 1970 sind 16 Millionen Geräte angemeldet – zu diesem Zeitpunkt besitzen 85 Prozent aller Haushalte einen Fernseher.[7] Die Gründe für den eher langsamen statt revolutionären Wandel sind vielfältig: Fernsehgeräte gelten in den 1950ern einerseits als Luxusgegenstand und sind damit für die Mehrheit der Men-

4 In den USA hatten schon Mitte der 1950er über 50 Prozent der Privathaushalte ein Fernsehgerät. Schon Ende der 1940er Jahre hat diese Entwicklung eingesetzt. Vgl. John Mundy: Popular Music on Screen. From Hollywood Musical to Music Video, Manchester 1999, S. 83f.

5 Die Medienwissenschaft unterscheidet zwischen einem analogen und einem digitalen Medienumbruch, also zwischen Veränderungen, die von analogen Medien wie Radio oder Fernsehen hervorgerufen werden, und Veränderungen, die auf digitale Medien wie das Internet zurückgehen. Statt von einem Medienumbruch könnte man auch vom Medienwandel sprechen. Zur Verwendung der beiden Begriffe vgl. Gisela Hüser/Manfred Grauer: Zur Verbreitung des Internets und des Mobilfunktelefons in der Netzwerkgesellschaft, in: Peter Gendolla/ Jörgen Schäfer: Wissensprozesse in der Netzwerkgesellschaft, Bielefeld 2005, S. 83-118, hier S. 89f.

6 Marie Luise Kiefer: Fernsehnutzung, in: Jürgen Wilke (Hg.): Mediengeschichte der Bundesrepublik Deutschland, Schriftenreihe der Bundeszentrale für politische Bildung, Bd. 361, Bonn 1999, S. 426-448, hier S. 431. Marie Luise Kiefer bietet eine gute Übersicht über die Entwicklung der TV- und Radionutzung in den 1950ern und 1960ern und ihre Verhältnismäßigkeit. Die Daten, die sich auf Westdeutschland beschränken, hat sie aus verschiedenen Quellen zusammengetragen und ausgewertet.

7 Strobel/Faulstich: Die deutschen Fernsehstars, S. 11. Diese Daten finden sich auch bei Jörg Adolph/Christina Scherer: Tabellen zur Programm- und Institutionsgeschichte des Fernsehens in der Bundesrepublik Deutschland, in: Hickethier (Hg.): Geschichte des Fernsehens in der Bundesrepublik Deutschland, S. 405-418, hier S. 406.

schen lange Zeit einfach nicht erschwinglich.[8] Andererseits beschränkt sich das Programmangebot in diesem Zeitraum auf wenige Stunden pro Tag. Das Radio gilt zunächst noch als meistgenutztes Medium. Es kann der Fernsehkonkurrenz trotzen und seine Hörerzahlen halten. Allerdings: Die Hör- und Verweildauer der Radionutzer nimmt kontinuierlich ab.[9] Mitte der 1960er Jahre hat das Radio seine Funktion als Unterhaltungsmedium Nummer eins an das Fernsehen verloren.[10]

Das Fernsehen tritt in dieser Zeit nicht nur in Konkurrenz zum Radio, sondern auch zum Kino. Von der viel beschriebenen ›Kinokrise‹ kann etwa ab 1960 gesprochen werden: Während 1956 noch über 800 Millionen Kinobesucher gezählt werden – ein Rekord –, sinkt die Zahl der Besucher zwischen 1960 und 1975 von gut 600 Millionen auf 128 Millionen pro Jahr.[11] Diese Zahlen belegen, dass die deutsche Filmindustrie ab den 1960er Jahren mit diversen Problemen zu kämpfen hat. Als Gründe für den massiven Besucherrückgang können je nach Standpunkt zum Beispiel ein verändertes Freizeitverhalten des Publikums, mangelnde Akzeptanz der Produktionen, hohe Vergnügungssteuerabgaben sowie die wachsende Konkurrenz durch ausländische Filme gelten.[12] Die Krise wird gerne ausschließlich auf die Filmwirtschaft bezogen, dabei muss sich parallel zum Zuschauerschwund in den Kinos auch die Musikbranche tiefgreifenden Veränderungen stellen: So hat der Schlager in Deutschland mit dem zunehmenden Einfluss englischsprachiger Musik zu kämpfen: Elvis Presley, die Beatles oder die Rolling Stones erobern den Markt und sichern sich vor allem den Zuspruch der Jugend. Sowohl das Kino als auch die Musikindustrie setzen vor diesem Hintergrund auf neue Strategien, um sich weiter in der Medienlandschaft zu behaupten – unter anderem, indem sie sich konsequent mit Radio und Fernsehen verbünden.

---

8 Nach einer Umfrage des Allensbacher Instituts für Demoskopie rangieren Fernsehgeräte in der Wunschhitliste der Konsumgüter in den 1950er Jahren nur auf dem sechsten Platz – hinter Kühlschrank, Waschmaschine, Staubsauger, Polstersessel und dem »großen Bodenteppich«, vgl. Arne Andersen: Der Traum vom guten Leben. Alltags- und Konsumgeschichte vom Wirtschaftswunder bis heute, Frankfurt a.M./New York 1997, S. 92.

9 Vgl. Kiefer: Fernsehnutzung, S. 433f.

10 Vgl. ebd., S. 434.

11 Vgl. Werner Faulstich: Grundwissen Medien, 5. Aufl., Stuttgart 2004, S. 227f.

12 Vgl. Ulrich Gregor: Geschichte des Films 1960, München 1978, S. 122.

In diesem Kapitel sollen drei Phänomene besprochen werden, die als charakteristisch für die Medienkultur der Nachkriegszeit gelten können und die Entwicklung des Schlagerfilms in diesem Zeitraum maßgeblich beeinflusst haben. Dabei handelt es sich erstens um Musikcharts und Hitparaden, die seit den 1950er Jahren in Deutschland erhoben werden: Der Impuls dazu geht einerseits von den Musikautomaten, den so genannten Musikboxen aus. Andererseits beginnen auch Radiosender, aufgrund von Hörerzuschriften in ihrem Programm Hitparaden zu präsentieren. Das zweite Phänomen sind Schlagerfestivals und Schlagerwettbewerbe, die seit den 1950ern medial vermarktet werden. Bekanntestes Beispiel ist der *Eurovision Song Contest*, der von den europäischen Rundfunkanstalten 1956 zum ersten Mal ausgetragen und live im Fernsehen übertragen wird. Der Schlager schafft sich hier neben dem Film ein weiteres visuelles Standbein. Den dritten Punkt bildet der Trend, dass in den 1950ern und 1960ern zudem vermehrt branchenfremde Stars für den Schlagerfilm gewonnen werden: Erfolgreiche Sportler treten ans Mikrofon und werden als Schlagersänger und Schauspieler vermarktet. Auch diese Strategie ist nicht völlig neu, wie schon am Beispiel von Max Schmeling in den 1930ern verdeutlicht, aber sie wird ab Mitte der 1950er wieder aufgegriffen.

5.1 Melodien für Millionen: Charts und Hitparaden

1963 entsteht unter der Regie von Franz Antel ein Film mit dem Originaltitel DIE GANZE WELT IST HIMMELBLAU. Peter Weck spielt darin den Polizisten Peter, der in Wien die Bekanntschaft einer amerikanischen Tänzerin namens Evelyn Hoover (Johanna Matz) macht. Evelyn ist aus den USA nach Österreich gekommen, um eigenständig eine Karriere am Theater zu beginnen – ohne den Einfluss ihres Vaters, eines reichen Reiseunternehmers, der sie bislang protegiert hat. *Die ganze Welt ist himmelblau* ist ein gleichnamiger Robert-Stolz-Schlager, ein Evergreen[13], der wiederum aus

13 Bei Hans Christoph Worbs zeichnet sich das Evergreen durch Langlebigkeit aus. Um einen Schlager zum Evergreen avancieren zu lassen und ihn beständig gegenüber Moden zu machen, bedarf es seiner Meinung nach allerdings häufig

der Operette *Im weißen Rössl* bekannt ist. Als der Film im Januar 1964 in die Kinos kommt, trägt er jedoch einen ganz anderen Namen: Er heißt jetzt ROTE LIPPEN SOLL MAN KÜSSEN (Ö 1964, R: Franz Antel). Bei diesem Titel handelt es sich ebenfalls um einen Schlager, und zwar um einen aus den aktuellen Singlecharts. Der Brite Cliff Richard singt das Lied auf Deutsch, in der englischen Originalversion heißt es *Lucky Lips*.

Dieser Umstand wäre allein nicht weiter spannend – in den 1960ern sind Mehrsprachenversionen von Schlagern üblich[14], genauso wie die Tatsache, dass Musikfilme nach populären Schlagern benannt werden. Doch in diesem Fall handelt es sich um einen strategischen Zug der Produzenten: Schon Wochen vor dem Kinostart von ROTE LIPPEN SOLL MAN KÜSSEN liegt das gleichnamige Lied auf Platz eins in den deutschen Hitparaden. Von der Umbenennung des Films erhofft man sich offenbar einen größeren Publikumszuspruch. Musik- und Filmbranche versuchen auf diese Weise wechselseitig voneinander zu profitieren. Das neue Etikett suggeriert Aktualität, fügt dem Film aber auch eine völlig neue Lesart zu: ROTE LIPPEN SOLL MAN KÜSSEN ist offensichtlich ein Hitparadenfilm, zumindest wird er als solcher gekennzeichnet. Er verweist dabei auf einen Star, der eigentlich abwesend ist: Der Interpret des Titelschlagers, Cliff Richard, sowie das Lied selbst tauchen in der Filmhandlung gar nicht auf.

Seit Musik im Zuge der Industrialisierung zu einem Medienprodukt geworden ist, beschäftigen sich Komponisten und Textdichter mit der Frage, wie ein Lied beschaffen sein muss, damit es möglichst viele Käufer findet. Bereits 1926 entwirft der österreichische Komponist Ralph Be-

---

neuer Interpretationen, zum Beispiel durch neuere, zeitgemäßere Arrangements. Vgl. Worbs: Der Schlager, S. 36ff. Matthias Bandur sieht in dem Begriff Evergreen im Allgemeinen eine Spezifizierung des Schlagerbegriffs, vgl. Bandur: Schlager, S. 12.

14 Von *Lucky Lips* existiert zum Beispiel auch eine schwedische Version mit dem Titel *Slit och Släng*, gesungen von Siw Malmkvist. *Slit och Släng* ist eine Redewendung, die übersetzt so viel bedeutet wie: Abnutzen und Wegwerfen. Es geht in dem Lied darum, dass ein bestimmter Mann sehr lässig mit Gegenständen umgeht und die Gefahr besteht, dass er es auch mit dem Herz einer Frau tun wird. Der schwedische Text unterscheidet sich damit inhaltlich vom deutschen und englischen Text.

natzky[15] unter dem Titel *Das Geheimnis des Schlagers* einen Katalog mit elf Merkmalen, die seiner Meinung und Erfahrung nach einen erfolgreichen Schlager auszeichnen. Dazu zählt er zum Beispiel »eine leicht singbare Tonlage«, den »psychologisch richtigen Moment des Erscheinens« und – das ist in seiner Argumentation der entscheidende Punkt – »tausend andere Imponderabilien, die sich nicht erklären lassen«.[16] So hat schon Benatzky früh eingesehen, dass es das absolute Erfolgsrezept für den viel beschworenen ›Schlager der Saison‹ nicht geben kann. Dennoch: Bis heute suchen Musikproduzenten immer wieder nach der Hitformel, versuchen Erfolge planbar zu machen. Ebenso haben Wissenschaftler und Sachbuchautoren, die sich mit dem Thema Schlager auseinander setzen, immer schon gemutmaßt, dass ein Erfolgstitel aus diversen, durchaus nachvollziehbaren Zutaten bestehen müsse. »Für gewöhnlich braucht der Schlagertext einige Schwerpunktbegriffe wie Liebe und Triebe, Herz und Schmerz, an denen sich die [...] Phantasie des einfachen Schlagerhörers emporranken kann«[17], konstatiert Siegfried Schmidt-Joos zum Beispiel 1960. Auch die Schlagzeile sei entscheidend und die Eingängigkeit des Refrains.[18] Hans Christoph Worbs verweist auf die Fähigkeit eines Spitzentitels, »ungeachtet mancher pikant neuen Elemente den Schein des Bekannten«[19] zu erwecken. Bei Adorno, der vor dem Hintergrund einer gesellschaftskritisch orientierten Kulturtheorie in seinen musiksoziologischen Schriften immer wieder gegen den Schlager als standardisiertes Massenprodukt argumentiert hat, findet sich dazu der Hinweis, dass erfolgreiche Schlagertitel den »im Augenblick gängigen Spielregeln«[20] (heute würde man sagen: den gegenwärtigen Trends) entsprechen müsse. Dabei kann es sich um eine bestimmte musikalische Ausgestaltung han-

15 Ralph Benatzky (1884-1957) war promovierter Germanist, Komponist und Textdichter, lebte in Berlin, Hollywood und Zürich und schrieb zahlreiche Lieder für Filme und Operetten wie zum Beispiel *Im weißen Rössl* (1930), vgl. Bardong u.a. (Hg.): Das Lexikon des deutschen Schlagers, S. 71.

16 Ralph Benatzky: Das Geheimnis des Schlagers (1926), zitiert nach Wicke: Wenn der Zeitgeist singt, S. 18ff.

17 Schmidt-Joos: Geschäfte mit Schlagern, S. 14.

18 Ebd.

19 Worbs: Der Schlager, S. 38.

20 Adorno: Dissonanzen, S. 214ff.

deln, aber auch um Themen oder gewisse, Erfolg versprechende »Produktionsmuster, die sich [...] über einen längeren Zeitraum hinweg ›weiterstricken‹ ließen, nachdem sie einmal eingeschlagen hatten«[21]. Werner Mezger nennt als Beispiele den Einsatz von Kinderstars wie Conny Froboess[22] oder die Welle der Cowboy- und Westernschlager[23]. Als typische Erfolgsformel, die schon in den 1930er Jahren mit Paul Abrahams Operette *Die Blume von Hawaii* sichtbar wird, gilt auch die Begeisterung für Südseethemen:

> »Als Traumziel unzähliger Musiknummern hatte insbesondere Hawaii bereits eine lange Tradition. Sei es wegen der landschaftlichen und klimatischen Reize des Inselparadieses oder wegen der lautmalerischen Verwertbarkeit seiner geographischen Namen – man denke etwa an ›Honolulu‹ oder ›Waikiki‹ –: immer wieder diente das [...] Archipel im Pazifik, seit 1959 der 50. Bundesstaat der USA, als beliebtes Objekt der amerikanischen und europäischen Unterhaltungsindustrie.«[24]

So wie der Schlager in dieser Zeit verstärkt die einzelnen Trends aufgreift, sie transformiert und mit ihnen neue Impulse abliefert, verhandelt auch der

---

21 Vgl. Mezger: Schlager, S. 155.

22 Conny Froboess tritt bereits 1950 als Siebenjährige mit dem Schlager *Pack die Badehose ein* auf, vgl. Bardong u.a. (Hg.): Das Lexikon des deutschen Schlagers, S. 130. Als Teenager startet sie 1958 ihre Filmkarriere und wird gemeinsam mit Peter Kraus, mit dem sie mehrere Filme dreht, zum Idol der damaligen Jugend-Generation, vgl. Hobsch: Liebe, Tanz und 1000 Schlagerfilme, S. 61.

23 Als Beispiel für einen erfolgreichen Westernschlager gilt unter anderem *Ich will 'nen Cowboy als Mann*, 1963 gesungen von Gitte.

24 Mezger: Schlager, S. 181. Die Südseethematik wird in Deutschland in den frühen 1960ern analog zur Elvis-Presley-Begeisterung in den USA populär und ist eng mit dem Namen Freddy Quinn verbunden, der zu dieser Zeit bereits mit Sehnsuchtsschlagern bekannt ist. 1961 dreht Presley den Film BLUE HAWAII (USA, R: Norman Taurog), 1962 zieht Freddy Quinn mit FREDDY UND DAS LIED DER SÜDSEE (D 1962, R: Werner Jacobs) nach. Schon früher finden sich Südseeschlager in den Hitlisten: 1959 zum Beispiel *Hula Hoop*, gesungen von Angèle Durand, oder 1960 *Itsy Bitsy Teenie Weenie Honolulu Strandbikini*. Vgl. Günter Ehnert: Hitbilanz. Deutsche Chart Singles 1956-1980, Hamburg 1990a, S. 358f.

Film Themenwellen und setzt sie fort. Der Schlagerfilm zeigt zwischen den 1950er und 1970er Jahren viele Gesichter: So entstehen Ende der 1950er in Deutschland unter anderem zahlreiche Filme mit Italienbezug. In den 1960er Jahren stehen Campingfilme neben den so genannten Tanten-Filmen[25], bevor am Ende des Jahrzehnts die ebenfalls in Serie gedrehten Paukerfilme immer beliebter werden. Musik spielt in diesen Produktionen fast immer eine Rolle, und sei es lediglich mit dem Gastauftritt eines oder mehrerer bekannter Schlagerstars.

Der Erfolg von Schlagerfilmen wird seit den 1950er Jahren in Deutschland maßgeblich durch ein Phänomen mitbestimmt, das aus der heutigen Medienlandschaft nicht mehr wegzudenken ist und nahezu alle Lebensbereiche erfasst hat: Hitparaden, heute auch Charts genannt. Die Hitlisten bestimmen mit, welche Stars und Lieder in Filmen vorkommen. Sie haben unmittelbaren Einfluss auf die Ästhetik und den Handlungsaufbau der Schlagerfilme.

5.1.1 Hitparaden als Trendbarometer

In den 1950er Jahren werden die Verkaufszahlen von Schlagerplatten in Deutschland zum ersten Mal in Ranglisten gefasst. Messbar war der Erfolg einzelner Titel schon vorher, so gaben zum Beispiel Notenverkäufe den Musikverlagen Aufschluss darüber, wie oft sich ein Titel verkaufte. Doch in den 1950ern entstehen in Deutschland – etwas später als in den USA[26] – die ers-

25 Den Auftakt der Tantenfilme bildet UNSERE TOLLEN TANTEN (D 1961, R: Rolf Olsen) mit Udo Jürgens, Gus Backus und Bill Ramsey. 1963 folgt unter anderem die Neuverfilmung von Brandon Thomas' Theaterstück *Charleys Tante*. Die Hauptrolle im Film CHARLEYS TANTE (D 1963, R: Geza von Cziffra) übernimmt Peter Alexander. Das Prinzip der Filme ist immer gleich: Im Zentrum dieser Verwechslungskomödien stehen die ›Filmtanten‹, Männer in Frauenkleidern, die Anlass für allerhand Klamauk bieten. Als »Kino-Karneval der guten Laune« bezeichnet der Evangelische Filmbeobachter die Filme 1964, zitiert nach Hobsch: Liebe, Tanz und 1000 Schlagerfilme, S. 177.

26 In den USA veröffentlicht das *Billboard* Musikmagazin 1936 erstmals eine so genannte *hit parade*. Seit den 1940ern erschienen in dem Branchenblatt regelmäßig Chartlisten für unterschiedlichste Musikgenres. Eine Top 100 wird erst-

ten Charts. Nach Peter Zombik isolieren sie aus dem gesamten Musikgeschehen »einen unter meist zeitlichen und inhaltlichen Aspekten begrenzten Ausschnitt und gliedern diesen Ausschnitt in Form einer Rangordnung«[27]. Diese »musikalischen Rang- und Hitlisten«[28] hängen in Plattengeschäften aus, werden in Zeitschriften abgedruckt und bilden im Radio, sowie später auch im Fernsehen, eigene Sendeformate. Sie sind »Barometer für musikstilistische Trends«[29] und geben dem Käufer von Schallplatten Aufschluss darüber, welche Künstler und Lieder gerade populär sind oder sich gut verkaufen. »A chart directly represents the music business for most consumers. Moreover, charts define not only what is popular but also what is popularity«[30], schreibt Ernest A. Hakanen. Die logische Konsequenz: Charts und Hitparaden üben einen psychologischen Effekt auf den Käufer aus. Sie sind also nur vordergründig Orientierungshilfen. Sie können Musikliebhaber vor allem in ihrer Kaufentscheidung beeinflussen und avancieren somit für die Wirtschaft gleichzeitig zu einem Instrument der »aktiven Marktgestaltung«[31]. Während der Handel möglicherweise sein Sortiment nach Hitlisten ausrichtet, sind sie bei Plattenfirmen häufig Grundlage für Managemententscheidungen, ähnlich der Einschaltquoten im TV-Bereich.[32] Charts spiegeln somit nicht nur Vorlieben und Kaufverhalten von Hörern wider, sie liefern Musikproduzenten und Künstlern auch neue Impulse für künftige Strategien.

Im Laufe der Zeit sind unterschiedliche Bemessungsgrundlagen für Charts entwickelt worden: Sie können zum Beispiel nach Anzahl der ver-

---

mals 1958 publiziert. Vgl. Tom Hutchison u.a.: Record Label Marketing, 2. Aufl., Oxford/Burlington 2010, S. 188.

27 Peter Zombik: Die Bedeutung der Charts für die Musikwirtschaft, in: Rolf Moser/Andreas Scheuermann (Hg.): Handbuch der Musikwirtschaft, 6. Aufl., München 2003, S. 67-75, hier S. 67.

28 Klaus Neumann-Braun/Axel Schmidt: Charts, in: Hans-Otto Hügel (Hg.): Handbuch populäre Kultur. Begriffe, Theorien und Diskussionen, Stuttgart 2003, S. 131-134, hier S. 131.

29 Ebd.

30 Ernest A. Hakanen: Counting Down to Number One: The Evolution of the Meaning of Popular Music Charts, in: *Popular Music*, Volume 17, Nr. 1, Januar 1998, S. 95-111, hier S. 97.

31 Neumann-Braun/Schmidt: Charts, S. 133.

32 Ebd., S. 132.

kauften Tonträger ermittelt werden, nach Häufigkeit ihres Einsatzes im Radio, aufgrund von Hörerbefragungen oder durch andere Parameter – auch in Kombination.[33] Der Bundesverband der phonographischen Wirtschaft lässt seit 1977 vom Marktforschungsunternehmen Media Control einmal wöchentlich die »offiziellen deutschen Charts« in unterschiedlichen Kategorien wie zum Beispiel den Top-100-Single- oder Top-100-Longplay-Charts erstellen. Alle Charts beruhen auf einer repräsentativen Ermittlung von Verkaufszahlen.[34] Seit 2001 werden auch Internetverkäufe mit einbezogen und seit 2004 auch die Top-20-Download-Charts elektronisch ermittelt.

In den 1950er, 1960er und frühen 1970er Jahren, also in dem für die vorliegende Arbeit relevanten Zeitraum, gibt es eine solch umfassende, voll automatisierte und professionelle Erhebung noch nicht. Dennoch existieren frühe Bestrebungen, den immer größer werdenden Musikmarkt in Deutschland zu strukturieren. Als die ersten Musikautomaten, die so genannten Jukeboxen, Anfang der 1950er Jahre vermehrt ihren Platz in Kneipen, Eisdielen und Tanzcafés finden, druckt die Zeitschrift *Der Automatenmarkt* regelmäßig eine Liste (»die aktuelle 50«) der am häufigsten gespielten Platten ab. In den Musikboxen, die etwa 40 bis 100 Schallplatten fassen können, ist ein Zählwerk enthalten, das festhält, welche Schallplatte wie häufig ausgewählt und abgespielt wird.[35] Hans-Werner Heister weist darauf hin, dass die »aktuelle 50« letztlich aber nur ein »Reflex der Hitparade des kommerziellen Senders Radio Luxemburg« ist, der eine »Pilotfunktion« für den deutschen Markt ausübt, da »die westdeutschen Hitparaden durch-

33 Vgl. Zombik: Die Bedeutung der Charts für die Musikwirtschaft, S. 69. Durch die zunehmende Bedeutung von multimedialen Angeboten hat sich auch die Zahl möglicher Chartauflistungen vergrößert: So gibt es heute unter anderem so genannte *Ringtone*-Charts, die Musiktitel nach der Häufigkeit ihrer Verwendung als Handyklingelton einordnen.

34 Media Control benutzt dazu nach eignen Angaben seit 1997 ein eigenes computergestütztes Kassensystem mit dem Namen PhonoNet, das automatisch die Verkaufszahlen in über 2000 Handelsgeschäften erfasst.

35 Vgl. Hans-Werner Heister: Die Musikbox. Studie zur Ökonomie, Sozialpsychologie und Ästhetik eines musikalischen Massenmediums, in: Jürgen Alberts u.a. (Hg.): Segmente der Unterhaltungsindustrie, Frankfurt a.M. 1974, S. 11-65, hier S. 36f.

schnittlich in mehr als zwei Dritteln ihrer Titel mit der von Radio Luxemburg propagierten wöchentlichen ›Single-Hit-Parade‹ übereinstimmen«[36].

Der Privatsender Radio Luxemburg nimmt in den 1950er Jahren einen besonderen Stellenwert für populäre Musik in Deutschland ein. Elf Millionen Hörer hat der Sender allein in Deutschland, bis zu 40.000 Hörerbriefe pro Woche erreichen um 1960 angeblich pro Woche die Redaktion.[37] Der öffentlich-rechtliche Rundfunk besitzt zu dieser Zeit eine Monopolstellung[38] und tut sich schwer mit Unterhaltungsangeboten. Grund dafür sind unter anderem der Bildungsauftrag, dem sich die Rundfunkanstalten verpflichtet sind, und die daraus resultierenden Vorbehalte gegenüber kommerziellen Bestrebungen. In der Studie *Rundfunk in Stuttgart* von Konrad Dussel[39] heißt es zum Beispiel, dass der damalige Südwestfunk (heute Südwestrundfunk, kurz SWR) von Plattenfirmen angebotene Schlagerproduktionen wöchentlich durch einen Musikausschuss prüfen ließ: Bei dieser Qualitätsbestimmung wurden Titel beispielsweise nur für bestimmte Sendungen wie Wunschkonzerte zugelassen, anderen die Übernahme ins so genannte Schallarchiv komplett verweigert.[40] Erst unter dem wachsenden Druck des Fernsehens, das seit Ende der 1950er Jahre dazu beiträgt, dass die Radionutzungszeiten kontinuierlich sinken und die Hörer schwinden, sind die Sender bereit, ihre Programme zu reformieren. Man versucht, sich stärker auf ein jugendliches Publikum und dessen Interesse an Pop-, Rock-

---

36 Ebd.

37 Vgl. Schmidt-Joos: Geschäfte mit Schlagern, S. 92. Die Hörerbriefe kommen jedoch nicht nur aus Deutschland, sondern wohl auch aus dem Ausland. Laut des ehemaligen RTL-Moderators Tony Schwaegerl hat Radio Luxemburg in Europa 50 Millionen Hörer. 1963 zitiert Schwaegerl in seinem Buch *Die fröhlichen Wellen* das Demoskopische Institut Allensbach, nach dessen Studie zudem 36 Prozent aller Radiohörer in Nordrhein-Westfalen Radio Luxemburg einschalten, vgl. Tony Schwaegerl: Die fröhlichen Wellen. Das Buch von Radio Luxemburg, München 1963, S. 217.

38 1984 startet in Ludwigshafen das erste Kabelpilotprojekt Deutschlands. Am 2. Februar 1984 geht der Privatsender RTL plus auf Sendung. Vgl. Wilke: Mediengeschichte der Bundesrepublik Deutschland, S. 809.

39 Konrad Dussel u.a.: Rundfunk in Stuttgart 1950-1959, Südfunkhefte, Nr. 21, Stuttgart 1995.

40 Ebd., S. 152ff.

und Schlagermusik einzustellen, und erhöht den Anteil an Unterhaltungsmusik in einzelnen Programmen. Den höchsten Anteil mit fast 75 Prozent erreicht in den 1960ern der Saarländische Rundfunk mit seinem ersten Programm SR1 Europawelle Saar.[41] Der Erfolg von Radio Luxemburg bleibt in dieser Zeit dennoch ungebrochen. Am 6. April 1958 strahlt der Sender zum ersten Mal die *Hitparade* mit Camillo Felgen aus. Nach der Premiere kommen bereits 4000 Hörerzuschriften, später sind es nach Angaben von Chronisten 60.000 und mehr pro Sendung.[42]

Doch Radio Luxemburg ist nicht das einzige Medium, das den Musikmarkt in den 1950er und 1960er Jahren in Deutschland beeinflusst. Auch die Zeitschrift *Bravo*, die in den Wirtschaftswunderjahren zu einem wichtigen Organ der Jugendkultur avanciert, druckt seit ihrer Gründung 1956 regelmäßig, das heißt einmal wöchentlich, Hitlisten ab. Auch hierbei handelt es sich um Leserhitlisten, also Charts, die per Leserzuschriften zustande kommen und damit nicht zwangsläufig mit den bundesweiten Verkaufscharts übereinstimmen müssen. Am Ende eines Jahres veröffentlicht *Bravo* zudem die Jahrescharts, einen Rückblick auf die beliebtesten Leserhits des Jahres. Die ersten Jahrescharts 1956 gewinnt die Gruppe »Die sieben Raben« mit dem Titel *Smoky*. Aber auch der zu dieser Zeit bei der älteren Generation sehr beliebte Freddy Quinn ist mit *Heimweh*[43] bei den Jugendlichen auf Platz vier vertreten. Ein näherer Blick in diese Jahrescharts wird noch zeigen, wie groß der Einfluss des Kinos offensichtlich auf die Leserschaft ist, denn immer wieder finden sich in den Charts auch Filmhits wieder.

Im Fernsehen besitzt Musik schnell einen wachsenden Stellenwert. Viele Unterhaltungsshows werden von bereits durch Radio und Film bekannten Musikstars wie Vico Torriani oder Caterina Valente moderiert, aber auch Rateshows sind mit Musikeinlagen gespickt. In den 1960er Jahren entstehen in der ARD zudem reine Musiksendungen wie *Musik aus Studio B* (1961-1976), produziert vom Norddeutschen Rundfunk und präsentiert von

41 Vgl. Horst O. Halefeldt: Programmgeschichte des Hörfunks, in: Wilke: Mediengeschichte der Bundesrepublik Deutschland, S. 211-230, hier S. 219.

42 Tony Schwaegerl berichtet von einem Gespräch mit Camillo Felgen, der von Briefen aus bis zu 16 Ländern spricht, vgl. Schwaegerl: Die fröhlichen Wellen, S. 23.

43 Quinn soll diese Schallplatte mehr als zwei Millionen Mal verkauft haben, vgl. Mezger: Schlager, S. 162.

Schlagersänger Chris Howland, sowie der *Beat-Club* (1965-1972), produziert von Radio Bremen, der sich jedoch vor allem der immer beliebter werdenden angloamerikanischen Musik widmet. Der Schlager findet seine Heimat im ZDF mit der *ZDF-Hitparade*, die zum ersten Mal am 18. Januar 1969 ausgestrahlt und von Dieter Thomas Heck moderiert wird.[44] Der Modus ist schnell gefunden: In jeder Sendung werden den Fernsehzuschauern und dem Präsenzpublikum im Studio neue Interpreten vorgestellt, plus drei Interpreten aus der letzten Sendung, die wiedergewählt werden können. Die Künstler treten nacheinander in der Show auf – meist singen sie Playback oder Halbplayback. Die *ZDF-Hitparade* gehört zu den ersten und lange auch zu den einzigen Sendungen im deutschen Fernsehen, an deren Zusammenstellung sich das Publikum interaktiv beteiligen kann.[45] Die Fernsehzuschauer stimmen anfangs noch per Stimmkarte ab, 1982 wird das System durch den Tele-Dialog, kurz TED, abgelöst, ein Abstimmungsverfahren per Telefon.[46] TED hat den Vorteil, dass die Gewinner noch in der laufenden Sendung bekannt gegeben werden können.

Radiohitparaden beruhen in den 1950er Jahren wie auch heute noch häufig auf Hörerzuschriften. Damals per Postkarte, heute in der Regel per Online-Klick[47], lässt der Sender das Radiopublikum über einzelne Titel ab-

---

44 Dieter Thomas Heck moderiert die ZDF-Hitparade insgesamt 183 Mal. 1984 wird er von Viktor Worms abgelöst. Vgl. o.V.: »... kurzweilige, schöne Musik«. Interview mit Dieter Thomas Heck, in: Stiftung Haus der Geschichte der Bundesrepublik Deutschland: Melodien für Millionen. Das Jahrhundert des Schlagers, Bonn 2008, S. 44-49, hier S. 44.

45 Vgl. Mezger: Schlager, S. 56.

46 Beim Tele-Dialog handelt es sich um eine Form des interaktiven Fernsehens, die erstmals 1979 auf der Berliner Funkausstellung erprobt wird. Der Zuschauer wählt eine bestimmte Rufnummer, sein Anruf wird gezählt und das Ergebnis schließlich via Balkendiagramm in der Sendung präsentiert. An der *ZDF-Hitparade* konnte im Anfangsstadium der TED-Einführung allerdings nur eine bestimmte Zuschauergruppe von 1200 ausgewählten Personen teilnehmen, was zu Protesten führte. Vgl. Irmela Schneider: *Tele-Dialog* und das ›Stimmrecht‹ des Mediennutzers, in: dies./ Cornelia Epping-Jäger (Hg.): Formationen der Mediennutzung III. Dispositive Ordnungen im Umbau, Bielefeld 2008, S. 147-168, hier 147ff.

47 Bei SWR3 zum Beispiel funktioniert die Abstimmung bei den Hörercharts heute ausschließlich per Webseite, vgl. http://www.swr3.de/musik/charts/ (letzter Auf-

stimmen. Der Titel, der die meisten Zuschriften erhält, landet auf Position eins. Die Quantität der Stimmen entscheidet also über den Erfolg – ein System, das von Schlagerexperten der 1960er und 1970er Jahre immer wieder wegen seiner Manipulierbarkeit und einer »Verzerrung der Perspektive«[48] kritisiert wurde.

»Manchmal sind es die Fans, bisweilen die Interpreten und mitunter die Plattenfirmen selbst, die durch fingierte Zuschriften an die Sendeanstalten oder durch geschickte Auslösung einer Brieflawine der Hörer das Ergebnis eines solchen Schlagerwettbewerbs zu beeinflussen und damit die Platzierung zu ihren Gunsten zu verschieben suchen.«[49]

Konkret sollen die Plattenfirmen die Fanclubs[50] einzelner Stars regelmäßig mit Gratisautogrammkarten, Schallplatten und anderem Material versorgt haben, um im Gegenzug von ihnen einzufordern, sich an den Hitparaden der Radiosender zu beteiligen und sie zugunsten ihres Stars zu beeinflussen.[51] Auch den Radiomoderatoren und Discjockeys wird in diesem Zusammenhang immer wieder unterstellt, Handlanger der Industrie zu sein und sich mit Geldern bestechen zu lassen, um bestimmte Schlagertitel öfter zu spielen als andere.[52] Zu korruptionsverdächtigen Verstrickungen kommt

---

ruf: 31. Januar 2012). Beim Sender SR1 Europawelle Saar wird ebenfalls via Internet, während der Sendung auch per Telefon abgestimmt, vgl. http://www.sr-online.de/sr1/511/ (letzter Aufruf: 04. Oktober 2010). Diese Beispielliste lässt sich auch anhand von privaten Hörfunksendern beliebig weiter fortsetzen.

48 Rucktäschel: Die Schlager des Jahres, S. 378.

49 Mezger: Schlager, S. 52.

50 Genaue statistische Erhebungen über Fanclubs existieren nicht. Siegmund Helms (Siegmund Helms (Hg.): Schlager in Deutschland. Beiträge zur Analyse der Popularmusik und des Musikmarktes. Wiesbaden 1972) geht 1971 von etwa 3000 Schlagerfanclubs in Deutschland aus. Er hat mit Hilfe von Fragebögen recherchiert, dass zum Beispiel allein Michael Holm 220 Fanclubs besaß, Chris Roberts 110, das Schlagerduo »Cindy & Bert« immerhin 84. Ebd., S. 174f.

51 Vgl. Busse: Der deutsche Schlager, S. 27, Schmidt-Joos: Geschäfte mit Schlagern, S. 93ff., Mezger: Schlager, S. 100ff.

52 In den USA tauchen in den 1950er Jahren immer wieder Bestechungsvorwürfe gegen Discjockeys auf. Angeblich sollen sie von den Rundfunkanstalten mit be-

es in den 1950er Jahren auch in Deutschland auf höheren Personalebenen, wie bei der so genannten Feltz-Affäre: Der Schlagertexter Kurt Feltz[53] war zwischen 1948 und 1950 beim damaligen NWDR Leiter der Abteilung Musikalische Unterhaltung und gründete nach seinem Ausstieg einen eigenen Musikverlag in Köln. Er blieb dem späteren WDR offenbar trotzdem weiterhin eng verbunden, denn es wurde ihm immer wieder Bestechung vorgeworfen. Bis zu 15 Pseudonyme soll er benutzt haben, um seine Nummern in den Programmen zu streuen.[54] Das Nachrichtenmagazin *Der Spiegel* veröffentlicht 1963 Zahlen, nachdem Feltz-Filmlieder beim WDR zwischen 1950 und 1958 mehr als 600 Mal häufiger gespielt wurden als die der Konkurrenz.[55]

»Der deutsche Rhein und seine Freunde, nicht davon überzeugt, dass nur Qualität der Grund für diese Bevorzugung war, scheuchten abwechselnd Staatsanwälte und Richter auf den erfolgreichen rheinischen Schlagerproduzenten. Branche und Justiz mühten sich allerdings vergebens, ihn der Bestechung zu überführen. Schließlich gaben sie es auf.«[56]

Die gemeinsamen Machenschaften von Schlagerindustrie und Rundfunk versucht 1963 *Der Spiegel* anhand des Schlagers *Wini Wini* der »Tahiti Tamourés«[57] nachzuzeichnen:

---

wusst niedrigem Gehalt eingestellt worden sein – vor dem Hintergrund, dass die Plattenfirmen ihnen ohnehin zusätzlich hohe Summen zahlen, damit sie ihre Titel spielen. Manche Discjockeys sollen auf diesem Wege bis zu 45.000 Dollar zusätzlich im Jahr verdient haben. Vgl. Schmidt-Joos: Geschäfte mit Schlagern, S. 97ff.

53 Kurt Feltz (1910-1982) hat in seiner Karriere etwa 2000 Schlagertexte geschrieben und gilt als einer der erfolgreichsten Schlagertexter und -produzenten in Deutschland. Zudem hat er etliche Drehbücher für Schlagerfilme verfasst. Vgl. Bardong u.a. (Hg.): Das Lexikon des deutschen Schlagers, S. 122.

54 Mezger: Schlager, S. 58.

55 Vgl. o.V.: »Wer ist ›tu‹«? – Das Kartell der Schlagermacher, in: *Der Spiegel*, Nr. 40 (1963), S. 95-110, hier S. 102.

56 Ebd.

57 Die Tahiti Tamourés waren eine deutsche Mädchenband. Leadsängerin Doris Wegener wurde in der Schlagerbranche später als Manuela bekannt. Vgl. Bardong u.a. (Hg.): Das Lexikon des deutschen Schlagers, S. 301.

»Der Insel-Song rückte [...] auf eine Spitzenposition der Hit-Listen, weil die für den Tamouré-Start zusammengetrommelte Meiselmannschaft [gemeint ist Produzent Peter Meisel, *eigene Anmerkung*] jene Musikberieselungsanlage perfekt bediente, die Westdeutschlands Tanzmusikkonsumenten ständig umspült und zum Plattenkauf bewegt.«[58]

So enthüllt der *Spiegel*, dass sich hinter Texter Heinz Hellmer eigentlich Monique Falk verbirgt, die Ehefrau des damaligen Programmgestalters für Tanz- und Schlagermusik beim Südwestfunk, und hinter Komponist Wolf Petersen ein Funkbetreuer der Plattenfirma Polydor mit dem Namen Jack Martin. Zudem wurden die Rechte am *Wini-Wini*-Song durch den Radio-Tele-Music-Verlag vertrieben, der wiederum zu Radio Luxemburg gehörte.[59]

Diese Beispiele sind hier angeführt, um zu verdeutlichen, wie Hitparaden als »Marktforschungsinstrumente«[60] die kommerzielle Denkweise der Musikproduzenten seit den 1950er Jahren beeinflusst haben. Dass es dabei immer wieder zu Versuchen kommt, auf der Jagd nach dem Erfolg den legalen Weg zu umgehen, ist ein Nebeneffekt, der jedoch im Zusammenhang mit Hitparaden grundsätzlich diskutiert wird.

5.1.2 *Heimweh* und die Folgen

Wirft man einen Blick in die Verkaufshitlisten ab 1956, so erkennt man, dass die deutschsprachige Musik bis Anfang der 1960er Jahre dominiert. Freddy Quinn, Peter Alexander oder Conny Froboess heißen die Stars dieser Zeit. Zwar schwappen aus den USA schon in den 1950ern einige Rock-'n'-Roll-Nummern, zum Beispiel von Elvis Presley herüber. Doch erst ab 1964 macht sich der Einfluss bemerkbar, ändern Hitparaden ihr Gesicht: Am 22. Februar 1964 landen »The Beatles« mit *I want to hold your hand* in Deutschland ihren ersten Charthit.[61] Danach setzt sich die englischsprachige Musik immer mehr durch. Dieselbe Entwicklung ist auch in den *Bravo-*

58 O.V.: »Wer ist ›tu‹«?, S. 96.

59 Ebd.

60 Zombik: Die Bedeutung der Charts für die Musikwirtschaft, S. 67.

61 Vgl. Günter Ehnert (Hg.): Hitbilanz. Deutsche Chart Singles 1956-1980. Top 10, Hamburg 1990b, S. 181.

Charts abzulesen: Ab 1965 kommen deutschsprachige Titel kaum noch vor. Die aktuellen Hitparadenstars heißen auch hier »The Beatles«, »The Rolling Stones« oder Petula Clark. In dieser starken internationalen Konkurrenz können sich Ende der 1960er Jahre lediglich zwei deutsche Künstler in den Hitlisten festsetzen: Roy Black und der Kinderstar Heintje. Roy Black landet 1967 gleich mehrere Hits wie *Frag nur dein Herz* oder *Meine Liebe zu dir*. Heintje steht mit seinem Lied *Mama* 1968 unangefochten an der Spitze. Beide Sänger können sich auch in den Folgejahren in den Charts behaupten – ein Phänomen, das sich nach meiner Interpretation darauf zurückführen lässt, dass beide in dieser Zeit eine Filmkarriere starten und im Fernsehen präsent sind. Peter Alexander ist Ende der 1960er Jahre ebenfalls als Showmaster und als Schauspieler aktiv. Auch seine Lieder finden weiterhin Millionen Käufer. Für Künstler, die kein multimediales Standbein haben, so meine These, wird die Hitparade, zumindest die »Top 10«, zu einem unerreichbaren Ziel – ein Aspekt, der die Bedeutung von Film und Fernsehen in dieser Epoche deutlich unterstreicht.

Generell ist festzuhalten, dass in den 1950er und 1960er Jahren viele Schlager mehrfach in denselben Hitlisten auftauchen, weil sie von mehreren Interpreten gleichzeitig aufgenommen werden. Der Schlager *Cindy, oh Cindy* zum Beispiel, geschrieben von Kurt Feltz, gehört 1957 zum Repertoire von Margot Eskens, Wolfgang Sauer und Gitta Lind.[62] *Hello Mary Lou* hat 1961 mit Silvio Francesco, »Jan & Kjeld«, René Kollo und den »Ricky-Boys« gleich vier Interpreten.[63] *Ein Schiff wird kommen* wird 1960 von Lale Andersen, Caterina Valente und Melina Mercouri aufgenommen.[64]

Beliebt ist es auch, Lieder englischsprachiger Künstler ins Deutsche zu übersetzen und mit einem in Deutschland bekannten Interpreten aufnehmen zu lassen. So hat zum Beispiel Peter Alexander mehrfach Songs von Elvis Presley und Tom Jones gecovert. 1961 veröffentlicht er zum Beispiel den Presley-Hit *Are you lonesome tonight* unter dem Titel *Bist du einsam heut' Nacht*. Den deutschen Text dazu hat Kurt Feltz umgeschrieben. Werner Faulstich weist darauf hin, dass sich die Übersetzungen oft wesentlich vom Original unterscheiden und für den deutschen Markt konfektioniert wer-

---

62 Vgl. Bardong u.a. (Hg.): Das Lexikon des deutschen Schlagers, S. 343.

63 Ebd., S. 370.

64 Ebd., S. 358.

den.[65] Daran lässt sich deutlich ablesen, dass der deutsche Musikmarkt auch für internationale Produktionen einen hohen Stellenwert besitzt.[66] Hinter der Idee der Coverversionen steckt das wirtschaftliche Interesse der Plattenfirmen, einen bereits existierenden Song mehrfach international erfolgreich zu verwerten und damit den Profit zu erhöhen. Diese Strategie spart den Aufwand, neue Songs in Auftrag geben zu müssen, von denen man noch nicht weiß, ob sie ein Hit oder ein Flop werden. Möglich scheint in dem Zusammenhang aber auch die Erklärung, dass man mit der Übersetzung englischer Titel ins Deutsche und der Umbesetzung des Interpreten dem immer größer werdenden Einfluss englischsprachiger Musik in Deutschland entgegenwirken wollte – eine Maßnahme, die sich jedoch nicht umsetzen ließ, wie die deutsche Chartgeschichte beweist.

Für das Verständnis von Schlagerfilmen ist die Bedeutung von Charts und Hitparaden seit den 1950ern deshalb wichtig, weil sie Teil des intermedialen Systems sind, in dem sich Musik und Film in dieser Epoche entwickeln: Schlager, die in Hitparaden erfolgreich sind, werden in Filme eingebaut und können damit auch dem Film zu einer größeren Popularität verhelfen. Außerdem liefern Schlager mit Chartpotential Geschichten für neue Filme und im besten Fall sogar den Filmtitel gleich mit. Der Film bietet der Musikindustrie somit eine weitere Plattform, ihre Produkte – Musiktitel und zugleich die Interpreten – zu präsentieren und sie bekannter zu machen. Musik- und Filmproduktionsfirmen erkennen in den 1950er Jahren das Potential, das in dieser Zusammenarbeit liegt, und verstärken ihr Engagement zunehmend.

Es gibt durch die Jahrzehnte hinweg Beispiele für Filme, deren Titel mit einem Hitparadenschlager korrespondiert. Diese Strategie stellt ein genrespezifisches Charakteristikum des Schlagerfilms dar, das sich von den 1950er zu den 1960er Jahren sogar noch steigert: Von 42 Filmen, die Manfred Hobsch in seinem Schlagerfilmlexikon im Zeitraum 1950 bis 1955 auf-

---

65 Faulstich verweist auf den Titel *Let's dance* von Chris Montez, der in der Coverversion von Caterina Valentes Bruder Silvio Francesco gesungen und in *Tanz mit!* umbenannt wird. Der zweideutige Text des Originals soll in der Übersetzung deutlich »harmloser« sein. Vgl. Werner Faulstich: Deutsche Schlager und deutsche Fernsehstars. Wertekontinuität im Medienwandel, in: ders. (Hg.): Die Kultur der 60er Jahre, München 2003, S. 177-193, hier S. 184f.

66 Vgl. ebd.

listet, tragen lediglich sechs den Titel eines erfolgreichen Schlagers, umgerechnet nur jeder siebte.[67] Zehn Jahre später, zwischen 1960 und 1962 sind es von 57 genannten Filmen 20, umgerechnet mehr als ein Drittel, die direkt auf einen Schlager verweisen.[68]

Schaut man umgekehrt in die Jahresverkaufscharts, so fällt auf, dass zum Beispiel 1960 von 30 gelisteten Titeln die Hälfte auch in Filmen vorkommen. Entweder sie sind in die Handlung integriert, wie zum Beispiel der Jahreshit *Banjo Boy* vom Duo »Jan & Kjeld« in WIR WOLLEN NIEMALS AUSEINANDER GEHEN (D 1960, R: Harald Reinl), oder sie liefern den Filmtitel gleich mit: *Wir wollen niemals auseinander gehen* ist zugleich ein erfolgreicher Schlager von Heidi Brühl. Die Verknüpfung von Film- und Schlagertitel erhöht den Wiedererkennungswert für beide Produkte. Sehr konsequent haben diesen Plan die Produzenten von Freddy Quinn verfolgt. Sein Schlager *Heimweh* zum Beispiel steht 1956 14 Wochen lang an der Spitze der Charts.[69] 1957 wird ein gleichnamiger Film dazu gedreht: HEIMWEH … DORT WO DIE BLUMEN BLÜHN (Ö 1957, R: Franz Antel). Der Schlager findet sich lediglich als Ouvertüre im Vorspann, Freddy Quinn hat selbst im Film nicht mitgespielt. Aus dem Quinn-Schlager *Die Gitarre und das Meer* wird 1959 schließlich der Film FREDDY, DIE GITARRE UND DAS MEER (R: Wolfgang Schleif), aus *Melodie der Nacht* entsteht 1960 FREDDY UND DIE MELODIE DER NACHT (R: Wolfgang Schleif). Hier wird ein bis dato einzigartiges Erfolgsmuster gefunden: Dadurch, dass sogar noch der Name des Interpreten mit in den Titel rückt, steigert sich der Wiedererkennungswert der Filme. Sie sind erstens als Freddy-Filme gekennzeichnet. Zweitens verrät der Titel zusätzlich, welcher Schlager im Mittelpunkt steht.[70] Bei den Filmen von Conny Froboess und Peter Kraus wird Ähnliches versucht: Die Titel WENN DIE CONNY MIT DEM PETER (D 1958, R: Fritz Umgelter) oder CONNY UND PETER MACHEN MUSIK (D 1960, R: Werner Jacobs) verraten sofort, wer die Stars des Films sind, und verweisen bewusst auf eine serielle Machart. Hier erkennt man deutlich die Wirkungsweise der Hitparaden: Sie

67 Hobsch: Liebe, Tanz und 1000 Schlagerfilme.

68 Ebd.

69 Vgl. Ehnert: Hitbilanz, 1990a, S. 355.

70 Dazu ist zu bemerken, dass die Filme immer mehrere Quinn-Schlager enthielten, die wie der Titelschlager auch nahezu alle den Sprung in die Hitlisten schafften.

haben den Schlager immer stärker personalisiert. Zum Vergleich: Zu Beginn der 1950er Jahre liegt der Fokus noch stärker auf den Textern und Komponisten der Schlager: So entsteht 1953 zum Beispiel der Film BEI DIR WAR ES IMMER SO SCHÖN (D 1953, R: Heinz Wolf) nach dem gleichnamigen, bereits 1940 komponierten Schlager von Theo Mackeben. Auch WENN DER WEISSE FLIEDER WIEDER BLÜHT (D 1953, R: Hans Deppe) verweist auf einen Schlager von Franz Doelle aus dem Jahr 1928.

In den 1960ern werden als Konsequenz der Personalisierung Musikparaden zunehmend beliebter. Die Potpourris versuchen, möglichst viele Interpreten und Titel im Film zu vereinigen. Die Strategie, den Filmtitel mit dem Schlagertitel korrespondieren zu lassen, setzt sich dennoch parallel dazu fort, auch in den 1970ern und 1980ern: *Blau blüht der Enzian* ist 1971 ein Schlager von Heino. 1973 entsteht der dazugehörige Film (R: Franz Antel).[71] 1982 singt Markus *Gib Gas – ich will Spaß*, 1985 erscheint der gleichnamige Film (R: Wolfgang Büld) mit Markus, Nena und Karl Dall in den Hauptrollen.

Inhaltlich ist zu bemerken, dass die Titelschlager dem Film auch meistens das musikalische Leitmotiv liefern. Das heißt: Die Melodie oder das Thema des Titelschlagers zieht sich wie ein roter Faden durch den Film. Als Beispiel möchte ich hier kurz den Film DER LACHENDE VAGABUND (D 1958, R: Thomas Engel) anführen, der auf dem gleichnamigen Erfolgsschlager von Fred Bertelmann beruht. Das mit Lachsalven gespickte Lied steigt am 30. November 1957 auf Platz zehn in die Charts ein und hält sich dort insgesamt 22 Wochen, davon elf Wochen auf Position eins.[72] Bertelmann singt im Film nicht nur mehrfach seinen Hit, er spielt in der Verwicklungsgeschichte auch einen ›echten‹ Vagabunden: Reporter Fred muss die Hochzeit mit seiner Pia platzen lassen, weil deren Tante, die Generaldirektorin der Vogelsang-Werke, die Verbindung nicht standesgemäß findet. Darüber ärgert sich wiederum der Generaldirektor so sehr, dass er aus seinem Leben aussteigt und sich auf Reisen begibt. Fred wittert eine Geschichte, tarnt sich selbst als Aussteiger und macht sich auf die Suche nach dem Direktor. Die Rolle bietet Bertelmann immer wieder Anlass, den Schlager

---

71 Der Heino-Titel wird in diesem Film gleich drei Mal in nahezu voller Länger gespielt: Im Vor- und Abspann, sowie in der Handlung selbst, in der Heino auch selbst auftritt.

72 Vgl. Ehnert: Hitbilanz, 1990b, S. 47ff.

zum Besten zu geben. Die Produzenten haben versucht, den Titel möglichst optimal, also nicht nur im Vorspann oder als Leitmotiv, sondern auch auf der Handlungsebene zu etablieren. Film und Schlager bilden hier in mehrfacher Hinsicht eine Einheit. Auch der zweite Bertelmann-Schlager des Films, *Aber du heißt Pia*, schafft den Einstieg in die Charts, allerdings fast ein Jahr später als *Der lachende Vagabund*: Am 25. Oktober 1958 startet er auf Platz zehn, hält sich dort allerdings nur vier Wochen und erreicht in dieser Zeit höchstens Platz sieben.[73] Dazu ist zu bemerken, dass der Film DER LACHENDE VAGABUND am 17. Oktober 1958 in die Kinos kommt. Der Filmstart wirkt sich also unmittelbar auf die Verkaufszahlen der Musiktitel aus und katapultiert zumindest einen der Schlager in die Hitparade. Die Systeme bedienen sich also nachweisbar wechselseitig.

In den 1970er Jahren ist die Wirkung des Films durch die Konkurrenz der internationalen Titel etwas geringer. Der Heino-Schlager *Blau blüht der Enzian* steht seit dem 6. November 1972 14 Wochen lang in den Charts. Als am 13. April 1973 der gleichnamige Film in die Kinos kommt, schafft das Lied zwar keinen Wiedereinstieg, allerdings findet sich der von Jürgen Marcus im Film gesungene Schlager *Ein Festival der Liebe* parallel zur Filmveröffentlichung in den Hitlisten.[74] Möglich scheint, dass der Titel kurzfristig in den Film geschnitten wurde. Jürgen Marcus spielt in der Sequenz einen Künstler, der im Hotel »Schloss Tanneck« nach einem Job fragt. Er meldet sich per Telefon an der Rezeption und singt sein Lied vor. Marcus bewegt sich dabei in einer Diskothekenkulisse, ist nur via Telefon mit den Protagonisten des Films (unter anderem Hansi Kraus) verbunden. Die Szene wirkt clipartig und exponiert, sie ist für die Handlung nicht zwingend notwendig. Allgemein lässt sich folgern: Der Einfluss der Hitparaden forciert die Durchlässigkeit der Filmhandlung. Erzählstränge werden aufgebrochen, um zusätzliche Musiknummern zu integrieren. Eine Handlung im Showmilieu bietet sich dabei besonders an, weil sich Nummern hier leicht durch den Einschub weiterer Gesangsauftritte motivieren lassen.

Damit zurück zum Anfangsbeispiel: ROTE LIPPEN SOLL MAN KÜSSEN. Cliff Richard hat zu diesem Film, wie schon angedeutet, lediglich den Titelsong beigesteuert, der im Vor- und Abspann gespielt wird. Während der 90-

---

73 Vgl. ebd., S. 62ff.

74 Am 19. März 1973 startet *Ein Festival der Liebe* in den Charts und hält sich dort insgesamt neun Wochen. Vgl. ebd., S. 347ff.

minütigen Handlung taucht weder Richard als Schauspieler oder Sänger auf, noch übernimmt das Lied im Film irgendeine Funktion – ein Beleg dafür, dass der sanfte Rock-'n'-Roll-Schlager nachträglich ›aufgepfropft‹ worden sein muss. Dieses Argument wird unterstützt durch die merkwürdig anmutende Umsetzung des Vorspanns: Es werden Ballettszenen gezeigt, eingerahmt von einem roten Bühnenvorhang, die eher eine nachfolgende Operettenhandlung suggerieren und weniger einen Rock-'n'-Roll-Film. ROTE LIPPEN SOLL MAN KÜSSEN ist letztlich eine eigenartige Mixtur aus beidem: Die Haupthandlung ist in Wien angesiedelt, pendelt zwischen Heurigengemütlichkeit, Revueszenen und Touristenklamauk. Während Polizist Peter sich an Evelyn Hoover annähert, deren Start als Ballerina nicht richtig gelingen will, rankt sich parallel ein Erzählstrang um Herrn Burian (Gunther Philipp), den Chef der Wiener Vertretung des Hoover-Reisekonzerns, der mit seiner Sekretärin Fräulein Inge (Evi Kent), sowie mit Kundin Frau Kiekebusch (Trude Herr) gleich zwei Verehrerinnen hat. Es kommt zu Verwechslungen und zu einem Happy End für eine der beiden Frauen. Bemerkenswerter ist jedoch das Sammelsurium an Musiknummern, das der Film beinhaltet: Gleich in den ersten fünf Minuten des Films kommt es zu einem eingeschobenen Gastauftritt des US-Sängers Chubby Checker, der in einer Barkulisse seinen damaligen Hit *Let's twist again* aufführt. Etwas später, Evelyn ist aus den USA bereits in Wien angekommen, folgt eine mehrminütige Ballettszene aus der Borodin-Oper *Fürst Igor*. Peter lädt Evelyn zu einer Motorrollerfahrt durch Wien ein und singt währenddessen den Schlager *Wien bleibt Wien*, eines der bekanntesten Wienerlieder überhaupt, das auf einen Marsch des Österreichers Johann Schrammel (1850-1893) zurückgeht. Peter tritt zudem in Polizeiuniform bei einer Art Open-Air-Festival auf und trägt dort mit dem Polizeimusikcorps auf einer Bühne den Schlager *Die ganze Welt ist himmelblau* vor, der während der gesamten Filmhandlung zudem in einer Orchesterversion immer wieder instrumental aus dem Off eingespielt wird und somit als musikalisches Leitmotiv des Films gelten kann. In einem Weinlokal kommt es zudem zur Aufführung des Robert-Stolz-Schlagers *In jedem Glaserl*, bevor das große Revuefinale des Films gefeiert wird, angekündigt durch ein Plakat mit der Aufschrift »Treffpunkt Wien« und aufgelisteten Stars wie Eddie Constantine, Vico Torriani und Georges Dimou. Bevor gesungen wird, werden aus dem Plakat heraus bunte Discoscheinwerfer eingeblendet, ebenso eine Discokugel – Symbole der Jugendkultur. In der anschließenden zehnminütigen Sequenz folgen in einer Theaterkulisse gleich vier Schlagernummern aufeinander, unterbrochen lediglich von einigen Dialogpassagen: *Komm, Angelina, komm* und *Sukiyaki* (Georges Dimou), *Beim Flüstertango* (Eddie Constantine) und *Daran sind nur die Männer schuld* (Vico Torriani).

Nimmt man Cliff Richards *Rote Lippen soll man küssen* aus dem Vor- und Abspann noch in die Musikliste hinzu, dann pendelt der Film unaufhörlich zwischen Rock 'n' Roll, Twist, Wienerliedern, traditionellen Operettenmelodien und Schlagern hin und her – er versucht in 90 Spielminuten grundverschiedene Musikrichtungen zu vereinen. Trotz dieser Unentschlossenheit wirkt der Film insgesamt als Einheit. Das mag an der Rahmenhandlung liegen, die einen Erzählstrang in den USA ansiedelt (Evelyn Hoover und ihr Vater samt Entourage) und den anderen in Wien (Polizist Peter, Reisebürochef Burian und seine Angestellte Fräulein Inge). Evelyn verkörpert dabei die amerikanische Musik wie Twist und Rock 'n' Roll. Peter steht für das klassische Wienerlied und die Operette. Durch Evelyns Reise nach Wien werden beide Erzählstränge und damit auch die Musikstile gemischt und letztlich zusammengeführt.[75] Cliff Richards *Rote Lippen soll man küssen* bildet die Klammer dieser Mixtur. Evelyns Vater entscheidet sich am Ende des Films, für immer von Amerika nach Österreich umzuziehen. In der Schlussszene sieht man ihn mit seinen neuen Skatfreunden im Garten. Evelyn trägt inzwischen ein Dirndl. Cliff Richards Lied steht symbolisch für diesen Akt: Aus den *Lucky Lips* sind *Rote Lippen* geworden.

Die Macht der Hitparaden wird hier in doppelter Hinsicht deutlich: Einerseits wachsen sie in der Unterhaltungsbranche zu einem zentralen Maßstab und beeinflussen damit Entscheidungen über Filmproduktionen, deren Titelwahl, musikalische Ausgestaltung und Besetzung. Andererseits übernimmt der Film auch strukturell gesehen das Hitparadensystem, indem er sich in den 1960er Jahren zur ›Musikparade‹ entwickelt und in der Handlung mehrere Künstler und Schlager aneinanderreiht. Gastauftritte von Stars, so genannte Cameos, werden populär. Erfolg will jetzt auch punktuell erzielt werden. Schlager im Film verweisen auf die Hitparaden, die Hitparaden wiederum verweisen umgekehrt auf den Film.

75 Amerikanerin Evelyn ist auch diejenige, die in jeder Situation eine Lösung für die etwas steifen Wiener parat hat. Als Peter ihr eine Stelle in einem Café als Kellnerin verschafft und sie feststellt, dass das Café nicht läuft, rät sie dem Besitzer Muckenhuber (Paul Hörbiger) zur Anschaffung einer Espressomaschine und einer Musikbox – mit dem Kommentar: »Da pfeift die Sache!«.

5.2 OLYMPIA IM KURHAUS: SCHLAGERWETTBEWERBE

Die Musikindustrie sucht analog zur rasanten Medienentwicklung in Deutschland in den 1950er Jahren nach immer neuen Wegen, Schlager zu vermarkten. Während Musikbox, Radio und Film bereits als geeignete Medien zur Verbreitung neuer Musiktitel entdeckt und etabliert sind, wächst ab Mitte der 1950er Jahre die Bedeutung des Fernsehens: Der Schlager wandert auf den Bildschirm. Bereits ein kurzer Auftritt eines Schlagerinterpreten in einer Show garantiert, dass ab den 1960er Jahren Millionen Fernsehzuschauer mit einem neuen Titel und seinem Interpreten bekannt gemacht werden.[76] Neben Shows mit Musikeinlagen wie Quizsendungen oder so genannten Bunten Abenden bekommen viele Schlagerstars eigene Formate, in denen ihr persönliches Gesangs- und Showtalent im Mittelpunkt steht: So genannte Personalityshows entstehen. Sie werden von den Sendern eigens auf den jeweiligen Künstler zugeschnitten und stellen, wie Ricarda Strobel behauptet, eine besondere Herausforderung dar: »Die Personality-Show setzt im Unterschied zur bloßen Unterhaltungsmoderation eine tragfähige Künstler-Persönlichkeit voraus, die in der Lage ist, ein langes Programm abwechselnd und fesselnd mit eigener Performance zu gestalten.«[77]

Caterina Valente gilt in Deutschland auf diesem Gebiet als Pionierin. Sie startet am 10. September 1957 in der ARD ihre Fernsehkarriere mit der eigens auf sie zugeschnittenen Musikshow *Bonsoir, Kathrin*, in der sie als Gastgeberin eigene Schlager und eingeladene Showkünstler vorstellt.[78] Der Titel der Show verweist auf ihren zuvor produzierten Kinofilm BONJOUR, KATHRIN (D 1955; R: Karl Anton), in der Caterina Valente an der Seite von Peter Alexander eine Musikstudentin spielt, die den Durchbruch als Schlagerstar schafft. Der Einfluss des Films auf die Fernsehkultur ist hier allein durch die Titelanleihe deutlich sichtbar. Mehr noch: Der Erhalt einer eigenen Personalityshow liest sich im Fall Valente als Fortschreibung des Filmtextes. Der Sprung von der Leinwand auf den Fernsehbildschirm ist Cateri-

---

76 Mezger: Schlager, S. 53.

77 Strobel/Faulstich: Die deutschen Fernsehstars, S. 13.

78 Vgl. ebd., S. 32ff. Die ARD produziert bis 1964 sechs Folgen der Show. Ab 1961 gab es mit *Bonsoir, Caterina* im italienischen Fernsehen ein Pendant zur deutschen Version.

na Valente mit *Bonsoir, Kathrin* geglückt. Mit der eigenen Fernsehshow wird der Grundstein für ihre Karriere als intermedialer Star gelegt.

So wie Caterina Valente machen in den 1950er, 1960er und 1970er Jahren viele, meist internationale Unterhaltungskünstler in Deutschland Fernsehkarriere.

»Sie sorgten für eine Prise Exotik und einen Touch von internationalem Flair im Programm der Fernsehanstalten und parallelisierten damit die neue Weltoffenheit der Deutschen und die Erfolge bei den Bemühungen um einen international geachteten Platz für Deutschland im Gefüge der westlichen Nationen«.[79]

Das Argument, internationale Künstler seien wichtig für das Selbstbewusstsein der Deutschen, wird immer wieder auf die 1950er und 1960er Jahre angewendet. Es gilt als Erklärung für die Suche nach Anerkennung nach einem verlorenen Weltkrieg. Bedenkt man jedoch, dass ausländische Stars wie Michelle Hunziker, Sylvie van der Vaart oder Bruce Darnell auch in der gegenwärtigen Fernsehlandschaft als Moderatoren oder Jurymitglieder von Castingshows einen großen Stellenwert besitzen, dann müsste diese Erklärung ausgeweitet werden. Es ließe sich folgern, dass in der Gesellschaft bis heute ein Bedürfnis nach Geltung und Anschluss besteht, das gerade durch das Fernsehen und seine Stars befriedigt wird.[80] Caterina Valente kann unabhängig von einer solchen Interpretation als Vorreiterin dieser Entwicklung gelten.

Auch der Schweizer Schlagersänger und Entertainer Vico Torriani begeistert seine Fans zehn Jahre lang zwischen 1959 und 1969 mit der Show *Hotel Victoria*, in der er einen singenden Koch spielt. Ab 1969 geht Peter Alexander als Gastgeber seiner *Peter Alexander Show* auf Sendung. Valente, Torriani, Alexander – sie alle sind beim Start ihrer Shows bereits aus Musikfilmen bekannt. Ihre Film- und Schlagerkarriere ist eine gute Voraussetzung für eine ebenso erfolgreiche Fernsehkarriere: Die Sender können

79 Ebd., S. 12.

80 Bezieht man umgekehrt die Film- und Musikbranche mit ein, dann funktioniert dieses Argument nicht mehr, denn bereits in den 1930ern waren ausländische Stars wie Zarah Leander oder Kristina Söderbaum in Deutschland populär. Schlagerstars wie Howard Carpendale wären in diesem Sinne heute keine Exoten, sondern lediglich die Fortschreibung eines bekannten kulturellen Phänomens.

auf die Erfahrung und die anhaltende Kinopräsenz ihrer Protagonisten bauen, müssen nicht erst mühsam selbst neue Stars aufbauen. Durch bereits populäre Gesichter binden sie leichter Zuschauer an sich. Die Plattenfirmen erhoffen sich wiederum, dass sich eine breitere, intermediale Präsenz ihrer Künstler auch rückwirkend auf die Musikverkäufe auswirkt.

Das Fernsehen findet schnell Konzepte, wie sich möglichst viele Zuschauer vor den Bildschirm locken lassen. Mit Stars lässt sich die Akzeptanz des jungen Mediums steigern. Sie erzielen unabhängig vom jeweiligen Showinhalt allein durch ihre Persönlichkeit und ihre Präsenz entsprechende Einschaltquoten und vermitteln dem Publikum ein Gefühl von Vertrautheit.

5.2.1 Share the Moment: Eurovision Song Contest

Es gibt im deutschen Fernsehen nur wenige Formate, die sich über die Jahrzehnte hinweg bewährt haben und konstant ihren Platz im Programm behaupten. Sie finden sich meist im Sport- und im Nachrichtenbereich, nur selten im Unterhaltungssektor.[81] Eine Musikshow bildet jedoch seit den 1950er Jahren einen festen Bestandteil im deutschen Fernsehprogramm: der *Eurovision Song Contest* (im Folgenden abgekürzt *ESC*).[82] Seit 1956 wird er einmal pro Jahr vom Zusammenschluss der öffentlich-rechtlichen Rundfunkanstalten in Europa, der European Broadcast Union (EBU), veranstaltet und in alle europäischen Teilnehmerländer übertragen.

Das Konzept des *ESC* basiert auf einem Wettbewerbsgedanken: Einzelne Länder Europas treten mit bis dato unbekannten und eigens für die Veranstal-

---

81 Sendungen wie *Das aktuelle Sportstudio* (ARD, seit 1963), die *Tagesschau* (ARD, seit 1952) oder *Heute* (ZDF, seit 1963) existieren bereits seit Jahrzehnten. Eines der derzeit ältesten, noch existierenden deutschen Showformate ist die Samstagabendshow *Wetten, dass ...?*, die zum ersten Mal am 14. Februar 1981 live aus Düsseldorf übertragen wird und seitdem fester Bestandteil der deutschen Fernsehkultur ist.

82 Der Begriff *Eurovision Song Contest* hat den in früheren Tagen oft verwendeten Begriff *Grand Prix d'Eurovision de la Chanson* abgelöst. Seit 2004 steht die französische Bezeichnung nicht mehr im Regelwerk. *Eurovision Song Contest* gilt heute als der offizielle Name des Wettbewerbs. Vgl. Irving Wolther: Kampf der Kulturen,. Der Eurovision Song Contest als Mittel national-kultureller Repräsentation, Würzburg 2006, S. 38.

tung komponierten Liedern gegeneinander an, um am Ende ein Siegerlied zu küren. Die Show ist abendfüllend, wird live übertragen und zieht im Vorfeld nationale Vorentscheidungen mit sich, die in der Regel ebenfalls als Fernsehshow vermarktet werden. In Deutschland trägt diese Show viele Jahre lang den Titel *Ein Lied für …*, jeweils ergänzt um den Namen des Austragungsortes. 2010 heißt die deutsche Vorentscheidung *Unser Star für Oslo*.

»In drei Minuten sind Bands zu Weltstars geworden. In drei Minuten werden Karrieren beendet. In drei Minuten werden Lieder zu Gassenhauern und zu Evergreens.«[83] So beschreibt die deutsche Song-Contest-Teilnehmerin von 1975, Joy Fleming, im Rückblick die Bedeutung des Wettbewerbs. Drei Minuten darf ein Teilnehmerlied offiziell dauern. Das gilt unter anderem als einheitliche Richtlinie. In der Forschung wird der Stellenwert des *ESC* nicht nur aufgrund des Regelwerks häufig mit dem großer internationaler Sportereignisse verglichen, weil es stets um die zentrale Frage geht: Welches Land wird am Ende gewinnen?

> »One obvious way in which the ESC differs from ordinary, nationally aimed public-service programming is its distinctly international outlook. In this respect the contest may be regarded as an example of international event culture which otherwise is primarily the arena of international sports, such as the Olympic Games or the World Cup. Like these sports events, the ESC fills the function of national identity and prestige in an international setting.«[84]

Aus technischer Sicht ist es nicht verwunderlich, dass die Idee eines internationalen Musikwettbewerbs in den 1950er Jahren den Weg ins Fernsehen findet: Die Sender haben schon vor der Gründung des *ESC* erste Erfahrungen mit der Übertragung von Großereignissen gemacht, zum Beispiel der Krönung von Königin Elisabeth II. von England 1953 und der Fußballweltmeisterschaft 1954 in Bern. Die Faszination des Wettbewerbs liegt für die Sender einerseits in der Live-Übertragung: Die Fernsehtechnik gilt in

---

83 Jan Feddersen: Ein Lied kann eine Brücke sein. Die deutsche und internationale Geschichte des Grand Prix Eurovision, Hamburg 2002, S. 6.

84 Alf Björnberg: Return to Ethnicity: The Cultural Significance of Musical Change in the Eurovision Song Contest, in: Ivan Raykoff/Robert Deam Tobin (Hg.): A Song for Europe: Popular Music and Politics in the Eurovision Song Contest, London 2007, S. 13-24, hier S. 14.

den 1950er Jahren noch als unausgereift und instabil. Erst nach und nach werden Erfahrungswerte gesammelt, mit Hilfe derer sich die Technik immer weiter optimieren lässt. Der *ESC* ist wie viele andere Live-Veranstaltungen für die Fernsehmacher eine Option, die Möglichkeiten des Mediums auszuloten.

Zweitens ist der *ESC* Teil des damals noch jungen europäischen Programmaustauschs, der so genannten Eurovision: Fernsehen gilt in den 1950er Jahren als ein Medium mit »ungewisser Zukunft und kaum wägbaren Kosten«[85]. Je mehr Sendestunden gefüllt werden müssen, je spektakulärer die Übertragungen werden, desto größer wird der Hunger nach mehr Bildern und Programmen; die Eurovision ist der erste Versuch, diesem Bedürfnis Rechnung zu tragen.[86] Auch wenn es der EBU in erster Linie um den ökonomisch-technischen Austausch und erst in zweiter Linie um einen kulturellen Austausch geht:[87] Der *ESC* darf als eines der erfolgreichsten Beispiele für ein eigenständiges Programmangebot der EBU gelten.[88]

Hinzu kommt die integrative Komponente. Der *ESC* ist wie bereits erwähnt ein Wettstreit, der unterschiedliche Teilnehmerländer gegeneinander antreten lässt. Seine Gründung durch die EBU geht dabei auf eine europäische Initiative zurück: »Established in 1956 by Marcel Bezençon – a friend and admirer of Jean Monnet, the founder of the European Economic

---

85 Wolfgang Degenhardt u.a.: Europäisches Fernsehen bis 1970. Eine Idee wird zum Laufen gebracht. Eine kleine Geschichte der Europäischen Rundfunkunion und der Eurovision, Arbeitshefte Bildschirmmedien 61, Siegen 1996, S. 42.

86 Vgl. ebd., S. 8. Die Autoren verweisen in diesem Zusammenhang darauf, dass dieser Programmaustausch in den ersten Jahren nach der Gründung der EBU keineswegs reibungslos verläuft. Dies funktioniert zum Beispiel deshalb nicht, weil sich die Fernsehsysteme in den einzelnen europäischen Ländern nach dem Zweiten Weltkrieg unterschiedlich schnell entwickeln und noch keine technischen Standards existieren. Zudem müssen parallel dazu viele urheberrechtliche Fragen geklärt werden.

87 Feddersen: Ein Lied kann eine Brücke sein, S. 8.

88 Der ESC stellt allerdings nur ein Beispiel des vielfältigen Programmaustauschs dar. So wurde zum Beispiel auch ein *Junior Eurovision Song Contest* gegründet, vgl. unter: http://www.junioreurovision.tv/ (letzter Aufruf: 31. Januar 2012).

Union – the ESC was one such program intended from the outset to unite Europe through televised cultural events.«[89]

Deutschland ist trotz seiner schwierigen Vergangenheit von Beginn an in die Bemühungen um ein vereintes Europa einbezogen und gehört auch zu den sieben Teilnehmerländern[90] des ersten *ESC*, der am 24. Mai 1956 im schweizerischen Lugano ausgetragen wird. Wie die Europäische Union auf politischer Ebene hat auch die EBU den Teilnehmerkreis beim *ESC* über die Jahre hin kontinuierlich erweitert: 1957 sind es zehn Länder, die ihre Lieder ins Rennen schicken, 1961 bereits 16, in den Folgejahrzehnten pendelt die Zahl meist um die 20. 1993 gibt es erstmals eine eigene osteuropäische Vorentscheidung, seit 2004 wegen der Fülle der Teilnehmer ein Halbfinale.

Irving Wolther hat in seiner Dissertation[91] über den *ESC* dargelegt, dass der Wettbewerb in den einzelnen Teilnehmerländern einen unterschiedlichen Stellenwert besitzt, zum Beispiel hinsichtlich der Repräsentation national-kultureller Identität: So nutzen seiner Argumentation zufolge manche Länder den *ESC*, um die Zugehörigkeit ihrer Kultur zu Europa unter Beweis zu stellen, vor allem solche, die auf eine Aufnahme in die Europäische Union hoffen.[92] Das Magazin *Der Spiegel* spricht in seiner Online-Ausgabe diesem Zusammenhang 2007 kritisch von der »Balkanisierung des Grand Prix«[93], weil osteuropäische Länder den Wettbewerb phasenweise immer häufiger dominiert hatten und sich durch so genanntes *buddy voting*[94] mögliche Punkte untereinander aufteilten.

---

89 Robert Deam Tobin: Eurovision at 50: Post-Wall and Post-Stonewall, in: Raykoff/ders. (Hg.): A Song for Europe, S. 25-36, hier S. 27.

90 Es handelt sich dabei um die Gründungsmitglieder der Montanunion, Belgien, Niederlande, Luxemburg, Deutschland, Frankreich und Italien, sowie um die Schweiz, vgl. Jan Feddersen: Wunder gibt es immer wieder. Das große Buch zum Eurovision Song Contest, Berlin 2010, S. 281.

91 Wolther: Kampf der Kulturen.

92 Ebd., S. 137f.

93 Daniel Haas: Horror vor der Russendisko, in: *Spiegel Online*, 12. Mai 2007, unter: http://www.spiegel.de/kultur/musik/0,1518,482555,00.html (letzter Aufruf: 31. Januar 2012).

94 Laut einer Statistik von Simon Barclay existiert das *buddy voting* tatsächlich. Allerdings beschränkt es sich nicht auf die osteuropäischen Staaten. Den Zahlen zufolge haben sich vor allem Griechenland und Zypern immer schon Punkte zu-

Mit Daniel Dayan und Elihu Katz[95] möchte ich den *ESC* als Medienereignis *(media event)* kennzeichnen: Sie definieren Medienereignisse allgemein als eine Unterbrechung der Übertragungsroutine[96] im Fernsehen und als Rituale des Kommens und Gehens *(rituals of coming and going)*[97]. Nicht die Fernsehsender sind laut ihrer Argumentation die Urheber der Medienereignisse, sie werden selbst von Dritten, im Fall des *ESC* von der EBU, mit der Übertragung beauftragt. Laut Dayan und Katz lädt ein Medienereignis wie der *ESC* den Zuschauer ein, Position zu beziehen und mitzufiebern.[98] Mit der Gründung und der Ausstrahlung des Schlagerwettstreits verfolgen die Sender aber auch einen eigennützigen Zweck: Der *ESC* soll mithelfen, das neue Medium Fernsehen bekannter zu machen, das in den 1950er Jahren langsam die Wohnzimmer erobert: »So wie man Weihnachten gemeinsam feierte, wie man gemeinsam ›Sportschau‹ guckte, so stand fest, dass man einmal im Jahr den Grand Prix zusammen guckt«[99], beschreibt Schlagersänger Jürgen Marcus die Sehgewohnheiten. »Mein Vater trank Bier, meine Mutter Wein, es gab Salzstangen – und alle haben gewettet, wer gewinnen könnte.«[100] Diese Darstellung veranschaulicht die Theorie von Dayan und Katz, die bezüglich der Wirkung des Medienereignisses auf die Zuschauer davon ausgehen, dass es Gemeinschaft stiftet – nicht nur im Familienkreis, sondern auch global gesehen: Zur gleichen Sendezeit schauen Millionen Fernsehzuschauer in aller Welt die gleiche Sendung an.[101] Das Motto des *ESC* 2010 hat genau auf diese Eigenschaft gezielt: *Share the Moment* haben die norwegischen Veranstalter den Wettbewerb im Untertitel genannt.

---

gespielt, ebenso Dänemark und Schweden oder Großbritannien und Irland. Vgl. Simon Barclay: The Eurovision Song Contest. Lugano 1956-Oslo 2010. Complete & Independent Guide, Raleigh 2010, S. 240.

95 Daniel Dayan/Elihu Katz: Media Events. The Live Broadcasting of History, Cambridge/London 1992.

96 Vgl. ebd., S. 5.

97 Ebd., S. 119.

98 Ebd., S. 137.

99 Feddersen: Ein Lied kann eine Brücke sein, S. 152.

100 Ebd.

101 Vgl. Dayan/Katz: Media Events, S. 195ff.

Deutschland nimmt die Teilnahme am *ESC* von Beginn an sehr ernst. Verantwortlich für das Entsenden eines deutschen Beitrags ist in den Anfangsjahren der Hessische Rundfunk. Dessen Unterhaltungchef Hans-Otto Grünefeldt, so resümiert Irving Wolther, »machte indes die Einreichung ›anspruchsvoller‹ Beiträge zur Maxime deutscher ESC-Vorentscheidungen«[102]. So sind die Anfangsjahre des *ESC* in Deutschland bestimmt von ständigen Änderungen der Auswahlmodi. Komponisten, Texter und Interpreten haben kaum Einfluss auf eine Teilnahme. Sie müssen sich beim Hessischen Rundfunk mit ihren Titeln bewerben. Zum Teil dürfen auch nur die Komponisten und Texter Songs ins Rennen schicken, die schon bei anderen Schlagerfestivals erfolgreich abgeschnitten haben, oder es kommen nur solche Autoren zum Zug, die von den Sendern extra mit dem Schreiben und Komponieren beauftragt werden. »Interne Entscheidungen, Auftragskompositionen und Autorenwettbewerbe wechselten einander ab, ohne dass je ein einheitliches Format für die deutsche Vorentscheidung entwickelt wurde. Gemein blieb all diesen Versuchen die strenge Auslegung des *ESC* als Komponistenwettbewerb.«[103] Durch diese Maxime wirkt der *ESC* schon in seinen Anfangsjahren kommerziell gesehen anachronistisch, denn, wie Siegfried Schmidt-Joos bereits 1960 feststellt, der Interpret ist immer noch für den Erfolg eines Schlagers ausschlaggebend.[104] Während die Schlagerbranche in dieser Epoche immer stärker personalisiert wird, schwört der *ESC* regelrecht auf seinen Status als Komponistenwettbewerb: In der Begrüßungsansprache zum *ESC* 1957, der erstmals von Deutschland ausgerichtet und aus dem Großen Sendesaal des Hessischen Rundfunks übertragen wird, teilte die damalige Moderatorin Anaïd Iplicjian programmatisch mit: »Der große Preis der Eurovision wird jedes Jahr verliehen für die Komposition und den Text des besten Chansons oder Schlagers.«[105]

In Deutschland setzt es sich durch, den nationalen Vorentscheid medial zu vermarkten und im Fernsehen zu übertragen. So finden 1962 gleich vier Vorrundenshows statt, bei denen die zwölf teilnehmenden Titel für das

102 Wolther: Kampf der Kulturen, S. 49.

103 Ebd.

104 Schmidt-Joos: Geschäfte mit Schlagern, S. 39.

105 Die Begrüßungsansprache sowie weitere Ausschnitte aus der Übertragung von 1957 sind wiederholt in Spezialsendungen zum *ESC* im Norddeutschen Rundfunk ausgestrahlt worden.

eigentliche nationale Finale ausgewählt wurden.[106] Ein Mitbestimmungsrecht wie heute durch Televoting gibt es für das TV-Publikum allerdings noch nicht. In der Regel entscheidet eine Expertenjury, welcher Künstler zum Finale fahren darf. An diesem Prinzip wird in Deutschland bis 1979 festgehalten, international wird der Sieger sogar bis 1998 durch eine Jurywertung ermittelt. In Deutschland gibt es, was das Mitspracherecht des Publikums betrifft, lediglich 1963 eine Ausnahme: Die Fernsehzuschauer dürfen beim Vorentscheid per Postkarte über den Siegertitel abstimmen.[107] Doch schon ein Jahr später verabschiedet man sich von dieser frühen Form von Interaktivität: Die Zuschauerwahl bleibt in den 1960er Jahren ein Experiment, der *ESC* kehrt in Expertenhand zurück. Möglicherweise hatte man festgestellt, dass sich der internationale Erfolg eines Schlagertitels nicht planen lässt, auch wenn er unter den deutschen Zuschauern vielleicht den größten Zuspruch erzielt: Die von Experten gewählte Heidi Brühl wurde beim Finale in Dänemark 1963 mit *Marcel* am Ende nur Neunte von insgesamt 16 Teilnehmern.

Auffällig ist, dass für Deutschland zwischen Ende der 1950er und Anfang der 1970er Jahre keine Kandidaten, sondern fast ausschließlich Kandidatinnen am *ESC* teilnehmen. Die Ausnahme bilden 1956 Freddy Quinn und der heute nahezu unbekannte Sänger Walter Andreas Schwarz sowie 1960 Wyn Hoop. Als weitere Besonderheit kann gelten, dass fast alle deutschen Interpretinnen zum Zeitpunkt ihrer Auftritte beim *ESC* bereits national bekannte Showgrößen sind: Margot Hielscher zum Beispiel, die 1957 und 1958 für Deutschland startet, ist in den 1940er und 1950er Jahren eine populäre Filmschauspielerin und gilt mit der Sendung *Zu Gast bei Margot Hielscher*, in der sie Prominente interviewt, seit 1955 auch als eine der ersten Fernsehtalkmasterinnen.[108] Die Zwillinge Alice und Ellen Kessler, die 1959 für Deutschland am Wettbewerb teilnehmen, haben zu diesem Zeit-

---

106 Vgl. Feddersen: Ein Lied kann eine Brücke sein, S. 54.

107 Mehr als 83.000 Karten, 66 Prozent aller Einsendungen, treffen für den Schlager *Marcel* ein, der von Heidi Brühl vorgetragen wird. Sie ist die einzige Kandidatin. Bei der Abstimmung geht es also lediglich darum, einen Titel für sie zu finden. Vgl. ebd., S. 58f.

108 Vgl. Peter-Philipp Schmitt: Margot Hielscher. Musik für den Wiederaufbau, unter: http://www.faz.net/themenarchiv/2.1121/margot-hielscher-musik-fuer-den-wiederaufbau-1768497.html (Letzter Aufruf: 22. Januar 2012).

punkt ebenfalls Filmerfahrungen gesammelt.[109] Auch Heidi Brühl, die 1963 für Deutschland antritt, ist den deutschen Zuschauern aus den in den 1950er Jahren erfolgreichen IMMENHOF-Filmen bekannt und hat zuvor meist vier oder fünf Filme pro Jahr gedreht.[110]

Deutschland schickt in den Anfangsjahren also häufig dasselbe Personal zum *ESC*, das den Menschen auch schon aus dem Kino und aus dem Fernsehen bekannt ist. Der *ESC* ist damit deutlich Teil der populären Kultur in Deutschland. Er bietet Künstlern im Rahmen ihrer bereits multimedial ausgelegten Karriere eine weitere Bühne, die von den meisten auch gerne genutzt wird. So spricht Katja Ebstein zum Beispiel von einer »Quasiminiolympiade«[111], deren Reiz gerade darin besteht, dass es binnen weniger Minuten möglich wird, internationale Berühmtheit zu erlangen.

Doch für die Sängerinnen und Sänger ist die Teilnahme auch mit einem gewissen Risiko für Image und Karriere verbunden. Trotz ihres Bekanntheitsgrades können viele deutsche Schlagerstars mit ihren Liedern international nicht bestehen. Die besten Platzierungen erzielen – wenn man lediglich die 1950er und 1960er Jahre des Wettbewerbs betrachtet – 1957 Margot Hielscher mit dem Titel *Telefon, Telefon* und Wyn Hoop 1960 mit *Bonne nuit, ma chérie*: Beide erreichen jeweils Platz vier. Erst 1982 holt die Sängerin Nicole mit *Ein bisschen Frieden* den ersten Sieg für Deutschland. Weitere 28 Jahre dauert es, bis Lena Meyer-Landrut 2010 mit *Satellite* erneut gewinnt. Weder Nicole noch Lena waren zuvor in Deutschland als Sängerinnen bekannt.

Siegfried Schmidt-Joos weist in den 1960ern darauf hin, dass Live-Auftritte im Fernsehen wie beim *ESC* von vielen Künstlern gefürchtet sind: »Bei der Plattenproduktion gibt es hunderterlei technische Tricks, die einen Schlager oder eine Stimme aufpolieren können. […] Die Fernsehkamera ist hingegen unbestechlich. Die Persönlichkeit des Sängers oder des Schauspielers ist ihr gnadenlos ausgeliefert.«[112] Inzwischen ist auch beim *ESC*

---

109 Die Kessler-Zwillinge sind zum Beispiel aus Filmen wie SOLANG' ES HÜBSCHE MÄDCHEN GIBT (D 1955, R: Arthur Maria Rabenalt) oder VIER MÄDELS AUS DER WACHAU (Ö 1957, R: Franz Antel) bekannt.

110 Vgl. Hobsch: Liebe, Tanz und 1000 Schlagerfilme, S. 58.

111 Vgl. Feddersen: Ein Lied kann eine Brücke sein, S. 113.

112 Schmidt-Joos: Geschäfte mit Schlagern, S. 109.

Halbplayback zugelassen, und auch in anderen Fernsehshows wird heute kaum noch live gesungen.

5.2.2 Vom Teatro Ariston in die Rhein-Main-Halle

Neben dem *ESC*, der bis heute als einer der wichtigsten TV-Musikwettbewerbe in Europa gelten kann, werden in den 1950ern weitere Schlagerwettbewerbe gegründet, die zum Teil sogar für den *ESC* Modell gestanden haben sollen. International bekannt ist das Festival von San Remo, *Il festival della canzone italiana*, das 1951 zum ersten Mal stattfindet und vom italienischen Fernsehsender RAI organisiert wird. Im Teatro Ariston in San Remo treten in den 1960er Jahren auch deutschsprachige Stars wie Peter Kraus (1964) oder Udo Jürgens (1968) an – wohlgemerkt mit italienischen Songs. Aber auch im belgischen Knokke, in Casablanca, Tokio und Rio de Janeiro entstehen in den 1950er und 1960er Jahre internationale Schlagerwettbewerbe. Jan Feddersen resümiert: »Schlagersänger waren damals fast goetheinstituthaftig unterwegs – nicht ein schönes Buch, sondern ein schönes Liedchen im Repertoire.«[113]

Hans Christoph Worbs bezeichnet Festivals 1963 generell als »nicht zu unterschätzende Werbeträger für den Schlager«[114]: Das beweise das San-Remo-Festival, das den italienischen Schlagerexport in jedem Jahr um 30 Prozent erhöhe und allein den deutschen Markt nach jeder Veranstaltung mit etwa dreißig neuen italienischen Schlagern versorge.[115] Um den deutschen Schlager international wettbewerbsfähig zu machen, so Worbs, seien auch in Deutschland schließlich Wettbewerbe gegründet worden.[116] Außerdem erobert der amerikanische Rock 'n' Roll gegen Ende der 1950er Jahre immer stärker den deutschen Musikmarkt. Auch dem müssen die Schlagermacher entgegenwirken, wenn sie weiter konkurrenzfähig bleiben und ihr Publikum an sich binden wollen.[117]

Den Anfang macht der private Hörfunksender Radio Luxemburg 1959 mit dem *Deutschen Schlager-Festival* in der Wiesbadener Rhein-Main-

113 Feddersen: Ein Lied kann eine Brücke sein, S. 13.

114 Worbs: Der Schlager, S. 93.

115 Ebd.

116 Ebd.

117 Vgl. Schmidt-Joos: Geschäfte mit Schlagern, S. 116.

Halle. Es findet dort drei Jahre in Folge statt. Danach stellt der Sender seine Bemühungen ein. 1961 bekommt die Veranstaltung Konkurrenz von den *Deutschen Schlager-Festspielen* in Baden-Baden. Der Südwestfunk hatte bereits 1960 versucht, einen von Radio Luxemburg unabhängigen Schlagerwettbewerb auf den Weg zu bringen, musste den Plan jedoch zunächst wieder aufgeben.[118] Erst nach Gründung eines neuen Vereins namens Deutsche Schlager-Festspiele e.V. kann die Veranstaltung im zweiten Anlauf realisiert werden.[119] Die *Schlager-Festspiele* finden von 1961 bis 1966 im Kurhaus in Baden-Baden statt. Wie beim *ESC* müssen auch für diesen Wettstreit Schlagertitel eingereicht werden, aus denen eine Jury dann die Teilnehmer bestimmt. Oft gilt es, aus vielen hundert Einsendungen auszuwählen: 1961 wurden angeblich 713 Titel eingereicht, 1962 über 200, 1966 mehr als 400.[120] Die Festspiele bestehen aus Vorrunden und einem Finale. Alle Ausscheidungen werden im deutschen Fernsehen übertragen. Die *Deutschen Schlager-Festspiele* haben rückblickend viele Hitparadenerfolge und Evergreens hervorgebracht: 1963 siegt zum Beispiel die Sängerin Gitte mit *Ich will 'nen Cowboy als Mann*, 1964 Siw Malmquist mit *Liebeskummer lohnt sich nicht*. Auch Peggy March (1965) und Wencke Myhre (1966) gehören zu den Gewinnerinnen, ebenso wie Conny Froboess (1962) mit *Zwei kleine Italiener*.

Laut Schmidt-Joos war es das Ziel der Musikindustrie, in Deutschland ein Gegengewicht zum Schlagerfestival von San Remo zu gründen.[121] Während die Wettbewerbe jungen Künstlern oft als Sprungbrett dienen, sind sie für die Plattenfirmen Gradmesser für den Publikumsgeschmack, für Musiktrends – und nicht zuletzt eine Möglichkeit, einen Titel durch das Fernsehen populär zu machen und in den Hitparaden zu platzieren. Die *Deutschen Schlager-Festspiele* können durchaus als Vorform der Fernsehhitparade angesehen werden. Mittels der Wettbewerbe kann Musik im Fernsehen visualisiert werden.

Die Initiatoren wählen für die Fernsehübertragungen mit dem Kurhaus Baden-Baden und der Kurstadt Wiesbaden möglichst repräsentative Veran-

118 Vgl. http://www.bad-bad.de/schlagerfestspiele/1961.htm (letzter Aufruf: 22. Januar 2012).

119 Vgl. ebd.

120 Ebd.

121 Schmidt-Joos: Geschäfte mit Schlagern, S. 124.

staltungsorte. Erst die Nachfolgeveranstaltung beider Wettbewerbe, der Deutsche Schlagerwettbewerb, bricht mit dieser Tradition und wird 1968 aus der Berliner Philharmonie und 1970 aus der Mainzer Rheingoldhalle übertragen. Diese Beobachtung hat einen Hintergrund:

> »Der Ausbau der Musikunterhaltung im Fernsehen, die oft in großen Sälen als Gala inszeniert wurde – und die anders als Übertragungen aus Theatern oder dem Zirkus eigenständige Produktionen der Sender waren –, rückte aber auch die Instrumental-Ensembles der Landessender ins Bild und begründete den Ruhm von Ensembles wie der Big-Band um Max Greger.«[122]

Die Orchester und Big Bands erleben in dieser Zeit nicht nur eine außerordentliche Fernsehpräsenz, sie schreiben parallel dazu auch Kinogeschichte, die sich in dieser Form bis heute nicht mehr wiederholt hat: Das Orchester Kurt Edelhagen (die spätere WDR Big Band), das Streichorchester Mantovani, die Band von Max Greger – sie alle wirken in den 1950ern und 1960ern in zahlreichen Spielfilmen mit: Meist sind es die Orchesterleiter selbst, die eine Rolle übernehmen, so wie zum Beispiel Annunzio Mantovani, der sich in GITARREN DER LIEBE (D 1954, R: Werner Jacobs) quasi selbst spielt und mit seinem damals schon von Bühne und Schallplatte weltberühmten Streichorchester im Film in Erscheinung tritt, als Begleitung für Schlagerstar Vico Torriani – eine Zusammenarbeit, die sich als erfolgreich erweist: Ein Jahr später drehen Torriani und das Mantovani-Orchester gemeinsam EIN HERZ VOLL MUSIK (D 1955, R: Robert A. Stemmle).[123]

Was anhand dieser Beispiele deutlich wird, ist, dass Film und Fernsehen, Radio und Schallplatte in dieser Zeit mit dem identischen ›Personal‹ arbeiten. Die Medienbereiche vernetzen sich zunehmend. Wer im Fernsehen singt, tut dies auch im Film, und umgekehrt, wie das nächste Beispiel zeigt.

---

122 Gerhard Schäffner: »Das Fenster in die Welt«. Fernsehen in den fünfziger Jahren, in: Faulstich (Hg.): Die Kultur der fünfziger Jahre, S. 91-102, hier S. 98.

123 Kurt Edelhagen und sein Orchester wirken zum Beispiel in BONJOUR, KATHRIN (D 1956, R: Karl Anton) mit. Max Greger und seine Band spielen unter anderem in DAS ALTE FÖRSTERHAUS (D 1956, R: Harald Philipp) oder in SCHLAGERPARADE (D 1960, R: Franz Marischka). Die Geschichte der Filmorchester wäre eine eigene Untersuchung wert.

5.2.3 Bekannt durch Funk, Film und Fernsehen: *Zwei kleine Italiener*

Eins der bekanntesten Lieder, das 1962 durch einen Schlagerwettbewerb populär wird und seinen Weg über den *ESC* in den Film findet, ist der Schlager *Zwei kleine Italiener* vom Komponisten- und Autorenduo Christian Bruhns und Georg Buschor. Interpretin ist die damals 19-jährige Conny Froboess. Der Text handelt von zwei italienischen Gastarbeitern, die ein Gefühl von Heimweh plagt und die deshalb abends immer dem D-Zug nach Neapel hinterherschauen. Ein Auszug daraus lautet:

»Eine Reise in den Süden ist für andere schick und fein.
Doch zwei kleine Italiener möchten gern zu Hause sein.
Zwei kleine Italiener, die träumen von Napoli,
von Tina und Marina, die warten schon lang auf sie.
Oh Tina, oh Marina, wenn wir uns einmal wieder sehen,
oh Tina, oh Marina, dann wird es wieder schön.«

Conny Froboess tritt mit dem Lied erstmals 1962 bei den *Deutschen Schlager-Festspielen* in Baden-Baden an. Die Veranstaltung bildet damals zugleich den nationalen Vorentscheid für den *ESC*, der in diesem Jahr in Luxemburg stattfindet und bei dem Conny Froboess schließlich auf den sechsten Platz kommt. Aber das mäßige Abschneiden beim Wettbewerb ändert nichts daran, dass sich das Lied wochenlang in den Hitparaden hält – auch international in den Niederlanden und in Belgien, in der Schweiz und in Österreich.[124] *Zwei kleine Italiener* gilt bis heute als einer der bekanntesten deutschen Schlager der 1960er Jahre.

Die Popularität des Titels führt schließlich dazu, dass er auch noch mal im Film verwendet wird: 1962 in MARIANDLS HEIMKEHR (Ö 1962, R: Werner Jacobs), in dem Conny Froboess zugleich die Hauptrolle übernimmt und den Titel selbst interpretiert. Als Wiener Musikstudentin Mariandl möchte sie ihrem väterlichen Freund Windischgruber (Hans Moser) helfen, der einen heruntergekommenen Bauernhof in der Wachau geerbt hat. Die Pferde dort sollen aus Geldgründen zum Schlachthof gebracht werden. Mariandl versucht den Verkauf zu verhindern, indem sie mit Benefizkonzerten

124 Vgl. Feddersen: Ein Lied kann einc Brücke sein, S. 56.

Geld auftreibt. Innerhalb dieser Konzertsituation kommt der Schlager *Zwei kleine Italiener* im Film zur Aufführung. Außerdem trägt sie ihn zuvor schon einmal abends mit ihren Freunden von der Musikakademie in einer Bar vor, so dass der Schlager im Film gleich zwei Mal zu hören ist.

Froboess' Schlager greift ein zeitgenössisches Thema auf, nämlich das der vielen tausend Gastarbeiter, die in den 1960er Jahren nach Deutschland kommen.[125] Dennoch wäre es falsch, den Text deswegen als besonders sozialkritisch einzustufen, denn inhaltlich bleibt er an der Oberfläche. Der Titel übt keine Kritik an der Situation der Gastarbeiter und bietet keine Lösungsvorschläge. Er nutzt das in dieser Zeit aktuelle Thema lediglich als Folie, um zwei gängige Themen des Schlagers miteinander zu verknüpfen: Heimweh und Fernweh. Ein weiterer Auszug lautet:

»Zwei kleine Italiener vergessen die Heimat nie,
die Palmen und die Mädchen am Strande von Napoli.«

Das Lied changiert somit zwischen Heimat- und Tourismusschlager, je nachdem, welche Perspektive der Zuhörer einnimmt: den der Interpretin oder den der beiden Protagonisten des Textes. Es bedient die Sehnsucht nach Sicherheit und dem Zuhause genauso wie die Sehnsucht nach Ferne und Exotik. In dieser Kombination liegt möglicherweise eine Erklärung für den Erfolg des Titels. Denn in der Regel existierten beide Konzepte in Schlagern getrennt voneinander, wie Hans-Otto Hügel und Gert Zeisler für den Schlager der 1950er Jahre feststellen:

---

125 Bereits 1955 schließt die Bundesregierung mit der Regierung Italiens ein Abkommen, das die Beschäftigung von Gastarbeitern in Deutschland erleichtern und den Arbeitskräftemangel beheben soll, vgl. Marcel Daniel: Streiflichter bundesdeutscher Zuwanderung – Reise auf abwechslungsreichen Wegen, in: Karin Meendermann (Hg.): Migration und politische Bildung – Integration durch Information, Münsteraner Forum zur Politischen Bildung, Bd. 3, Münster 2003, S. 53-82, hier S. 57. Solche Abkommen wurden auch mit anderen Ländern wie Spanien, Jugoslawien, Portugal oder der Türkei geschlossen. In den 1960ern kommen die meisten Gastarbeiter aus Italien nach Deutschland. 1961 gibt es fast 700.000 Ausländer in Deutschland, 1974 sind es 2,4 Millionen. Vgl. Axel Schildt: Die Sozialgeschichte der Bundesrepublik Deutschland bis 1989/90, Enzyklopädie Deutscher Geschichte, Bd. 80, München 2007, S. 33f.

»Heimatliebe und Sehnsuchtsferne blieben aufeinander bezogen, waren zwei Seiten einer Medaille. Schlager, die die Heimat priesen, und Lieder, die die Ferne herbeisehnten, lösten sich nicht in modischem Wechsel ab, sondern hatten stets gleichzeitig Konjunktur. Die Schlager entsprachen mit diesen zwiefachen, gegenläufigen Wünschen im Kern dem von Unsicherheit bestimmten Lebensgefühl der 50er, lösten es in Wohlgefallen auf.«[126]

Der Schlager *Zwei kleine Italiener* bildet 1962 durch die Verknüpfung beider Konzepte somit eine Variante, die in erster Linie die seit den 1950er Jahren aufkommende Italienfaszination in deutschen Schlagern fortsetzt und weniger aktuelles politisches Geschehen kommentieren will. Erst im Rahmen der Studentenproteste Ende der 1960er Jahre finden langsam auch sozialkritischere Inhalte den Weg in den deutschen Schlager.[127] Zudem verkörpert die junge Conny Froboess das Gegenteil einer Protestlerin. Sie ist in den 1950ern ein Kinderstar gewesen und hat bereits in zahlreichen Musikkomödien ihr Gesangstalent bewiesen. Gemeinsam mit Peter Kraus gilt sie

---

126 Hans-Otto Hügel/Gert Zeisler (Hg.): Die süßesten Früchte. Schlager aus den Fünfzigern, Frankfurt a.M./Berlin 1992, S. 77.

127 Vgl. Mezger: Schlager, S. 224f. Mezger behauptet, dass die Studentenproteste seit Ende der 1960er Jahre im Schlager nachwirken und das Publikum in dieser Zeit offener für sozialkritischere Inhalte wird. Er weist jedoch auch darauf hin, dass einzelne Titel in hohem Maße als affirmativ gewertet werden müssen, weil sie lediglich äußere Symptome beschreiben und keine Problemanalyse betreiben. Als Beispiele nennt er *Hier ist ein Mensch* von Peter Alexander 1970 und *Zeig mir den Platz an der Sonne* von Udo Jürgens 1971. Beide Schlager thematisieren den Umgang mit sozial benachteiligten Menschen. Ähnlich verfährt 1974 der Schlager *Griechischer Wein* von Udo Jürgens. Auch darin geht es ums Thema Gastarbeiter und auch hier ist der Schlager weder mahnend noch kritisierend. Auszug: *»Es war schon dunkel, als ich durch Vorstadtstraßen heimwärts ging./Da war ein Wirtshaus, aus dem das Licht noch auf den Gehsteig schien./Ich hatte Zeit und mir war kalt, drum trat ich ein./Da saßen Männer mit braunen Augen und mit schwarzem Haar./Und aus der Juke-Box erklang Musik, die fremd und südlich war.«* Wie Annamaria Rucktäschel schreibt, werden im Text lediglich »allgemein menschlich rührende Feststellungen getroffen, für die die Rezipienten nun wahrlich nicht verantwortlich gemacht werden können«. Rucktäschel: Die Schlager des Jahres, S. 397.

als Teenie-Idol und wird als solches auch von Jugendzeitschriften wie *Bravo* unterstützt. Conny Froboess' Vortrag wirkt durch ihr Alter und ihr Image unbekümmert. Der Jugendtyp des Teenagers gilt in dieser Zeit zwar als aufmüpfig, ist aber dennoch bürgerlichen Idealen angepasst und unterscheidet sich dadurch deutlich von den ›Halbstarken‹ und der als rebellisch geltenden Rock-'n'-Roll-Kultur.[128]

Wie bereits erwähnt wird *Zwei kleine Italiener* in MARIANDLS HEIMKEHR zwei Mal vorgetragen. Beide Male wird der Schlager innerhalb einer Bühnensituation dargestellt. Conny Froboess alias Musikstudentin Mariandl ist die Leadsängerin ihrer Band. Als solche sieht man sie vor ihrem Publikum agieren. Die beiden Nummern erinnern dramaturgisch gesehen stark an ihren Auftritt beim *ESC* 1962 und an andere TV-Auftritte mit Orchester: Froboess bleibt während ihres Vortrags statisch und frontal, sie zeigt nur wenige tänzerische Bewegungen. In Film und Fernsehen ist der Aufführungsgestus damit derselbe. Fast scheint es, als hätte der Film einfach den Mitschnitt einer Fernsehsendung übernommen. Lediglich der direkte Blick in die Kamera fehlt im Film, stattdessen wandern Froboess' Augen konsequent durchs Publikum. Der Film wagt hinsichtlich der Musikrepräsentation bzw. der Inszenierung des Schlagers keine Experimente. Man könnte Conny Froboess' Gesangsauftritte in MARIANDLS HEIMKEHR aus dem Film auskoppeln und als Musikvideo weiter vermarkten. Die Musiknummern wirken hier wie ein Minifilm im Film.

Zwei kleine Italiener habe ich hier als Beispiel dafür aufgeführt, wie eng sich Film, Fernsehen und Musikindustrie in den 1950er und 1960er Jahren gegenseitig vernetzen. Schlager werden nicht nur fürs Radio und damit zum Zuhören geschrieben. Sie werden mit Hilfe eines Interpreten visualisiert. Da es noch keine Videoclips und keine Musiksender gibt, werden die Schlager als Nummern in die Filmhandlung integriert. Von Schlagerwettbewerben und ihrer Übertragung im Fernsehen kann der Film profitieren, indem er auf bereits bekanntes und erprobtes Liedmaterial zurückgreifen kann. Umgekehrt hat der Film den Wettbewerben in den 1950er Jahren den Weg bereitet, indem er Interpreten bereits zu Stars gemacht hat, denen das Fernsehen schließlich nur noch eine Bühne bieten muss.

---

128 Vgl. Sebastian Kurme: Halbstarke. Jugendprotest in den 1950er Jahren in Deutschland und den USA, Diss., Frankfurt a.M. 2006, S. 276

Dramaturgisch ist der konkrete Einfluss von Schlagerwettbewerben auf den Film dagegen schwer nachweisbar. Möglicherweise haben sie wie die Radiohitparaden und andere Fernsehshows dazu beigetragen, dass Filme ab Mitte der 1950er Jahre verstärkt auf das ›Paraden-Prinzip‹ setzen, indem sie versuchen, eine möglichst hohe Abfolge von Künstlern inhaltlich in die Handlung einzufügen, zum Beispiel durch das Inszenieren einer Show, bei der ein Auftritt nach dem anderen angekündigt wird. Solche ›Nummern-Auftritte‹ sind allerdings auch aus Theaterrevuen und Revuefilmen bekannt, lange bevor es Hitparaden und Schlagerwettbewerbe gab. Es ist also davon auszugehen, dass sich dieses Prinzip historisch wechselseitig beeinflusst und letztlich auch Schlagerwettbewerbe aus dieser lange bekannten Revuedramaturgie resultieren.

5.3 Gold in der Kehle: Sportler als Film- und Schlagerstars

Erfolgreiche Sportler werden heute selbstverständlich als Teil der populären Kultur wahrgenommen. Über ihr Privatleben wird oft genauso intensiv berichtet wie über ihr sportliches Abschneiden. Sportler sind Werbeträger und Trendsetter, treten als Gäste in Talkshows auf und finden sich auf den Titelblättern von Magazinen wieder. Während der Film und die Musik schon in den 1920er und 1930er Jahren bekannte Namen hervorgebracht haben, ziehen Sportler erst seit den 1950er Jahren verstärkt das Interesse der Medien auf sich. Schauspieler brauchen das Kino und die Bühne, um populär zu werden, Musiker das Radio und die Schallplatte, Sportler sind analog dazu hauptsächlich auf das Fernsehen angewiesen, um sich einer größeren Öffentlichkeit zu präsentieren und auf sich aufmerksam zu machen.

In Deutschland ist Sport von Beginn an ein wichtiger Programmbestandteil des sich langsam etablierenden Fernsehens: Bei der Fußballweltmeisterschaft 1954 in Bern sind Kameras dabei und übertragen Spiele live in die ersten deutschen Wohnzimmer. Auch die Olympischen Winterspiele 1956 in Cortina d'Ampezzo werden vom Fernsehen begleitet. In den 1950er Jahren liegt der Anteil an Sportsendungen am Gesamtprogramm bei bis zu 25 Prozent.[129] Die ARD erweitert ihre Berichterstattung am 4. Juni 1961 mit der einmal wöchentlich ausgestrahlten *Sportschau*, das ZDF strahlt am 24. August 1963 erstmals *Das aktuelle Sportstudio* aus. Beide Sendungen sind inzwischen Fernsehklassiker und haben bis heute ihren Namen und ihren Sendeplatz am Samstag behalten. Im Zentrum der Berichterstattung steht in den Anfangsjahren das sportliche Ereignis, das im Fernsehen erstmals live kommentiert, in Reportagen dokumentiert oder einfach nur in Nachrichtenfilmen verarbeitet wird. Doch es gibt immer wieder einzelne Athleten, die durch besonders gute Ergebnisse hervorstechen, Medaillen ergattern oder als Teil einer Mannschaft reüssieren. Der Sport produziert Sieger, das Fernsehen macht sie zu prominenten Medienhelden. Diese Entwicklung ist nicht nur in Deutschland, sondern in allen Fernsehnationen zu beobachten. Das britische Fernsehen BBC zeigt beispielsweise ab 1964 Aufzeichnungen von Spielen aus den britischen Fußballligen. Robert Rotifer beschreibt diese Entwicklung als ein »Experiment«[130] mit tiefgreifender Wirkung: »Mit einem Mal waren die Gesichter der Fußballer dem ganzen Land von Nahaufnahmen her geläufig. Eine heranwachsende Generation von Profikickern musste sich mit ihrer neuen Prominenz auseinandersetzen«[131]. Das junge Medium Fernsehen erzeugt eine neue Dimension von Öffentlichkeit, mit der in den 1950er und 1960er Jahren vor allem Athleten beliebter Sportarten wie zum Beispiel Wintersport und Fußball konfrontiert werden.

5.3.1 Vom Stadion ins Studio

Die Schlagerindustrie erkennt schnell das Potential, das in einer bereits gewonnen Popularität der Sportasse liegt. Genauso wie bekannte, aber gesanglich oft nicht genügend ausgebildete Schauspieler locken die Platten-

---

129 Peter Ludes: Programmgeschichte des Fernsehens, in: Wilke (Hg.): Mediengeschichte der Bundesrepublik Deutschland, S. 255-276, hier S. 267.

130 Robert Rotifer: Singers, Wingers & Swingers. From Beckenbauer via Best to Beckham: Why footballers will never quite cut it as pop icons. In: Anstoss. Die Zeitschrift des Kunst- und Kulturprogramms zur FIFA WM 2006. Nr.1 (2004), S. 94-97, hier: S. 96.

131 Ebd.

firmen jetzt auch Sportler vors Mikrofon – vom Stadion ins Studio.[132] Die Firmen stehen unter Erfolgsdruck und wittern angesichts der konsumfreudigen Stimmung in Deutschland Umsatz. »Branchenfremde Prominente haben nämlich eine sehr günstige Ausgangsposition, wenn sie sich als Schlagersänger versuchen.«[133] stellt schon Werner Mezger 1975 zum deutschen Schlager fest. »Da sie bereits populär sind, stehen ihnen die Medien offen, noch ehe sie zum Mikrophon greifen.«[134] So kommt es, dass Ende der 1950er Jahre immer mehr Schlagerplatten mit erfolgreichen Sportlern produziert werden: Boxer Bubi Scholz nimmt 1959 die Titel *Sie hat nur Blue Jeans* und *Der starke Joe aus Mexiko* auf. Auch der Kölner Boxer Peter Müller verdient sich nebenbei Geld als Schlagersänger, zum Beispiel mit einem Lied wie *Ring frei zur nächsten Runde*. Der österreichische Skirennläufer Toni Sailer singt 1959 den *Tiroler Hula-Hup* und baut sich noch parallel zu seiner jungen und sehr erfolgreichen Skikarriere ein zweites Standbein als Schauspieler und Schlagersänger auf. In den 1960er Jahren verstärkt sich diese Entwicklung sogar weiter: Jetzt singen auch Fußballer wie der damalige Torwart des TSV 1860 München Petar »Radi« Radenkovic (*Bin I Radi, bin I König*, 1965), Franz Beckenbauer vom FC Bayern München (*Gute Freunde kann niemand trennen*, 1966) und FC-Bayern-Torjäger Gerd Müller (*Dann macht es bumm*, 1968).[135] Unter Wintersport-

---

132 So lautet auch der Titel eines Musiksamplers: »Vom Stadion ins Studio – Sportler singen Schlager 1954-1979«, erschienen bei Bear Family Records 2000.

133 Mezger: Schlager, S. 89.

134 Ebd.

135 In den 1970er Jahren verstärkt sich der Trend der singenden Fußballer noch weiter. 1973 nimmt Musikproduzent Jack White mit der deutschen Fußballnationalmannschaft ein ganzes Album auf. Es trägt den Namen *Fußball ist unser Leben* und enthält insgesamt zwölf Lieder, bei denen die Nationalspieler ihre Sangeskünste als Chor unter Beweis stellen dürfen. Bis 1990 setzt sich dieses Phänomen im Vorfeld von Welt- und Europameisterschaften fort: 1978 folgt das Album *Buenos Dias, Argentina* (gemeinsam mit Udo Jürgens), 1982 *Olé España* (gemeinsam mit Michael Schanze), 1986 *Mexico mi amor* (mit Peter Alexander) sowie 1990 *Sempre Roma* (mit Udo Jürgens). Auf diese Weise verfügt die deutsche Fußballnationalmannschaft über eine eigene Diskografie. Über die Gründe für diese Entwicklung lässt sich nur spekulieren. Auch ist

lern tritt Mitte der 1960er Jahre der Eisschnellläufer und zweifache Olympiasieger Manfred Schnelldorfer in den Schlagerzirkus ein (*Wenn du mal allein bist*, 1964). Ebenso singt das erfolgreiche Eiskunstlaufpaar Marika Kilius und Hans-Jürgen Bäumler Titel wie *Honeymoon in St. Tropez* (1964) oder *Wenn die Cowboys träumen* (1964).

Die Gründe für diese Entwicklung sind bislang nicht hinreichend erforscht. Eine mögliche Erklärung ist die zunehmende Konkurrenz auf dem deutschen Musikmarkt durch ausländische Interpreten und Stilrichtungen, vor allem durch die englische Popmusik, die zum Beispiel durch die »Beatles« immer mehr Anhänger findet. »Wer sich in den 60er Jahren in Deutschland für populäre Musik interessierte, hatte die Wahl: Für oder gegen die Beatles, die Jugend, den Rhythmus, den Zeitgeist? Für oder gegen Peter Alexander, die Tradition, die Gemütlichkeit, die Ordnung?«[136] Der Musikgeschmack entscheidet in dieser Zeit also häufig über die Zugehörigkeit zu einer bestimmten Generation: Im Schlager findet sich eher die Elterngeneration wieder, in der Pop- und Beatmusik die Jugend, die nach Progressivität und Abgrenzung strebt. Dass populäre Sportler vor diesem Hintergrund zum Mikrofon greifen und deutsche Schlager singen, ist möglicherweise der Versuch eines Brückenschlags. Bei Jugendlichen, die sich für Sport interessieren, soll durch ihre

---

nicht bekannt, warum die Aufnahmen heute nicht mehr fortgesetzt werden. Aus musikalischer Sicht ließe sich eventuell argumentieren, dass der Schlager an sich heute nicht mehr geeignet ist, eine jüngere Zielgruppe zu erreichen. Konkrete Belege für eine solche Vermutung fehlen jedoch. Auch erklärt das nicht, warum die Industrie stattdessen nicht einfach zu anderen Stilrichtungen wie Rock oder Hip Hop greift, um weiter Songs oder Alben mit Nationalspielern zu produzieren. Eine andere Erklärung wäre, dass in den letzten Jahren das Interesse der Fans an den ›wahren Persönlichkeiten‹ der Spieler gestiegen ist, welches sich besser durch auf DVD erhältliche Dokumentationen wie DEUTSCHLAND – EIN SOMMERMÄRCHEN (D 2006, R: Sönke Wortmann) stillen lässt. Inzwischen verfügt auch die deutsche Handballnationalmannschaft über einen eigenen Kinofilm mit dem Titel PROJEKT GOLD (D 2007, R: Winfried Oelsner), ebenso die deutschen Biathletinnen: MIT DEN WAFFEN EINER FRAU – GOLD IM VISIER (D 2007, R: Ralf Heincke, Florian Leidenberger). Auch die deutsche Frauenfußballnationalmannschaft ist auf der Leinwand verewigt: DIE BESTEN FRAUEN DER WELT (D 2008, R: Britta Becker).

136 Bardong u.a. (Hg.): Das Lexikon des deutschen Schlagers, S. 30.

bekannten Idole auch die Begeisterung für deutschsprachige Musik erhalten werden.

Reinhard Flender und Hermann Rauhe haben darauf hingewiesen, dass der beste Schlager derjenige ist, »der eine Massensuggestion dadurch erzeugt, daß er in millionenfacher Auflage verkauft und gehört wird, alsdann aber ebensoschnell wieder in Vergessenheit gerät, um neuen ›Hits‹ Raum zu geben.«[137] Schlagermusik muss demnach schnelllebig sein. Der Einsatz bekannter Gesichter kommt dieser Anforderung entgegen. Mit der Expansion des Medienmarktes in den 1950er und 1960er Jahren wird es zudem einfacher, Interpreten auf unterschiedlichen Kanälen zu vermarkten. Innerhalb des Medienverbundes rücken sie gegenüber den Textern und Komponisten immer stärker ins Rampenlicht. »Die visuelle Imagepflege rückt seit den 60er Jahren gleichbedeutend neben die musikalische«, behaupten Flender und Rauhe, »die Schlagerindustrie arbeitet jedoch nicht nach einem systematischen ›Image‹-Konzept, sondern nach dem Prinzip von *trial and error* (Versuch und Irrtum)«[138]. Vor diesem Hintergrund wären singende Sportler ein sehr erfolgreicher Versuch, der sich schließlich zu einem zeitgenössischen Trend entwickelt hat. Möglicherweise schwingt hier auch die Faszination an der Konstruktion schneller Erfolge mit. So wie heute Castingshows die Herstellung von Stars transparent machen und inszenieren, so wie der erfolgreichste Sänger plötzlich der Nachbar, die Klassenkameradin oder der Telefonverkäufer[139] sein kann, so zeigen auch die singenden Sportler in den 1950er und 1960er Jahren, wie sich durch das Mediensystem öffentliche Aufmerksamkeit unmittelbar produzieren und lenken lässt, ohne dass dafür zum Beispiel eine gesangliche Ausbildung, eigenes Songschreiben oder jahrelange Bandproben notwendig wären. Gerade der Seiteneinstieg von Sportlern ins Film- und Musikbusiness suggeriert die prinzipielle Offenheit dieses Metiers für jedermann. Auch wer zuvor nie ein Mikrofon

---

137 Reinhard Flender/Hermann Rauhe: Schlager und Popularität, in: Herbert Bruhn, Rolf Oerter, Helmut Rösing: Musikpsychologie. Ein Handbuch in Schlüsselbegriffen, München u.a. 1985, S. 378-384, hier S. 379.

138 Ebd., S. 380. *[Hervorhebung i.O.]*

139 2007 erlangt der englische Telefonverkäufer Paul Potts weltweiten Ruhm durch die Castingshow *Britan's Got Talent*. Er hat die Jury und das Publikum mit der Puccini-Arie *Nessun Dorma* überzeugt. Im Anschluss an den Erfolg erhält er einen mit angeblich einer Million Euro dotierten Plattenvertrag.

in der Hand hatte, kann es bis in die Hitparade schaffen. Oder wie es im Film DAS GROSSE GLÜCK (Ö 1967, R: Franz Antel) diesbezüglich heißt: »Beim Singen kommt es nicht auf die Stimme an, sondern auf die Nebenumstände.«[140]

Nicht nur für die Film- und Plattenindustrie, sondern auch für die Sportler selber wird es im Zuge der Medienexpansion interessant, zusätzlichen finanziellen Nutzen aus einer bereits bestehenden Popularität zu ziehen. Skifahrer Toni Sailer ist in den 1950er Jahren einer der ersten Sportler, der sein Potential für eine Karriere als Unterhaltungskünstler auch in anderen Bereichen erkennt. Sailer ist gerade mal 22 Jahre alt, als er seine Skirennlaufbahn beendet, um sich ganz seiner Karriere als Filmschauspieler zu widmen. Zu diesem Zeitpunkt hat er alle renommierten internationalen Titel gewonnen. Bei den Olympischen Spielen in Cortina d'Ampezzo 1956 holt er als erster Skiläufer überhaupt Gold in allen drei Disziplinen: Abfahrt, Slalom, Riesenslalom. Auch in der Folgezeit war er bei Weltcuprennen und bei der Weltmeisterschaft in Badgastein 1958 erfolgreich. Sailers Skikarriere fängt also eigentlich erst an, als er umschwenkt und sich für ein Leben in der Film- und der Schlagerbranche entscheidet. Bei den Olympischen Winterspielen 1960 in Squaw Valley (USA) tritt er nicht mehr an. »Weil man mich wegen Verletzung des Amateurstatus disqualifizieren wollte«,[141] erklärt der Tiroler 2003 in einem Interview. »Wir Rennläufer mussten so tun, als ob wir Amateure wären. Bezahlt werden ging nur unter dem Tisch. Ich aber hatte meine Erfolge offen vermarktet, Filme und ein Buch gemacht.«[142] Sailer sieht sich selbst als Profi und durch seine sportlichen Leistungen in einer privilegierten Stellung, in der sich auch auf andere Weise als auf Skiern Geld verdienen lässt. Bereits 1957 dreht Toni Sailer seinen ersten Film: EIN STÜCK VOM HIMMEL (D 1957, R: Rudolf Jungert). Bis Anfang der 1970er Jahre kommen fast jährlich neue Filme hinzu, parallel dazu nimmt Sailer 18 Schlagerplatten auf. Gleich sieben Mal ziert er zwischen 1957 und 1961 das Titelbild der Zeitschrift *Bravo*. Das alles wäre

---

140 Zitat des Bäumler-Managers Wallace, in DAS GROSSE GLÜCK gespielt von Gunther Philipp.

141 Rüdiger Dilloo: Legenden der Schneelandschaft, in: *Die Zeit* 7 (2003), unter: http://images.zeit.de/text/2003/07/Sport_2fValerien (letzter Aufruf: 12. Januar 2012).

142 Ebd.

in diesem Umfang vermutlich nicht möglich gewesen, wenn das Fernsehen den dreifachen Olympiasieger nicht zeitgleich populär gemacht hätte. Die frühe Filmkarriere Sailers geht also anfangs mit der Sportlerkarriere einher, bevor sich Sailer schließlich ganz für den Film entscheidet. Erst durch seine Kinoauftritte avanciert Toni Sailer von einer sportlichen Berühmtheit endgültig zum Star der Wirtschaftswunderzeit.

Ich möchte den Begriff Star hier im Sinne von Richard Dyer als einen Zeichenkomplex deuten, der sich aus unterschiedlichen Quellen schöpft:

»The star phenomenon consists of everything that is publicly available about stars. A film star's image is not just his or her films, but the promotion of those films and of the star through pin-ups, public appearances, studio hand-outs and so on, as well as interviews, biographies and coverage in the press of the star's doings and ›private‹ life.«[143]

Der Star ist demnach ein multimedial vermitteltes Konstrukt, das sich aus sämtlichen, in der Öffentlichkeit zirkulierenden Informationen zusammensetzt. Diese Informationen zusammen bilden das ›Starimage‹, das sich – wie Dyer[144] ausführt und wie Stephen Lowry und Helmut Korte[145] aufgreifen – in ein innerfilmisches und ein außerfilmisches Image, *screen* und *star persona*, teilen lässt:

»Das innerfilmische Image entsteht aus einer spezifischen Realisierung der Filmrollen und umfasst sowohl diese selbst als auch den generellen Eindruck, den wir von der Schauspieler/in haben. [...] Für das außerfilmische Image stehen alle Informationen zur Verfügung, die wir über verschiedene Medien erhalten. [...] Zeichen, die auf seine Herkunft, seine Lebensgeschichte, seine politischen und moralischen Einstellungen und vor allem auf sein Familienleben und seinen Lebensstil deuten, sind wesentliche Faktoren der Imagebildung.«[146]

143 Richard Dyer: Heavenly Bodies. Film Stars and Society, Basingstoke/London 1987, S. 2.

144 Ebd.

145 Lowry/Korte: Der Filmstar.

146 Ebd., S. 11.

Beide Bereiche wirken jedoch auf komplizierte Weise ineinander. Susanne Weingarten hat auf diese Komplexität der Imagebildung hingewiesen. Demnach schöpfen die Komponenten, aus denen sich ein inner- oder außerfilmisches Image zusammensetzt, aus einem »tendenziell unendlich großen Zeichenpool«[147]. Zudem sind Images stets im Wandel begriffen:

> »Beide Teilbereiche des Images sind der dauernden Ergänzung durch neue filmische und außerfilmische Texte ausgesetzt, so dass das Zeichenagglomerat Star in einem Prozess der ständigen Überarbeitung begriffen ist: Das Image bleibt semiotisch wie semantisch aktiv (und instabil).«[148]

Mein Fokus liegt in diesem Kapitel allerdings nicht auf der Imageanalyse eines Multimediastars wie Toni Sailer. Vielmehr geht es mir an dieser Stelle darum, den singenden und schauspielernden Sportler als ein medienhistorisches Phänomen zu begreifen. In den 1950er und 1960er Jahren öffnen sich im Zuge der Medienentwicklung Prominenten aus anderen Bereichen wie dem Sport Chancen, ihre Bekanntheit auszuweiten und ›Starstatus‹ zu erreichen. Der Film bietet hier neben der Musik ein optimales Betätigungsfeld. Mich interessiert in diesem Zusammenhang, wie der Film mit dieser Option umgeht, singende und schauspielernde Sportler für sich gewinnen zu können, und wie er dieses wechselseitige Interesse befriedigt. Meiner Auffassung nach bieten sich hier mehrere Varianten: zum einen der so genannte Cameo, ein Gastauftitt in einem Film, der oft auf eine kurze Sequenz beschränkt bleibt und sich fast nummernhaft in die Handlung einfügt. Die zweite Möglichkeit besteht darin, dem Sportler eine komplette Rolle zu übertragen, wie sie zum Beispiel Boxer Bubi Scholz 1960 in dem Schlagerfilm MARINA (D 1960, R: Paul Martin) übernimmt. Darin spielt er einen »gutaussehenden Jazzpianisten«[149]. Schaut man sich den Inhalt der Rollen an, so bietet sich zudem die Chance, die Lebensgeschichte des Sportlers zu verfilmen oder Aspekte seiner Geschichte im Film zu verarbeiten, so dass sich der Sportler einfach selbst spielt. Sowohl Toni Sailer als auch Hans-Jürgen Bäumler haben Filme gedreht, die ihre Sportlerkarriere

147 Susanne Weingarten: Bodies of Evidence. Geschlechtsrepräsentationen von Hollywood-Stars, Marburg 2004, S. 27.

148 Ebd.

149 Hobsch: Liebe, Tanz und 1000 Schlagerfilme, S. 157.

erzählen oder zumindest Bezüge dazu herstellen. Toni Sailer mimt in DER SCHWARZE BLITZ (D 1958, R: Hans Grimm) den Skirennläufer Michael Kirchner. Und auch Hans-Jürgen Bäumler spielt 1967 in DAS GROSSE GLÜCK sich selbst. Auf beide Filme möchte ich im Folgenden exemplarisch eingehen, weil sie erstens symptomatisch für den Umgang mit Sportlern im Filmgeschäft sind und zweitens Hinweise auf die Medienrealität in den 1950er und 1960er Jahren liefern.

5.3.2 Ski und Schlager: DER SCHWARZE BLITZ (1958)

»Der schwarze Blitz aus Kitz« – so lautet der Spitzname von Toni Sailer während seiner Rennlaufbahn. Kitz steht dabei für den österreichischen Wintersportort Kitzbühel, das Heimatdorf Sailers. Der Titel des Films, der zwischen April und Mai 1958 am Arlberg in Tirol gedreht und am 15. September 1958 im Gloria-Palast in Stuttgart uraufgeführt wird, verweist also unmittelbar auf die Person Toni Sailer. Im Film trägt er den Namen Michael Kirchner, sein Heimatdorf wird in St. Florian umbenannt. Das alljährlich in Kitzbühel stattfindende Hahnenkammrennen wird im Film zum »Hahnenkofelrennen«. Die Analogien zur Realität sind quasi schon in dieser Ausgangskonstellation unübersehbar – auch in Michaels Beruf: Im Film ist Michael Kirchner nicht nur Skifahrer, er verdient sein Geld hauptsächlich als Tischler. Tatsächlich hat Toni Sailer im Betrieb seines Vaters Spengler gelernt.

Michael Kirchner verliebt sich in Gretl, ein Mädchen aus dem Dorf, das ihrem Onkel während der Skisaison im Hotel aushilft. Gretl misstraut Michael, weil ihm allerhand Frauengeschichten nachgesagt werden. Tatsächlich taucht Michaels verflossene Liebe aus der Vorsaison, Uschi, die Tochter eines reichen Sportartikelherstellers, in St. Florian auf und möchte Michael mit einem hoch dotierten Sponsorenvertrag locken. Ihr Ziel ist es, ihn damit letztlich auch an sich zu binden, obwohl sie längst ahnt, dass sie sein Herz auch mit Geld nicht gewinnen kann. Michael steht zwischen diesen beiden Frauen, die beide zwei unterschiedliche Welten repräsentieren: Gretl steht für das Einfache und Bodenständige, die ›Heimat‹. Uschi dagegen kommt aus der Stadt. Sie macht nur Ferien in St. Florian und will sich mit Michael amüsieren. Uschi steht für das Oberflächliche und das Abenteuer. Für Michael ist nicht klar, was passieren würde, wenn er sich auf sie und ihr Angebot einließe. Wie im klassischen Heimatfilm wird der Einbruch des Städtischen in das Ländliche als eine Art Bedrohung dargestellt, die Michael auf die Probe stellen soll. Doch der entscheidet sich – ganz den dramaturgischen Regeln des Heimatfilms folgend – für das Vertraute und damit am Ende für Gretl.

Diese Liebesgeschichte bildet den einen Handlungsstrang des Films. Der zweite dreht sich um das bevorstehende Hahnenkofelrennen, das zugleich als Ausscheidungsrennen für die Nationalmannschaft gelten soll. Zu diesem Ereignis ist auch Herbert Thanner angereist, ein ehemaliger Skikollege von Michael, der eine reiche Frau in den USA geheiratet hat. Um ihn rankt sich allerhand Klatsch, zumal er ein neues Skiwachs aus Amerika mitgebracht hat, das ihm offensichtlich zu Bestzeiten verhelfen kann. Als dieses Wachs eines Tages aus seiner Jackentasche verschwindet, wird Michael beschuldigt, es aus Eigeninteresse gestohlen zu haben. Michael flieht auf eine Hütte und riskiert damit seine Teilnahme am Rennen. Alles entpuppt sich jedoch als Intrige, und das Rennen kann schließlich doch mit seiner Beteiligung stattfinden. Am Ende fährt er sogar den Sieg ein und wird als Held in St. Florian gefeiert.

Toni Sailer tut im Film das, was er auch im realen Leben mit Bravour beherrscht: Skilaufen. DER SCHWARZE BLITZ enthält bei einer Spielfilmlänge von 96 Minuten insgesamt 22 Minuten Skiszenen, in denen der Österreicher sein Können inklusive spektakulärer Abfahrtszenen und Sprünge zeigen darf. Die einzelnen Sequenzen sind stets mit instrumentaler Musik unterlegt. Zum Teil ähneln die Abfahrten einer Choreografie, die Schwünge der Darsteller auf Ski sind auf den Takt abgestimmt. In diesen so genannten Showstoppersequenzen erinnert der Film stark an einen Revue- oder Musicalfilm, in dem die verschneite Bergwelt als Bühne fungiert und die Skifahrer die Rolle von Tänzern übernehmen.

Anders verhält es sich in der Sequenz, in der das Hahnenkofelrennen gezeigt wird. Hier rückt der Film durch Kameraeinstellungen und deren Abfolge stark in die Nähe einer Sportübertragung im Fernsehen. Das Skirennen wird durch viele verschiedene Kameras an unterschiedlichen Positionen eingefangen und wie in Hörfunk und Fernsehen durch einen Reporter kommentiert und begleitet. DER SCHWARZE BLITZ offenbart also die Faszination an der Live-Sportreportage. Die Techniken des Fernsehens werden hier vom Kino übernommen und ausgestellt. Zusätzlich kommt beim Hahnenkofelrennen Harry Valérien als Berichterstatter zum Einsatz, in den 1950ern und 1960ern einer der bekanntesten deutschen Sportreporter. Auch Valérien spielt sich im Film selbst. Die Szene erhält dadurch ein hohes Maß an Authentizität.

Es ist nicht nur die Repräsentation neuester Fernsehtechnik, die den SCHWARZEN BLITZ als »Wirtschaftswunderfilm« kennzeichnet. Auch wenn er komplett in Österreich spielt und dort auch gedreht wurde, finden sich darin immer wieder Hinweise auf die für Deutschland typische Aufbruchstimmung der 1950er Jahre und Zeichen wiedererlangter Freiheit und materiellen Reichtums. So wird St. Florian zum Beispiel als Wintersportort gezeigt, in den Gäste aus aller Welt strömen, darunter viele Prominente, wie die Einblendung von Schlager- und Fernsehstar Vico Torriani als Zuschauer beim Hahnenkofelrennen belegt. Im SCHWARZEN BLITZ sind zusätzlich viele Reporter und ganze Fernsehteams vor Ort, die Protagonisten müssen Interviews geben. Auch so genannte Groupies haben sich in St. Florian eingefunden, die in den Hotellobbys die Nähe zu den Athleten suchen. Die Gesellschaft hat sich – selbst in einem Bergdorf wie St. Florian – zu einer Mediengesellschaft entwickelt.

Zudem propagiert der Film Skifahren als beliebte Urlaubs- und Trendsportart. Auch das ist mit Hilfe des Einsatzes von Sportlern im Film möglich. Wie vielfach untersucht wurde, beginnt in den 1950er Jahren in Deutschland »der epochale Umbruch zur Freizeitgesellschaft«[150].

»Neben dem Feierabend und dem Wochenende etablierte sich der Urlaub als elementare Zeitinstitution. Der Urlaub als sich ständig verbilligende und durch Sparsamkeit sowie mit Kreditkauf anderer Güter ermöglichte extensivierende Fremdraumnutzung […]. Zum ersten Mal erfuhr auch die Lohnarbeiterschaft auf breiter Front, daß (das an sich virtuelle) Geld in ein universell gültiges Mittel, den Urlaub, eingetauscht werden kann«.[151]

Für die meisten Deutschen ist Wintersport damals wie heute jedoch ein eher teures Vergnügen. Im Film ist es demnach auch den Einheimischen und den reichen Besuchern aus dem Ausland vorbehalten. Doch wie die Tourismusbranche versucht auch die Industrie über den Film neue Käufer-

150 Karlheinz Wöhler: Endlich wieder urlauben. Urlaub in den fünfziger Jahren als ein Phänomen der Moderne, in: Faulstich (Hg.): Die Kultur der fünfziger Jahre, S. 263-275, hier S. 264.

151 Ebd., S. 270.

schichten zu erschließen: Die Skimoden im SCHWARZEN BLITZ wurden, wie im Vorspann angekündigt, von Willy Bogner entworfen. Außerdem verweist der Handlungsstrang um Herbert Thanner auf die offenbar zunehmende Wichtigkeit der Ausrüstung: Mit dem richtigen Wachs lässt es sich noch besser Ski laufen.

Ein junger Sportler wie Toni Sailer eignet sich aus Sicht der Filmschaffenden bestens, um den Zeitgeist der späten 1950er Jahre zu transportieren. DER SCHWARZE BLITZ ist als Toni-Sailer-Film konzipiert, das zeigt schon der Vorspann, in dem sein Name exponiert wird und in dem es heißt: »Toni Sailer in …«. Inhaltlich trägt der Film schließlich unmittelbar zu dessen Imagebildung bei. 1958 nimmt Sailer noch aktiv an Rennen teil. In seiner Rolle als Michael Kirchner festigt sich sein Image als bescheidener, fairer und vor allem heimatverbundener Sportsmann. Kirchner widersteht dem Angebot von Uschi Bauer, sein Dorf zu verlassen und dorthin zu gehen, wo man ihm viel Geld für seinen Sport bezahlt. Ebenso gelingt es ihm, Gretl von seinen ehrlichen Absichten zu überzeugen und ihr zu beweisen, dass ihm der Erfolg nicht zu Kopf gestiegen ist. Statt von einem Leben im Reichtum, weit weg von zu Hause, träumt er von einer Zukunft mit Gretl. Er würde gerne einen eigenen Hüttenbetrieb eröffnen, »wenn im nächsten Jahr die Gondelbahn zur Dreierspitze gebaut wird«[152], wie er Gretl im Film gesteht. Von der Realität driftet diese Vorstellung weit ab: Toni Sailer hat Tirol zeitweise verlassen, um sein Glück in Berlin zu finden. Doch genau aus dieser Differenz zwischen Realität und Fiktion entwickelt der Film für das Publikum seinen Reiz. Geht man davon aus, dass eines der primären Ziele von Fans stets darin besteht, herauszufinden, wie ihre Stars »wirklich«[153] sind, dann liefert der SCHWARZE BLITZ hier eine perfekte Vorlage, beide Bereiche miteinander abzugleichen. Für die meisten Zuschauer bleibt geheim, wie viel von Michael Kirchner tatsächlich in Toni Sailer steckt und umgekehrt. Das gilt ebenso für die Filme, in denen er in andere Rollen schlüpft: 1957 in EIN STÜCK VOM HIMMEL (D 1957, R: Rudolf Jungert) spielt er zum Beispiel einen Studenten, in TAUSEND STERNE LEUCHTEN (D 1959, R: Harald Philipp) einen Ingenieur, in 12 MÄDCHEN UND EIN MANN (Ö 1959, R: Hans Quest) einen jungen Polizeiinspektor. Im Allgemeinen

152 Zitat Michael Kirchner (Toni Sailer) in DER SCHWARZE BLITZ.

153 Stephen Lowry: Stars und Images. Theoretische Perspektiven auf Filmstars, in: *montage/av*, Nr. 6, H. 2, 1997, S. 10-35, hier S. 14.

sind dies alles Rollen, die auf einen braven und bodenständigen Charakter schließen lassen. Toni Sailer eignet sich nicht für den Bösewicht, die zwielichtige Gestalt, auch nicht für den Spaßvogel, die männliche ›Knalltüte‹. Ohnehin wird er immer wieder auf Skier gelockt. Im Film KAUF DIR EINEN BUNTEN LUFTBALLON (D/Ö 1960, R: Geza von Cziffra) spielt er eigentlich einen Bühnenbildner und Eishockeyspieler. Es wird jedoch extra eine Rahmenhandlung eingefügt, in der Sailer erneut seine Skikünste präsentieren darf.

Auch Jahre später, 1967 in DAS GROSSE GLÜCK (Ö 1967, R: Franz Antel), einem Eislauffilm um das Weltmeisterpaar Marika Kilius und Hans-Jürgen Bäumler, auf den ich im Anschluss eingehen möchte, erhält Toni Sailer einen Gastauftritt. Er spielt sich selbst, den Toni, den Freund, zu dem Hans-Jürgen kurzzeitig in die Berge flüchtet, um den Kopf frei zu kriegen. Die beiden Wintersporthelden laufen in einer kurzen Sequenz zusammen Ski. Dieses Beispiel zeigt, wie nachhaltig sich auch eine längst beendete sportliche Karriere weiter auf künftige Rollen auswirken kann und wie schwer es für Sportler ist, sich unabhängig von ihrem sportlichen Talent eine zweite Karriere aufzubauen.[154]

5.3.3 Schlager on Ice: singende Eisläufer

So wie Toni Sailer nutzt auch der Eiskunstläufer Hans-Jürgen Bäumler in den 1960er Jahren die Chance, das Fach zu wechseln. Gemeinsam mit seiner Partnerin Marika Kilius gehört Bäumler zu den erfolgreichsten deutschen Wintersportlern. Zu Beginn der 1960er Jahre sind sie Teil der Weltelite im Eiskunstlauf. Sie behaupten zwischen 1959 und 1964 ununterbrochen den Europameistertitel im Paarlauf und werden 1963 und 1964 Weltmeister und zwei Mal Vizeolympiasieger (1960/1964). So wie Toni Sailer dreht auch Hans-Jürgen Bäumler gleich zwei Filme, die unmittelbar auf sein Leben als Sportstar verweisen und in denen er sich selbst spielt: Bereits 1964 entsteht DIE GROSSE KÜR (Ö 1964, R: Franz Antel), ein Film, in dem Bäumler und Kilius ins Profilager wechseln wollen und von einer ös-

154 Als Beispiel lässt sich ebenso die ehemalige Eiskunstläuferin Tanja Szewczenko anführen, die seit ihrem sportlichen Karriereende als Schauspielerin arbeitet und von 2006-2008 in der RTL-Soap *ALLES WAS ZÄHLT* die Rolle der Diana Sommer, einer Eisläuferin, spielte.

terreichischen und amerikanischen Eisrevue umworben werden. Zu diesem Zeitpunkt ist das Paar in der Eissportszene noch aktiv. 1967 folgt DAS GROSSE GLÜCK, eine Geschichte, die als Ausgangspunkt die Hochzeit von Marika Kilius mit einem Frankfurter Industriellensohn zum Anlass nimmt und in der Hans-Jürgen Bäumler vor die Frage gestellt wird, womit er nach dem Ende seiner Karriere sein Geld verdienen möchte. Wichtig für das Verständnis dieses Films, der in seiner Form ein einzigartiges Zeitdokument darstellt, ist der Umstand, dass Kilius und Bäumler in den 1960er Jahren in Deutschland als Traumpaar – nicht nur auf dem Eis – gelten und dementsprechend von der Klatschpresse beobachtet werden. Walter Nutz beschreibt ihre Geschichte als »Endlosmärchen«[155], das ähnlich wie die Berichte rund um die europäischen Königshäuser vom Boulevard in unzähligen Auflagen aufgegriffen wird.

> »Durch das Fernsehen war die Geschichte des ›Traumpaars‹, das als Olympiasieger und Weltmeister Millionen von Zuschauern begeisterte, reichlich exponiert. Seine Fans hätten gerne gesehen, daß das ›Traumpaar‹ ein Ehepaar geworden wäre. Das allerdings geschah nicht: Die Eisprinzessin heiratete zum Ärger vieler Leser und TV-Zuschauer einen Herrn Zahn.«[156]

Genau an diesem Punkt setzt DAS GROSSE GLÜCK an: Der Film liefert quasi die Kinofortsetzung zu den Presseberichten: Hans-Jürgen Bäumler wird darin als öffentliche Person dargestellt. Ständig wird er von Reportern gejagt. Nach Marikas Hochzeit soll er mit einer neuen Partnerin für eine Eisrevue verpflichtet werden, was er allerdings ablehnt. Er hat andere Berufspläne, tritt probeweise als Schlagersänger auf. Sein Manager Wallace (Gunther Philipp) lässt sich einiges einfallen, um diese Pläne zu durchkreuzen. Er traut Hans-Jürgen nicht zu, dass er woanders als auf dem Eis Fuß fassen kann. Auch Marika glaubt, dass Hans-Jürgen Hilfe braucht und verschafft ihm einen Job in einer Werbefirma. Doch auch hier mischt sich Wallace ein und torpediert seine Aufgaben. Der Film nimmt am Ende eine eigenartige Wendung: Hans-Jürgen tritt doch wieder mit Marika auf. Marika hat ihn ausgetrickst und ihm erzählt, dass die Eisrevue ohne ihn vor dem Bankrott stünde und all ihre Kollegen ohne Arbeit dastünden. Aus Fairness läuft sie mit ihm gemeinsam.

---

155 Nutz: Trivialliteratur und Popularkultur, S. 33.

156 Ebd., S. 33f.

Doch unabhängig von diesem überraschenden Finale dient DAS GROSSE GLÜCK hauptsächlich dazu, ein Image von Hans-Jürgen Bäumler jenseits der Eisbahn zu entwerfen. Wie Toni Sailer in seinen Filmen spielt Bäumler den bescheidenen und realistischen jungen Mann, der Sätze sagt wie »Ich bin kein Star« oder »Ich bin kein Sänger, ich bin bestenfalls ein singender Eisläufer«. Dieses Bild wird von den Filmemachern wohl bewusst so entworfen. Mit dieser Bescheidenheit wird Nähe zu den Fans erzeugt und zur Millionenleserschaft der Klatschzeitschriften. Walter Nutz hält fest, dass der Boulevard in den 1960er Jahren von Marika Kilius und Hans-Jürgen Bäumler gelernt hat. Die Geschichte der beiden regt die Blattmacher dazu an, immer neue Schlagzeilen zu basteln, eine spezifische Machart, die laut Nutz, »erst erfunden werden musste«[157]. Der Film wiederum macht den Medienhype zum Thema, verhandelt die zeitgenössischen Praktiken des Boulevard – von der Jagd nach ›der Story‹ über das Finden möglichst plakativer Überschriften bis hin zu lancierten Geschichten wie zum Beispiel dem Erfinden einer ›Tarnfreundin‹.

Am Beispiel von Hans-Jürgen Bäumler werden jedoch auch Strategien aufgezeigt, mit denen Prominente in der Medienwelt überleben. So wird es als besonders vorteilhaft für Bäumler dargestellt, dass er sich den Journalisten Teddy Helgers (Gerd Vespermann) zum Freund machen kann. Teddy ist zwar innerhalb seines Kollegenkreises eher ein noch junger Außenseiter, der selbst gerade erst die Regeln des Geschäfts erlernt, aber genau deshalb eignet er sich dazu, Bäumlers Vertrauen zu gewinnen. Anders als knapp zehn Jahre zuvor Toni Sailer im SCHWARZEN BLITZ wird Hans-Jürgen Bäumler in DAS GROSSE GLÜCK von der Öffentlichkeit völlig vereinnahmt. Der Film suggeriert die Schwierigkeiten, sich von der sportlichen Vergangenheit und dem Image als Weltmeister zu befreien. Hans-Jürgen Bäumler ist das im Laufe der Jahrzehnte teilweise gelungen. Er hat gesungen, moderiert, zahlreiche TV-Rollen übernommen und am Theater gespielt. Doch der Status als ehemaliger Eisprinz wirkt bis heute immer wieder nach, er bleibt Bäumlers großes Kapital: Im Oktober 2006 sitzt er gemeinsam mit Marika Kilius in der Jury der RTL-Show *Dancing on Ice*.[158]

---

157 Ebd.

158 *Dancing on Ice* ist ein TV-Showformat, in dem Prominente sich im Eiskunstlauf probieren. Am Ende der jeweils mehrteiligen Staffel wird ein Siegertanzpaar gekürt. Die Show kann als Variante der Talentshow gelten, weil sie sich

Marika Kilius bezeichnet sich und Hans-Jürgen Bäumler rückblickend als »sportliche Popstars«[159] – nicht nur wegen der Filmtätigkeit, sondern auch wegen der zahlreichen Schlageraufnahmen und ihrer Eigenschaft als Trendsetter. Sie haben zu ihrer Zeit die Chancen genutzt, sich multimedial zu vermarkten, genau wie Fußballer, Boxer und andere Sportler. Wenn Fußballprofi David Beckham heute beschrieben wird, als »ein Spieler, der die Widersprüche zwischen den Idealen des Pop und denen des Fußballs aufgelöst zu haben scheint«[160], so mag das prinzipiell richtig sein, doch neu ist das Konzept des Sportlers als Popstar nicht. Es bewegt sich heute lediglich in anderen Dimensionen. Oder wie Robert Rotifer behauptet: »Auch Nichtsingen allein ist nicht mehr genug.«[161]

›jenseits des Singens‹ auf eine bestimmte Disziplin, hier das Eislaufen, konzentriert. Vgl. Guy Redden: Making Over the Talent Show, in: Gareth Palmer: Exposing Lifestyle Television. The Big Reveal, Hampshire/Burlington 2008, S. 129-144, hier S. 132f.

159 Zitat Marika Kilius im Dokumentarfilm DIE EISPRINZESSIN (D 2005, Autorin: Elisabeth Mayer).

160 Nicole Selmer: Watching the Boys Play. Frauen als Fußballfans, Kassel 2004, S. 149.

161 Rotifer: Singers, Wingers & Swingers, S. 97.

6. *Roy Black singt auf Polydor*

Der Schlagerfilm und sein Vorspann

»In der Rekombination von photographischem Bild, Ton, Musik, gesprochener Sprache, dem Einsatz von Opticals bzw. digitaler Bildbearbeitung und Schrift erweist sich der Vorspann als komplexe filmische Form«[1], halten Alexander Böhnke und Rembert Hüser im Kommentar zur Videokunstausstellung *Bed of Film* fest, die im Sommer 2002 im »Kunst-Werke Berlin – Institute for Contemporary Art« stattfand. Mit dieser Beschreibung verweisen sie nicht nur auf eine mögliche Mehrfachcodierung der Titelsequenz[2] im Film, die zahlreiche Konnotationen und Lesarten evoziert. Sie kennzeichnen den Vorspann auch als separat analysierbares, audiovisuelles

1 Zitiert nach http://www.kw-berlin.com/english/archiv/bedvl.htm (letzter Aufruf: 1. November 2010), vgl. zum Thema Vorspann allgemein auch Alexander Böhnke u.a. (Hg.): Das Buch zum Vorspann. The Title is a Shot, Berlin 2006.

2 Die Begriffe Vorspann und Titelsequenz sollen im Folgenden synonym verwendet werden. Im angloamerikanischen Sprachraum ist beim Vorspann von den so genannten *titles, title credits* oder einfach nur den *credits* die Rede. (Verwendet werden darüber hinaus *opener, title sequence, main titles/end titles.*) Im Französischen wird der Begriff *générique* verwendet, der auch den Nachspann einschließt. Die deutsche Begriffsbildung Vorspann/Abspann bzw. Nachspann orientiert sich laut Michael Schaudig an der syntagmatischen Stellung der Sequenz, vgl. Michael Schaudig: »Flying Logos in Typosphere«. Eine kleine Phänomenologie des graphischen Titeldesigns filmischer Credits, in: Hans-Edwin Friedrich/Uli Jung (Hg.): Schrift und Bild im Film, Schrift und Bild in Bewegung, Bd. 3, Bielefeld 2002, S. 163-183, hier S. 164.

Konstrukt; als einen »Konzept-Film«[3], der eine eigene Dramaturgie und möglicherweise sogar eine eigene Handschrift besitzt.

In Filmanalysen wird der Vorspann im Allgemeinen gerne übersehen – vielleicht gerade weil er nur als ›Vor-Spann‹ wahrgenommen wird, als Beiwerk. Das Präfix vor in Vorspann fordert einen Verbindungspol, den ›Haupt‹-Film (und im Einzelfall auch zusätzlich einen ›Nach‹-Spann). Der Vorspann betont also schon rein sprachlich gesehen seine parergonale Stellung. Strukturell gesehen kommt ihm eine Rand- bzw. Rahmenfunktion zu. Er ist ein Scharnier zwischen Innen und Außen.[4] Trotzdem liegt er nicht außerhalb des Films, er ist in den meisten Fällen der »Auftakt des Films«[5] – oder anders ausgedrückt: »die Überraschung, dass der Film schon längst angefangen hat«[6].

Im Schlagerfilm wird der Vorspann in der Regel dazu genutzt, die erste Musiknummer zu platzieren. Durch seine kompakte Dauer von meist nur wenigen Minuten eignet er sich besonders als Präsentationsfläche für Schlager. Die Ebene des Tons kommt in den Titelsequenzen des Schlagerfilms bewusst zum Einsatz. Sie beschränkt sich nicht auf musikalische Untermalung, die lediglich das »visuell Gezeigte mit emotionalen Qualitäten«[7] versieht. Ihr Charakter lässt sich auch nicht auf den einer »spektakelhaften Eröffnung«[8] reduzieren. Die Titelmusik ist hier mehr als das: Schon im Vorspann kündigt sich der Schlagerfilm selbst als Schlagerfilm an.

Im Allgemeinen ist der Vorspann im Film als ein Ort zu verstehen, an dem sich »heterogene Funktionen kreuzen«[9]: Durch die *credits*, also die Ti-

---

3 Rembert Hüser: Found – Footage – Vorspann, in: Claudia Liebrand/Irmela Schneider (Hg.): Medien in Medien, Mediologie, Bd. 6, Köln 2002, S. 198-217, hier S. 204.

4 Alexander Böhnke: Paratexte des Films. Über die Grenzen des filmischen Universums, Diss., Bielefeld 2007, S. 95.

5 Lili Brenner: Die vergessene Ouvertüre, in: Markus Merz/Jürgen Riethmüller (Hg.): Die vergessene Ouvertüre. Sechs Kulturstudien, Stuttgart 2004, S. 141-160, hier S. 142.

6 Hüser: Found – Footage – Vorspann, S. 204.

7 Knut Hickethier: Film- und Fernsehanalyse, 2. Aufl., Stuttgart/Weimar 1996, S. 95.

8 Ebd., S. 98.

9 Böhnke: Paratexte des Films, S. 97.

telvergabe und Auflistung der am Film beteiligten Personen, gibt er dem Publikum eine Vorabinformation über Schauspieler, Regisseur etc. und generiert auf diese Weise die Erwartungshaltungen. Er macht Aussagen über mögliche Genrezugehörigkeit(-en), legt sein narratives Konzept offen und nimmt somit Einfluss auf die Lektüre des Films. Michael Schaudig fasst diese Funktionen unter den Begriffen Identifizierung und Programmierung zusammen, die jeweils auf eine formale und inhaltliche Dimension verweisen.[10] Vor allem die Programmierung verlangt und bewirkt semantische Zuschreibungen, die im Vorspann durch den Einsatz von Bild, Ton und Schrift gesteuert werden. Aufgrund des Zusammenspiels der verschiedenen medialen Ebenen entsteht in der Titelsequenz eine »komplexe Kommunikationssituation«[11], die nie auf Ausschließlichkeit zielt, sondern immer eine Vielzahl von Lektüreanweisungen beinhaltet.

> »Ein Filmvorspann fordert das ›switching‹, fordert, auf verschiedenen Ebenen zugleich gelesen zu werden. [...] Zu Beginn eines Films findet sich mit dem Filmvorspann eine Lektürevorgabe, die mehrere Beobachtungen parallel einklagt. Die in Bewusstsein hält, dass eine einzige Ebene zum Verständnis nicht ausreichen wird. Anhand des Vorspanns fordern Filme Lektüren, die auf Hybridität setzen.«[12]

Mit Christian Metz lässt sich der Vorspann als Ort der Enunziation[13] definieren. Mit diesem Begriff schreibt Metz der Titelsequenz im Film in seiner

---

10 Schaudig: »Flying Lotos in Typosphere«, S. 165.

11 Brenner: Die vergessene Ouvertüre, S. 146.

12 Hüser: Found – Footage – Vorspann, S. 202.

13 Christian Metz: Die unpersönliche Enunziation oder der Ort des Films, Film und Medien in der Diskussion Bd. 6, Münster 1997 [1991], S. 2ff. Der Begriff geht auf den französischen Linguisten Émile Benveniste zurück, der damit einen ›Äußerungsakt‹ meint. »Im übertragenen Sinne bezeichnet *l'énonciation* [...] die physisch faßbare, pesonalisierbare und deiktisch kontextualisierte Realisierung von Sprache [...], d.h. die Spuren der Einflußnahme des Sprachproduzenten auf die produzierte Sprache.« Göran Nieragden: Émile Benveniste, in: Nünning (Hg.): Metzler Lexikon Literatur- und Kulturtheorie, S. 58-59, hier S. 58. Benveniste geht von einem Subjekt an beiden Enden der Äußerung aus, einem Sender und einem Empfänger. Genau dem widerspricht Metz mit seinem Entwurf der »unpersönlichen Enunziation«.

1991 erstmals und 1997 auf Deutsch erschienenen Studie *L'énonciation impersonelle ou le site du film* eine »offensichtliche und – was im Kino selten vorkommt – sogar eine ›offizielle‹ Adressierungsfunktion«[14] zu. Mit Adressierung meint er allerdings keinen Kommunikationsprozess, der auf einem Sender-Empfänger-Modell beruht, sondern er verweist damit auf eine nichtdeiktische Verfasstheit des filmischen Textes, der sich im Enunziat, in der Äußerung, entlarvt:

»Wenn sich im Kino die Enunziation im Enunziat zu erkennen gibt, dann geschieht dies nicht oder zumindest nicht prinzipiell durch deiktische Markierungen, sondern durch reflexive Konstruktionen. [...] Der Film erzählt uns von sich selbst (oder vom Kino) oder von der Position des Zuschauers.«[15]

›Enunziation‹ findet also überall dort im Text statt, wo sich der Text als solcher zu erkennen gibt. Sie informiert nicht über »irgendwelche Gegebenheiten außerhalb des Textes, sondern über einen Text, der in sich selbst seine Quelle und seine Zielrichtung trägt«[16]. Metz unterscheidet in seiner Analyse zwischen verschiedenen enunziativen Figuren und Orten, die im Filmtext zu finden sind. Dazu gehören zum Beispiel Blicke in die Kamera, die Off-Stimme, adressierende Titel, Spiegel etc. Dazu zählt er auch die Musik, der er zum Teil einen »komplexeren Status«[17] zuschreibt, je nachdem, wie sie im Film integriert ist. Vor dem Hintergrund dieser Idee möchte ich den Fokus auf den Vorspann in Schlagerfilmen richten und Art und Umsetzung der Adressierung herausarbeiten.

14 Metz: Die unpersönliche Enunziation oder der Ort des Films, S. 51.

15 Ebd., S. 10.

16 Ebd., S. 21. Ergänzend lässt sich hier Alexander Böhnke zitieren: »Die Theorie der Enunziation geht davon aus, dass eine Äußerung [...] Spuren ihres Aussageaktes in sich trägt.« Alexander Böhnke: The End, in: Klaus Kreimeier/Stanitzek, Georg (Hg.): Paratexte in Literatur, Film, Fernsehen, Berlin 2004, S. 193-212, hier S. 198.

17 Vgl. Metz: Die unpersönliche Enunziation oder der Ort des Films, S. 126.

6.1 SCHRIFTLICHE INFORMATIONSVERGABE

Die Kernfunktion des Vorspanns liegt – wie bereits angedeutet – zunächst in der »Informationsvergabe des filmischen Impressums«[18]: Via Schrifteinblendungen (Inserts) wird darin unter anderem ein Teil der Namen der am nachfolgenden Film beteiligten Künstler aufgelistet sowie der Titel des Films genannt. Die Inserts erfüllen damit erstens eine dokumentarische Aufgabe. Sie bündeln extradiegetische Informationen, steuern somit die Erwartungshaltung der Zuschauer und werben mit den Namen zugleich für den Film.

Im Schlagerfilm lehnt sich die Ausgestaltung der *credits* – und damit meine ich zunächst einmal ausschließlich die Schriftinsertierungen – an die allgemeinen Konventionen der zeitgenössischen Unterhaltungsfilmproduktionen an: Die Typografie stellt in Deutschland in den 1950er, 1960er und 1970er Jahren (anders als in Amerika) noch kein Experimentierfeld für Titeldesigner dar; die Schriften werden in der Regel als zweidimensionale Typogramme ins Bildgeschehen eingeblendet oder erscheinen durch Roll-, Schiebe- oder Kriechtitel als animierte Typokinetogramme[19]. In der farblichen Ausgestaltung dominiert das Bemühen um Kontrastierung: So bewährt sich Weiß als Standardfarbe für Schriftinserts – egal, ob vor farblich bewegten Landschaftsaufnahmen oder vor einem einfarbigen Hintergrund.[20]

18 Schaudig: »Flying Lotos in Typosphere«, S. 163.

19 Michael Schaudig unterscheidet bei Schrifteinblendungen insgesamt zwischen vier Visualisierungsmöglichkeiten: Typogramm und Typokinetogramm (beide zweidimensional) sowie Ikonogramm und Ikonokinetogramm (beide dreidimensional). Ebd.: S. 173ff.

20 Ebd., S. 174.

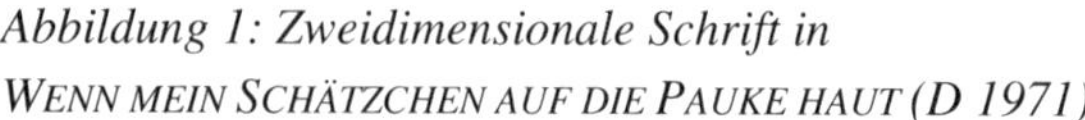

Abbildung 1: Zweidimensionale Schrift in
WENN MEIN SCHÄTZCHEN AUF DIE PAUKE HAUT (D 1971)

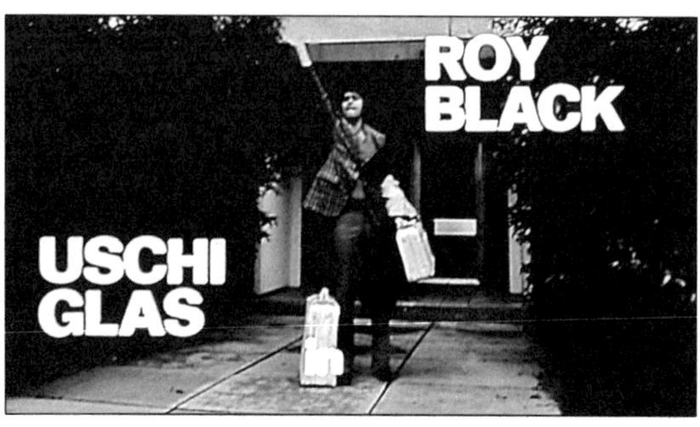

Im Schlagerfilm wird jedoch auch häufig mit der Schriftfarbe experimentiert: Für die Inserts im Roy-Black-Film WENN DU BEI MIR BIST (D 1970, R: Franz Josef Gottlieb) wurde zum Beispiel eine gelbe Schriftfarbe gewählt, die in Kombination mit dem Hintergrund – bewegte Einstellungen asiatischer Tempelbauten – vorab auf den filmischen Handlungsort, hier Thailand, verweist. In BLAU BLÜHT DER ENZIAN (D 1973, R: Franz Antel) bildet die Schriftfarbe eine Einheit mit der Semantik des Filmtitels und verweist in Kombination mit den Hintergrundbildern ebenfalls auf den Handlungsort: Blaue Buchstaben erscheinen eingestanzt auf einer weißen Schneelandschaft. Oft sind Schriftfarben aber auch einfach nur in knalligen Farben gewählt. Der Schlagerfilm ist, was das Titeldesign betrifft, vor allem ab den 1960ern bunt und verspielt.

Abbildung 2: Zweidimensionale Schrift in
WER ZULETZT LACHT, LACHT AM BESTEN (D 1970)

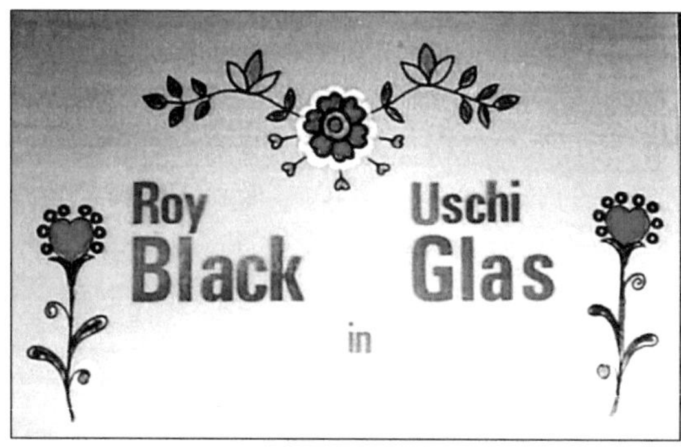

Typisch für den Schlagerfilm ist außerdem, dass in den *credits* meist einzelne Musiknummern (Titel inklusive Interpret und Erscheinungsort in Form einer Nennung der Plattenfirma) sowie alle an Musik und Choreografie beteiligten Künstler aufgelistet werden: Neben den Protagonisten des Films können das zum Beispiel einzelne Orchester, Kapellen, Bands, Artisten oder Solotänzer sein. Der Zuschauer erfährt also vorab, welche musikalischen Nummernattraktionen er während des Spielfilms erwarten kann. Zusätzlich werden oft auch Hinweise auf Textdichter, Komponisten und die Plattenfirmen gegeben: »Roy Black singt auf Polydor« heißt es zum Beispiel im Vorspann zu UNSER DOKTOR IST DER BESTE (D 1969, R: Harald Vock). Damit weiß der Zuschauer bereits, wer die Schallplatte zu den Filmsongs produziert hat.

Abbildung 3: Schlagerinformation in UNSER DOKTOR IST DER BESTE (D 1969)

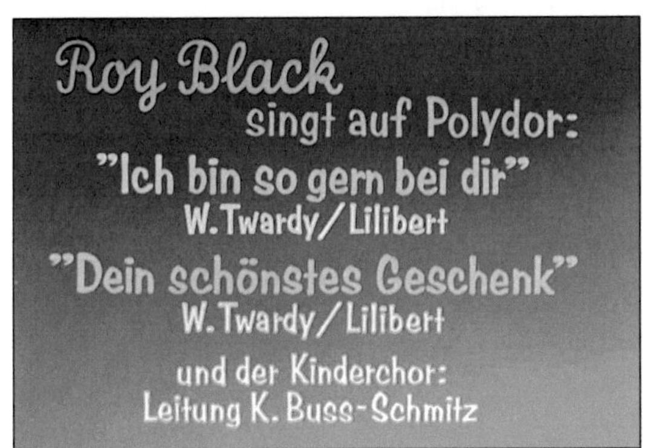

In diesem Fall (siehe Abb. 3) werden auch noch Komponisten und Textdichter genannt inklusive der Leitung des Kinderchores. Der Schlagerfilmvorspann verarbeitet auf diese Weise sehr viele Detailinformationen, die nur wenige Sekunden eingeblendet sind, bevor die Tafel zur nächsten springt.

Anders als im zeitgenössischen Kino, wo einzelne Musikstücke als Teil eines extra produzierten Soundtracks meist erst im Nachspann positioniert werden,[21] trifft der Schlagerfilm durch diese Strategie eine Aussage über das ihr zu Grunde liegende dramaturgische Prinzip: Er kündigt sich selbst bereits im Vorspann als Nummernfilm an.[22] Außerdem erfüllt die Nennung von Schlagertitel und Interpret, oft auch von Texter, Komponist und Plattenfirma urheber- und verwertungsrechtliche Funktionen. Es handelt sich hierbei also auch um den Nachweis des verwendeten Materials.

Der Vorspann des Schlagerfilms liest sich oft wie ein Programmheft im Theater. Durch die Auflistung der Musiktitel wird der Eindruck erweckt, es handele sich bei dem nachfolgenden Film um eine geschlossene Einheit. Es ist nicht ersichtlich, welche Schlager hier in welcher Reihenfolge dargeboten werden, welche vielleicht extra für den Film produziert wurden und welche vielleicht kurzfristig dazugenommen wurden.

---

21 Aufgrund der Fülle möglicher Beispiele lässt sich hier kaum ein einzelner Film als repräsentativ hervorheben. Mit Blick auf den deutschen Film finden sich jedoch in jüngerer Vergangenheit Kinoproduktionen, die sich aufgrund ihres Themas als Musikfilme lesen lassen und damit dem Soundtrack eine (kommerziell) wichtige Rolle zuteilen. In VERSCHWENDE DEINE JUGEND (D 2003, R: Benjamin Quabeck, D: Tom Schilling, Robert Stadlober, Jessica Schwarz) dreht sich die in den 1980er Jahren angesiedelte Handlung um die fiktive Band »Apollo Schwabing« und ihren Traum vom künstlerischen Durchbruch. Der Soundtrack wurde von Lee Buddah arrangiert, der auch einzelne Songs für den Film komponierte. Erst im Abspann werden die einzelnen Lieder aufgelistet. In KEINE LIEDER ÜBER LIEBE (D 2005, R: Lars Kraume, D: Florian Lukas, Jürgen Vogel, Heike Makatsch) will Tobias Hansen einen Dokumentarfilm über seinen Bruder Markus und seine Band, die »Hansen Band«, drehen, findet im Laufe der Dreharbeiten heraus, dass seine Freundin Ellen ihn mit seinem Bruder betrogen hat. Der Film verzichtet auf einen Vorspann im herkömmlichen Sinne: Er nennt lediglich den Filmtitel. Die *credits*, auch die der Hauptdarsteller, erfolgen erst im Abspann. Darin sind auch die zehn im Film verwendeten Songs der real existierenden »Hansen Band« namentlich aufgelistet.

22 Es gibt zwischen den 1950er und 1970er Jahren nur wenige Ausnahmen, die eine Dokumentation einzelner, im Film verwendeter Schlagertitel auf den Nachspann auslagern: In AM SONNTAG WILL MEIN SÜSSER MIT MIR SEGELN GEH'N (D 1961, R: Franz Marischka) ist das beispielsweise der Fall, ebenso in ROTE LIPPEN SOLL MAN KÜSSEN (Ö 1963, R: Franz Antel).

Abbildung 4: Schlagerinformation in
IM SCHWARZEN RÖSSL (D 1961)

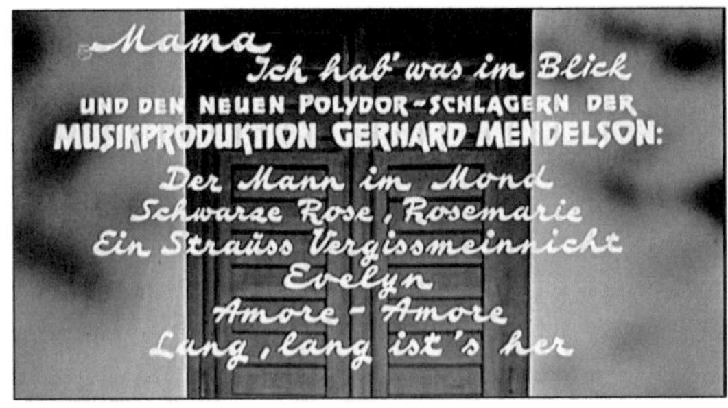

Überraschende Gastauftritte von Stars, so genannte Cameo-Auftritte, finden in der Regel nicht statt. Selbst Künstler, die nur einen kurzen Gesangsauftritt ohne Sprechrolle im Film bekommen, wie zum Beispiel Howard Carpendale in MUSIK, MUSIK, DA WACKELT DIE PENNE (D 1970, R: Franz Antel), werden im Impressum vorab genannt.

Abbildung 5: Nennung einzelner Musiktitel in
MUSIK, MUSIK, DA WACKELT DIE PENNE (D 1970)

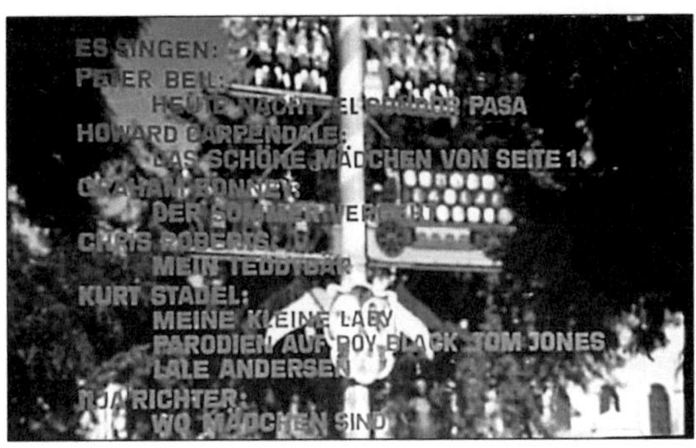

Der Vorspann des Schlagerfilms wirkt in dieser Hinsicht also auch dokumentarisierend – und das nicht nur, was die Musik betrifft. In seltenen Fällen dient der Vorspann auch konkreten Werbemaßnahmen, das heißt, er verweist auf bestimmte Ausstattungsmerkmale.

Abbildung 6: Werbeinformation in
WENN MEIN SCHÄTZCHEN AUF DIE PAUKE HAUT (D 1971)

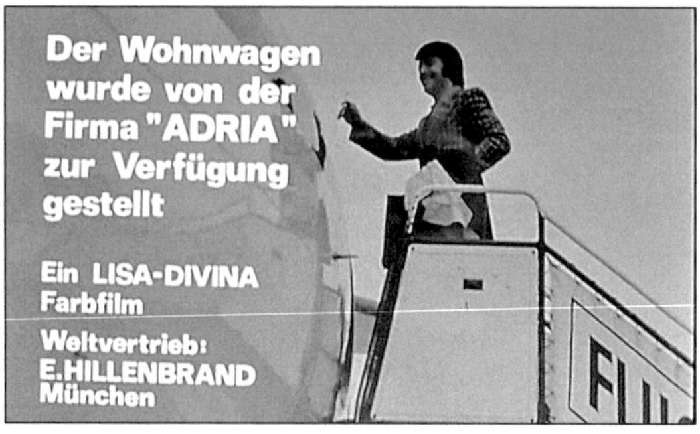

Für den Zuschauer bedeutet das, dass er im Schlagerfilm nicht nur die aktuelle Musik geboten bekommt, ihm werden auch Produkte vorgestellt. Der Schlagerfilm erweitert damit seine Funktion als Werbefilm für die Schallplattenindustrie. Er bietet auch anderen Industriezweigen, wie hier der Camping- oder Reisebranche, eine Plattform zur Präsentation.

6.2 VORSPANN ALS OUVERTÜRE

Mit Gérard Genette möchte ich den Vorspann aufgrund seiner Verortung im Ablauf eines Films als Peritext[23] kennzeichnen, das heißt, ich sehe den Vorspann als einen Paratext an, der unmittelbar zum Umfeld des (Film-) Textes gehört, also bereits ›Film ist‹ und quasi mit ihm als Korpus gegeben ist. Als werkimmanente, finite Einheit übernimmt er analog zu Buchum-

23 Gérard Genette: Paratexte. Das Buch vom Beiwerk des Buches, Frankfurt a.M./New York 1989, S. 12. Genette versteht unter dem Paratext ein »Beiwerk, durch das ein Text zum Buch wird und als solches [...] vor die Öffentlichkeit tritt«. Ebd., S. 10. Allgemein lassen sich unter dem Begriff Paratext »alle Elemente eines Buchs« zusammenfassen, die nicht den ›eigentlichen‹ Text selbst darstellen, sondern ihm rahmend, verzierend, orientierend oder erläuternd zugeordnet sind«. Nicolas Perthes: Paratext, in: Schnell (Hg.): Metzler Lexikon Kultur der Gegenwart, S. 403.

schlag und Titelblatt eine Schwellenfunktion[24] und ermöglicht dem Zuschauer den Eintritt in den Film. Damit unterscheidet er sich vom Epitext, der sich zwar »immer noch im Umfeld des Textes, aber in respektvoller (oder vorsichtigerer) Entfernung«[25] befindet; gemeint sind zum Beispiel Interviews oder Filmkritiken. Genettes Paratextentwurf ist eigentlich literaturtheoretischer Natur, denn er wurde am Beispiel des Buches entwickelt. Allerdings hat Genette den Vorspann des Films am Ende seiner Ausführungen selbst als paratextuelle »Entsprechung«[26] legitimiert. Die Filmtheorie hat das Konzept schließlich übernommen.[27]

Genettes Peritextkonzept erscheint mir als nützlich für die Analyse, weil es die strukturelle und damit auch zeitliche Begrenztheit der Titelsequenz betont, die sich der Schlagerfilm für die Implementierung von Musiknummern zunutze macht. Die Titelsequenz liefert die Freifläche für eine musikalische (Aus-)Gestaltung. Weil ihre Hauptaufgabe konventionell gesehen zunächst die ›Vergabe des filmischen Impressums‹ ist und damit der Fokus auf die Schriftinsertierungen und nicht auf den Ton gelenkt wird, kann sie auf der akustischen Ebene die Rolle des Platzhalters anbieten. Häufig entwickelt sie eine eigene narrative Struktur, mit der sie ihren peritextuellen Charakter betont und eine sichtbare Trennlinie zwischen sich und der Haupthandlung zieht. Außerdem entspricht die Länge einer herkömmlichen Titelsequenz oft der durchschnittlichen Länge eines Musiktitels. Die Dauer ist mit anderthalb bis etwa drei Minuten ungefähr äquivalent.

Für den Schlagerfilm ist es in mehrfacher Hinsicht nützlich, bei der Positionierung einzelner Schlagernummern auf dieses Platzhalterangebot des Vorspanns einzugehen. So wird durch den Einsatz einer Musiknummer zum Beispiel der Ouvertürencharakter des Vorspanns verstärkt.

---

24 Vgl. Georg Stanitzek: Vorspann (titles/credits, générique), in: Alexander Böhnke u.a. (Hg.): Das Buch zum Vorspann, S. 8-20, hier S. 8ff.

25 Genette: Paratexte, S. 12. Genette operiert mit der Formel: Paratext = Peritext + Epitext, vgl. ebd., S. 13.

26 Ebd., S. 388.

27 Die »Unterscheidung von Peritext und Epitext findet in filmischen Texten eine sehr präzise Entsprechung«, bestätigt zum Beispiel Georg Stanitzek. Vor allem Titel, Vor- und Abspann spricht er »peritextuelle Qualitäten« zu. Georg Stanitzek: Texte, Paratexte, in Medien, in: Kreimeier/ders. (Hg.): Paratexte in Literatur, Film, Fernsehen, S. 3-20, hier S. 13.

> »Die Titelsequenz als Ouvertüre eines Films zu begreifen, scheint [...] ein stimmiges Bild, da die Titel in den frühen Jahren der Filmgeschichte oft wie der noch verschlossene Vorhang einer Operninszenierung wirkten und ebenfalls von einem (auch musikalischen) Leitmotiv getragen wurden, das die Stimmung des folgenden Geschehens aufgriff«[28],

schreibt Lili Brenner. Ein geschlossener oder halb geöffneter Bühnenvorhang ist tatsächlich ein Stilmittel, das im Vorspann zu Schlagerfilmen hin und wieder zum Einsatz kommt – vor allem dann, wenn eine Referenz zum Theater geschaffen werden soll, das heißt, die Handlung zum Beispiel im Theatermilieu spielt.

Ein gleich zu Beginn des Films platzierter Schlager hat zweitens leitmotivische Qualitäten. Er kann im Verlauf des Films immer wieder aufgegriffen, variiert oder sogar ausführlicher gespielt werden. Er kann das Thema des Films durch die Verwendung musikalischer Stilmittel mitinszenieren und vorab zum Beispiel für eine Grundstimmung sorgen. Zweitens hilft er mit, einen Film nicht nur als Schlagerfilm lesbar zu machen, sondern er (verstärkt) auch seine Lesbarkeit als ›Starfilm‹. Dieser Fall tritt vor allem dann ein, wenn der im Vorspann implementierte Schlager von einem der Hauptdarsteller interpretiert wird. Drittens lassen sich aus der Art der Schlagerimplementierung im Vorspann Rückschlüsse auf die musikalische Gestaltung des Films ziehen. Anhand der gewählten Tonbeispiele können also Dramaturgie und Plot seitens der Macher vorgestellt und reflektiert werden.

Der Schlagerfilm arbeitet bei der Vorspanngestaltung im Allgemeinen mit verschiedenen Implementierungsverfahren, die sich zum Beispiel danach ordnen lassen, ob der Schlager aus dem Off oder On vorgetragen wird, ob es sich um eine Gesangs- oder Instrumentalversion handelt oder wie hoch die Anzahl der verarbeiteten Schlager ist. Grundsätzlich treten in den Titelsequenzen der Schlagerfilme drei Formen besonders hervor, die sich durch ihr Verhältnis zum Filmtitel definieren und die zum Teil wiederum die oben genannten Spielarten der Integration behandeln: Titelschlager, allgemeiner Vorspannschlager und Potpourri.

Mit Titelschlager bezeichne ich einen Schlager, dessen Titel mit dem Filmtitel identisch ist und mit ihm eine semantische Einheit bildet. Der Ti-

28 Brenner: Die vergessene Ouvertüre, S. 143.

telschlager unterstützt die Insertierung des Filmtitels akustisch. Mit dem von mir gewählten Begriff Vorspannschlager kennzeichne ich dagegen einen Schlager, der sich zwar wie der Titelschlager über die gesamte Vorspannsequenz erstreckt, dessen Titel allerdings vom Filmtitel abweicht und der den Vorspann damit um eine semantische Ebene erweitert. Im Potpourri verschmelzen beide Formen miteinander. Es werden Kombinationen aus verschiedenen Schlagern gebildet – eine Strategie, die der Film von der Bühnenoperette übernommen hat. Alle drei Typen sollen im Folgenden vorgestellt und mit Beispielen belegt werden.

Darüber hinaus hat der Schlagerfilm Spielarten entwickelt, die den Vorspann und seine Schlager selbst zum Teil einer Handlung machen und quasi um ihn herum eine eigene Geschichte erzählen.

6.3 *Jetzt wird es spannend:* Vorspann und Titelschlager

Hinter dem Phänomen des Titelschlagers verbirgt sich eine Marketingstrategie, die bereits in Kapitel 5 in dieser Arbeit vorgestellt wurde und die Siegfried Schmidt-Joos 1960 in seinem Buch *Geschäfte mit Schlagern* beschrieben hat: Demnach kaufen Produktionsfirmen systematisch Filmrechte von erfolgreichen Schlagertiteln auf, um sie zum Zugpferd einer Filmproduktion zu machen.[29] Ein Schlager wird plötzlich zum Namengeber eines Films. Für Musikproduzenten bedeutet das, dass sie an einer erfolgreichen Schlagernummer durch den Verkauf der Filmrechte gleich mehrfach verdienen können. Filmproduzenten sichern mit diesem Prinzip parallel dazu ihre Produktionen ab und erkaufen sich eine »bedingte Garantie«[30] für den künftigen Erfolg ihres Films.

Auch Werner Mezger sieht diese Strategie in seiner Studie *Schlager – Versuch einer Gesamtdarstellung* 1975, fünfzehn Jahre nach Schmidt-Joos, noch als typisch für die Musik- und Filmbranche an: Er beschreibt dieses System als »Verbundwirtschaft«[31], also als ein Werbekonzept, von dem zwei getrennte Wirtschaftsbereiche zeitgleich profitieren. In der Verfil-

29 Vgl. Schmidt-Joos: Geschäfte mit Schlagern, S. 127f.

30 Zitat von Filmproduzent Arthur Brauner, zitiert nach ebd., S. 128.

31 Mezger: Schlager, S. 69.

mung von fertig vorgegebenen Arrangements sieht Mezger einen Standard der Musikfilmproduktion, räumt allerdings auch weiterhin ein Bestehen des umgekehrten Prinzips ein, nämlich dass Schlager extra für Filme geschrieben werden und erst auf der Leinwand zu Hits werden. Diese Schlager bezeichnet er als »echte Filmschlager«[32], weil sie nicht schon vor dem Start des entsprechenden Kinofilms ein Eigendasein geführt haben.

Heute ist bei der Ansicht eines Schlagerfilms meist nur noch schwer auszumachen, wer zuerst da war: Schlager oder Film? Dabei kann die Information für die Lektüre durchaus interessant sein. Ich habe bereits das Beispiel ROTE LIPPEN SOLL MAN KÜSSEN (Ö 1963, R: Franz Antel) angeführt, in dem der gleichnamige Schlager einfach ›aufgepfropt‹ wurde, den Film durch Vor- und Nachspann umrahmt und so gesehen keine Verbindung zum Inhalt des Hauptfilms besteht. Die Tatsache, dass der Film im Original DIE GANZE WELT IST HIMMELBLAU hieß und sein Name verändert wurde, verweist auf die Konstruiertheit des Films und seinen möglichen Aufbau als Hitparaden- oder Nummernfilm.

Die Titelschlagerstrategie ist zwischen den 1950er und 1970er Jahren unter deutschen Filmemachern populär geblieben und wurde mit gleichbleibender Intensität geführt.[33] Insgesamt treten drei Titelschlagervarianten auf: Der Einsatz des Titelschlagers im Vorspann kann entweder als Instrumentalversion, als gesungene Version aus dem Off oder als gesungene Version im On stattfinden, das heißt der Sänger präsentiert seinen Schlager dann im Vorspann und ist dabei sichtbar.

6.3.1 Instrumentaler Titelschlager

Instrumentalversionen von Titelschlagern sind im Vorspann vor allem dann anzutreffen, wenn die Musik nur eine untermalende Funktion übernehmen soll. Instrumentalversion heißt, auf Ebenen wie Textinhalt und Stimme zu verzichten. Der Schlagertitel ist auf seine Melodie reduziert. Sie schafft Atmosphäre und gibt das musikalische Leitthema des Films bekannt. Die Aufmerksamkeit wird auf die Inserts gelenkt und damit auf das filmische Impressum. Bild und Ton rücken in den Hintergrund. Solche Instrumental-

32 Ebd., S. 71.

33 Dieses Prinzip funktioniert bis in die Gegenwart: MAMMA MIA (GB/USA 2008, R: Phyllida Lloyd) besitzt so gesehen auch einen Titelschlager.

versionen entsprechen klassischen Theaterkonventionen. Auch Ouvertüren von Opern oder Operetten bieten instrumentale Vorspiele, die in das Thema einführen.

Der Vorspann zu WENN DER WEISSE FLIEDER WIEDER BLÜHT (D 1953, R: Hans Deppe) beginnt mit einer Orchesterversion des Titelschlagerrefrains, wechselt aber schon nach 40 Sekunden in eine ›leichtere‹ Jazzversion über, die anschließend die Tonebene bestimmt. Der Hintergrund ist starr. Er besteht aus einem immer gleichbleibenden *still*, das den Ausschnitt eines blühenden Fliederstrauchs zeigt. Die Inserts sind weiß und werden ineinander geblendet. Von ihnen geht die einzige Bewegung im Bild aus. Als Schrifttypus wurde eine Schreibschrift gewählt, die verspielt wirkt (im Titelinsert ist der i-Punkt in Flieder eine Blume). Schrift und Ton bilden also semantisch gesehen eine Einheit. Insgesamt dauert der Vorspann nur 1:40 Minuten und beschränkt sich auf die Nennung der wesentlichen Mitwirkenden. In den Film integrierte Schlagertitel werden nicht einzeln aufgeführt. Aus dieser Machart, vor allem aus der Reduzierung des Titelschlagers auf eine Melodie, lässt sich schließen, dass der Film zwar als Musikfilm, aber noch nicht als Starfilm konzipiert wurde. Den Titelschlager *Wenn der weiße Flieder wieder blüht* hatte Franz Doelle bereits 1928 komponiert, er wurde seit den 1930er Jahren in Deutschland populär und von verschiedenen Künstlern interpretiert, so schließlich 1953 von Willy Fritsch.

Ein Vorspann wie in WENN DER WEISSE FLIEDER WIEDER BLÜHT begegnet dem Zuschauer in vielen Filmen der 1950er Jahre. Der Fokus liegt noch stärker auf den Melodien selbst, weniger auf dem oder den Interpreten. Erst durch die Personalisierung des Schlagers, die durch das Fernsehen vorangetrieben wird, entdecken die Filmemacher das Potential des Vorspanns und beginnen, ihn stärker auf bestimmte Nummern oder bestimmte Stars zuzuschneiden.

6.3.2 Titelschlager im Off

Heino steuert mit *Blau blüht der Enzian* den Titelschlager zum gleichnamigen Film BLAU BLÜHT DER ENZIAN (D 1973, R: Franz Antel) bei. Der Schlager ist zu diesem Zeitpunkt bereits veröffentlicht: Am 19. Oktober 1972 stieg er auf Platz 18 in den deutschen Charts ein.[34] Der Filmstart wird

34 Vgl. Ehnert: Hitbilanz, 1990a, S. 94.

jedoch erst auf den 13. April 1973 datiert. *Blau blüht der Enzian*, eigentlich eine Bearbeitung des Volkslieds *Wenn sonntags früh um Viere die Sonne aufgeht*, ist zu diesem Zeitpunkt bereits aus der Hitparade verschwunden und steigt auch nicht wieder ein.

Im Vorspann wird das gesungene Lied aus dem Off präsentiert, Heino selbst wird als Interpret dieser Nummer genannt. Da es sich allerdings nicht um einen reinen Heino-Film handelt, sondern neben dem Schlagerstar noch weitere Interpreten vertreten sind, unter anderem Bata Illic und Jürgen Marcus, nutzt man die Bildebene mit den bereits beschriebenen Mitteln von Schrift und Hintergrund dazu, den Handlungsort Kitzbühel für diese Komödie zu etablieren. Der Film wird dadurch auch als Skifilm gekennzeichnet. Heinos Titelschlager entwickelt dennoch leitmotivische Qualitäten – Heino selbst bietet die Nummer im letzten Drittel des Films noch einmal im On dar, und zwar als Gast auf einer Skihütte inmitten einer Mädchenclique. Ebenso wird der Titel am Ende aus dem Off wiederholt. Die anderen Schlager nehmen im Film nur eine untergeordnete Rolle ein. Filmtitel und Titelschlager bilden hier die Einheit.

6.3.3 Titelschlager im On

Ein im On gesungener Titelschlager verweist in der Schlagerfilmproduktion auf die immer stärker werdende Kopplung von Schlager und Interpret. Als prominentes Beispiel für diese Art der Implementierung kann die Komödie OHNE KRIMI GEHT DIE MIMI NIE INS BETT (D/Ö 1962, R: FRANZ ANTEL) betrachtet werden. Darin singt Bill Ramsey im Vorspann den gleichnamigen Titelschlager – allerdings nicht ganz ohne Einschränkung: Nach einer Weile wird aus der Handlung zwischen ihm und seiner Frau Mimi (Edith Hancke) ausgeblendet, der On-Schlager wird zum Off-Schlager, dient als Untermalung für die restlichen Inserts.

Durch den Blick in die Kamera adressiert Ramsey während des Singens den Zuschauer, erzählt ihm die Geschichte von seiner Frau Mimi, die vor dem Einschlafen immer noch einen Krimi lesen möchte, während er lieber schlafen würde.

Abbildung 7: Bill Ramsey in OHNE KRIMI GEHT DIE MIMI NIE INS BETT *(D 1962)*

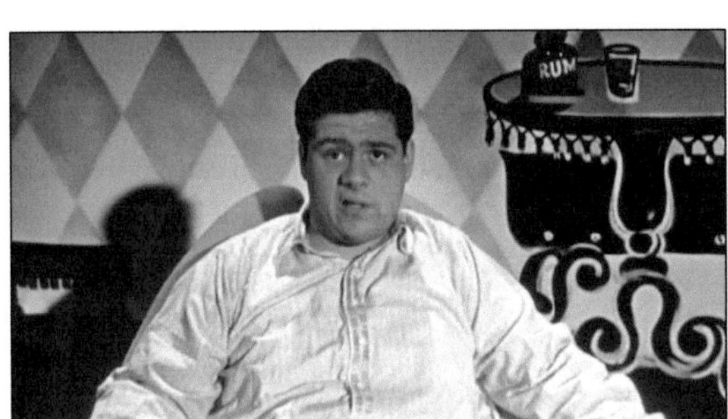

Wir sehen Mimi, die aus dem Bett kriecht und zum Bücherregal läuft, um sich ein Buch herauszunehmen. Sie schlägt es auf und enthüllt den Buchtitel, der zugleich als Titel des Films fungiert: *Ohne Krimi geht die Mimi nie ins Bett.* Die Namengebung des Films wird mit dieser kleinen Geschichte inszeniert.

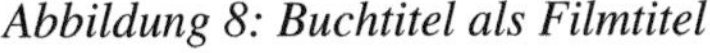
Abbildung 8: Buchtitel als Filmtitel

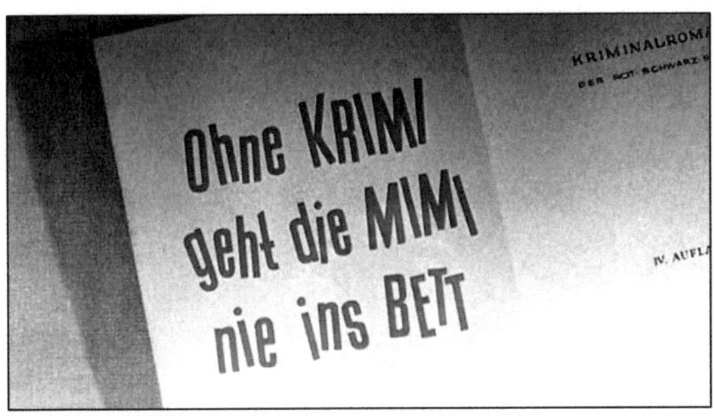

Gleichzeitig kommentiert Mimi den Gesang und damit die Information des Liedes als Sprechstimme (»Ich bin doch noch gar nicht auf Seite 104!«). Diese Kommentatoren-Funktion behält sie auch als Off-Stimme bei, als die Inserts erscheinen (»Heinz Erhardt – ein fescher Mann!«). Mimi entlarvt den Film durch diese Zwischenrufe. Darin geht es eigentlich um eine für die Schlagerkomödie typische Verwechslungsgeschichte auf einer Mittelmeerinsel: Konsul Keyser (Heinz Erhardt) hofft, seine Tochter Marion (Ann Smyrner) bei einem Campingurlaub mit seinem Mitarbeiter Dr. Steffen (Harald Juhnke) zu verkuppeln. Das Trio wird jedoch in einen Streit zwischen einem jungen Paar, Barbara (Karin Dor) und Michael (Peter Vogel), hineingezogen und von vermeintlichen Gangstern überfallen.

Im Filmverlauf erscheint Mimi immer wieder mit Zwischenkommentaren. Sie beendet den Film im Nachspann sogar mit den Worten: »Das war ja gar kein Krimi.« Der Titelschlager hilft in diesem Fall, die Rahmenhandlung zu etablieren, und gibt eine Lesart des Films als Krimi vor, die der Film – eigentlich eine Verwechslungskomödie im Ferienmilieu – schließlich dementiert. Sie schafft mit Bill Ramsey eine Erzählerfigur, die nur vordergründig von den allabendlichen Auseinandersetzungen mit seiner Frau berichtet. Eigentlich erzählt er von einem Spiel mit verschiedenen Bedeutungsebenen im Film. Hier geht es weniger darum, Ramsey als Star des Films zu etablieren. Er dient mit seinem Schlager, mit dem er sich an das Publikum wendet, eher als (prominenter) Ausgangspunkt für die Entfaltung der verschachtelten Dramaturgie des Films.

6.4 VORSPANNSCHLAGER

Neben der Gruppe an Schlagerfilmen, die auf einen Titelschlager zurückgreifen, existiert eine zweite große Gruppe an Filmen, die im Vorspann einen oder mehrere Schlager präsentieren, deren Titel nicht mit dem Filmtitel identisch sind. Wie beim Einsatz des Titelschlagers beginnen und enden sie jedoch mit der Titelsequenz, füllen diese also vollständig aus. Daher liegt auch hier ein Ouvertürencharakter vor.

Ich möchte diese Schlager neutral als Vorspannschlager bezeichnen. Häufig handelt es sich dabei um ›versteckte‹ Titelschlager, das heißt, der im Vorspann präsentierte Schlager ist zwar nicht mit dem Filmtitel identisch, aber er bildet ein musikalisches Leitmotiv des Films. Titel von Vorspannschlagern sind schwerer zu entschlüsseln als die von Titelschlagern, in denen Kernsatz des Refrains und Filmtitel identisch sind und mit der Titeleinblendung meistens schon ›vor‹-geschrieben wurden. Hinweise auf den Vorspannschlager sind möglicherweise im Laufe der Titelsequenz dem Impressum zu entnehmen, wobei nicht ausnahmslos jeder Schlagerfilm nach dem eben beschriebenen Prinzip verfährt und einzelne Musiktitel vorab nennt. Die Symbiose von Filmtitel und Schlagertitel wird hier also bewusst aufgebrochen.

Durch den Vorspannschlager werden dem Vorspann vor allem in der sprachlichen Version im On oder Off Bedeutungsebenen hinzugefügt. Während der Titelschlager den Filmtitel intoniert, kann der Vorspannschlager ihn ergänzen, kommentieren oder einen Bezug auch völlig offen halten und bewusst seine Unabhängigkeit vom Filmtitel betonen. Die Variationen, die der Vorspannschlager ausbildet, sind dabei identisch mit dem des Titelschlagers: Es gibt ihn als Instrumentalversion, aus dem Off vorgetragen oder im On gesungen.

6.4.1 Instrumentaler Vorspannschlager

In WENN MAN BADEN GEHT AUF TENERIFFA (D 1964, R: Helmuth M. Backhaus) wird ein Schlager zur Titelmelodie gewählt, der keinen bekannten Interpreten hat, sondern im Film später von einem nicht näher beschriebenen Chor gesungen wird: *Das wird ein Wochenend'* heißt das Lied. Die Melodie liegt im Vorspann als Untermalung auf den Tafeln mit den Insertierungen, die als Fotomontagen gestaltet sind. Die Köpfe der Schauspieler (Schwarz-Weiß-Fotografien) erscheinen auf die wie Kinderbilder wirkende bunte Grafiken, die Strandszenen zeigen, aufgeklebt. Gesangsstar des Films ist Peter Kraus, der darin später auch zwei Schlager (*Evelyn* und *Lass kein Mädchen lange warten*) singt. Diese für einen Schlagerfilm eher neutrale Machart des Vorspanns lässt vermuten, dass die Komödie eher als Ferienfilm oder Heinz-Erhardt-Film gelesen werden möchte. Der Vorspann lenkt die Rezeption jedenfalls in diese Richtung. Er liest sich weniger als Ankündigung für eine Schlagerrevue, obwohl der Film das jedoch letztendlich ist.

Abbildung 9: Vorspann zu WENN MAN BADEN GEHT AUF TENERIFFA *(D 1964)*

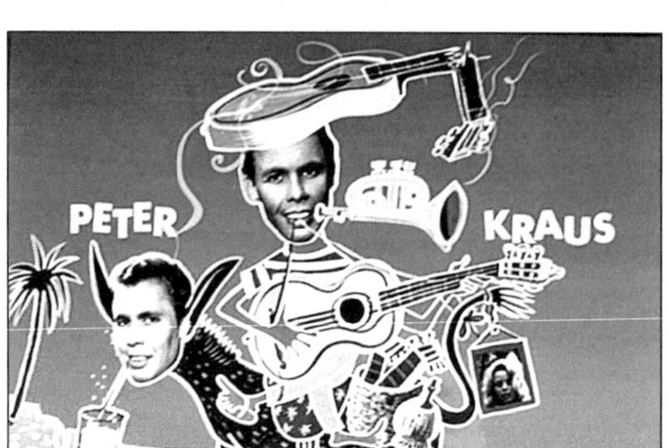

6.4.2 Vorspannschlager im Off

In UNSER DOKTOR IST DER BESTE (D 1969, R: Harald Vock) singt Roy Black *Dein schönstes Geschenk* im Vorspann. Zwischen Filmtitel und Schlagertitel besteht kein inhaltlicher Zusammenhang. Beide scheinen wie in einer Collage zusammengefügt, Ton- und Bild- bzw. Textebene erweisen sich als getrennte Informationsträger. Roy Black ist als Hauptdarsteller im Vorspann nur durch seine Stimme präsent. Der Titel *Dein schönstes Geschenk* macht keine Aussagen über seine Rolle als Kinderarzt Dr. Leonhard Sommer. Der Vorspann ist insgesamt schlicht gestaltet, der Titel baut sich zu Beginn als Schreibschrift vor schwarzem Hintergrund auf. Vor allem die Bildebene bleibt reduziert: Die Hintergründe wechseln farblich mit den Schreibschriftinserts (vgl. Abb. 3), sonst gibt es keine Bewegung im Bild. Die Aufmerksamkeit liegt auf dem Schlager, der sich durch das »Du« im Text direkt an den Zuschauer wendet. Interessant ist hier, wie die Handlung den Schlager aus dem Vorspann aufgreift: In einem Zimmer im Krankenhaus hat ein kleines Mädchen (Wilma) Radio gehört. Sie dreht es leiser, als eine Schwester eintritt. Die Musik wird also sofort in die Handlung integriert. Zwischen Vorspann und Hauptfilm entsteht so keinerlei Bruch.

6.4.3 Vorspannschlager im On

Im Vorspann zu LIEBESGRÜSSE AUS TIROL (Ö 1964, R: Franz Antel) präsentiert Gitte den Schlager *Dann denk' ich immer an die Liebe*. Direkt nach der

Titeleinblendung und der Nennung der Produktionsfirma (rote Schrift auf beigefarbenem Grund) wendet sich dieser Vorspann direkt an den Zuschauer: Wir befinden uns in einem schwarz gekachelten Bad. Gitte sitzt in der Badewanne und schaut direkt in die Kamera, dazu beginnt sie mit der ersten Strophe des Vorspannschlagers:

»Jedes Mal wenn du vorüber gehst,
dann denke ich immer an Liebe.
Auch wenn du mir gegenüberstehst,
dann denke ich immer an Liebe.«

Durch Blick und die persönliche Anrede, das Du, im Schlager wird der Zuschauer unmittelbar angesprochen. Doch schon nach dieser kurzen ›Ansprache‹ schwenkt die Kamera von der Badewanne auf die schwarzen Kacheln, wo die ersten Inserts eingeblendet werden. Gitte bleibt jedoch den ganzen Vorspann über präsent – und zwar in einem ständigen Wechsel zwischen On (versteckt hinter einem Duschvorhang, beim Frisieren am Waschbecken) und Off (während der Insertierungen).

Abbildung 10: Gitte in LIEBESGRÜSSE AUS TIROL *(1964)*

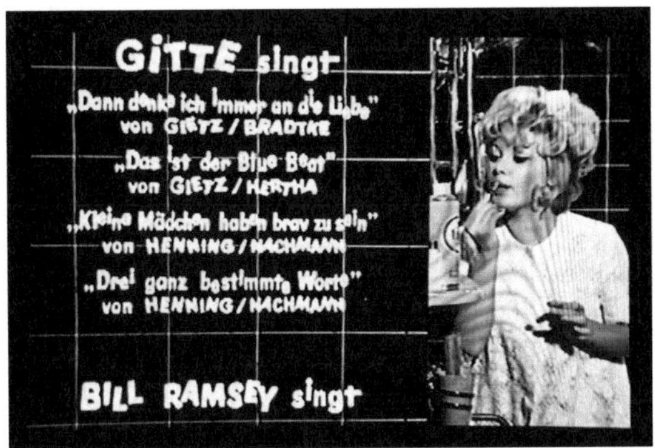

Gitte wird durch diesen Auftritt als Star des Films etabliert. Sie singt von einem noch unbekannten ›Du‹, in das sie verliebt ist. Die Inserts verraten, dass es sich dabei um die von Peter Weck gespielte Rolle handeln könnte, denn sein Name erscheint unmittelbar vor Gittes Name auf den Kacheln. Es lässt sich also schließen, dass beide im Film die Rollen des Liebespaares übernehmen – der Titel LIEBESGRÜSSE AUS TIROL deutet ja bereits an, dass es sich auch um eine Liebeskomödie handelt.

Verbunden wird der Vorspann mit dem ersten Dialog der Haupthandlung, in dem der dänische Konsul Larsen (Otto Haenning) seiner Tochter (Gitte) aus dem Off zuruft: »Rena komm, das Frühstück ist schon fertig!« Rena, die vor dem Waschbecken steht und sich im Badezimmerspiegel begutachtet, legt daraufhin den Kamm weg und antwortet: »Ja, Papi.« Damit ist ein erster Handlungsentwurf gegeben. Der Vorspann hat eine gewisse Erwartungshaltung aufgebaut – dabei hat er auch noch Gitte als den ›Star‹ Gitte enttarnt und etabliert sowie seine Machart als Schlagerfilm reflektiert. Neben Gitte, die in LIEBESGRÜSSE AUS TIROL insgesamt vier Schlager singt, tritt Bill Ramsey als Gastsänger mit dem Schlager *Ein Student aus Heidelberg* auf. Alle Nummern werden im Vorspann angekündigt. Ramseys Auftritt bleibt jedoch punktuell, wirkt zusätzlich in die Handlung eingebaut. Gittes Position als Hauptgesangsstar des Films wird hier später also noch einmal bestätigt.

Die Ebenen des Gesangs und Liedtextes werden in diesem Vorspann nicht nur zur direkten Adressierung des Publikums genutzt (»auch wenn du mir gegenüberstehst«), sondern auch, um einen Vorblick auf die Filmhandlung zu leisten und erste Aussagen über die Personenkonstellationen zu machen.

6.5 POTPOURRI

Vor allem Schlagerfilme, die als ›Musikparade‹ konzipiert sind, verfahren in der Titelsequenz nach diesem Prinzip des Potpourris, das heißt: Unterschiedliche Musiktitel tauchen nacheinander oder in einem Mix auf. Der Film präsentiert binnen des oft nicht mehr als zwei Minuten dauernden Vorspanns sein musikalisches Spektrum und gibt eine Vorschau auf das, was kommt. In CAFÉ ORIENTAL (D 1962, R: Rudolf Schündler) klingen im Vorspann zum Beispiel gleich drei Schlager nacheinander als Instrumentalversionen an, darunter zunächst der Titelschlager *Café Oriental*, dann *Pepito* von der französischen Gruppe »Los Machucambos« und schließlich *Brigitte Bardot*. Die Aufmachung des Vorspanns erscheint auf Bildebene minimalistisch: Auf einen weißen Hintergrund ›fliegen‹ Requisiten wie Perücken, Hüte, Musikinstrumente, Kostüme nacheinander oder parallel mit den roten Schriften ins Bild. Immer wenn ein Insert vollständig ist und das Bild ›gefüllt‹ erscheint, erfolgt der Umschnitt auf das nächste, das sich auch wieder durch das ›Hereinfliegen‹ von Gegenständen und Schriften aufbaut. Mit dem Vorspann endet auch das Potpourri, das musikalische Intro.

Potpourri heißt – und das lässt sich hier ablesen –, dass nicht die Starpersönlichkeiten im Mittelpunkt des Interesses stehen, sondern die Musiktitel. Die Aufmerksamkeit wird schon im Vorspann auf die unterschiedlichen Melodien gerichtet, die in all ihren Facetten erscheinen und im Rhythmus meistens variieren. Auf die Stimme der Interpreten wird aus Gründen der Vermeidung von Subjektivität verzichtet. Das erklärt auch, warum Potpourris in der Regel nur als Instrumentalversionen gestaltet werden. Der Künstler, der sich die Aufmerksamkeit in der Musikparade ohnehin mit weiteren Künstlern teilen muss, tritt hinter sein Produkt zurück. Der Film läuft keine Gefahr, als ein ›lediglich auf den Einzelstar hin‹ bezogener Film gelesen zu werden.

Ein Potpourri bietet sich auch dann an, wenn der Schlagerfilm auf einer Operette beruht, in der einzelne Titel ohnehin nicht untrennbar mit der Persönlichkeit eines Interpreten verknüpft sind, sondern einem Texter und Komponisten zugeschrieben werden. So wird im Vorspann zu IM WEISSEN RÖSSL (D 1952) ein Potpourri aus gesungenem Titelschlager und Instrumentalversionen von zwei weiteren Filmschlagern geschaffen: Zunächst setzt der von einem Chor gesungene Titelschlager *Im weißen Rössl* ein, dann wird *Zuschau'n kann i net,* angespielt, schließlich die Melodie von *Es muss was Wunderbares sein*. Zum Ende hin wird dann noch einmal in die Chorversion des Titelschlagers geblendet, die zugleich den Abschluss des Vorspanns bildet. Binnen 2:15 Minuten hat der Film sein musikalisches Repertoire weitgehend offengelegt. Er hat den schwungvollen Titelschlager als gesungene Version von den anderen Titeln wie eine Filmhymne abgehoben, zugleich aber durch den Einbezug der langsameren Schlager auch deutlich gemacht, dass es gefühlvolle Momente im Film gibt.[35]

35 Das Remake IM WEISSEN RÖSSL (Ö 1960), das eindeutig als Peter-Alexander-Film gekennzeichnet ist (weil noch vor dem Filmtitel das Insert »Peter Alexander in« vorgeschoben ist), verzichtet auf den Potpourristil seines Vorgängers. Mit dem Titelschlager wird instrumental nur der Anfang intoniert, schon nach 1:15 Minuten des insgesamt 2:50 Minuten langen Vorspanns wechselt die Musik: Der Schlager *Das ist der Zauber der Saison* wird in gesungener Version

6.6 *DIESE NUMMER IST IHNEN WIRKLICH GLÄNZEND GELUNGEN:* INSZENIERUNG

Im Vorspann markiert der Film eine seiner möglichen Genrezugehörigkeiten. Er demonstriert, dass er ein Schlagerfilm ist, und legt dar, welche Musiknummern er in die Handlung integriert. Die Implementierungsformen von Schlagern wurden anschließend herausgearbeitet. Demnach operiert der Schlagerfilm im Vorspann mit zwei Modellen (Titelschlager/Vorspannschlager), die unterschiedlich dargeboten werden können: als Instrumentalversionen oder als Version im Off oder On. Hinzu kommt als drittes Modell das musikalische Potpourri. Je nachdem, auf welches Modell ein Film zurückgreift, werden Bedeutungsebenen reduziert oder hinzugefügt. Der Schlagerfilm zeigt sich darüber hinaus durch den Einsatz von Schlagern im Vorspann auch um einen Ouvertürencharakter bemüht.

Schlager im Vorspann vervielfältigen die Lektüremöglichkeiten – gerade wenn sie die Stimme berücksichtigen und damit einen Schlager gesungen aus dem Off oder On darbieten. Ein Schlager kann schon durch seine alleinige Präsenz und den Inhalt seines Textes dem Zuschauer völlig neue Wahrnehmungsräume erschließen. Er kann Lektüren vortäuschen, sie dann wieder dementieren und sie selbst zum Thema des Films machen. Als Beispiel für dieses Lektürenspiel soll der Roy-Black-Film WENN MEIN SCHÄTZCHEN AUF DIE PAUKE HAUT (D 1971, R: Peter Weck) beschrieben werden. Der Film tarnt sich als eine Agentengeschichte. Kristian Wernher (Roy Black) soll für seinen Vater, einen Geschäftsmann, wertvolle Gesteinsproben aus Brasilien nach Österreich, genauer gesagt zum Wörthersee, überführen. Weil er von der Konkurrenz gejagt wird, checkt er unter falschem Namen in einem Hotel ein und wird ausgerechnet mit dem verhassten, zukünftigen Nachfolger eines beliebten Schuldirektors verwechselt. Im Vorspann wird jedoch klar, dass es weniger um Gesteinsproben und auch nicht um Verwechslung geht, sondern um Musik. Der Zuschauer

---

vorgetragen und sogar in die Diegese eingebunden. Während sich vorher postkartenartige Schwenks von St. Wolfgang und Wolfgangsee abwechselten, rücken jetzt Hotelangestellte in den Vordergrund, die das »Weiße Rössl« singend und tanzend auf Vordermann bringen.

lernt Kristian Wernher in der 1:40 Minuten langen *Pre-Title*-Sequenz[36] nicht als Agenten, sondern als nicht so ganz von sich selbst überzeugten Hobbykomponisten kennen. Die Sequenz startet mit einem *establishing shot* auf ein mehrstöckiges Wohnhaus und zoomt das Penthouse heran. Im Innern packt Kristian Wernher Koffer. Sein Kumpel Andi (Ilja Richter), der ihm dabei zusieht, ist offenbar gestolpert und fällt in ein Schlagzeug. In seiner Hand hält er ein Blatt Papier. »Was'n das?«, fragt er neugierig und begutachtet den Zettel. »Das war mein Schlagzeug!«, kommentiert Kristian, der mit dem Rücken zu Andi steht und nur das Poltern gehört hat. »Nee, nee. Das!«, korrigiert Andi.

»KRISTIAN: Keine Ahnung. Die nächsten Monate ist eh keine Zeit für Hobbys.
ANDI: Ich meine diese herrliche Melodie. Dieses dadaa dada dadaa, dadaa dada dadaaa. Ist das von dir?
KRISTIAN: Vermutlich.
ANDI: Du, das ist gut. Das ist wirklich gut!«

Weil Kristian offensichtlich verreist, bittet er Andi, auf seine Wohnung aufzupassen. Beide klären die Modalitäten und scheinen vom Thema Musik schon wieder abgelenkt zu sein, da greift Andi das Blatt mit dem Schlagerkomposition noch einmal auf.

»ANDI: Das Lied ist doch gut! Hast du schon einen Text dafür?
KRISTIAN: Ja, ungefähr …«

In diesem Moment setzt ein Playback des Vorspannschlagers *Wo bist du* ein. Kristian ist noch im Bild, geht aber heraus. Die Kamera zoomt ein Fotokalenderblatt heran, auf dem »Februar« zu lesen ist. Die Pre-Title-Sequenz hat den Fokus also komplett auf die nachfolgende Musiknummer gelenkt. Warum Kristian verreist, wohin er verreist und warum Andi auf seine Wohnung aufpassen soll, ist zunächst nebensächlich. Inhaltlich bleibt beim Zuschauer hängen: Kristian ist Hobbykomponist. Er hat einen eigenen, offenbar ganz ohrwurmtauglichen Song geschrieben, um den er sich

36 Als *Pre-Title*-Sequenz bezeichnet man eine Sequenz, die dem eigentlichen Vorspann vorgelagert ist. In diesem Fall handelt es sich bereits um einen Dialog zwischen den beiden Protagonisten Kristian (Roy Black) und Andi (Ilja Richter).

momentan aus noch unbekannten Gründen nicht weiter kümmern kann. Er spricht darüber mit Understatement. Aus diesem bescheidenen Unterton lässt sich eine Aufforderung an den Zuschauer lesen, sich eine eigene Meinung über die Nummer zu bilden. Und das wird unmittelbar im Anschluss ermöglicht: Das Lied, über das Kristian und Andi in der Pre-Title-Sequenz gesprochen haben, kommt zur Aufführung, und zwar aus dem Off im Rahmen des eigentlichen Vorspanns.

Die *credits* werden darin als weiße Schrift auf farbigen *stills* geliefert. Alle paar Sekunden springen die *stills* zusammen mit den Inserts um. Auf den Fotos ist Kristians Abreise dokumentiert: Sein Weg zum Flughafen, sein Warten am Gate, der Einstieg in die Maschine. Die Sequenz ist als Montage konzipiert, sie unterbricht bewusst den Fluss der vorangegangenen Filmbilder und unterstreicht somit die exponierte Stellung von *credits* und Vorspannschlager. Der Schlagertext eröffnet neben den Bild- und Schriftinformationen eine weitere Bedeutungsebene:

»Endlos ist die Sehnsucht in mir.
Die Sehnsucht nach dir.
Wo bist du? Wo bist du?«

Das Du ist eine direkte Adressierung der Zuschauer. Der Film sucht (mit der Stimme von Roy Black) sein Publikum, das außerhalb steht und jetzt mobilisiert werden soll. Parallel dazu gibt der Text auch Auskunft über die Figur Kristian: Er macht sich scheinbar auf den Weg, um jemanden zu suchen. Die Bebilderung dieses Off-Schlagers (Flughafenszenen) unterstützt die Eröffnung dieser zweiten Bedeutungsebene.

Die letzte Einstellung der Sequenz zeigt eine Aufnahme vom Zuckerhut in Rio de Janeiro. Der Titel *Wo bist du* überlagert diese Vorspannsequenz komplett. Nach dem Zuckerhut-*still* wird erneut in eine Kalenderaufnahme geblendet, die einen Alpensee (!) zeigt. Die Kamera zieht auf. Wir befinden uns in einem Tonstudio. Zu sehen sind Andi und seine angebliche Cousine Gerti (Elke Aberle) sowie eine Musikproduzentin. Andi hat ihr den Song während Kristians Abwesenheit vorgeführt. Als das Lied stoppt, applaudiert Gerti.

»GERTI: Bravo Andi, bravo!
PRODUZENTIN: So Herr Rolf, sie hat ganz recht ihre kleine …

ANDI: … Cousine.
PRODUZENTIN: Also diese Nummer ist ihnen wirklich glänzend gelungen, aber jetzt machen sie mir noch eine bessere für die Rückseite!«

Mit dieser Szene ist die Einleitung des Films komplett. Mit dem Nachsatz der Produzentin, noch eine bessere Nummer für die ›Rückseite‹ zu benötigen, schließt sich der Kreis. In den ersten Minuten dieses Films wird ausschließlich die Herstellung von Schlagern thematisiert. Es geht darum, wann eine Nummer gut ist und wann nicht, wie sie komponiert, besprochen und schließlich einer Produzentin angeboten wird. Auf dieser Basis entfaltet der Film seine Handlung. An die ›Rückseite‹ denkt er dabei natürlich auch: Am Ende schließt der Schlager *Schön ist es auf der Welt zu sein* den Plot.

7. *Wir drehen hier keine Operette*

Figurationen des Selbstreflexiven

Wie anhand des Vorspanns beschrieben wurde, besitzt der Schlagerfilm eine Affinität dazu, sich selbst als Nummernfilm zu präsentieren und seine spezifische Machart auszustellen. Indem er schon in den ersten Minuten einzelne Musiktitel und seine Stars ankündigt, legt er seine Struktur für den Zuschauer offen und lenkt damit die Erwartungshaltung: Das Publikum erfährt vorab, dass in diesem Film gesungen und getanzt wird.

> »Ist eine selbstreflexive Atmosphäre einmal kreiert, so lässt sich auch der Übergang zu Gesang sowie zu Tanz- und Showelementen befreit von allen Fragen nach ›Realismus‹ vollziehen. Dann regiert die konventionelle Uneigentlichkeit der Show.«[1]

Zu diesem Ergebnis kommt Jörg Schweinitz in seiner Studie zur autothematischen Welle im Kino der Weimarer Zeit. Er listet eine Reihe von Filmen auf, die im Filmmilieu angesiedelt sind und Film-im-Film-Konstruktionen verhandeln.[2] Selbstreflexivität ist jedoch ein Phänomen, das in vielen Phasen der Filmgeschichte auftritt und vor allem auch im Hollywood-Kino von zentraler Bedeutung ist.

1 Schweinitz: »Wie im Kino!«, S. 387.

2 Als Beispiele aus Schweinitz' Auflistung seien hier u.a. Filme erwähnt wie DIE GROSSE SEHNSUCHT (D 1930, R: Steve Sekely) oder DIE VERLIEBTE FIRMA (D 1932, R: Max Ophüls), vgl. ebd., S. 375f.

»The moment that Hollywood films take Hollywood as their narrative subject, they encounter a series of paradoxes. Films about Hollywood purport to take the viewer behind the scenes and behind the cameras, but by definition what appears on the screen must be taking place in front of the camera.«[3]

Der Blick hinter die Kulissen ist das, was den Zuschauer fasziniert. Der Film erzählt, wie er entsteht. Er stellt Charaktere wie Regisseure, Kameraleute und Reporter vor, kombiniert das Ganze meist mit einer Aufstiegsgeschichte um einen potentiellen Star. Durch dieses Prinzip entmystifiziert sich der Film in gewisser Weise selbst: »When movies about the movies reveal cinematic fakery or show they generally put forward an alternative reality that contrasts with the illusion of the movies.«[4]

Das muss kein Manko sein, ganz im Gegenteil: Selbstreflexion wird häufig als »wesentliches Kriterium moderner Ästhetik«[5] angesehen. Schweinitz spricht im Zusammenhang mit dem Weimarer Kino auch von einer »Lust an der Attraktion des Modernen«[6]. Der Film stellt seine technischen Möglichkeiten zur Schau und führt mit Vorliebe vor, wie Stars gemacht werden. Der Schlagerfilm der Nachkriegsjahrzehnte ist da keine Ausnahme. Das Showmilieu ist immer wieder bevorzugter Handlungsort für Musikfilme, sei es in der Haupt- oder Nebenhandlung. Im Schlagerfilm wimmelt es von Gesangskünstlern, Theaterleuten und Artisten, Jazzbands, selbst ernannten Komponisten und windigen Managern. Neu ist, dass in den 1950ern das Fernsehen als Komponente hinzukommt: Es geht jetzt in der Handlung nicht so sehr um das Filmgeschäft, es wird jetzt häufig thematisiert, wie eine Fernsehshow entsteht.[7] So wie im Weimarer Kino die Faszi-

---

3 Christopher Ames: Movies about the Movies. Hollywood Reflected, Lexington 2007, S. 4. Ames nennt in seinem Buch verschiedene Beispiele und spannt in seinen Analysen den Bogen von WHAT PRICE HOLLYWOOD? (USA 1932, R: George Cukor) bis LAST ACTION HERO (USA 1993, R: John McTiernan).

4 Ebd., S. 6.

5 Petra Kallweit: Anmerkungen zu Selbstreflexion und Selbstreferenz in TWIN PEAKS und LOST HIGHWAY, in: Eckhard Papst (Hg.): »A Strange World«. Das Universum des David Lynch, 4. Aufl., Kiel 2005, S. 213-229, hier S. 213.

6 Schweinitz: »Wie im Kino!«, S. 377.

7 Zudem bleibt das Theater weiter beliebter Schauplatz von Schlagerfilmhandlungen. Bühnenhandlungen erleichtern generell das Einfügen weiterer Musiknum-

nation am Medium Film ausgestellt wird, erregt jetzt das ›neue‹ Medium Fernsehen das Interesse. Der Schlagerfilm verhandelt die aktuellen Mediendiskurse. Er partizipiert nicht nur personell, sondern auch thematisch am zeitgenössischen Fernseh- und Medienboom in Deutschland, der im weiteren Sinne auch die Entstehung der Boulevardpresse[8] und die Expansion des Zeitschriftenmarktes beinhaltet.

Aus filmgeschichtlicher Perspektive tut sich hier ein Widerspruch auf: Das deutsche Kino der Nachkriegszeit gilt wie bereits mehrfach erwähnt als rückwärtsgewandt und wenig komplex. Doch der Schlagerfilm scheint sich diesem Vorwurf zu entziehen. Das wurde in dieser Arbeit schon belegt mit der Analyse der Erfolgsstrategien – insbesondere der personellen Vernetzung mit Fernsehen und Radio – sowie mit dem Hinweis auf den spezifischen Charakter des Vorspanns, der den Schlagerfilm als Medienprodukt und häufig auch als Hitparade kennzeichnet. Hinzu kommt jetzt die thematische Ebene. Auch hier erzählt der Schlagerfilm Mediengeschichte(-n), die als Form von Selbstreflexivität gewertet werden können. Der Film gibt sich damit ausgesprochen modern. Schweinitz beschreibt diese Verfasstheit auch als »akzentuierte Urbanität«[9].

»Selbstreflexiv ist ein Film, der seinen Status als Film reflektiert.«[10] So definiert Petra Kallweit den Begriff der Selbstreflexivität, den sie im Sinne von Niklas Luhmann als »spezifische Form der Selbstbeobachtung«[11] wertet.

---

mern. Auch das Radio rückt zum Teil in den Fokus von Schlagerfilmgeschichten. So geht es in SCHLAGER-RAKETEN (D 1960, R: Erik Ode) um eine Musiksendung mit dem damals beliebten Moderator Camillo Felgen von Radio Luxemburg.

8 Damit ist vor allem die seit 1952 im Axel-Springer-Verlag erscheinende BILD-Zeitung gemeint.

9 Ebd., S. 378.

10 Kallweit: Anmerkungen zu Selbstreflexion und Selbstreferenz in TWIN PEAKS und LOST HIGHWAY, S. 213.

11 Ebd. Zu Luhmann als Begründer der Systemtheorie vgl. Christoph Reinpfand: Niklas Luhmann, in: Nünning (Hg.): Metzler Lexikon Literatur- und Kulturtheorie, S. 408-410. Vgl. auch Georg Kneer/Armin Nassehi: Niklas Luhmanns Theorie sozialer Systeme. Eine Einführung, 4. Aufl., Stuttgart 2000.

»Nicht das einmalige Zeigen einer Filmkamera oder eines Fernsehgeräts verleiht dem Film den [...] Titel ›selbstreflexiv‹, es muß vielmehr aus dem Film ableitbar sein, welche Merkmale dem jeweiligen Medium innerhalb des Films zugewiesen werden.«[12]

Vor diesem Hintergrund lassen sich verschiedene Varianten und Aspekte der Selbstthematisierung unterscheiden. So besitzt Selbstthematisierung stets eine »dienende Funktion für die Motivierung des Überganges zu Gesang, Tanz und Showelementen«[13]. Sie lässt aber immer auch Rückschlüsse auf – und Reflexionen über – das eigene Medium zu: Am Beispiel von THE MATRIX (USA 1999, R: Andy & Larry Wachowski) hat Lutz Ellrich aufgezeigt, welche Konsequenzen es hat, wenn ein »älteres Medium sich ein jüngeres als *Inhalt* aneignet«[14], in diesem Fall geht es um die Verhandlung von Computer und Cyberspace im Film.

»Ellrichs These ist, dass in *The Matrix* zwar das relativ *alte* Medium Film dem neuen Medium Computer und seinen Potenzialen seine Reverenz erweise, der Film zugleich aber die Überlegenheit des alten Mediums (mitsamt dem traditionellen Wertekosmos) zu demonstrieren versuche.«[15]

So wie die Kinofiktion in den 1990ern THE MATRIX über den Cyberspace triumphiert,[16] müsste sie – so eine mögliche Hypothese – in den 1950ern und 1960ern eigentlich auch über das Fernsehen und andere ›neue‹ Medien triumphieren. Es geht also nicht alleine darum, dass der Musikfilm das Fernsehen thematisch ›abbildet‹, sondern damit umgekehrt auch Aussagen über sich selbst und seine eigene Wirkung macht.

---

12 Kallweit: Anmerkungen zu Selbstreflexion und Selbstreferenz in TWIN PEAKS und LOST HIGHWAY, S. 213.

13 Schweinitz: »Wie im Kino!«, S. 384.

14 Lutz Ellrich: Tricks in der Matrix oder der abgefilmte Cyberspace, in: Liebrand/Schneider (Hg.): Medien in Medien, S. 251-275, hier S. 253. *[Hervorhebung i.O.]*

15 Claudia Liebrand: Hybridbildungen – Filme als Hybride, in: dies./Schneider (2002): Medien in Medien, S. 179-183, hier S. 181f. *[Hervorhebung i.O.]*

16 Vgl. Ellrich (2002): S. 268.

Im Folgenden werden exemplarisch drei Filme besprochen und hinsichtlich dieser Frage überprüft. In HIER BIN ICH – HIER BLEIB ICH (D 1959, R: Werner Jacobs) wird Kneipenmädchen Caterine (Caterina Valente) für eine Fernsehshow entdeckt. Diese Handlung bildet eigentlich nur den Rahmen für eine Verwechslungsgeschichte im Adelsmilieu, zugleich bietet sie aber auch Raum für zahlreiche Gags und eine Reihe von Musiknummern, vorgetragen von Caterina Valente sowie von Rock-'n'-Roll-Star Bill Haley und seinen »Comets«. Mein Fokus liegt dabei auf den Dreharbeiten zur Fernsehshow und den Konsequenzen, die sich für die Musikrepräsentation ergeben.

In ZUM TEUFEL MIT DER PENNE (D 1968, R: Werner Jacobs), dem zweiten Teil der insgesamt siebenteiligen Paukerfilmreihe DIE LÜMMEL VON DER ERSTEN BANK,[17] spielt Peter Alexander den Fernsehjournalisten Peter Roland, der eine Reportage über die »Unruhe in der Jugend« drehen soll. Doch statt eines sozialkritischen Beitrags liefert Peter Aufnahmen vom kleinen Jan (Hendrik Simons alias Heintje) ab, der am Drehort, einem Kinderheim, durch sein Gesangstalent auf sich aufmerksam macht. Wie in HIER BIN ICH – HIER BLEIB ICH liefern hier die Dreharbeiten den Vorwand für Musiknummern. Zugleich wird deutlich, wie sehr sich das Fernsehen im Vergleich zum Valente-Film 1959 bereits als politisches Medium etabliert hat.

Das dritte Filmbeispiel, WENN FRAUEN SCHWINDELN (D 1957, R: Paul Martin), wagt in der eröffneten Chronologie zwar einen Schritt zurück in die 1950er Jahre, hat jedoch auch nicht das Fernsehen zum Thema, sondern den Markt der Frauenzeitschriften. Wie in den anderen Beispielen handelt es sich auch hier um eine Verwechslungskomödie. Mit der Etablierung der Protagonistin Daisy Hellmann (Bibi Johns) als Journalistin schreibt sich der Film jedoch in die Tradition des amerikanischen *newspaper films* ein und bricht in den Schlagernummern auf besondere Weise mit Genrekonventionen.

---

17 Der Film stammt aus der Paukerfilmreihe DIE LÜMMEL VON DER ERSTEN BANK und erzählt von Schülerstreichen am Mommsen-Gymnasium. Die Komödien entstehen zwischen 1967 und 1972, in allen Folgen spielt Hansi Kraus den Schüler und Anführer Pepe Nietnagel.

7.1 *DAS FERNSEHEN ZAHLT ALLES!* Hier bin ich – Hier bleib ich (1959)

Caterine (Caterina Valente) sorgt in ihrem Pariser Nachtlokal nicht nur für das leibliche Wohl ihrer Gäste, sondern nutzt die Kneipe auch regelmäßig als Bühne für ihre Gesangseinlagen. An einem der Abende wird sie während eines Auftritts von einem Fernsehregisseur (Wolfgang Neuss) entdeckt, der, wie ihr Freund Pierre (Wolfgang Müller) mitteilt, einen »Knüller« für seine TV-Show *Pariser Luft* sucht. Caterine fühlt sich geschmeichelt, schmiedet aber mit Pierre erst einmal Hochzeitspläne. Die Show gerät zunächst in Vergessenheit, weil sich rund um die geplante Hochzeit eine Verwicklung mit einem Schlossherrn ergibt. Erst am Ende des Films kommt es in der Kneipe zum Finale und damit zur Aufzeichnung der Show.

Die Rolle des kauzigen Fernsehregisseurs hat Komiker und Kabarettist Wolfgang Neuss übernommen.[18] Er gibt sich überheblich, cholerisch und redet nahezu ununterbrochen. Vor allem in der 15 Minuten langen Schlusssequenz kommt es zu einem verbalen Feuerwerk, in dem Neuss seine ganze Bühnenerfahrung und sein parodistisches Talent ausspielen kann: »Die Ecke sieht nicht echt genug aus!«, schreit er, als sein Fernsehteam die Kneipe herrichtet. »Runter mit dem Niveau!« Und: »Lachen und klatschen nur auf Anzeigen!« Die ganze Künstlichkeit des Fernsehens, seine Inszeniertheit und auch seine Neigung, mit sich selbst zu kokettieren, wird in diesen Szenen ausgestellt. Als die Maskenbildnerin wegen Überforderung in Tränen ausbricht, faucht sie der Regisseur an: »Nur weil Sie beim Fernsehen sind, brauchen Sie nicht zu heulen.« Und von Caterine fordert er vollen Einsatz: »Ganz Europa schaut auf Sie!«

Mitten in diesem Organisationschaos bekommt auch der laut Regisseur »zufällig anwesende« Rock-'n'-Roll-Star Bill Haley seine Position zuge-

---

18 Wolfgang Neuss (1923-1989) und Wolfgang Müller (1922-1960) gelten in der Nachkriegszeit als wichtige Vertreter des politischen Kabaretts. Gemeinsam spielten sie auch im Film WIR WUNDERKINDER (D 1958, R: Kurt Hoffmann) und DAS WIRTSHAUS IM SPESSART (D 1958, R: Kurt Hoffmann). Vgl. Christoph Vatter: Gedächtnismedium Film. Holocaust und Kollaboration in deutschen und französischen Spielfilmen seit 1945, Würzburg 2009, S. 155ff.

wiesen. Er wird als bloße Nummer entlarvt.[19] Als Caterine nicht mehr auftreten will, wird ihm befohlen, schnell das nächste Lied zu singen, um so einen Sendeausfall zu vermeiden. Die Künstler sind Marionetten der TV-Macher. Auf Caterine trifft das jedoch nur eingeschränkt zu: »Sie sind eine ausgesprochene Schirmherrin«, urteilt der Regisseur über sie, nachdem sie ihren Schlager *Pardon Madame* dargeboten hat. Der Satz verweist auf Caterina Valentes Präsenz in Film und Fernsehen und betont ihren Status als Star des Films.

Die ganze Sequenz endet mit einer wilden Schlägerei, ausgelöst durch Pierre, der vor lauter Begeisterung über Bill Haley beginnt, die Einrichtung seines eigenen Lokals zu zertrümmern. Der Regisseur findet das großartig: »Das wird meine beste Sendung«, ruft er entzückt und steht mit seinem Mikrofon wie ein Sportreporter daneben, um die Keilerei zu kommentieren. Pierre befürchtet dagegen paradoxerweise, dass am Ende niemand für den Schaden in seinem Lokal aufkommt. Doch darauf antwortet der Regisseur lediglich: »Das Fernsehen zahlt alles!«

Das Fernsehen wird damit als universales und vor allem finanzmächtiges Wundermittel gekennzeichnet, zugleich aber als solches demontiert: Es stellt zwar die Regeln auf, aber es inszeniert und kümmert sich dabei nicht um Konsequenzen. In der Rolle des übertrieben überheblich dargestellten Regisseurs drückt der Film aber auch eine gewisse Art von Kritik, vielleicht sogar Spott aus, ohne das Medium als solches in Frage zu stellen. Das Fernsehen bietet Raum für Show, es ›ist‹ im Film die Show. Caterine nutzt die Bühne, die sich ihr durch die Aufzeichnung der Sendung bietet. Das tut sie in HIER BIN ICH – HIER BLEIB ICH allerdings auch in anderen Sequenzen, ohne dass dafür extra eine Bühne erschaffen werden müsste. Sie bricht einfach in Gesang und Tanz aus, zum Beispiel im Wohnzimmer des Schlosses, wo Dienstmädchen Lucie (Ruth Stephan) gerade einen Ratgeber über Männer liest. Caterine schnappt sich das Buch und stimmt den Schlager *Immer wieder neu (soll deine Liebe sein)* ein und tanzt dabei durch den Raum.

Gerade mit Nummern wie dieser offenbart der Film seine Stärke als fiktionales Medium. Anders als das Fernsehen muss er – wie er selbst demonstriert hat – keinen Realismus vortäuschen und kann deshalb auch nicht angegriffen werden. HIER BIN ICH – HIER BLEIB ICH hätte aus dieser Sicht

19 »Wo bauen wir den auf?«, fragt sich der Regisseur etwas ratlos und degradiert Haley damit zu einem Sendungsbaustein.

eigentlich auf die Rahmenhandlung der Fernsehshow verzichten können.[20] Doch gerade weil er die etwas argwöhnische, aber souveräne Perspektive auf das ›neue‹ Medium Fernsehen wirft, adelt er sich selbst als das Medium, dass das Spiel mit Realität und Fiktion perfekt beherrscht.

7.2 EIN STÜCKCHEN HEIMATFILM: Zum Teufel mit der Penne (1968)

Schauspieler Peter Alexander ist in seiner Filmkarriere in viele Rollen geschlüpft: Er spielte den passionierten Jazzmusiker wie in LIEBE, JAZZ UND ÜBERMUT (D 1957, R: Erik Ode) oder einen Multimillionär wie in SO EIN MILLIONÄR HAT'S SCHWER (Ö 1958, R: Geza von Cziffra). Er mimte den singenden Oberkellner Leopold im WEISSEN RÖSSL und warf sich in DIE ABENTEUER DES GRAFEN BOBBY (Ö 1961, R: Geza von Cziffra) in Damenkleider. Parallel dazu etabliert sich Alexander auch als Entertainer und Schlagersänger im Fernsehen. 1968 übernimmt er in ZUM TEUFEL MIT DER PENNE[21] die Rolle des Fernsehjournalisten Peter Roland, der wie schon erwähnt eine Reportage über die »Unruhe in der Jugend« drehen soll.[22]

---

20 Produktionstechnisch gesehen könnte es mehrere Gründe geben, warum die Sequenzen in die eigentlich biedere Schlossgeschichte eingebaut wurden: Möglicherweise wurde versucht, die Gesangsnummern von Bill Haley zu motivieren, der anders als Caterina Valente im Film lediglich einen Gastauftritt hat. Vielleicht sind die Szenen aber auch den Rollen von Wolfgang Neuss und Wolfgang Müller zugeschrieben, die sich als komödiantisches Duo im Rahmen der Fernsehshow perfekt darstellen können und damit an vorangegangene Filmerfolge anknüpfen. Als dritte Möglichkeit kommt hinzu, dass Caterina Valentes Status als ›Fernsehgesicht‹ betont und die Filmhandlung in die Gegenwart gehoben werden sollte.

21 Peter Alexander ist in zwei der insgesamt sieben Lümmelfilme vertreten. In HURRA, DIE SCHULE BRENNT! – DIE LÜMMEL VON DER ERSTEN BANK, 4. TEIL (D 1969, Regie: Werner Jacobs) spielt er einen Dorfschullehrer.

22 Zu bemerken ist in diesem Zusammenhang, dass Peter Alexander in Filmen häufig den Namen Peter behält, so wie Caterina Valente in ihren Filmen häufig Catherine oder Kathrin heißt. Diese Deckungsgleichheit von innerfilmischem

Journalist Peter steht unter Druck und liefert seinem Redaktionsleiter nach seinem ersten Dreh in einem Kinderheim kein sendefähiges Material ab. Deshalb bekommt er den Auftrag, sich in eine Schule einzuschleusen. Zufällig ist sein Schwager als Austauschlehrer aus der Schweiz ans Mommsen-Gymnasium nach Baden-Baden berufen worden. Peter ergreift die Chance und tritt an dessen Stelle die Reise an. Am Gymnasium lernt er den aufmüpfigen Zehntklässler Pepe Nietnagel (Hansi Kraus) kennen, wird aber als einziger Lehrer an der ganzen Schule mit Pepe und seinen Klassenkameraden fertig. Mehr noch: Er freundet sich mit der Klasse an und verliebt sich obendrein in Pepes Schwester Marion (Hannelore Elsner). So gesehen übernimmt Peter Alexander im Film zwei Rollen: die des Reporters Peter Roland und inkognito die des Gymnasiallehrers.

Als Reporter tritt er vorrangig im ersten Viertel des Films auf, in dem die Dreharbeiten zur Jugendreportage dargestellt werden. Hier präsentiert sich Peter als ungeduldig und arrogant. Im Kinderheim will er eine Gruppe zwölfjähriger Jungs interviewen. Er drückt ihnen vor den Augen der betreuenden Schwester Oberin Zigaretten in die Hand und bemerkt: »Es sieht besser aus, wenn die Buben beim Interview rauchen!« Die Oberin ist entsetzt und weist stattdessen auf den kleinen Jan (Heintje) hin, der so schön singen könne. Sie fragt Peter, ob er nicht noch eine Aufnahme von ihm machen wolle. Ihr Wunsch stößt bei Peter jedoch auf taube Ohren. »Wir drehen hier keine Operette, wir drehen eine Reportage über die Unruhe in der Jugend«, belehrt er die alte Dame. Um sie zu besänftigen, vereinbart er heimlich mit seinem Kameramann, den Jungen doch mal »trällern« zu lassen, auch wenn es nicht zum eigentlichen Reportagethema gehört. In diesen wenigen Sequenzen erscheint das Fernsehgeschäft als manipulierend und schnelllebig. Für die Kamera werden Bilder mit Hilfe des Reporters inszeniert und im Film als gängige Methode präsentiert. Das TV-Geschäft erweist sich – wie schon in HIER BIN ICH – HIER BLEIB ICH – als ein Arbeitsbereich, in den nur Fachleute Einblick haben.

Derweil hat Peter ein Anruf seines Chefs ereilt, der nervös ist, weil Peter nichts hat von sich hören lassen. Während Peter seinen Vorgesetzten besänftigt, beginnt der kleine Jan aus dem Off den Schlager *Mama* zu sin-

---

Image (Rollenimage) und außerfilmischem Image (privater Persönlichkeit) oder von *screen persona* und *star persona* wird offenbar bewusst gewählt. Vgl. Lowry/Korte: Der Filmstar, S. 11.

gen.[23] Peter ist überrascht, beendet das Telefonat und ändert spontan sein Vorhaben. »Sehr schlecht, ganz unmöglich«, sagt er nach Jans Auftritt zuerst und mimt damit für einen kurzen Moment noch einmal den notorisch unzufriedenen Reporter. Doch sofort wendet er sich an seinen Kameramann: »Wir müssen den ganz anders verkaufen. Los, schnapp dir die Maschine!«

Jan wird von den beiden ehrgeizigen Fernsehmachern in den Garten des Kinderheims gelotst, wo er seinen zweiten Schlager *Ich bau' dir ein Schloss* singen darf. Der Kameramann setzt den Jungen in Szene, Peter bleibt mit seinem Mikrofon stets an seiner Seite. Endlich scheinen beide zufrieden mit dem, was sie sehen und vorgeführt bekommen. Sie schwenken thematisch um, vergessen die Reportage und drehen nun doch eine Art »Operette«: Jan bewegt sich dabei wie ein Profi singend durch die Gartenkulisse und sucht immer wieder den Blick in die Kamera. Der Film bricht in dieser Musikszene in zwei Ebenen: Einerseits werden die Filmaufnahmen thematisiert, andererseits erscheint Jan alias Heintje durch Schorschs Kamera inszeniert wie in einem Musikvideo oder in den Kulissen einer Fernsehshow. Die Musikquelle ist nicht sichtbar.

Am Ende des Liedes springt die Sequenz von der Schlosskulisse in einen Vortragsraum, in dem Menschen vor einer Leinwand sitzen. Die Szene wird nun selbst als Film im Film sichtbar. Als Jans Lied zu Ende ist, schwenkt die Kamera auf Peter. Er erscheint also als Reporter auf seinem selbst gedrehten Material und wendet sich an das Publikum mit den Worten: »Na, was sagen Sie jetzt?« Mit Hilfe dieses dramaturgischen Tricks gelingt es einerseits, einen Zeitsprung innerhalb der Handlung und den Bruch zwischen Handlung und Musiknummer zu kaschieren und in die nächste Sequenz überzuleiten, die in den Räumen des Fernsehsenders spielt. Andererseits adressiert Peter mit dem direkten Blick in die Kamera nicht nur das fiktionale Publikum im Vortragsraum, das sich gerade Heintjes Auftritt auf dem mitgebrachten Film angeschaut hat, sondern auch den realen Filmzuschauer, der den Heintje-Auftritt als Musiknummer im Film wahrnimmt. Der Zusatz »Na, was sagen Sie jetzt?« gilt dabei als Marker, der sowohl auf den Film im Film verweist als auch auf Heintjes musikalischen Gastauftritt

---

23 Bemerkenswert an der Szene ist, dass Heintje als vermeintlicher Vollwaise das Lied *Mama* nicht nur für die Kamera, sondern auch für die Schwester Oberin singt, deren Gesicht immer wieder zwischendurch eingeblendet wird.

als Videoclip, der losgelöst von der Filmhandlung wie ein Werbespot für seinen Schlager *Ich bau' dir ein Schloss* rezipiert werden kann.

Die lose Verbindung zwischen Musiknummer und Film bleibt dabei nur durch die gelegentlichen Einblendungen von Reporter Peter und seinem Kameramann während Heintjes Gesangsauftritt erhalten. In dem Moment, als Peter in seinem eigenen Film auf der Leinwand erscheint, erfüllt er als Protagonist eine Doppelfunktion: Zum Publikum im Vortragsraum spricht er als Peter Roland, der Reporter. Das reale Filmpublikum spricht er mit dem Zusatz »Na, was sagen Sie jetzt?« darüber hinaus als reale Starpersönlichkeit Peter Alexander an. Peter Roland, der Reporter, ist von Jan alias Heintje begeistert, weil seine Nummer möglicherweise Peters verpatzten Dreh im Kinderheim rettet und weil Heintjes Musik dem persönlichen Geschmack der Filmfigur Peter Roland entspricht. Wenn Peter Alexander dagegen als Peter Alexander im Film seine Begeisterung über Heintje äußert, dann verbirgt sich dahinter nicht nur ein Ritterschlag für den jungen Künstler seitens eines großen Unterhaltungsstars, sondern auch eine Werbestrategie der zuständigen Plattenfirma Ariola:[24] Sowohl Peter Alexander als auch Heintje sind zu diesem Zeitpunkt bei der Ariola unter Vertrag und garantieren durch die Kombination aus Film- und Fernsehauftritten Umsätze in Millionenhöhe.[25]

Für Heintje ist die Rolle des Jan in ZUM TEUFEL MIT DER PENNE die erste kleine Filmrolle.[26] Sein Auftritt bleibt auf die wenigen Szenen vom Anfang beschränkt. Die Dreharbeiten von Peter und Schorsch dienen nur als Vorwand, um seine beiden Schlager *Mama* und *Ich bau' dir ein Schloss* zu integrieren.[27] Allerdings ist es Regisseur Werner Jacobs mit der Einbettung

24 Heintje bekam für die kleine Rolle angeblich eine Gage von 6000 DM. Ein mehrjähriger Filmvertrag sicherte ihm ab 1968 eine Hauptrolle pro Jahr. Vgl. Hobsch: Liebe, Tanz und 1000 Schlagerfilme, S. 64.

25 Vgl. Thomas Lehning: Das Medienhaus. Geschichte und Gegenwart des Bertelsmann-Konzerns, Diss., München 2004, S. 171f.

26 Mit Peter Alexander spielt Heintje erneut in HURRA, DIE SCHULE BRENNT – DIE LÜMMEL VON DER ERSTEN BANK, Teil 4 (D 1969, R: Werner Jacobs). Daneben dreht er zwei Filme, in denen er jeweils die Hauptrolle übernimmt: HEINTJE – EIN HERZ GEHT AUF REISEN (D 1969, R: Werner Jacobs) und HEINTJE – EINMAL WIRD DIE SONNE WIEDER SCHEINEN (D 1970, R: Hans Heinrich).

27 Im Vorspann des Films wurde Heintje als »Gast« mit seinen beiden Titeln angekündigt.

der beiden Nummern gleichzeitig gelungen, das Rollenimage der Figur Peter Roland fortzuschreiben: Peter Alexander erweist sich nämlich durch seine Reaktionen auf die Musiknummern gar nicht als gefühlskalter Reporter, sondern offenbart einen emotionalen Charakter – ein Vorgriff auf den weiteren Handlungsverlauf, in dem Peter in die Rolle des Gymnasiallehrers schlüpfen und sich auch hier schwer tun wird, eine unzugängliche Persönlichkeit zu spielen.

Peter hat sein Material jedoch zunächst im Sender vorgeführt. Doch statt Anerkennung erntet er von seinem Chef eine böse Abfuhr. »Statt einer Reportage liefern sie mir ein Stückchen Heimatfilm«, kommentiert dieser die Präsentation. Er ist unzufrieden mit Peter und Schorsch und kritisiert die Arbeit der beiden mit den Worten »alles gestellt und programmiert«. Gleichzeitig setzt er ein neues Ultimatum: Vier Wochen gibt er Peter Zeit, für die Sendung *Pentagramm*[28] eine »stockseriöse Reportage« abzuliefern. Obwohl die Filmhandlung an dieser Stelle kurioserweise in der Schweiz spielt, so verbirgt sich dahinter jedoch eindeutig ein Schlaglicht auf den Zustand der Fernsehlandschaft in Deutschland in den 1960er Jahren. Seit 1963 existiert mit dem ZDF ein zweites Fernsehprogramm. Seit 1967 sendet das Fernsehen in Farbe. Auch die Dritten Programme der öffentlich-rechtlichen Fernsehanstalten etablieren sich.

Als ZUM TEUFEL MIT DER PENNE gedreht wird, ist Peter Alexander bereits ein multimedialer Star. Betrachtet man seine Rolle als Fernsehreporter Peter Roland vor dem biografischen und fernsehgeschichtlichen Hintergrund, dann wird deutlich, warum Peter Alexander einen erfolglosen, aber dafür warmherzigen Journalisten spielen muss: Er vertritt das Fernsehen als Unterhaltungsmedium gegenüber einem Fernsehen, das gesellschaftspolitischen Einfluss nehmen möchte und sich kritisch gegenüber Formen von Unterhaltung wie den in den 1960er Jahren immer zahlreicher werdenden Spiel- und Gesangsshows verhält.

Peter Alexander steht als Schlagerstar auf der Seite von Heintje und eines Fernsehprogramms, das romantische Bilderwelten produziert und die Emotionalität der Zuschauer anspricht – nicht auf der Seite des scheinbar

---

28 Der Name der fiktiven Sendung referiert möglicherweise das ARD-Magazin *Panorama*, das in den 1960er Jahren den politischen Magazinjournalismus in Deutschland mitbegründet und damit eine generelle Politisierung des Fernsehens in Deutschland vorantreibt.

engagierten politischen Programms, das sich auf seine Seriosität beruft und eine investigative Arbeitsweise einfordert. Die Kritik an der journalistischen Praxis bleibt vage. Peter Roland hat seinen Dreh im Kinderheim durch die Vergabe von Zigaretten an die Jugendlichen zwar inszeniert und dabei eine gewisse Routine an den Tag gelegt, allerdings kritisiert der Chef des *Pentagramms* diese Vorgehensweise und distanziert sich als Vertreter des politisch engagierten Fernsehens von jeder Art von Illusion und Verfälschung.

Wie bereits erwähnt nimmt die Rolle des Fernsehreporters Peter Roland den kleineren Teil der Filmhandlung ein. Peter wechselt seine Identität und gibt sich als Lehrer aus. Auch diese Rolle erweist sich für ihn als ungeeignet: Er bemüht sich erst gar nicht, aufmüpfigen Schülern wie Pepe Nietnagel mit gehobenem Zeigefinger zu begegnen, sondern freundet sich mit den jungen Leuten an. Insofern stellt Peter in seinen Berufen Journalist und Lehrer vordergründig immer den glücklosen Außenseiter dar, beide Berufsfelder sind sowohl mit der *screen persona* als auch mit der *star persona* von Peter Alexander nicht vereinbar. Um dieses Defizit im Rollenprofil zu füllen, eröffnet der Film für die Figur Peter Roland ein drittes Betätigungsfeld, nämlich das der Musik. Bei Jans alias Heintjes Auftritt hat er bereits durchschimmern lassen, wie sehr ihn Schlagermusik begeistert. Im Laufe des Films tritt Peter schließlich zwei Mal selbst als Schlagersänger in den Vordergrund und singt *Komm und bedien' dich* und *Honey*. Vor allem in *Komm und bedien' dich* springt der Film aus dem Rahmen, Peter wechselt aus der Rolle des singenden Paukers in die Rolle des Showstars Peter Alexander, der sich in dieser Szene selbst spielt. Immer wieder geht sein Blick während des Gesangs direkt in die Kamera, fast als wolle er das »Na, was sagen Sie jetzt?« aus der früheren Sequenz wieder aufgreifen. Dieser Moment der Enunziation verstärkt den selbstreflexiven Charakter des Films: Peter Alexander entlarvt seine Rolle als Peter Roland.

Wie in HIER BIN ICH – HIER BLEIB ICH zielt die Thematisierung des Fernsehens im Film auch in diesem Beispiel auf die Demonstration von Überlegenheit: Der Film legt dar, mit welchen Strategien das Fernsehen arbeitet, mit welcher Vorsicht es möglicherweise zu betrachten ist. Ebenso wird klar, dass der Film den Realismusanspruch als Schlagerfilm nicht braucht, denn wie Caterina Valente fällt auch Peter Alexander plötzlich in den Gesangsmodus. Zugleich ermöglicht der Film dem Fernsehen jedoch auch, sich selbst als Unterhaltungsmedium zu manifestieren. Mit dem Kommentar zu Heintjes Gesangsnummer, »ein Stückchen Heimatfilm«, wird der Ball vom Fernsehboss zudem an den Film zurückgespielt. Die Medien beobachten sich quasi gegenseitig. Peter Alexander kommt hier die Rolle eines Vermittlers zu: Er ist wie Caterina Valente in beiden Medien erfolgreich.

7.3 KAVALIERSDELIKTE: SCHREIBEN, STEHLEN UND SINGEN IN *Wenn Frauen schwindeln* (1957)

Im Sommer 1956 legt der Zeitungswissenschaftler Walter Hagemann eine Studie über die soziale Lage der Journalisten in Deutschland vor.[29] Darin betrachtet er unter anderem die Situation in der noch jungen Bundesrepublik.[30] Im Mittelpunkt der empirischen Studie stehen unter anderem Aussagen über Einkommensverhältnisse, Bildungsstand, Ausbildungswege und Lebensbedingungen – sowohl von festangestellten Redakteuren als auch von freien Journalisten. Auffallend ist, dass Hagemann in seinen Fragestellungen nie zwischen männlich und weiblich differenziert. Die Studie liefert also insgesamt keinen Aufschluss darüber, wie viele der befragten Journalisten weiblich sind und wie groß demnach überhaupt der hochgerechnete Anteil an Frauen in diesem Berufsfeld in den 1950er Jahren ist.[31]

Diese Einzeldarstellung darf nicht darüber hinwegtäuschen, dass es in den 1950er Jahren Frauen gibt, die journalistisch bzw. publizistisch tätig sind. Sie sind ihren männlichen Kollegen gegenüber zwar eindeutig in der Minderheit, ihr Anteil steigt jedoch im Laufe des Jahrzehnts kontinuierlich: So sind laut Volkszählung von 15.000 erwerbstätigen Publizisten 13 Pro-

---

29 Walter Hagemann: Die soziale Lage des deutschen Journalistenstandes, insbesondere ihre Entwicklung seit 1945, Münster 1956.

30 Ebd., S. 44ff. Hagemanns Untersuchungen sind regional beschränkt, er befasst sich vor allem mit der Entwicklung in Nordrhein-Westfalen.

31 Von seiner Wortwahl her lässt sich sogar vermuten, dass Hagemann gar keine Journalistinnen in seine Umfrage miteinbezogen hat. So schreibt er in seiner Einleitung: »Das Berufsethos allein reicht nicht hin, um eine Familie satt zu machen. Ein echtblütiger Journalist betrachtet den Beruf nicht als eine lebenslängliche Sicherstellung, aber er braucht eine Tätigkeit, die ihren Mann ernährt.« Ebd., S. 6.

zent Frauen, 1961 steigt die Zahl der Erwerbstätigen insgesamt auf 22.000, davon beträgt der Frauenanteil 23 Prozent.[32]

Als 1958 der Film WENN FRAUEN SCHWINDELN in die Kinos kommt, der eine Schreiberin zu seiner Protagonistin macht, muss die Arbeit in den Medien und mit Medien aus Frauensicht durchaus eine Besonderheit sein – zumal journalistisches Arbeiten hauptsächlich in urbanem Umfeld stattfindet, dort, wo auch die Verlagshäuser und Rundfunkanstalten ihren Sitz haben. Daisy Hellmann (Bibi Johns) spielt in dieser Komödie die Tochter eines reichen Spielzeugfabrikanten (Gustav Knuth) und arbeitet als Journalistin[33] für eine Frauenzeitschrift namens *Damenwelt*[34].

Ihre Artikel behandeln stets das Thema Männer, besonders männliche Charakterschwächen, und resultieren aus Selbstversuchen, »Experimenten«, wie Daisy es selber nennt. So täuscht sie gleich in der ersten Sequenz des Films gemeinsam mit einem Redakteur und einem Fotografen einen Autounfall vor, um die Hilfsbereitschaft von Männern zu testen und dann im Anschluss darüber zu schreiben. Später gibt sie sich als Juwelendiebin aus, um ihre These zu überprüfen, dass Männer hübschen Frauen eher behilflich sind als hässlichen – selbst wenn sie eine kriminelle Tat begangen haben.

Daisy lebt zusammen mit ihrem Vater und ihrer Tante Fita (Fita Benkhoff) in einer Villa. Während ihre Tante ihre Artikel immer genüss-

---

32 Vgl. Wolfgang Donsbach: Journalismus und journalistisches Berufsverständnis, in: Wilke (Hg.): Mediengeschichte der Bundesrepublik Deutschland, S. 489-517, hier S. 495.

33 So bezeichnet Daisy Hellmann sich selbst und ihren Status im Film.

34 Seit Dezember 1945 erschien in Nürnberg, das nach dem Zweiten Weltkrieg zur amerikanischen Besatzungszone gehörte, eine Zeitschrift mit dem ähnlich klingenden Titel *Frauenwelt* – Untertitel: »Zeitschrift für alle Gebiete des Frauenlebens«. Herausgegeben wurde sie von Rosine Speicher und hatte ursprünglich schon in der Weimarer Zeit bestanden, damals noch unter dem Titel »Nürnberger Hausfrauenzeitung« (November 1928 bis Februar 1937). 1960 ging die *Frauenwelt* in dem Konkurrenzmagazin *Der Regenbogen* auf, das schließlich ab 1962 zunehmend mit der *Welt der Frau* fusionierte. Vgl. Sylvia Lott: Die Frauenzeitschriften von Hans Huffzky und John Jahr. Zur Geschichte der deutschen Frauenzeitschrift zwischen 1933 und 1970, Beiträge zur Medientheorie und Kommunikationsforschung, Bd. 24, Diss., Berlin 1985, S. 354ff.

lich liest, findet ihr Vater nie anerkennende Worte. Im Gegenteil: Ihm wäre es lieber, seine Tochter würde den »Unsinn« sein lassen und endlich heiraten. Doch das möchte Daisy lieber selbst entscheiden. Bei ihren Recherchen trifft sie auf den Kapellmeister Peter Krüger (Erik Schumann), der sich aus ihrer Sicht hervorragend als Versuchsobjekt eignet, ihre Thesen über Männer und männliche Charakterschwächen zu verifizieren. Er nimmt Daisy den Schwindel ab, sie sei eine Juwelendiebin, und verschafft ihr eine »ehrliche« Arbeit in der »Bar Montparnasse«, wo Daisy fortan als Sängerin auftritt. Weil sich Daisy immer mehr eingestehen muss, dass sie sich in Peter verliebt hat, muss sie ihn schließlich über ihre wahre Identität aufklären.

Der Film präsentiert sich als Verwechslungskomödie und ist zugleich ein klassischer Schlagerfilm, gespickt mit Musiknummern. Sein Titel lautet im Vorspann EUROPAS NEUE MUSIKPARADE 1958, nur im Untertitel wurde er WENN FRAUEN SCHWINDELN genannt. Diese Betitelung wurde mittlerweile umgedreht. In Fernsehzeitschriften und auch in Lexika wird er heute in der Regel mit WENN FRAUEN SCHWINDELN geführt. Insgesamt acht Schlagertitel sind in Form von Bühnen- und Shownummern in die Handlung eingewoben, zwei davon singt Bibi Johns: *Liebling, bleib bei mir* und *Aber nachts in der Bar.* Die Schwedin ist keine ausgebildete Schauspielerin. In ihren Filmen hat sie bis dato meist sich selbst gespielt: eine Jazzsängerin oder Musiklehrerin.[35]

WENN FRAUEN SCHWINDELN bezieht sich auf eine US-amerikanische Genretradition: Er dockt inhaltlich an den *newspaper film* an, der sich in Hollywood mit dem Beginn der *talking era* Anfang der 1930er Jahre etabliert.[36] Der Film nimmt auch die Figur des *girl reporters,* der *newspaper woman* oder auch der so genannten *sob sister* auf. Der letzte Begriff ist in den USA schon zu Beginn des 20. Jahrhunderts dokumentiert und wurde von den *sob stories*, also den so genannten Herzschmerzgeschichten, abgeleitet. Denn: Journalistinnen hatten häufig den Auftrag, emotionale und

35 In LIEBE, JAZZ UND ÜBERMUT (D 1957, R: Erik Ode) ist Bibi Johns zum Beispiel eine Musiklehrerin und spielt an der Seite von Peter Alexander. In TAUSEND MELODIEN (D 1956, R: Hans Deppe) oder MUSIKPARADE (D 1956, R: Geza von Cziffra) spielt sie eine Schlager- und Jazzsängerin.

36 Alex Barris: Stop the Presses! The Newspaperman in American Films, London 1976, S. 12f.

zwischenmenschliche Aspekte aufzudecken und Themen zu bearbeiten, die von ihren Auftraggebern, zum Beispiel Chefredakteuren, als mutmaßlich ›weiblich‹ konnotiert wurden.[37] Andererseits agierten Journalistinnen auch häufig als *stunt girls*: »As the title suggests, a stunt girl was required to do the bizarre or sensational – drive a locomotive, stay overnight in a haunted house, pose as a lunatic, witness a hanging – and then write about it from a feminine perspective.«[38]

Stunt-girl reporting ist in den 1920er und 1930er Jahren vor allem ein Produkt der Boulevardpresse gewesen, die sich von etablierten Tageszeitungen unterscheiden wollte, indem sie Geschichten aufbot, die den Voyeurismus der Leser ansprachen. So wurden für Frauen innerhalb des Journalismus Nischen geschaffen, die angeblich auf ihre mutmaßlich spezifisch weiblichen Fähigkeiten zugeschnitten waren. Aber: »Ironically, the very characteristics that qualified woman for stunt-girl or sob-sister reporting disqualified them from more serious journalism«[39], resümiert Howard Good.

In Hollywood greift man trotzdem verstärkt auf Reporterinnenfiguren zurück und rückt sie ins Zentrum von Filmproduktionen.

»Motion pictures offered the meatiest roles for female actors and created the perfect battleground of the sexes: the underrated girl reporter could prove she was as capa-

37 Laut Alex Barris ist dabei unklar, wo der Begriff *sob sister* eigentlich herkommt, ob er nur im Film verwendet wurde oder auch in der Realität. Das Verb *to sob* bedeutet schluchzen. 1925 soll der Begriff erstmals in *slang dicitionaries* aufgetaucht sein. Die Rolle von Frauen im Zeitungsgeschäft sei aber häufig auf die Aufarbeitung emotionaler und sozialer Aspekte beschränkt gewesen sein: »If somebody accused of a crime happened to be a woman, a female reporter might be assigned to play up the emotional aspects of the story. Or, if the accused was a man, he might have a wife, girl friend or mother, and the woman reporter would be sent to interview such interested parties, again playing up the heart-tugging angles.« Barris: Stop the Presses, S. 139.

38 Howard Good: Girl Reporter. Gender, Journalism and the Movies, London 1998, S. 51.

39 Ebd.

ble as the male, and the boy reporter could gloat that no girl could possibly keep pace with him«.[40]

So beschreibt Jon Saltzman den Kernkonflikt vieler Filme: die Frau, die sich in einer vermeintlich männerdominierten Arbeitswelt durchzusetzen versucht. Das Genre ist laut Forschung auffällig verknüpft mit Zeiten der wirtschaftlichen Rezession in den USA, in der Frauen mitverdienen mussten und sich deshalb neue Berufsfelder erschlossen.

Umso erstaunlicher ist, dass der deutsche Film es ausgerechnet in Zeiten wirtschaftlicher Hochkonjunktur, nämlich in 1950er Jahren, aufgreift, die in Deutschland gemeinhin als Wirtschaftswunderzeit gelten. Anders als viele Frauen in den amerikanischen *screwball comedies*, zu denen der *newspaper film* häufig als Subgenre gezählt wird, muss Daisy Hellmann in WENN FRAUEN SCHWINDELN nicht arbeiten, um Geld zu verdienen. Ihr Vater hat als Spielzeugfabrikant Millionen gemacht und damit den Grundstein für ein sorgloses Leben gelegt. Daisy Hellmann kann also unter ganz anderen wirtschaftlichen Voraussetzungen arbeiten, als ein *girl reporter* in den USA der 1930er Jahre. Sie hat genügend Zeit, sich als Journalistin auszuprobieren.

Der zweite Unterschied ist, dass sie nicht als Reporterin für eine Tageszeitung arbeitet und dort in eine vermeintliche Männerdomäne einbricht, in der sie sich erst als Frau behaupten muss, sondern für eine Frauenzeitschrift tätig ist, bei der sie als Mitarbeiterin viele Freiheiten hat. Sie hat bei der *Damenwelt* einen Job als Kolumnistin, das heißt, man hat ihr auf eigenen Wunsch eine Artikelserie mit dem Titel *Männer, wie sie wirklich sind* eingeräumt, die sie nun regelmäßig mit passenden Themen füllt. Daisys Arbeitsweise entspricht am ehesten dem eines *stunt girls*, das heißt, sie macht ›Selbstversuche‹, begibt sich in bestimmte Situationen, um die Reaktionen anderer zu testen und anschließend darüber zu schreiben.

Ihr Vorgesetzter ist ein Redakteur namens Karl (Boy Gobert), mit dem sie die wesentlichen Absprachen bezüglich ihrer Texte trifft und sie entsprechend im Heft platziert. Zum Teil tritt Karl bei Daisys ›Experimenten‹

40 Joe Saltzman: Sob Sisters: The Image of the Female Journalist in Popular Culture, 2003, unter: http://www.ijpc.org/uploads/files/sobsessay.pdf (letzter Aufruf: 27. Januar 2012).

als Komplize auf – wie zum Beispiel in der Einstiegssequenz, als er gemeinsam mit Daisy und einem Fotografen einen Autounfall vortäuscht. Von ihm kommt bezüglich Daisys Ideen nie ein Widerspruch. Beide siezen sich durchgängig. Karl nennt Daisy jedoch manchmal »Daisylein«, eine Verniedlichung, die weniger auf einer unterschwelligen Anziehungskraft beruht, sondern Karl als *sissy*[41] kennzeichnet: Er repräsentiert aufgrund von Mimik, Gestik und Tonfall eine Form von Homosexualität, die nicht offen angesprochen, aber in seiner Rolle doch angedeutet wird.[42] Zwischen Daisy und Karl herrscht ein professionelles Ungleichgewicht. Als beispielsweise beim vorgetäuschten Autounfall bereits 18 Fahrzeuge vorbeigefahren sind. ohne anzuhalten, und Karl aufgrund dieser Feststellung schon mal eine Überschrift für den Artikel vorformuliert, korrigiert ihn Daisy: »18 ist keine Ziffer für eine Überschrift. 100 Männer fahren rücksichtslos vorbei. Das bleibt haften!« Mit diesem Kommentar legt sie dar, dass sie scheinbar besser ausgebildet ist als Karl, insgeheim sogar auf ihn herabschaut, weil sie besser als er verstanden hat, wie man die Aufmerksamkeit der Leserinnen weckt, nämlich notfalls mit ein bisschen Schwindel und Übertreibung.

Daisy wirkt bei ihrer Arbeit sehr selbstsicher. Karl ist zwar ihr Vorgesetzter, aber in der Praxis dreht Daisy diese Hierarchie um, indem sie selbstbewusst die Anweisungen gibt und einschätzt, wie eine Geschichte am besten umzusetzen ist. Hier deutet sich bereits an, dass Karl als Journalist keine ernstzunehmende Konkurrenz für Daisy ist und damit im Sinne der *screwball comedy* kein adäquater Partner für Wortgefechte. Zugleich wird Bibi Johns' Status als Star des Films betont.

Die Reflexion der redaktionellen Aufgabenteilung im Film korrespondiert weitgehend mit den Verhältnissen auf dem realen Zeitschriftenmarkt in der damaligen Bundesrepublik: Sylvia Lott hat in ihrer Studie über deut-

---

41 Zum Begriff der *sissy* oder *fairy* vgl. Oltmann: Remake/Premake, S. 122. Die Chiffre *sissy* steht demnach für ein bestimmtes Repertoire an Gestiken, Mimiken und verbalen Codes, die in Hollywood auf Homosexualität verweisen.

42 Boy Gobert (1925-1986) spielte im Film vielfach den Dandy und Bonvivant, er galt als Charakterkomiker. Seine Homosexualität war unter Film- und Theaterleuten bekannt. Vgl. Horst O. Hermanni: Von Jean Gabin bis Walter Huston. Das Film ABC, Norderstedt 2009, S. 129ff. Vgl. auch Helmut Stubbe-da-Luz: Boy Gobert, in: Franklin Kopitzsch/Dirk Brietzke (Hg.): Hamburgische Biografie. Personenlexikon, Bd. 2, Göttingen 2003, S. 147-148.

sche Frauenzeitschriften zwischen 1933 und 1970 anhand von Interviews mit ehemaligen Mitarbeitern den Redaktionsalltag und die personelle Zusammensetzung der Zeitschrift *Constanze* dokumentiert und festgestellt, dass zum Beispiel 1949/50 auf acht festangestellte Redakteure lediglich zwei Redakteurinnen kamen.[43] Unter den freien Mitarbeitern war der Frauenanteil zwar leicht höher, aber Frauen wurden vor allem im Sekretariat eingesetzt und zur Beantwortung der Leserpost.[44] Lotts Interviews liefern subjektive Hinweise auf das Zustandekommen dieses Ungleichgewichts: So waren Entscheidungsträger einerseits der Ansicht, dass es nach dem Krieg zu wenig gute Journalistinnen gab, außerdem soll der ehemalige *Constanze*-Chefredakteur Hans Huffzky Männer aufgrund ihres größeren Durchsetzungsvermögens und höherer Arbeitswut bevorzugt haben.[45]

Etwas anders gestaltet sich diese Aufteilung bei der Zeitschrift *Brigitte*: So hatte das Magazin in den 1950er Jahren zwar ebenfalls stets Chefredakteure, die über das Gesamtkonzept entschieden.[46] Für die Inhalte und ihre Umsetzung dagegen waren jedoch überwiegend Redakteurinnen zuständig. Diese personelle Aufstellung war bewusst so gewählt. Die Macher erhofften sich von der hohen Anzahl an Schreiberinnen eine stärkere Bindung der Leserinnen an das Blatt. Mit Texten von Frauen für Frauen wollten die Zeitschriften Vertrauen wecken und ihr Publikum von ihren Ideen überzeugen. 1956 soll Klaus Besser seine Redaktionsmannschaft bei *Brigitte* angewiesen haben, häufiger unterwegs zu sein und vor Ort zu recherchieren.[47]

Genau diese Arbeitsstrategie setzt die Figur Daisy Hellmann auf ihre Weise in WENN FRAUEN SCHWINDELN in die Praxis um. Ihre Artikel beruhen auf Beobachtungen: Sie macht eine offensichtliche Charakterschwäche bei Männern aus, versucht, sie durch einen Selbstversuch zu verifizieren, schreibt ihre Erfahrungen schließlich nieder und veröffentlicht sie in Form

---

43 Vgl. Lott: Die Frauenzeitschriften von Hans Huffzky und John Jahr, S. 441.

44 Ebd., S. 431.

45 Ebd., S. 438.

46 Es gab eine stellvertretende Chefredakteurin: Hannelore Holtz. Sie wurde paradoxerweise im Impressum als »stellvertretend*er* Chefredak*teur*« geführt. Vgl. o.V.: 50 Jahre BRIGITTE – 50 Jahre Gegenwart: Die Geschichte der meistgelesenen klassischen Frauenzeitschrift Deutschlands, unter: www.guj.de/downloads/aktuell/brigitte50/Geschi_l.pdf, S. 5 (letzter Aufruf: 27. Januar 2012).

47 Vgl. ebd.

eines Artikels in der *Damenwelt*. Daisy schlüpft stets selbst in die Rolle des Lockvogels, um an ihre Geschichten zu kommen. Für ihre Artikel inszeniert sie bestimmte Situationen und fordert sich selbst schauspielerisches Talent ab, um ihr Spiel durchhalten zu können. »Das Ganze ist ein Schwindel, alles nur wegen des Artikels«, erklärt sie der Dame, die wegen des vorgetäuschten Autounfalls ihren eigenen Wagen angehalten hat und schließlich beim Anblick der mutmaßlich Verletzten in Ohnmacht gefallen ist. Daisy klingt fast erleichtert, als sie die Situation auflösen kann, denn sie ahnt wohl selbst, dass ihre Aktionen an der Grenze des Seriösen sind.

Um in ihrem nächsten Artikel die Frage zu klären, ob Männer hübschen Frauen eher helfen als hässlichen, überschreitet Daisy diese Grenze schließlich und setzt sich die Maske einer Kriminellen auf. Sie spielt eine Juwelendiebin auf der Flucht vor der Polizei und trifft dabei auf den zufällig vorbeikommenden Kapellmeister Peter Krüger, der ihr die Geschichte abkauft. Mehr noch: Er interessiert sich für Daisys Schicksal. Daisy verstrickt sich immer weiter in ihre Lügen, sie erklärt ihm, sie habe eine kleptomanische Veranlagung, kein Dach über dem Kopf und käme zudem aus einem schlechten Elternhaus. Krügers Mitleid ist geweckt. Er nimmt sie bei sich auf und verspricht, ihre kleptomanische Schwäche durch ehrliche Arbeit therapieren zu können. Daisy nimmt das Angebot an, in der »Bar Montparnasse« zu arbeiten, und überrascht Krüger mit einer Gesangseinlage. Nach diesem Auftritt, der ihr die Bewunderung von Peter Krüger eingebracht hat, informiert sie Redakteur Karl per Telefon über das »Prachtexemplar« Peter Krüger: »Eine selten ergiebige Type, er reicht für eine ganze Artikelserie.« Ein Titel für die neue Serie ist ihr auch schon eingefallen: *Der Dompteur im Manne*. Ihre These: »Eine Frau ohne Fehler ist für den Mann langweilig.«

Der deutsche Zeitschriftenmarkt war in den Nachkriegsjahren bis auf kürzere Stagnationsperioden ein Wachstumsmarkt. Die Zahl der Titel stieg insgesamt gesehen kontinuierlich an: Das Handbuch *Die Deutsche Presse* zählte 1954/55 knapp 5100 Zeitschriften, 1955/56 waren es schon 5600 und 1960/61 sogar 6500.[48] Zu dem stark segmentierten Angebot aus Illustrierten, Programmzeitschriften, politischen Magazinen, Kinder- und Jugend-

48 Zitiert nach Hans Bohrmann: Entwicklung der Zeitschriftenpresse, in: Wilke (Hg.): Mediengeschichte der Bundesrepublik Deutschland, S. 135-145, hier S. 138.

zeitschriften, Verbandsorganen und Fachmagazinen zählten auch Frauenzeitschriften, die keine Erfindung der Nachkriegszeit waren, sondern schon auf eine Entwicklung im 18. Jahrhundert zurückgehen, nämlich auf die *Moralischen Wochenschriften* der frühen Aufklärung, die das weibliche Publikum für sich entdeckten, damals noch eher literarisch geprägt waren und vor allem ein Ziel verfolgten: die Frau zu einer anregenden Gesprächspartnerin für den gebildeten Mann zu erziehen.[49]

Die Zeitschriften der Nachkriegsjahrzehnte sind als auflagenstarke Hochglanzpublikationen mit den frühen, meist nur wenige Seiten umfassenden ›Frauenjournalen‹ jedoch nicht mehr zu vergleichen. Seit März 1948 erschien im Verlag Gruner und Jahr die Zeitschrift *Constanze*, die in Deutschland schnell zur Marktführerin avancierte. Im selben Jahr kamen *Die Stimme der Frau* (ab Januar 1957 unter dem bis heute bekannten Namen *Für Sie*) und *Ihre Freundin* (heute *Freundin*) hinzu; 1954 wurde außerdem die Zeitschrift *Brigitte* gegründet, die in den 1960er Jahren mit *Constanze* fusionierte und zuvor aus dem *Blatt für die Hausfrau* hervorgegangen war. »Brigitte, dieser Name mit seinen beiden spitzen Vokalen und den vielen explodierenden Konsonanten, wirkte wie ein ermunternder Peitschenknall, der die Hausfrauen aus dem Nachkriegsschlaf weckte«[50], resümiert Hannelore Schlaffer anlässlich des 50-jährigen Bestehens des Magazins. Dieses Zitat darf jedoch nicht vortäuschen, Frauenzeitschriften wie *Brigitte* seien in den 1950er und 1960er Jahren progressiv im Hinblick auf Emanzipation und Auflösung von Rollenklischees gewesen. *Brigitte* spricht die Frau in erster Linie als Ehefrau und Mutter an – oder als Partnersuchende auf dem Weg zum Eheglück.[51]

---

49 Vgl. Ulrike Weckel: Zwischen Häuslichkeit und Öffentlichkeit. Die ersten deutschen Frauenzeitschriften im späten 18. Jahrhundert und ihr Publikum, Studien und Texte zur Sozialgeschichte der Literatur, Bd. 61, Tübingen 1998, S. 25. Weckel weist für den Zeitraum zwischen 1720 und 1800 insgesamt 115 Frauenzeitschriften in Deutschland nach. 14 davon erscheinen laut ihrer Forschung sogar im Eigenverlag von Frauen.

50 Hannelore Schlaffer: Fasten, joggen, selber nähen, in: *Die Zeit* 20 (2004), unter: http://www.zeit.de/2004/20/Brigitte (letzter Aufruf: 12. Januar 2012).

51 Vgl. dazu die Studie von Jutta Röser: Frauenzeitschriften und weiblicher Lebenszusammenhang. Themen, Konzepte und Frauenbilder im Kontext von Emanzipation, Individualisierung und sozialer Differenzierung, Diss., Opladen

Als kommerzielle Presseerzeugnisse mit dem Ziel, eine möglichst große Zahl an Frauen anzusprechen, bestätigten die Zeitschriften eher bestehende Lebensstrukturen und versuchten lediglich innerhalb dieses vorherrschend konservativen Spektrums ihren Leserinnen Orientierungshilfen im Alltag zu bieten – ›ermunternd‹ also im Sinne von Unterhaltung und Beratung, nicht im Sinne von Rebellion gegen in der Gesellschaft vorherrschende Rollenmuster. Röser bezeichnet diese Strategie, die sie bis Ende der 1980er Jahre sogar als Grundbestreben von kommerziellen Frauenzeitschriften ansieht, als Konsensprinzip: Demnach gehört die »Präsentation konsensfähiger Themen und Positionen, zu denen weitgehende Übereinstimmung unter den Leserinnen besteht, zum Prinzip der Berichterstattung«[52]. Inhaltlich dominierten bei den meisten Zeitschriften schon in den 1950er und 1960er Jahren Themen rund um Mode und Kosmetik.[53] Daneben folgten vor allem Ratgeberthemen von Haushaltsführung bis zur Ehescheidung.

Hannelore Schlaffer charakterisiert die Frauenzeitschriften von damals als »psychologische Handbücher«[54] und in einem Vorwort zu einer *Constanze*-Ausgabe heißt es 1961 selbstbezüglich: »Noch mehr Moden, noch mehr Kosmetik, noch mehr Praktisches, [...] noch mehr Aktuelles über Ehe, Familie, Mann und Frau. Gäbe es eine ›frauliche Hochschule für Lebenspraxis‹ – sie könnte nicht ergiebiger sein als in Constanze«[55]. Frauenzeitschriften suggerieren also Lösungen für nahezu alle genuin weiblichen Problemlagen. Harald Ulze und Ingrid Langer-El Sayed sehen darin den Kern des »Freundinnen-Images«[56], das sich Frauenzeitschriften laut ihren

---

1992, S. 147. Sie hat Themen und Inhalte von vier großen deutschen Frauenzeitschriften (*Brigitte*, *Cosmopolitan*, *Elle* und *Tina*) zwischen 1970 und 1989 bezüglich ihres Wandels und im Hinblick auf weibliche Lebensrealitäten verglichen.

52 Ebd., S. 305.

53 Vgl. Ingrid Langer-El Sayed: Frau und Illustrierte im Kapitalismus. Die Inhaltsstruktur von illustrierten Frauenzeitschriften und ihr Bezug zur gesellschaftlichen Wirklichkeit, Köln 1971, S. 138ff.

54 Schlaffer: Fasten, joggen, selber nähen, S..

55 So war in *Constanze* Nr. 20 vom 26. September 1961, S. 2, zu lesen, zitiert nach Lott: Die Frauenzeitschriften von Hans Huffzky und John Jahr, S. 592.

56 Harald Ulze: Frauenzeitschrift und Frauenrolle. Eine aussagenanalytische Untersuchung der Frauenzeitschriften BRIGITTE, FREUNDIN, FÜR SIE und

Analysen im Bezug zu ihren Leserinnen aufbauen und permanent bestätigen. Um Vertrauen zu wecken, Kompetenz zu beweisen und eine größtmögliche Leserinnenblattbindung zu erzielen, gehört auch, dass Frauenzeitschriften Teile ihres Redaktionsalltags offenlegen, über sich und ihre Arbeit berichten oder die ›Gesichter‹ zeigen, die sich hinter den Texten verbergen. Es geht laut Ulze damit um eine redaktionelle Selbstdarstellung, durch die ein scheinbarer Einblick in den Produktionsprozess gewährt wird und die Anonymität des Verlagsapparates zur privaten Sphäre wird, an der die Leserin scheinbar partizipiert.[57] Frauenzeitschriften vermitteln durch den lässigen Ton ihrer Selbstbeschreibung nach Langer-El Sayed zudem den Eindruck, »als gäbe es nichts Amüsanteres und Aufregenderes«[58] als in einer solchen Redaktion zu arbeiten.

Für Daisy Hellmann ist die Arbeit für die *Damenwelt* pures Vergnügen. Um ihre Meinung über Männer bestätigt zu sehen, nimmt sie in Kauf, dass sie immer wieder mit dem Gesetz in Konflikt kommt. Sie würde sich diesen Schwierigkeiten als Millionärstochter nicht freiwillig aussetzen, wenn sie nicht Spaß an ihren ›Experimenten‹ hätte – sehr zum Zweifel ihres Vaters, der lieber sähe, dass seine Tochter die Schreiberei aufgeben und ihr Misstrauen gegenüber Männern ablegen würde. Anders als in der US-amerikanischen *screwball comedy*, in der die Journalistinnenrolle Anlass zu Wortgefechten zwischen Mann und Frau bietet, dient sie in der deutschen Schlagerkomödie als Motor für den Generationenkonflikt – in diesem Filmbeispiel für den Konflikt zwischen Vater und Tochter. WENN FRAUEN SCHWINDELN bedient sich mit dem *girl reporter* also einer traditionell US-amerikanischen *screwball*-Figur und macht sich das Erzählprinzip des Genres zunutze, in dem der Film es in einen anderen geschichtlichen Kontext überträgt und den Erzählkonventionen des Genres, also der Schlagerkomödie, angleicht.

Der *newspaper film* erfährt somit im Schlagerfilm eine Umschrift. Es geht nicht um den Geschlechterkampf, den *battle of the sexes*, der sich in diesem Fall laut Genrekonvention zwischen Daisy und ihrem Journalistenkollegen Karl abspielen müsste, sondern um den Kampf zwischen Jung und

---

PETRA, Hochschul-Skripten: Medien, 1, 2. Aufl., Berlin 1979, S. 173. Vgl. auch Langer-El Sayed: Frau und Illustrierte im Kapitalismus, S. 115ff.

57 Vgl. Ulze: Frauenzeitschrift und Frauenrolle, S. 197.

58 Langer-El Sayed: Frau und Illustrierte im Kapitalismus, S. 116.

Alt, zwischen Daisy und Vater Hellmann und ihren unterschiedlichen Rollenauffassungen. Vater Hellmann ist mit dem selbst gewählten Beruf seiner Tochter nicht einverstanden. Daisys Motivation, zu recherchieren und zu schreiben, ist ausschließlich persönlicher Natur: Sie schreibt, weil sie sich laut Filmtext »dazu berufen« fühlt und auch, um ihrem scheinbar tiefsitzenden Misstrauen gegenüber Männern Luft zu verschaffen.[59] Anders als im Heimatfilm, in dem die Eltern aus finanzieller Not heraus häufig eine Vorentscheidung treffen und nach geeigneten Heiratskandidaten Ausschau halten, um die Existenz beispielsweise des eigenen Hofes zu sichern, mischt sich Vater Hellmann zunächst nicht in die Frage der Hochzeit ein. Erst später lässt er durchsickern, dass der Kapellmeister Krüger doch ein angenehmer Partner für Daisy wäre und er nicht akzeptieren könne, dass sie »Schindluder« mit dem »armen Kerl« treibe.[60]

Der Vater-Tochter-Konflikt in WENN FRAUEN SCHWINDELN ist Teil des Generationskonflikts, der auch im Heimatfilm häufig thematisiert wird. Nach Trimborn[61] greift der Heimatfilm auffallend oft die zerstörten und unvollständigen Familienstrukturen nach 1945 auf – allerdings verfremdet er die Realität. Während nach dem Zweiten Weltkrieg in den meisten Familien der Vater fehlte und die Mutter eine Führungsrolle übernahm, wird dieses Verhältnis im Film paradoxerweise umgekehrt: Familienverbände bestehen hier meistens aus einem verwitweten Vater und einer heiratsfähigen Tochter.[62]

---

59 Woher dieses Misstrauen rührt, löst der Film nicht auf. Eine mögliche frühere Enttäuschung wird nicht angedeutet. Als das Thema Hochzeit im Hause Hellmann wieder einmal auf den Tisch kommt, nennt Daisy als trotzige und zugleich kokette Begründung für ihr Singledasein mangelndes Glück und mangelnde Auswahl.

60 Die Berufe des Kapellmeisters und Spielzeugfabrikanten knüpfen symbolisch an der im Film immer wieder verwendeten Metapher des Dompteurs an: Kapellmeister Krüger dirigiert sein Ensemble *und* Daisy Hellmann, die als Tochter eines Spielzeugfabrikanten metaphorisch zum ›Spielzeug‹ des Kapellmeisters wird.

61 Trimborn: Der deutsche Heimatfilm, S. 80.

62 Vgl. ebd. Als Filmbeispiele nennt Trimborn unter anderen DIE MÄDELS VOM IMMENHOF (D 1955, R: Wolfgang Schleif) oder WENN AM SONNTAGABEND DIE DORFMUSIK SPIELT (D 1953, R: Rudolf Schündler). Es gibt jedoch auch Gegenbeispiele, in denen die Familien nur noch aus Müttern und Töchtern bestehen: In VIER MÄDELS AUS DER WACHAU (Ö 1957, R: Franz Antel) zum Beispiel ist

Der Konflikt zwischen beiden entfaltet sich auf der emotionalen Ebene. Die Töchter fühlen sich ihren leidenden und zum Teil von Existenznot betroffenen Vätern so stark verpflichtet, dass sie selbstlos auf das eigene Glück verzichten und sich dem Willen des Vaters unterordnen, indem sie zum Beispiel eine Beziehung mit einem reichen, aber ungewollten Partner eingehen.

Der Schlagerfilm greift diese Vater-Tochter-Konstellation häufig auf, allerdings wird die Tendenz zur Selbstaufgabe und Unterwürfigkeit der Töchter aufgehoben und ins Gegenteil verkehrt: Die jungen Frauen kämpfen offen für ihre eigenen Wünsche, tragen ihren Willen nach außen und rebellieren gegen jegliche Form von Bevormundung und Repression, die sie zwar nicht mehr offen, aber doch unterschwellig durch den Vater erfahren. Die ist im Vergleich zu den Vätern in den klassischen Heimatfilmen ausgeprägter, denn auch die Vaterfiguren machen im Musikfilm eine Metamorphose durch: Sie sind nicht leidend oder von Existenznöten bedroht, sondern treten als Patriarchen mit gut gefülltem Geldbeutel auf. Aufgrund ihrer Position als Hausherr und Oberhaupt einer mutterlosen Familie sind sie mehr denn je diejenigen, die ihren Kindern Verhaltensformen aufdiktieren und ihre Unterordnung einfordern.

Die Väter erscheinen im Musikfilm erstarkt, ihr Selbstbewusstsein ziehen sie aus ihrem beruflichen Erfolg und ihrer damit erworbenen finanziellen Freiheit. Was sie mit den Vätern im Heimatfilm weiterhin verbindet, ist wie in vorliegendem Filmbeispiel jedoch nach wie vor das Fehlen einer Ehefrau. Spielzeugfabrikant Hellmann ist in seinem Haus von zwei Frauen umgeben: von seiner unverheirateten Tochter Daisy und seiner Schwester Fita, die gerade wieder Single ist, aber bereits vier Mal verheiratet war. Fita und Daisy sind diejenigen, die Hellmanns Position als Hausherr immer wieder antasten: Daisy, indem sie ihrer Berufung nachgeht und sich selbst durch einen kurzfristigen Gefängnisaufenthalt nicht von ihrem Weg abbringen lässt; Fita, indem sie Hellmann stets widerspricht und sich auf Daisys Seite schlägt. Hellmann wird dadurch in seiner eigenen, vom Film als ›männlich‹ konnotierten Dompteursrolle behindert. Weder seine Tochter

---

eine verwitwete Gastwirtin Teil der Handlung um zwei Zwillingspärchen, die in ihrem Heimatort als vermeintliche Vierlinge und Tourismusattraktion verkauft werden. In DREI MÄDELS VOM RHEIN (D 1955, R: Georg Jacoby) steht eine Wirtin vor dem Konkurs und ist auf die Hilfe ihrer drei Töchter angewiesen, um den Gasthof zu retten.

noch seine etwa gleichaltrige Schwester Fita lassen sich von ihm beeinflussen oder gar dirigieren. Die beiden Frauenfiguren sind zu stark, um sich seinen Anweisungen unterzuordnen. Sogar Hauspapagei Napoleon macht sich über ihn lustig. Aus dieser Hilflosigkeit Hellmanns zieht der Film einen großen Teil seines komödiantischen Potentials. Der Zuschauer hat fast Mitleid mit dem offensichtlich entmachteten Patriarchen, der zwar durch seinen Beruf über Geld und Ansehen verfügt, im häuslichen und zwischenmenschlichen Bereich aber keinen Einfluss hat und sich dieses Gesichtsverlustes auch bewusst ist.[63]

Während der Konflikt zwischen Vätern und Töchtern in den meisten Musikfilmen jedoch auf die Diskrepanz zwischen ernster und unterhaltender Musik, Klassik versus Jazz, Rock 'n' Roll und Schlager, projiziert wird, spiegeln ihn Vater und Tochter Hellmann in WENN FRAUEN SCHWINDELN durch ihre unterschiedlichen Rollen- bzw. Berufsvorstellungen wider. So ist es für Vater Hellmann kein Problem, dass seine Tochter im »Montparnasse« Schlagernummern singt, die Frage nach dem Stellenwert von Musik wird gar nicht aufgeworfen, dafür aber die Frage nach ihrer persönlichen Zukunft, und die sieht Herr Hellmann ausschließlich an der Seite eines Ehemannes. Redakteur Karl würde sich als solcher anbieten, den aber nimmt Daisy nicht ernst. Sie hat sich ausgerechnet in ihren ›Dompteur‹ Peter Krüger verliebt und sieht ein, dass sie ihm nicht ewig etwas vorspielen kann. Sie hat sich ihm als Agathe Keller vorgestellt. Doch Peter Krüger kommt ihr auf die Schliche, als er zufällig ihr Manuskript findet, und dreht den Spieß um, indem er Daisy nun seinerseits etwas vorspielt.

WENN FRAUEN SCHWINDELN zeichnet die Medienwelt als eine durchweg inszenierte Welt, die ihre Geschichten zum großen Teil selbst produziert und einen Austausch zwischen Täuschenden und Getäuschten provoziert. Das Publikum nimmt Informationen aus den Medien auf und versucht diese dann wiederum zu verarbeiten und zu überprüfen. Im Film ist es Sängerin Uschi, die Daisys Artikel immer wieder rezitiert und sie als Anlass

63 Über eine derartige Figurenkonstellation verfügen viele deutsche Komödien in diesem Zeitraum. Vor allem Heinz Erhardt hat häufig den alleinstehenden, überforderten Vater gespielt, dem die eigenen Töchter auf der Nase herumtanzen. Als Beispiel kann hier der Film WITWER MIT FÜNF TÖCHTERN (D 1957, R: Erich Engels) gelten, eine Komödie, in der Erhardt einen Bibliothekar spielt, der sich mit der Erziehung seiner fünf heranwachsenden Töchter herumschlägt.

für einen letztlich erfolgreichen Selbsttest nimmt, um ihren Schwarm Jimmy für sich zu gewinnen. Als Uschi und Daisy einmal zusammensitzen, verkündet Uschi selbstbewusst und überzeugt, dass doch jeder Mann »ein geborener Dompteur« sei. Daisy fragt, woher sie das wisse, und Uschi antwortet, das stehe doch alles in der *Damenwelt*: »Sie müssen es lesen!«

Der Film führt somit Rezeptionsmuster von Frauenzeitschriften vor. Auch Tante Fita liest mit Genuss aus Daisys Artikeln vor und findet darin Bestätigung. Der Film reflektiert das zitierte Freundinnen-Image der zeitgenössischen Magazine. Die Kritik an der Arbeitsweise der Medien, die im Film jedoch mitschwingt, wird besonders deutlich lesbar, wenn man sie im Kontext der Medienentwicklung in der Bundesrepublik nach 1949 wahrnimmt, speziell in dem der Frauenzeitschriften. Der Journalismus der Frauenzeitschriften erscheint aufgebaut auf subjektiven Empfindungen und Pauschalisierungen (»in jedem Mann steckt ein Dompteur«). Auch wenn Daisy von sich selbst behauptet, sie sei Journalistin, so steht sie hierarchisch gesehen doch eher auf der Seite der Leserinnen als auf der der Redaktionsmitglieder. Leserinnen konnten bei Frauenmagazinen häufig ihre selbst geschriebenen Erfahrungsberichte einsenden. Insofern agiert Daisy eher wie eine Leserin und Hobbyschreiberin, wenn sie sich mit Block, Stift und Schreibmaschine auf Geschichtensuche begibt. Nie kommt im Film das Thema Honorar zur Sprache. Sie schreibt nicht, um sich ihren Lebensunterhalt zu verdienen.[64] So wohnt sie zum Beispiel noch zu Hause in der Villa Hellmann, bei ihrem Vater und ihrer Tante Fita. Aufgrund ihres familiären Kontextes erscheint die Schreiberei hier eher wie ein Hobby, mit dem sich Daisy die Wartezeit auf einen geeigneten Heiratskandidaten vertreibt.

Zieht man den Filmtitel WENN FRAUEN SCHWINDELN hinzu und schaut sich vor allem einige Synonyme für das Wort »schwindeln« an – nämlich lü-

64 Die Annahme, dass Daisy die Schreiberei nur zur Abwechslung betreibt, lässt sich durch einen empirischen Befund stützen: »Journalist/in« war in den 1950er Jahren kein gut bezahlter Beruf. Vor allem Freiberufler litten laut zeitgenössischen Studien häufig unter finanzieller Not, denn sie verdienten weitaus weniger als festangestellte Redakteure. Vgl. dazu Konstanze Rohde: Die Karriereleiter. Ausbildung und Einkommen im Journalismus von der Mitte des 19. Jahrhunderts bis zur Gegenwart, in: Hans Mathias Kepplinger (Hg.): Angepaßte Außenseiter. Was Journalisten denken und wie sie arbeiten, Freiburg/München 1979, S. 189-209, hier S. 199ff.

gen, es mit der Wahrheit nicht so genau nehmen, erfinden, erdichten, vorgeben, simulieren –, dann lässt sich daraus ein Kommentar zu Daisys Doppelidentität ablesen: Daisy als eine harmlose Kriminelle, die sich nur aus Spaß in diese Rolle begeben hat, und Daisy als Journalistin, die, um Fakten sprechen zu lassen, erst mal ihre Phantasie spielen lassen muss und deshalb in ihrem Beruf nicht besonders ernst genommen werden kann. Der ›Schwindel‹ wird der blonden Millionärstochter als liebenswerte Charakterschwäche ausgelegt.

Daisy verfügt im Film allerdings über eine dritte Identität, und die entfaltet sich in den Musiknummern: Als sie zum ersten Mal auf die Bühne in der »Bar Montparnasse« tritt, um ihren Schlager *Liebling, bleib bei mir* anzustimmen, ist sie nicht mehr Juwelendiebin, auch nicht Journalistin, sondern eine begabte Sängerin. Und diese Rolle kann sie ohne Rechtfertigung ausüben. Während sie sich als Diebin Peter ständig erklären muss und permanent mit dem Widerwillen ihres Vaters gegenüber dem Journalistinnenberuf zu kämpfen hat, braucht sie als Sängerin keine kritischen Fragen zu beantworten. Auf der Bühne kann sie ganz sie selbst sein. Niemand fragt, woher sie ihr Showtalent hat. Erst die Bühne macht also paradoxerweise die ›wahre‹ Daisy gegenüber der ›geschwindelten‹ Daisy sichtbar.

Ausgerechnet der Ort, an dem sich normalerweise Verstellung, Imitation und Maskerade abspielen, wird zu einem Ort der Authentizität. Daisy ist nicht mehr Daisy, die mutmaßliche Juwelendiebin und Journalistin, sondern der Star Bibi Johns, der keinen Schwindel braucht, um andere von sich, ihrem Talent und ihrer Persönlichkeit zu überzeugen. In den Musiknummern kippt der Film in einen anderen Modus: Er ›fällt‹ quasi ›aus dem Rahmen‹ der Handlung in den der Bühnennummer, die ein inhaltlich eigenständiges, filmisches Puzzleteil bildet und losgelöst von der Dialoghandlung rezipiert werden kann. Innerhalb der Musiknummer *Aber nachts in der Bar* wird genau diese parergonale Strategie inhaltlich noch einmal gespiegelt. Darin geht es um das Verhältnis von Alltagsleben und dem ›wahren‹ Leben, das sich erst in der Freizeit entfaltet. Beides ist offenbar unvereinbar, letzteres wird vom Alltag überdeckt, spielt sich nur in geheimen Wünschen ab. Das Leben erscheint wie eine Dichotomie, als ein ständiges Wechseln zwischen beiden Welten.

»Jeden Morgen sitz‹ ich um halb neun in der Bürgermeisterei
und ich führe dort tagaus tagein, still und fleißig die Kartei.
(Refrain:)

Aber nachts in der Bar, aber nachts in der Bar, fängt für mich das wahre Leben an aber nachts in der Bar, aber nachts in der Bar, rette sich vor mir wer kann!«

Der Liedtext liest sich als ein Kommentar zur filmischen Strategie, die beiden unterschiedlichen Modi sichtbar zu machen. Er spiegelt die Ebenenstruktur des Films – ›Daisy als Journalistin‹ versus ›Daisy als Sängerin‹ – auf der inhaltlichen Ebene wider, indem er den Vergleich ›brave und zuverlässige Angestellte‹ versus ›Partymädchen‹ einführt. Bibi Johns reflektiert im Schlager quasi Daisy Hellmanns Situation: »Nachts in der Bar«, in diesem Fall in der »Bar Montparnasse«, fängt für sie das »wahre Leben« an, und das ist Daisys Berufung als Sängerin, nicht ihr Leben als Millionärstochter und Journalistin. Zudem spricht der Film vermutlich inhaltlich dieselbe Zielgruppe an, aus der auch Frauenzeitschriften in den 1950ern einen großen Teil ihres Leserinnenkreises rekrutierten, nämlich dem der berufstätigen Frauen[65], und referiert unmittelbar deren Selbstverständnis und ihre möglicherweise unterdrückten Träume. Zum Beispiel den Wunsch, den ›anderen‹ Teil ihrer Identität jenseits von Arbeitsplatz, Haushalt und durchorganisiertem Tagesablauf zu zeigen. Mit dem Schlager *Aber nachts in der Bar* wird das Filmthema kontextualisiert und findet in der Figur Daisy außerdem eine doppelte Referenz: Als freie Autorin der *Damenwelt* kennt Daisy keinen Bürojob. Daisy ist also per se eine Figur, die anders ist als die meisten Frauen in den 1950er Jahren: Sie hat keinen Mann und keine Kinder und äußert nicht einmal den dringenden Wunsch, häuslich werden zu wollen. Sie tut ausschließlich das, was sie liebt, nämlich Schreiben und Singen, und ist als Millionärstochter nicht einmal darauf angewiesen, Geld verdienen zu müssen. Damit eignet sie sich perfekt als Projektionsfläche für Sehnsüchte und Wünsche. Daisy agiert stellvertretend für die Zuschauerinnen, die auf der Kinoleinwand miterleben, wie Daisy ihren Beruf meistert und nach einem ausgiebigen Verwirrspiel am Ende auch noch das Glück auf ihrer Seite hat und den Kapellmeister Peter für sich gewinnt.

Daisy entfaltet darüber hinaus ihre eigentliche Identität als Sängerin in der »Bar Montparnasse«. Auch in dieser Rolle appelliert sie an die Bewun-

65 Laut einer Analyse des Allensbacher Instituts für Demoskopie von 1965 finden sich Leserinnen von Frauenzeitschriften am häufigsten in der Altersgruppe der 14- bis 29-Jährigen, vgl. Langer-El Sayed: Frau und Illustrierte im Kapitalismus, S. 24f.

derung der Kinozuschauerinnen. »Nachts in der Bar« kann sie die sein, die sie wirklich sein möchte. Der Schlagertext zeigt, wenn man ihn losgelöst vom Filmtext betrachtet, die Kluft zwischen Alltag und Freizeit. Bei Daisy werden darin ihre verschiedenen Identitäten angesprochen. »Nachts an der Bar« ist auch sie nicht mehr Daisy Hellmann, die Journalistin und mutmaßliche Juwelendiebin, sondern Bibi Johns, die bewunderte Sängerin. Die Bühne gibt ihr die Freiheit, sie selbst zu sein. Gleiches lässt sich auch aus dem ersten Schlager *Liebling, bleib bei mir* deuten. Das Lied singt nicht Daisy Hellmann, die sich in ihrer aktuellen Lebenssituation nicht viel aus Männern macht (zumindest nicht, bis sie Peter Krüger kennen lernt), sondern ebenfalls der Star Bibi Johns:

»Liebling, bleib bei mir, sagt mein Herz zu Dir,
zärtlich wie die Melodie der Liebe.
Liebling, bleib bei mir, ich gehör' zu Dir
und ich brauche Dich und Deine Liebe.
Mitten in der großen Stadt bin ich mit Dir allein.
Bitte schenk mir Tag und Nacht, das Glück, mit Dir zu sein.«

Der selbstbewussten und unabhängigen Daisy Hellmann würde man diese Worte nicht abnehmen. Sie entsprechen nicht ihrem Rollenprofil. Und doch werden sie ihr zugeschrieben. Der Schlagertext markiert also eine erneute Schnittstelle innerhalb des Films, an der sich der Zuschauer entscheiden muss, ob er ihn als eine Liebeserklärung Daisys an Peter Krüger liest oder losgelöst von der Handlung als Bibi-Johns-Schlager, der als Paratext auf eine eigene Semantik verweist.

Immer wieder sucht der Film das Spiel mit den Ebenen: In einer Szene lässt sich Daisy während einer Schlagermelodie dazu hinreißen, Peter Krüger zu küssen. Doch sofort fängt sie sich wieder und nimmt ihre distanzierte Rolle ein. Die Situation scheint ihr unangenehm. »Zu dumm, wie so ein Schmachtfetzen auf einen wirkt«, sagt sie. Daisys Kommentar liest sich als eine Entlarvung der filmischen Strategie: Der Schlager setzt offenbar Mechanismen in Gang, die die Wahrnehmung verändern und eine filmische Parallelwelt schaffen, in der geltende Rollenprofile kurzfristig außer Kraft gesetzt werden. Die Brüche werden dabei immer wieder deutlich markiert: Die Verbindung zwischen Plot und Musiknummern erscheint oft auffällig konstruiert, denn zur Motivation der Verwechslungsgeschichte scheinen die

Schlager gar nicht nötig. Sie sind meistens in Form von Revueszenen eingefügt, das heißt, als inszenierte und zusammengeschnittene Bühnenhandlungen innerhalb einer eigenen Theaterkulisse. Ob diese Kulissen in der »Bar Montparnasse« stehen, bleibt offen, weil der Bühnenraum in manchen Musiknummern nicht an eine Umgebung angeschlossen wird, zum Beispiel durch einen Gegenschuss ins Publikum. Die Musiknummern erscheinen dadurch innerhalb der Handlung als freistehende und unabhängige Sequenzen, zum Teil wie Musikvideoclips mit einer eigenen Ästhetik. Die Brüchigkeit des Filmtextes hat sich, wie man daraus folgern kann, letztlich schon in der doppelten Filmtitelvergabe angekündigt.

Der Film endet mit Daisys Liebesglück, das sie in Musiker Peter findet. Kollege Karl fällt als potentieller Heiratskandidat aus – hier unterscheidet sich der Film vom amerikanischen *newspaper film*. Das liegt vor allem an der Gestaltung von Karls Rollenimage, der als effeminierte Figur konstruiert ist und den ›klassischen‹ Filmjournalisten, die in der Regel trinken, rauchen und sich schlampig kleiden, nicht entspricht.[66] Zudem arbeitet er bei einer Frauenzeitschrift, was seine Männlichkeit auf der professionellen Ebene bereits pro forma in Frage stellt.[67] Als Daisy wegen des vorgetäuschten Juwelenraubs auf der Wache landet und kurz vor ihrer Verhaftung steht, wird auch Karl als Zeuge zum Polizeikommissar gebeten. Als der Kommissar ihn fragt, ob er vorbestraft sei, verneint er die Frage vehement. Der Kommissar listet ihm jedoch einen ganzen Katalog halbkrimineller Vergehen auf, von »übler Nachrede« bis »Erregung öffentlichen Ärgernisses«, die alle mit seiner Arbeit als Redakteur in Verbindung stehen. Karl bezeichnet die Vorfälle lapidar als »Kavaliersdelikte« – der Begriff könnte hier auch als Anspielung auf eine mögliche Zuneigung zu Daisy verstanden werden.

---

66 Vgl. unter anderen Barris: Stop the Presses.

67 In einer Szene in der Redaktion, in der Daisy einer Sekretärin ihren Text diktiert, ist Karl derjenige, der sich auf den Schreibtisch neben die tippende Redaktionsmitarbeiterin setzt. Diese Rolle ist in der *screwball comedy* häufig dem *girl reporter* vorbehalten, der Journalistin, die keck auf dem Schreibtisch ihres Chefs Platz nimmt. Karl schlüpft in dieser Szene also selbst in die Rolle der *newspaper woman*, verstärkt noch durch den Effekt, dass er auf dem Schreibtisch der eigentlich ihm hierarchisch unterlegenen Sekretärin sitzt.

8. *Short cuts to happiness*

Schlagerfilm und Revue

Die Funktion der Musiknummer im Schlagerfilm als *show stopper*, also als eine Sequenz, in der die Handlung zugunsten der Attraktion anhält, wurde bereits mehrfach angesprochen. Wenig beachtet wurde dabei bislang der Aspekt, inwiefern in den Nummern nicht nur gesungen, sondern auch getanzt wird. Nach Rick Altmans Genreformel für das Musical »boy meets girl, boy dances with girl, boy gets girl«[1] ist der Tanz ein wichtiger Bestandteil des Musikfilms. Doch dieses Prinzip scheint vor allem auf das Hollywood-Kino zuzutreffen. Lothar Prox hat für den deutschen Film der 1930er und 1940er Jahre festgestellt, dass Choreografie und Tanz meist nur »Akzidentien der Ausstattung«[2] darstellen. Anders als in den USA, wo das beliebte Tanzpaar Ginger Rogers und Fred Astaire die Musicalfilmszene bestimmt,[3] dominieren in Deutschland die Gesangsstars die Show.

Wer in deutschen Filmen also Paartanzszenen à la Rogers und Astaire erwartet, wird enttäuscht. Es kommt vor, dass Peter Alexander mit seiner Partnerin Germaine Damar im Mondschein über einen Parkplatzasphalt swingt und steppt, so wie in der Schlagernummer *Fabelhaft* in SO EIN MILLIONÄR HAT'S SCHWER (Ö 1958, R: Géza von Cziffra). In Sequenzen wie

1 Altman: Film/Genre, S. 147.

2 Prox: Melodien aus deutschem Gemüt und Geblüt, S. 74.

3 Zwischen 1933 und 1939 drehten Fred Astaire und Ginger Rogers gemeinsam acht Musikfilme, den Anfang machte FLYING DOWN TO RIO (USA 1933, R: Thornton Freeland). 1949 trat das Paar noch einmal gemeinsam in THE BARKLEYS OF BROADWAY (USA 1949, R: Charles Walters) auf.

diesen zeigt sich der Einfluss des US-amerikanischen Kinos auf deutsche Produktionen. Doch solche Szenen sind eher selten. Der Tanz wird im deutschen Film insgesamt stiefmütterlich behandelt. Das Kino hat bislang nur wenige erfolgreiche Tanzfilme hervorgebracht, beispielsweise den Dokumentarfilm RHYTHM IS IT! (D 2004, R: Thomas Grube, Enrique Sánchez Lansch). Wenn der Tanz zum Thema wird, dann meist im Zusammenhang von ›Wettkampf‹ und Erfolgsstreben. So trägt RHYTHM IS IT! den Zusatz »You can change your life in a dance class«. Der Titel verweist auf die integrative Rolle des Tanzes: In diesem Film geht es um ein Tanzprojekt mit 250 Kindern aus Berliner ›Problemschulen‹. In der sechsteiligen Fernsehserie ANNA (D 1987, R: Frank Strecker) ist der Tanz – um ein weiteres Beispiel zu nennen – Mittel für die Protagonistin, einen Schicksalsschlag zu verarbeiten und ins Leben zurückzufinden. Der Tanz braucht also eine konkrete Funktion, er wird selten als bloße Attraktion akzeptiert.

Dabei ist Tanz ein Vergnügen: »Don't you ever feel so happy that you just want to dance all around the room?«, fragt Fred Astaire seine Partnerin Cyd Charisse in SILK STOCKINGS (USA 1957, R: Rouben Mamoulian). Den Glücksbegriff verwendet auch Vicki Baum: »There are short cuts to happiness«, heißt es in einem berühmten Zitat der Österreicherin, »and for me dancing is one of them.«[4] Baum war in den 1930ern nach Amerika ausgewandert und schrieb unter anderem Drehbücher, so für den Film DANCE, GIRL, DANCE (USA 1940, R: Dorothy Arzner). Er erzählt die Geschichte von zwei befreundeten Tänzerinnen, die Karriere machen wollen. Es handelt sich dabei um eine klassische *backstage story*, die typisch für sämtliche Spielarten von Musikfilmen ist.[5] Wenn eine Geschichte im Theatermilieu angesiedelt ist, lassen sich Musik- und Tanznummern integrieren, ohne dass die Frage nach realistischer Motivation gestellt werden müsste. Tanz und Musik brauchen keine konkrete Funktion. Sie sind quasi eigenständige, vergnügliche ›Kurzfilme‹ – *short cuts* – innerhalb der Haupthandlung.[6]

---

4 Vicki Baum: It was all quite different. The Memoirs of Vicki Baum, New York 1964, S. 194.

5 Vgl. Jane Feuer: The Self-reflective Musical and the Myth of Entertainment, in: Rick Altman (Hg.): Genre: The Musical, London 1981, S. 159-174, hier S. 159ff.

6 Der Begriff *short cuts* wird häufig im Zusammenhang mit regionalen Kurzfilmfestivals verwendet, so zum Beispiel in Köln und Augsburg.

Der Film orientiert sich dabei häufig an einer Theaterform, die in der vorliegenden Arbeit bislang noch nicht explizit angesprochen wurde, nämlich an der Revue. So wie in den USA gibt es auch in Deutschland in den 1930ern und 1940ern eine Revuefilmtradition, die in den 1950er Jahren fortgeschrieben wird.[7] Dorothee Ott behauptet in diesem Zusammenhang, dass der Revuefilm im Deutschland der Nachkriegszeit nur noch in Form der Schlagerfilme existiert.[8] Sie geht also von einer zunehmenden Vermischung des Genres aus, während Sabine Hake Schlagerfilm und Revuefilm in den 1950ern in Konkurrenz zueinander sieht: »The inevitable crisis of the revue format was acknowleged in the almost compulsive self-thematization necessitated by the growing competition from more fashionable musical forms such as jazz, rock and roll and the so-called *Schlager* (literally: hit song).«[9]

Ich finde beide Ansätze nicht glücklich gewählt, sondern gehe davon aus, dass Revue- und Schlagerfilm grundsätzlich Genrehybride sind, und ergänze mit Steve Neale: »Pure revue in cinema is rare.«[10] Schon in den 1930ern kommt der Revuefilm nicht ohne den Schlager aus.[11] Schlagerfilme arbeiten mit Revueelementen und Revuefilme integrieren Schlager, so dass beide Genres als Mix in der Kinolandschaft existieren. Die Revue ist jedoch gerade wegen ihrer Affinität zum Tanz ein Genre, das Stars mit besonderen Fähigkeiten hervorbringt.

---

7 Vgl. Sabine Hake: Colorful Worlds,. The West German Revue Film of the 1950s, in: Stephan K. Schindler/Lutz Koepnick (Hg.): The Cosmopolitan Screen: German Cinema and the Global Imaginary, 1945 to the Present, Michigan 2007, S. 59-76. Beispiele für Filme aus den 1930ern mit großen Revuetableaus und opulenten Ballett- und Tanzeinlagen sind ES LEUCHTEN DIE STERNE (D 1938, R: Hans H. Zerlett) oder HALLO JANINE (D 1939, R: Carl Boese). In den USA reicht die Spannbreite von den Produktionen Busby Berkeleys bis zu den Filmen mit Schwimmerin Esther Williams BATHING BEAUTY (USA 1944, R: George Sidney) und MILLION DOLLAR MERMAID (USA 1952, R: Mervyn LeRoy).

8 Vgl. Dorothee Ott: Shall We Dance and Sing? Zeitgenössische Musical- und Tanzfilme, Diss., Konstanz 2008, S. 26.

9 Hake: Colorful Worlds, S. 68 *[Hervorhebung i.O.]*.

10 Neale: Genre and Hollywood, S. 105.

11 In HALLO JANINE sind zum Beispiel allein vier Schlager integriert, die Peter Kreuder komponiert hat, vgl. Hobsch: Liebe, Tanz und 1000 Schlagerfilme, S. 100.

8.1 REVUE ALS THEATER DER ABWECHSLUNG

Cathérine Miller (Caterina Valente) hat es nicht leicht. Im Film CASINO DE PARIS (D/F/I 1957, R: André Hunebelle) soll sie die Hauptrolle im neuen Stück des berühmten Schriftstellers Alexander Gordy (Vittorio de Sica) übernehmen. Er hat die junge Frau im Revuetheater »Casino de Paris«[12] im Pariser Vergnügungsviertel Montmartre entdeckt und sie abgeworben in der Absicht, sie zum Star und zu seiner Ehefrau zu machen. Doch Cathérine, die extra aus Paris an die Côte d'Azur gereist ist, um dort in der Villa von Gordy für ihre neue Rolle zu proben, tut sich schwer mit der Schauspielerei. So findet sie nicht den richtigen Ausdruck für die Begrüßung »Guten Tag«, die sie Gordy und seinem Sekretär Jacques (Gilbert Bécaud) vorspielen soll. Mehrfach muss sie die Szene üben, bis Gordy die Geduld verliert. »Wir sind doch hier nicht bei der Revue! In meinen Stücken kommt man nicht herein. In meinen Stücken tritt man auf«, ruft er entsetzt. Er ahnt, dass Cathérine wohl doch nicht die Idealbesetzung für seine Pläne ist. Revue und Schauspiel – das sind offenbar zwei Theaterformen unterschiedlichster Ausprägung. So wird es zumindest in diesem Sequenzbeispiel in CASINO DE PARIS propagiert. Wo das Schauspiel Rollenbewusstsein und eine entsprechende Darstellungsgabe fordert, kommt es bei der Revue auf die Präzision des Moments an, auf die Schaueffekte, die auf der Bühne erzielt werden. Bei der Revue zählt nicht der Einzelne, sondern die Truppe, nicht der Inhalt, sondern der Rahmen. Im Sinne von CASINO DE PARIS bedeutet das: Schauspiel ist Kunst, Revue ist Show.

»Revue« heißt »im allgemeinen Sinne ›Rundschau‹«[13] und steht nach einer Definition von Rainer Wallraf »für eine Bühnendarbietung lose aneinandergereihter Szenen mit gesprochenen Texten, Gesang, Tanz und Artistik in meist prachtvoller Ausstattung an Dekorationen und Kostümen und

12 Der Filmtitel verweist dabei auf einen realen Ort: Das »Casino de Paris« ist bis heute ein Musiktheater in Paris, in dem Konzerte, Musicals und Comedyveranstaltungen stattfinden. Seine Geschichte reicht bis ins 18. Jahrhundert. In den 1920er und 1930er Jahren wurde es in Paris zu einer Institution. Hier trat unter anderem die bekannte Revuedarstellerin und Filmschauspielerin Josephine Baker auf. Vgl. http://www.casinodeparis.fr (letzter Aufruf: 31. Januar 2012).

13 Karsten Witte: Gehemmte Schaulust. Momente des deutschen Revuefilms, in: Helga Belach (Hg.): Wir tanzen um die Welt, S. 7-52, hier S. 7.

mit aufwendiger Bühnentechnik«[14]. Dramaturgisch gesehen erinnert die Revue an eine Parade, ein lockeres Vorbeiziehen einzelner Bühnenelemente, die nicht zwangsläufig in einem diegetischen Zusammenhang stehen müssen. *The Passing Show* lautet bereits Ende des 19. Jahrhunderts der Name einer Revue am New Yorker Broadway.[15] Ihr Schöpfer, der Engländer George Edwardes, setzt dabei auf eine Kombination bekannter Unterhaltungselemente:

»Ein bißchen Schwank, ein bißchen Komische Oper, eine Prise Travestie bekannten Materials und ein gehöriger Schuß Satire bestimmten Tanz- und Musiknummern. Das Ganze nannte er [Edwardes, *meine Anmerkung*] ›Musical Comedy‹, de facto war es eine ›Review‹ oder, weil es französischer klingt, eine ›Revue‹!«[16]

Die Nummer, gesungen oder getanzt oder auch beides zusammen, kann damit als charakteristisches Merkmal der Revue angesehen werden. Zusammengehalten werden die Nummern, »series of comic and musical performances«, wie Steve Neale schreibt, »only by a consistent style, design or theme, a common set of comic targets, or a single producer, director or venue«[17]. Eine narrative Handlung oder ein so genanntes Buch, wie bei einem Theaterstück, gibt es nicht.[18]

Ihren Ursprung hat die Revue im späten 19. Jahrhundert in Unterhaltungsmetropolen wie Paris, London oder Berlin und in New York. Ihr geht

14 Rainer Wallraf: Revue, in: Ralf Noltensmeier/Gabriela Rothmund Gaul (Hg.): Das neue Lexikon der Musik in vier Bänden, Bd. 4, Stuttgart/Weimar 1996, S. 23.

15 Die Revue fand erstmals zwischen Mai 1894 und November 1894 im »Casino Theatre« statt. 1912 wanderte sie ins »Winter Garden Theatre« und wurde dort in der Folgezeit bis 1924 jährlich mit neuem Programm aufgeführt. Vgl. dazu die *Internet Broadway Database* (IBDB) der Broadway League, einer Vereinigung der Broadway Theater: http://www.ibdb.com/search.asp?SearchBy=Show &SearchFor=Passing %20Show (letzter Aufruf: 29. Oktober 2010).

16 Joachim Sonderhoff/Peter Weck: Musical: Geschichte. Produktionen. Erfolge. Die 53 beliebtesten Musicals, Augsburg 1998, S. 37f.

17 Neale: Genre and Hollywood, S. 105.

18 Ebd.

eine »subkulturelle Entwicklungsphase«[19] voraus, die sich vor allem in Kneipen und Etablissements, also in den Rotlichtbezirken der Metropolen abspielt, bevor sich die ersten ›echten‹ Revuetheater gründen. Der »Lido«, das »Moulin Rouge« und die »Folies Bergères« in Paris, der »Friedrichstadtpalast« in Berlin, die »Ziegfield Follies« in Manhattan – das sind die bekannten Namen, die man bis heute mit Revuetheatern verbindet. Die Revue etabliert sich in den ersten Jahrzehnten des 20. Jahrhunderts als Teil der Unterhaltungsindustrie. Sie setzt auf Effekte, nicht auf Nachhaltigkeit.

Jens-Uwe Völmecke unterscheidet in Deutschland zwischen drei verschiedenen Formen der Revue: der Kabarettrevue, für die zum Beispiel Autoren wie Erich Kästner und Kurt Tucholsky schrieben, der Revueoperette, die nach historischen Vorbildern gearbeitet war und für die zum Beispiel Eric Charell komponierte, und der Ausstattungsrevue, die Völmecke als die populärste Form der Revue ansieht und zu deren Hauptmerkmal eine luxuriöse Dekoration und glanzvolle Kostüme gehören.[20] Neben den auftretenden Solokünstlern bestimmt auf der Bühne in der Regel ein Tanzensemble das Geschehen, langbeinige *chorusgirls* zum Beispiel, ausstaffiert mit aufwendigen Kostümen aus Federn, Strass und Satin. Die Ausstattung ist unverzichtbarer Bestandteil der Revue, angestrebt wird die optische Überwältigung des Zuschauers.[21] »Die Revue erweckte mit ihrer verschwenderi-

19 Jens-Uwe Völmecke: Die Berliner Jahresrevuen 1903-1913 und ihre Weiterführung in den Revue-Operetten des Ersten Weltkriegs, Diss., Köln 1997, S. 13f. Auch Reinhard Klooss und Thomas Reuter weisen in ihrem *Körperbilder*-Band darauf hin, dass die Vorgeschichte der Revue in den Tanzhallen und Bordellen im 19. Jahrhundert beginnt, vor allem in Paris und London, wo die Prostituierten beim Tanzen ihre Röcke hoben und den so genannten *Cancan sans coulottes* aufführten. Außerdem beschreiben sie die Nähe der Revue zum Striptease. Vgl. Reinhard Klooss/Thomas Reuter: Körperbilder. Menschenornamente in Revuetheater und Revuefilm, Frankfurt a.M. 1980, S. 15ff.

20 Völmecke: Die Berliner Jahresrevuen 1903-1913 und ihre Weiterführung in den Revue-Operetten des Ersten Weltkriegs, S. 170f.

21 Vgl. Wolfgang Jansen: Das Varieté. Die glanzvolle Geschichte einer unterhaltenden Kunst, Diss., Berlin 1990, S. 200f. Laut Jansen liegt der Unterschied zwischen Revue und Varieté in der Ausstattung. Im Varieté spielt die Bühnenausstattung seinen Ausführungen zufolge nur eine untergeordnete Rolle. Zudem setzt das Varieté mehr auf artistische Nummern und verfügt über eine gewisse Offenheit in der

schen Pracht, mit ihren monumentalen Dekorationen und ungehemmten erotischen Darstellungen geheime Sehnsüchte und Träume, die die Menschen der Realität entrückte. Es war die perfekte Illusion.«[22] Die partielle Nacktheit der Körper hat die Revue immer schon in die Nähe des Rotlichtmilieus gerückt. Doch anders als die Akteure der Stripshows, die häufig zu Sexualobjekten degradiert werden, präsentieren die Nackten der Revuetableaus ihre Körper – präpariert mit Goldstaub oder glitzernden Sternen, die auf den Brüsten prangen – als reine Luxuswaren.[23] Heinrich Mann beschreibt 1932 in seinem Roman *Ein ernstes Leben* den Auftritt des Hausballetts einer Berliner Halbweltbar in ganz ähnlicher Weise:

> »Aus armen Mädchen in offenbare Feen verwandelt, stelzten die Langbeinigen von Stufe zu Stufe, die Kleineren hüpften vor ihnen her, alle hielten sich große Federfächer vor die ondulierten Köpfe, und ihre Glieder, die sie wie ausgemachte Kostbarkeiten herbeiführten, gleißten im Licht des Scheinwerfers, als käme ihre Haut vom Juwelier – oder wenigstens aus dem Leihhaus.«[24]

Doch das Programm, das die genannten internationalen Revuetheater heute anbieten, soweit sie noch existieren, hat nach Ansicht der Kritiker nichts mehr mit den großen Ausstattungsrevuen der 1920er oder 1930er gemein. »Das Pariser Cabaret, einst Paradies von Nachtschwärmern und Symbol für Anrüchiges«, schreibt die *Frankfurter Allgemeine Zeitung* 2002, »hat sich in einen straff organisierten, nach betriebswirtschaftlichen Erkenntnissen geführten Amüsierbetrieb verwandelt, zu dessen Kunden neben asiatischen Touristen und amerikanischen Geschäftsleuten inzwischen auch europäische Familien mit Kindern gehören.«[25] Reinhard Klooss und Thomas Reuter bemerken zum Niedergang der Revuekultur:

Dramaturgie, die es erlaubt, Darstellungen aus allen Bereichen der Schaustellung, wie zum Beispiel Zirkus und Zauberei, auf die Bühne zu bringen.

22 Völmecke: Die Berliner Jahresrevuen 1903-1913 und ihre Weiterführung in den Revue-Operetten des Ersten Weltkriegs, S. 171.

23 Ebd., S. 48.

24 Heinrich Mann: Ein ernstes Leben. Roman, Frankfurt a.M. 1991 [1932], S. 158.

25 Gerald Braunberger: Manager, Girls und Marketing. Die Zukunft der Pariser Amüsierbetriebe hängt von neuen Kunden und Ideen ab, in: *Frankfurter Allgemeine Zeitung* vom 5. Januar 2002, S. 13.

»Das Casino de Paris oder das Lido neppen mit harmlosen, abgestandenen Reprisen längst vergangener Sensationen – ein fades Amusement für Touristen und Staatsgäste, bei dem einzig der überbezahlte Champagner prickelt. [...] Nur mehr der Hauch einer Ahnung ist von den Sternstunden dieser Shows noch präsent: vom Glamour der Revuen, vom Erfindungsreichtum der Designer, vom Luxus der Körper, von den Phantasmagorien der Produzenten und Regisseure, vom Exhibitionismus des Geldes.«[26]

In Berlin sprechen die Revuen des Berliner »Friedrichstadtpalastes«, der sich mit seiner 24 Meter breiten Bühne selbst als »Europas größter und modernster Show-Palast«[27] bezeichnet, heute vielfach ältere Besucher an. Das Theater kämpft immer wieder gegen rote Zahlen und für ein jüngeres Publikum.[28] Der ehemalige künstlerische Leiter, Thomas Münstermann, konzipiert das Programm seines Hauses in einem Interview 2004 als »Theater der Abwechslung«[29], das immer wieder neue Stile aus den Bereichen Tanz und Artistik zusammenführt. Dahinter steht der Gedanke der Innovation, den die Revue offenbar braucht, um heute weiter überleben zu können. »Optische Sensationen, spektakuläre Vorgänge, frappierende Überraschungen«[30], fordert Münstermann von seinen Revuen. Diese Vorstellung entspricht dem Illusions- und Überwältigungsanspruch der großen Ausstattungsrevue der 1920er Jahre. Doch sie lässt auch erkennen, dass die Revue heute mehr denn je Sensationen braucht, um sich in der breit gefächerten Unterhaltungsindustrie aus Cineplexen, Megamusicals[31], Pop- und Rockkonzerten und Sportveranstaltungen überhaupt bemerkbar zu machen.

---

26 Klooss/Reuter: Körperbilder, S. 7f.

27 Vgl. http://www.friedrichstadtpalast.de (letzter Aufruf: 28. Januar 2012).

28 Vgl. o.V.: Friedrichstadtpalast: Revues gegen die roten Zahlen, in: *Der Tagesspiegel* vom 10. Januar 2008, unter: http://www.tagesspiegel.de/berlin/Friedrich stadtpalast-Revue;art270,2453719 (letzter Aufruf: 28. Januar 2012).

29 Stefan Kirschner: »Optische Sensationen, spektakuläre Vorgänge, frappierende Überraschungen, in: *Die Welt* vom 25. August 2004, unter http://www.welt.de/print-welt/article336323/Optische_Sensationen_spektakulaere_Vorgaenge_frappierende_Ueberraschungen.html (letzter Aufruf: 28. Januar 2012).

30 Ebd.

31 Als Megamusicals bezeichnet Jessica Sternfeld Musicals, die aufgrund ihres Umfangs der Oper sehr nahekommen und die sich in der internationalen Musi-

Laut Klooss und Reuter gibt es schon lange keine echten Revuen mehr, die sich an alten Vorbildern messen lassen: Der Untergang zeichnet sich ihrer Meinung nach bereits um 1930 ab, weil die hohen Produktionskosten in Zeiten der Weltwirtschaftskrise nicht mehr zu bewältigen waren: Je bombastischer die Revue inszeniert ist, desto größer ihr Erfolg.[32] Zweitens sehen sie in der Einführung des Tonfilms eine Ursache dafür, dass die Revue immer mehr an Bedeutung verliert: Die Broadwaystars versuchen in Hollywood ihr Glück und lassen die Revuetheater leer zurück.[33]

8.2 *HEREINSPAZIERT!* REVUE ALS MODELL

Im Film finden nicht nur Sänger, sondern auch viele Tänzer ein neues Betätigungsfeld. Der Film selbst greift dankbar auf die dramaturgischen Konzepte zurück, die am Theater schon jahrelang erprobt sind. So wie die Operette dem Film Geschichten und Musiknummern liefert, liefert die Revue dem Film ein dramaturgisches Modell: Der Film schaut sich von der Revue das Nummernprinzip ab, also die wechselnden Dialog- und Gesangs- bzw. Tanzszenen. Anders als bei der Operette, wo die Schlager- und Tanznummern in der Regel in ein inhaltliches Gesamtkonzept gebettet sind, erwartet der Zuschauer beim Revuefilm keine besondere Motivation für eine Nummer. Der schnelle Wechsel der Szenen, ein plötzlicher Gesangsausbruch, eine spontane Tanzdarbietung – das alles gehört zum Spektrum des Genres. Musik und vor allem der Tanz machen einen großen Anteil des Geschehens aus. »Die Revue erzählt am liebsten davon, dass sie eine Revue ist«[34],

---

calwelt schon seit Jahren behaupten. Damit spricht sie zum Beispiel Produktionen wie *Cats*, *Les Misérables* oder *Phantom of the Opera* an. Vgl. Jessica Sternfeld: The Megamusical, Bloomington/Indianapolis 2006, S. 1ff.

32 Während der New Yorker Revueproduzent Florence Ziegfeld für seine ersten so genannten *Follies* in den 1910er Jahren laut Klooss und Reuter noch 13.000 Dollar ausgab, kostete seine Revue 1927 schon 290.000 Dollar, von denen allein 123.000 Dollar für die Kostüme gezahlt wurden, vgl. Klooss/Reuter: Körperbilder, S. 53.

33 Vgl. ebd., S. 78f.

34 Hagener/Hans: Musikfilm und Modernisierung, S. 25.

schreiben Malte Hagener und Jan Hans. Dazu kommt meist die »Fabel um Karriere und Liebesgeschichte eines Revuestars«[35].

Auch der Film CASINO DE PARIS, der von der Zeitschrift *Filmdienst* 1957 übrigens als »Unterhaltungsfilm mit heiterer Schaunote«[36] bewertet wird, verfährt nach diesem Prinzip: Cathérine Miller spielt sich selbst, einen gefeierten Revuestar am Montmartre in Paris. Als sie das Angebot von Schriftsteller Alexander Gordy bekommt, die Hauptrolle in seinem neuen Theaterstück zu spielen, ist nicht nur sie selbst begeistert, sondern auch ihre Mutter (Grethe Weiser), die in Gordy zusätzlich eine gute Partie für ihre Tochter sieht. Ihr Vater (Rudolf Vogel) dagegen will verhindern, dass Cathérine die Revue für Gordy aufgibt. Er schmiedet mit dessen Sekretär Jacques (Gilbert Bécaud) einen Plan, wie er sie zurück nach Paris bringen kann. Durch dieses Figurenarrangement lassen sich Cathérines Gesangs- und Tanznummern für den Zuschauer logisch motivieren. Der Raum, in dem Cathérine tanzt und singt, ist fast immer eine Bühne. Die Kamera ersetzt das Auge des Zuschauers, der das Geschehen im Theater mitverfolgt. Schon die Eröffnungsszene etabliert diese Sichtweise. Gordy besucht die Revue *Paris bei Nacht* im »Casino de Paris« und nimmt auf den Zuschauerrängen Platz. Von dort aus verfolgt er Cathérines Auftritt. Die Sequenz dauert insgesamt acht Minuten und dient lediglich der Vorstellung der Protagonistin und ihrer Rolle in der Revue. *Wir Mädels nähen von früh bis spät* (Midinettenlied) lautet der Titel des Schlagers, den Caterina Valente hier als Cathérine darbietet. Darin besingt sie in der Rolle einer Näherin ihre Freude über einen freien Tag. Der Tanz dominiert allerdings in dieser Szene. Darin wechseln sich klassische Elemente aus Ballett, Jazz und Rock 'n' Roll ab.

An Caterina Valentes Seite tanzt ihr Bruder Silvio Francesco.[37] Die Nummer hält die Filmhandlung für die Dauer der Sequenz an. Zwischen dem Inhalt des Schlagers und der anschließenden Handlung gibt es keinerlei Zusammenhang. Das Geschehen wird quasi erst nach dieser Einlage entfaltet, als Gordy Cathérine in ihrer Garderobe aufsucht, um sie mit seinem

---

35 Carla Rohde: Leuchtende Sterne?, in: Belach (Hg.): Wir tanzen um die Welt, S. 119-138, hier S. 119.

36 Filmdienst, 10. Jhg., 44. Lieferung, 31.10.1957.

37 Zur Rolle des tanzenden männlichen Filmstars vgl. wie bereits zitiert den Aufsatz von Cohan: ›Feminizing‹ the Song-and-Dance-Man.

Plan zu konfrontieren, sie zur Protagonistin seines neuen Stücks zu machen. Diese Form der Ouvertüre verwendet der Revuefilm sehr häufig. Sie dient vor allem dazu, die Handlung wie in einer Art *establishing shot* zu verorten und den Star des Films vorzustellen. Allerdings findet sich in der Eröffnungsnummer in CASINO DE PARIS nicht der Prunk der großen Ausstattungsrevuen wieder, die im Theater in den ersten Jahrzehnten des 20. Jahrhunderts aufgeführt wurden. Caterina Valente ist bei ihren Bühnennummern zwar von einer Truppe mal mehr, mal weniger bekleideter Tänzerinnen umgeben, aber ihr Filmensemble hat nichts gemein mit den Showgirls der großen Theaterrevuen, dem »personifizierten Glamour«[38], wie Klooss und Reuter die Mädchen nennen, die sich nicht nur auf dem ebenen Bühnenparkett immer wieder neu formieren, sondern sich vor allem über eine Treppenkulisse bewegen. Überhaupt gilt die Treppe als ein wichtiges Requisit der Revue.

> »Die Treppe erzwingt geradezu das posende Schreiten, die Balance von Nähe und Ferne, erotischer Verlockung und Verweigerung, die den der Zerstreuung adäquaten Kitzel produziert. [...] Das kurze Verhalten des Show-Girls, ihre bloß sekundenlange Bewegungslosigkeit, der zum stehenden Bild erstarrte, zur Pose geronnene Körper teilt die Bewegungen in exquisite, kostbare Phasen.«[39]

In CASINO DE PARIS gibt es keine Showtreppe, allenfalls ein kleines Podest, von dem aus Caterina Valente zu Beginn agiert, von dem sie aber mehr ›hüpft‹ als ›schreitet‹. Das Bühnenbild scheint bewusst so gewählt, denn Caterina Valente ist im Film kein echtes Showgirl. Ihr grün-gelb-gemustertes Kleid in *Wir Mädels nähen von früh bis spät* ist hoch geschlossen und bieder geschnitten, es verzichtet völlig auf klassische Accessoires wie Perlen oder Federn. Im hochgesteckten Haar trägt sie lediglich eine gelbe Schleife. Damit verkörpert sie eher ein Schulmädchen als einen Revuestar. Und auch wenn sie beim Tanzen hin und wieder nacktes Bein zeigt, wirkt sie in dieser Szene auffällig ent-erotisiert. Ihre Bewegungen haben nichts Anrüchiges und zugleich nichts Glamouröses.

Der Film wirkt hier beinahe widersprüchlich: Einerseits versucht er, die Nähe der Revue zum Rotlichtmilieu zu bestätigen, in dem er die Revue in

---

38 Klooss/Reuter: Körperbilder, S. 43.

39 Ebd.

der Eingangssequenz verheißungsvoll »Paris bei Nacht« nennt. Zweitens führt er den Gegensatz von Revue- und ›echter‹ Schauspielkunst ein, in Folge dessen Cathérine Miller als Muse von Schriftsteller Gordy rangiert, der sie gönnerhaft von der Schau-›Stellerin‹ zur ernsthaften Schau-›Spielerin‹ machen und aus dem Pariser Amüsierbetrieb befreien will. Andererseits wirkt Cathérine Miller in ihrem Ensemble aus diversen Showmädchen und einer blonden, sehr erwachsenen Rivalin namens Belinda (Vera Valmont) wie ein Fremdkörper, eher kindlich, überhaupt nicht passend in ein Etablissement wie das »Casino de Paris«. Aus diesem Gegensatz bezieht der Film zwar seine Handlungsmotivation, doch seine Kennzeichnung als Revuefilm – legt man wie in diesem Fall einen Vergleich mit den großen Theaterrevuen zu Grunde – rechtfertigt sich allenfalls dadurch, dass er die Geschichte im Revuemilieu ansiedelt und das Stilmittel der Revue kopiert, indem er mehrminütige Bühnennummern in einen selbst geschaffenen Rahmen integriert.

In den Nummern selbst ist CASINO DE PARIS eindeutig dem Varieté[40] als einer Mischung aus Tanz, Gesang, Clownerie und Artistik näher als der Revue. Dieser Eindruck verstärkt sich, wenn man sich weitere Nummern im Film anschaut, zum Beispiel den Schlager *Papa Piccolino (Ein goldener Stern, der lacht)*: Cathérines Vater ist nicht begeistert von der Idee, seine Tochter könne die Revue verlassen und zum Schauspiel wechseln. Er sieht Cathérine als begnadete Sängerin und Tänzerin. Diese Meinung teilt er mit Gordys jungem Sekretär Jacques, der selbst schreibt und heimlich in Cathérine verliebt ist. Gemeinsam wollen sie Cathérine daran hindern, ihr altes Leben und damit – wie sie meinen – ihre wahren Talente aufzugeben. Cathérines Vater spielt Jacques eine Schallplatte vor: »Das ist ihr erstes Chanson«, sagt er, »jedes Mal wenn ich es höre, bin ich ganz gerührt.« Daraufhin blendet der Film in einen Bühnenraum, in dem Caterina Valente als Clown verkleidet gemeinsam mit ihrem Bruder Silvio Francesco das Lied

---

40 Joseph Garncarz beschreibt das Varieté als »Spezialitätentheater«, das seit den 1880er Jahren in Abgrenzung zum Sprechtheater auf eine Nummernform setzt, in der Künstler aus unterschiedlichen Bereichen wie Komiker, Artisten und Tänzer auftreten, vgl. Joseph Garncarz: Jahrmarktkino: Eine europäische Institution, in: Sacha Szabo (Hg.): Kultur des Vergnügens. Kirmes und Freizeitparks, Schausteller und Fahrgeschäfte. Facetten nicht-alltäglicher Orte, Bielefeld 2009, S. 123-144, hier S. 127.

Ein goldener Stern singt. Beide halten Notenblätter in der Hand, von denen sie den Text ablesen und albern während des Vortrags herum.

Unmittelbar an diese Nummer schließt sich ein weiteres Lied an: *Melodie d'Amour, die durch die Gassen zieht.* Die Musik kommt allerdings nur aus dem Off. Cathérine, die schon geschlafen hat, wird davon geweckt. Erinnert an ihre Zeit am Montmartre, geht sie auf den Flur und lauscht an der Tür. Dort hört sie ihren Vater zu Jaques sagen: »Und jetzt hörst du einen ihrer großen Erfolge.« Der Film blendet von Cathérines Gesicht in eine weitere Bühnensituation: eine Südseekulisse, in der Caterina Valente als Hawaiimädchen im weißen Rüschenkostüm den Schlager *Komm noch heut' zu mir* singt und tanzt. Wieder mündet der Gesang in eine mehrminütige Tanznummer, begleitet von einem Ensemble leicht bekleideter, exotischer Tänzerinnen im Hintergrund und von Silvio Francesco, der als eine Art Tarzan-Imitation – braungebrannt, oberkörperfrei und mit weißer Hose – in der Szene als Caterinas Tanzpartner fungiert.[41] Anders als in den beiden vorangegangenen Nummern präsentiert sich Caterina Valente in dieser Südseenummer auffällig und fast unerwartet freizügig.

Laut Dieter Bartetzko schafft es Caterina Valente immer wieder, ihr Filmpublikum durch solche zweieinhalb Minuten lange Auftritte als Pin-up-Girl zu verblüffen.[42] In CASINO DE PARIS ist die Südseenummer ein weiterer Beleg für Caterina Valentes Vielseitigkeit. Sie ist Tänzerin, Chansonnière, Clown. Sie beherrscht alle Spielarten ihres Metiers, selbst den lasziven Hüftschwung, den man ihr sonst eigentlich nicht zuschreibt. »Das gefällt mir, das finde ich großartig«, ruft Jaques, als die Platte zu Ende ist. »Sie hat doch die Musik im Blut«, ergänzt Cathérines Vater und rückt das eben gezeichnete Bild der Valente als sexy Hawaiimädchen wieder zurecht: Cathérine ist vor allem Sängerin, nicht Tänzerin.

41 Dieter Bartetzko behauptet in seiner Caterina-Valente-Biografie, dass Silvio Francesco genau wie seine Schwester in den 1950er Jahren von Homosexuellen verehrt wurde. Bartetzko zitiert Hellmuth Karasek, der in seinen Erinnerungen schreibt, dass Francescos weiches Gesicht und seine schlanken Tanzdrehungen starke homosexuelle Signale waren. Dieter Bartetzko: »Wo meine Sonne scheint«. Caterina Valente. Ein Wirtschaftswunder, München 1998, S. 71.

42 Ebd., S. 62. Bartetzko nennt als weiteres Beispiel auch Valentes Tanz als ägyptische Schönheit Nofretete im Film DU BIST MUSIK (D 1956, R: Paul Martin).

CASINO DE PARIS ist – das lässt sich an den bislang besprochenen Nummern zeigen – trotz seiner Nähe zum Varieté als Revuefilm zu lesen. Vor allem aber ist CASINO DE PARIS ein Caterina-Valente-Film. Die Handlung ist um den Star herum gebaut worden: Caterina spielt Cathérine. Im Film bietet Caterina das, was sie als Kind einer Artistenfamilie gelernt hat. Ihre Heimat ist das Varieté, die Revue bildet nur einen Teil davon. »In den Programmen der Varietétheater flossen so unterschiedliche Kunstformen zusammen wie Pantomime, Revue, Zauberkunststücke, Clownerie, Akrobatik, Schauspielerei, Musik- und Gesangsdarbietungen, und in Caterina Valentes späteren Shows fanden sich regelmäßig Elemente dieser Mixtur wieder.«[43] Die Variation einzelner Disziplinen macht Caterina Valente zu ihrem Markenzeichen. Ihre Filme sind immer Mischungen aus Schlager-, Revue- und Zirkusfilm, die Elemente gehen fließend ineinander über. In den zehn Filmen, die Caterina Valente in den 1950er und 1960er Jahren gedreht hat, spielt sie fast immer ein Mädchen aus dem Künstlermilieu: Mal ist sie eine Musikstudentin wie in BONJOUR, KATHRIN (D 1955, R: Karl Anton), mal eine Nachwuchsschauspielerin wie in DAS EINFACHE MÄDCHEN (D 1957, R: Werner Jacobs) oder eine Tänzerin wie in UND ABENDS IN DIE SCALA (D 1957, R: Erik Ode). In den Rollen behält sie fast immer ihren Namen im Original (Caterina) oder in abgewandelter Form (Kathrin, Cathérine, Caterine).[44] Die Filme bleiben durch dieses Prinzip immer als Valente-Filme identifizierbar. Innerhalb der Vielzahl an Musikfilmen bilden sie in den 1950er und 1960er Jahren einen eigenen Korpus, der durchaus eine umfangreichere Analyse wert wäre, vor allem im Hinblick auf die parallel verlaufende TV-Karriere der Valente.

CASINO DE PARIS lässt sich als Revuefilm lesen, auch wenn ihm imposante Kulissen, aufwendige Kostüme und der für die Revue typische Schuss

---

43 Strobel/Faulstich: Die deutschen Fernsehstars, S. 24.

44 Eine Ausnahme bildet der Film SCHNEEWITTCHEN UND DIE SIEBEN GAUKLER (D/CH 1962, R: Kurt Hoffmann), in dem Caterina Valente eine Ingenieurin namens Dr. Anita Rossi spielt, die einem maroden Hotel in einem Schweizer Ferienort wieder auf die Sprünge hilft. Der Film wird auf Plakaten mit dem Phantasietitel »Frostical« angekündigt. Der Name Rossi könnte auf die italienische Trickfilmfigur Herr Rossi anspielen. 1960 erschien der erste Kurzfilm mit der Figur unter dem Titel UN OSCAR PER IL SIGNOR ROSSI (I 1960, R: Bruno Bozzetto).

Anrüchigkeit fehlen. Den Revuefilm, so meine Zwischenbilanz, darf man nicht am Theatervorbild messen. Opulente Tableaus, wie man sie aus den Ausstattungsrevuen der 1920er und 1930er Jahren kennt, sind selten. Ausnahmen bilden beispielsweise die Filme DIE DRITTE VON RECHTS (D 1950, R: Géza von Cziffra, D: Vera Molnar, Peter van Eyck), in dem das Hiller-Ballett mitwirkt, oder NACHTS IM GRÜNEN KAKADU (D 1957, R: Georg Jacoby, D: Marika Rökk, Dieter Borsche), einem imposanten »Farb-Revuefilm«[45] um ein zwielichtiges Nachtlokal.

Hinsichtlich der Dramaturgie zeigt sich der deutsche Revuefilm in den 1950ern meist konventionell: Die Nummern sind im diegetischen Raum angesiedelt, meistens in einem Bühnenraum. Sie bleiben bezüglich der Kameraperspektive oft statisch. Zudem spielen sie sich selten im Surrealen ab, so wie die Revuebilder des Regisseurs Busby Berkeley, der in den 1930er Jahren bekannt wird für seine entfesselte Kamera, besonders für den so genannten *top shot*, bei dem die Kamera Set und Tanzensemble von oben herab filmt und mit Hilfe dessen er in Kombination mit der Choreografie der Tänzer in seinen Filmbildern kaleidoskopische Effekte aus der Vogelperspektive erzielt. Nach Christoph Brecht und Ines Steiner[46] erschließt Berkeleys Set-Design den Raum in drei Dimensionen: Neben den Tänzern, die in Bewegung sind, wird die Kulisse mobilisiert »durch Drehscheiben, die in die spiegelnden Böden eingelassen werden, durch Laufräder oder Karussells, durch Treppen und schiefe Ebenen, die alle bewegt werden können«[47]. Außerdem verlässt die Kamera die Zentralperspektive: »Die einzelne Kamera, das *Auge* der Inszenierung, wird auf einen in alle Richtungen beweglichen Kran, das ›Fliegende Trapez‹ montiert.«[48] Damit verwandelt Berkeley laut Brecht und Steiner »gefilmten Tanz in *Tanzfilm*«[49].

In CASINO DE PARIS ist es die Nummer *Der Zauberer* von Sekretär Jacques alias Gilbert Bécaud, die aus dem Rahmen fällt. Cathérines Chef, der Revuedirektor Mario (Gregoire Aslan), ist nach Südfrankreich gereist,

45 So nennt sich der Film selbst auf dem Kinoplakat, vgl. Hobsch: Liebe, Tanz und 1000 Schlagerfilme, S. 135.

46 Brecht/Steiner (2002): »Dames are necessary to(ols of) show business«.

47 Ebd., S. 227.

48 Ebd. *[Hervorhebung i.O.]*.

49 Ebd., S. 228 *[Hervorhebung i.O.]*.

weil er aus der Zeitung erfahren hat, dass Cathérine das »Casino de Paris« verlassen wird. Auf einer Yacht möchte er mit Alexander Gordy sprechen. Am Flughafen wird er jedoch von Jacques abgeholt und in eine Falle gelockt: Das Schiff legt ohne Gordy und Cathérine an Bord ab. Jacques hat das bewusst so arrangiert, weil er Mario ein Angebot unterbreiten möchte: Er will helfen, Cathérine zurück nach Paris zu bringen und sie aus den Fängen von Gordy zu befreien, indem sie dort im »Casino de Paris« die Revue spielt, die Jacques für sie geschrieben hat. »Nun schauen Sie doch nicht so böse«, sagt Jacques zu Mario, nachdem er ihm gestanden hat, dass er Cathérine liebt und die Revue ihr allein gehört. Dann beginnt er zu singen: »Nur hereinspazieren, nur sich nicht genieren, nun lasst Euch entführen von meiner Zauberei, von meiner Gaukelei und ihr seid eins, zwei, drei im Reich der Illusion.« Prompt erscheint eine Fotoprojektion an der Wand, die einen Bauwagenplatz zeigt. Jacques steht vor dieser Projektion und singt weiter: »Staunt und gafft, was Zauberkraft und Hexerei aus Nichts erschafft, kommt alle her, kommt alle her!« Dann zoomt die Kamera das Bild heran und lässt es real werden. Jacques durchbricht eine Art Paravent und erscheint nun selbst in dieser Bauwagenkulisse, die zu einem Zirkus gehört.

Es entfaltet sich eine Nummer aus Artistik, Gesang und Clownerei, die eindeutig in einem realen Raum, auf einer Bühne umgeben von schwarzen Kulissen, stattfindet. Jacques mimt darin einen Zauberer im Kostüm eines Zirkusdirektors, der eine Schar von Kindern mit in eine Arena nimmt und durch ein Klatschen und Schnippen die Artisten in Aktion versetzt und der Pferde und Clowns verschwinden und Lichter erlöschen lassen kann.

In dieser Sequenz findet sich der Überwältigungscharakter wieder, dem die Revue entsprechen möchte. Jacques' Spiel mit den Zauberkräften ist eine Illusion. Der Film muss hier schnitttechnische Tricks anwenden, um dem gerecht zu werden. Revuechef Mario ist ganz begeistert: »Weiter? Was geschieht weiter?«, fragt er neugierig, als der Film diese Art Traumsequenz verlässt und wieder auf dem Schiff spielt. »Ich weiß nicht«, antwortet Jacques, »das ist nicht geschrieben.« Die Zirkusszene dagegen zeigt das bereits Geschriebene, sie visualisiert Jacques' Gedanken, die er Mario mitteilt, sie funktioniert damit als Film im Film. In den siebeneinhalb Minuten ist der Zuschauer gefordert, sich auf die kleine Binnenhandlung einzulassen und Jacques in eine andere Welt zu folgen, die der Film schließlich in der Zirkuskulisse auf dem Theater entfaltet. Die Handlung in dieser Nummer hat nichts mit dem Rahmengeschehen in CASINO DE PARIS zu tun, sie ist lediglich der Entwurf und der Auszug aus einer Revue, in der Cathérine am Ende spielen soll. Durch Jacques' Einladung »Nur hereinspazieren!« wird der nachfolgende Einschub der Nummer explizit angekündigt, so dass sich ihr Illusionscharakter voll entfalten kann. Durch Marios Frage »Was geschieht weiter?« wird die Nummer in der Haupthandlung wieder ›eingefangen‹ und ihr plötzlicher Abbruch elegant kaschiert. CASINO DE PARIS führt die Integration von Nummern hier mustergültig vor. Zu keinem Zeitpunkt entsteht für den Zuschauer ein Moment der Irritation, selbst dann nicht, wenn es sich um eine Art Traumsequenz oder inneren Gedankengang handelt, der durch seine zeitliche Entrückung ins Phantastische abdriftet und per se schwieriger zu integrieren ist, als eine Nummer im laufenden Bühnengeschehen.

8.3 DA CAPO, MARIKA!

Die Fortsetzung der deutschen Revuefilmkultur ist in den 1950ern vor allem mit Marika Rökk verknüpft. Die Ungarin ist schon zu UFA-Zeiten sehr erfolgreich gewesen und in Deutschland nicht unumstritten. Ihr wird nach dem Zweiten Weltkrieg ein dreijähriges Berufsverbot auferlegt. Man wirft ihr vor, das Naziregime unterstützt zu haben.[50] Trotz dieser Hürde schafft sie es, an frühere Erfolge anzuknüpfen. Die Leistung scheint auch hinsichtlich ihres Alters beachtlich: Marika Rökk ist 1913 geboren, befindet sich also in den 1950ern bereits jenseits der 40 Jahre. Während der Musikfilm insgesamt sehr viele junge Gesichter wie Conny Froboess, Peter Kraus oder Bibi Johns präsentiert, findet Marika Rökk in der Revue dennoch eine Nische, die ihr den Fortbestand ihres Erfolges sichert. In den 1950er und 1960er Jahren dreht sie zwölf Filme, in denen sie – wie es das Rezept des Revuefilms vorgibt – meistens sich selbst, einen Revuestar, spielt.[51]

Während frühe Produktionen noch sehr stark in punkto Konzept und Design an frühere UFA-Produktionen erinnern, geben sich die Rökk-Filme in den späten 1950er Jahren schwungvoller, bunter, internationaler. Als Beispiele seien hier DAS KIND DER DONAU (Ö 1950, R: Georg Jacoby), der erste Nachkriegsfilm von Marika Rökk, und DIE NACHT VOR DER PREMIERE

50 Hobsch: Liebe, Tanz und 1000 Schlagerfilme, S. 54.

51 Vgl. ebd.

(D 1959, R: Georg Jacoby) angeführt.[52] Schwerfällig, fast melodramatisch wirken die Revuebilder, allesamt Theaterszenen, in DAS KIND DER DONAU. Marika Rökk spielt darin eine junge Frau mit gleichem Namen, Marika, die im Wirtshaus ihrer Tante aushilft und sich mit drei mittellosen Künstlern anfreundet. Sie bringen Marika dazu, beim Theater vorzusprechen. Als das jedoch schließen muss, gründen sie ein eigenes. Der Film ist geprägt durch klassische Musik und klassischen Tanz: Es spielen die Wiener Symphoniker, dazu tanzt das Wiener Staatsopernballett. Die Rökk wirbelt dazu in schier endlos langen Choreografien als Pusztamädel über die Bühne. In den Szenen, die im ländlichen Raum angesiedelt sind und fast archaisch wirken, ist noch nichts zu spüren von dem neuen Zeitgeist, der die 1950er Jahre bestimmen wird.

Die Veränderungen lassen sich jedoch unter anderem an Marika Rökks Rollenprofilen ablesen: Am Ende des Jahrzehnts wechselt sie von der umschwärmten jungen Frau in die Rolle der Mutter.[53] Ihr Alter macht offenbar einen Generationswechsel notwendig. In DIE NACHT VOR DER PREMIERE spielt Marika Rökk Carola Lorm, eine Revuetänzerin, deren Tochter Barbara (Wiebke Paritz) den Sohn des Hamburger Obstgroßhändlers Karl Schmitt (Theo Lingen) heiraten möchte. Schmitt hält Carola Lorm hochnäsig für eine »Hupfdohle« und will die Hochzeit seines Sohnes mit Barbara um jeden Preis verhindern, was Carola veranlasst, selbst nach Hamburg zu reisen und sich gegen dieses Vorurteil auf ihre Weise zu wehren. Dabei wird sie obendrein in einen Rauschgiftschmuggel verwickelt.

Der Film startet mit einer langen Revueszene auf einer Theaterbühne in Südamerika. Marika Rökk wirkt in der exotisch gestalteten Kulisse damenhaft, sie trägt ein schmales, weißes Abendkleid mit tiefem Dekolleté. Statt über die Bühne zu wirbeln, schreitet sie über eine Showtreppe herab und präsentiert, begleitet von einem Orchester, den Schlager *Küsse in der Nacht*. Die fünfeinhalb Minuten lange Nummer ist dreigeteilt. Nach der

---

52 Der Regisseur Georg Jacoby (Jahrgang 1882) war von 1940 bis zu seinem Tod 1964 mit Marika Rökk verheiratet. Beide haben bereits in den 1930ern zusammen Filme gedreht. DIE NACHT VOR DER PREMIERE war 1959 ihr letztes gemeinsames Filmprojekt.

53 In MEIN MANN, DAS WIRTSCHAFTSWUNDER (D 1961, R: Ulrich Erfurth) mimt Marika Rökk den Revuestar Ilona Farkas, die als Ersatzmutter für eine reiche Industriellentochter (Conny Froboess) angeheuert wird.

Gesangsnummer im Abendkleid betritt das Tanzensemble über die Treppe die Szenerie und leitet den Mittelteil ein, in dem Marika Rökk als eine Art Torero in schwarzem Kostüm auftritt. Die Tanzeinlage fängt sie am Ende noch einmal mit dem Schlager *Küsse in der Nacht* auf. Im Vergleich zu den Nummern in DAS KIND DER DONAU ist Marika Rökk – das erschließt sich schon aus der Betrachtung dieser einen Sequenz – in DIE NACHT VOR DER PREMIERE auch künstlerisch gereift. Daneben hat sich der Musikstil im Film fundamental verändert. Wo 1950 klassische Musik und Walzerrhythmen den Ton im Film bestimmen, der Film musikalisch also Oper und Operette sehr nahesteht, erklingen jetzt Jazz, Rock 'n' Roll und Boogie-Woogie. DIE NACHT VOR DER PREMIERE steht musikalisch ganz im Zeichen der Wirtschaftswunderzeit. Das macht auch der Gastauftritt von Louis Armstrong deutlich. Der Film bemüht sich um einen internationalen und urbanen Charakter, deshalb wählt er mit Südamerika und der Großstadt Hamburg auch gleich zwei verschiedene Handlungsorte.

Wie auch der Valente-Film CASINO DE PARIS ist DIE NACHT VOR DER PREMIERE gespickt mit Showeinlagen. Irgendeine Bühne findet sich immer zur Entfaltung von Tanz und Gesang. Wie Caterina Valente verfügt auch Marika Rökk über ein komödiantisches Talent, das sie im Film vollends entfaltet. So gibt sie sich zum Beispiel, verärgert über die Bezeichnung Hupfdohle, als Karl Schmitts Verwandte Carmencita aus und sorgt in dessen Haus für allerhand Wirbel. Ihre Clownereien kombiniert sie häufig mit den Tanzszenen und offenbart darin ihr ganzes Temperament. Sie spielt in ihren Choreografien auch immer wieder ihre Reize aus. So sieht man Marika Rökk bereits 1944 in DIE FRAU MEINER TRÄUME zur Melodie des Schlagers *In der Nacht ist der Mensch nicht gern alleine* einen wilden französischen Cancan tanzen. Es wirkt beinahe, als hätte sie damit dem Film FRENCH CAN CAN (F/I 1954, R: Jean Renoir) Modell gestanden.

Doch trotz ihres Wiedererkennungswertes steht Marika Rökk – anders als Caterina Valente – immer wieder im Zentrum der Kritik. Sie wirke in ihren Filmen stets hausbacken, drall, niemals wirklich elfenhaft, bemängelt zum Beispiel Carla Rohde, auch ein Angebot von Kunstfertigkeiten ersetze nicht die Kunst.[54] Karsten Witte drückt sich ähnlich aus: »Marika Rökk kann zwar reiten, schießen, schwimmen, turnen und singen, doch aus der Addition sportiver Disziplinen erwächst schwerlich eine Meisterschaft des

54 Rohde: Leuchtende Sterne?, S. 120ff.

Medienmetiers, zu dem Nuancierung, oder robuster gesagt: Unterscheidungsvermögen im Einsatz der Mittel notwendig ist.«[55] Doch gerade in den 1950er Jahren entpuppt sich diese Vielseitigkeit als großer Pluspunkt für jeden Künstler. Die Medienwelt stellt an diejenigen, die Erfolg haben wollen, andere Ansprüche als 20 oder 30 Jahre zuvor. Film, Fernsehen, Theater – es gilt, sich auf vielen Bühnen zu behaupten. Marika Rökk hat jedoch eben dieses Multitalent in den 1950er Jahren die Karriere gerettet, denn anders als ihre UFA-Kolleginnen Ilse Werner oder Zarah Leander schafft sie es als Einzige, sich im wachsenden Medienumfeld der neu gegründeten Bundesrepublik zu positionieren und an alte Erfolge anzuknüpfen.[56] Konkurrenzlos ist Marika Rökk dabei nicht. Caterina Valente hat wie schon besprochen ein ähnliches Repertoire wie die Rökk zu bieten und kreiert durch ihre Persönlichkeit eine ganz eigene Form des Revuefilms, in dem Varieté-, Tanz- und Gesangsnummern changieren und miteinander kombiniert werden.

Als dritter Name muss in diesem Zusammenhang die junge Luxemburgerin Germaine Damar erwähnt werden, die in den 1950er und 1960er Jahren fast 30 Revue- und Schlagerfilme dreht und darin anders als Marika Rökk und Varietéspross Valente den Typus des blonden, naiven Mädchens verkörpert.[57] Rökk, Valente, Damar – sie können allesamt singen, tanzen und ihre Körper akrobatisch verbiegen. Und: Sie wurden quasi aus dem europäischen Ausland ›importiert‹. Marika Rökk ist wie schon erwähnt ge-

---

55 Witte: Gehemmte Schaulust, S. 15.

56 Ilse Werner dagegen hat zu Beginn der 1950er Jahre nur noch wenige Filme gedreht, unter anderen KÖNIGIN EINER NACHT (D 1951, R: Kurt Hoffmann) oder DER VOGELHÄNDLER (D 1953, R: Arthur Maria Rabenalt), bevor sie sich für mehr als ein Jahrzehnt ins Privatleben zurückzog und danach im Fernsehen auftrat. Zarah Leander konnte mit ihren Nachkriegsfilmen GABRIELA (D 1950, Regie: Géza von Cziffra) oder BEI DIR WAR ES IMMER SO SCHÖN (D 1953, R: Hans Wolff) ebenfalls nicht mehr an ihre einstigen Erfolge anknüpfen und gab ihre Filmkarriere schließlich sogar ganz auf. Vgl. Hobsch: Liebe, Tanz und 1000 Schlagerfilme, S. 52ff.

57 Germaine Damar drehte zum Teil vier bis fünf Filme pro Jahr. Sie spielte unter anderem an der Seite von Peter Alexander, Vico Torriani und Walter Giller. Schon 1961 beendet sie mit gerade einmal 32 Jahren ihre Karriere. Vgl. ebd., S. 59.

bürtige Ungarin, Caterina Valente stammt aus einer italienischen Artistenfamilie, Germaine Damar ist aus Luxemburg. Sie verleihen dem deutschen Revuefilm in den 1950er Jahren – gepaart mit ihrer Vielseitigkeit – eine gewisse Exotik und damit einen ganz eigenen, internationalen Charakter. Männliche Revuefilmstars, die über die tänzerischen Qualitäten eines Fred Astaire verfügen würden, gibt es in den 1950ern in Deutschland nicht. Schon in den 1930er und 1940er Jahren ist dieses Problem offensichtlich.[58] Sieht man von Ausnahmen wie Caterina Valentes Bruder Silvio Francesco ab, bleibt das Revuefach in Deutschland eine weibliche Domäne. Es liefert talentierten Choreografen und Tänzern, so auch den Kessler-Zwillingen Alice und Ellen, insgesamt jedoch wenige Möglichkeiten.[59] Zudem werden Tanzensembles und Ballette meist wie die Orchester über die Rundfunkanstalten gebucht.[60]

Obwohl Marika Rökk und Germaine Damar ihre Karrieren beendeten und sich Caterina Valente vor allem aufs Fernsehen konzentrierte, bleibt die Revue im Eisrevuefilm lebendig. Géza von Cziffra hat bereits 1943 den Eisrevuefilm DER WEISSE TRAUM mit Olga Holzmann und Wolf Albach-Retty in den Hauptrollen gedreht. Der Film steht in den 1950er und 1960er

58 Vgl. Rohde: Leuchtende Sterne?, S. 119.f. Carla Rohde macht die politische Situation in Deutschland in dieser Zeit dafür verantwortlich, dass talentierte Künstler immer mehr ins Ausland abwandern und es dem Film deshalb an ähnlichen Tänzern wie Fred Astaire mangelt. Sie führt dennoch Johannes Heesters als Beispiel ein.

59 Vgl. Hake: Colorful Worlds, S. 64f. Alice und Ellen Kessler drehten in den 1950ern und 1960ern einige Filme, unter anderen VIER MÄDELS AUS DER WACHAU (Ö 1957, R: Franz Antel) oder MEIN SCHATZ IST AUS TIROL (D 1958, R: Hans Quest), konzentrierten sich dann eher auf das Fernsehgeschäft und das Theater. Auch ein anderer deutscher Revuestar verfügt über eine eher kleine Filmografie: Marlène Charell. Sie wird vor allem durch Fernsehshows bekannt.

60 Vgl. ebd., S. 65. Bis heute gibt es das Deutsche Fernsehballett, das dem Mitteldeutschen Rundfunk (MDR) angegliedert ist, sowie das Deutsche Showballett Berlin. Karsten Witte sieht im Fernsehballett ein Relikt des Revuefilms. Es offeriere, im hoffnungslosen Anachronismus zum Ereignischarakter des Mediums Fernsehen, seine tänzerischen Darbietungen auf einem ästhetischen Standard, der bereits in den 1940er Jahren festgeschrieben wurde. Vgl. Witte: Gehemmte Schaulust, S. 12.

Jahren ähnlichen Produktionen Modell: DER BUNTE TRAUM (D 1952, R: Géza von Cziffra, D: Vera Molnar, Felicitas Busi), FRÜHLING AUF DEM EIS (D 1950, R: Georg Jacoby, D: Eva Pawlik, Hans Holt) oder SYMPHONIE IN GOLD (D 1955, R: Franz Antel, D: Germaine Damar, Joachim Fuchsberger[61]).

Der Eisrevuefilm bedient sich ebenfalls der *backstage story*: Meist geht es darin um eine ambitionierte Eiskunstläuferin, um die sich eine komplizierte Liebesgeschichte rankt. Sein Personal, zumindest fürs Ensemble, bezieht der Film dabei häufig vom Theater. Die Eisrevue hat als Spielart der Revue eine eigene Tradition.[62] 1943 wird in den USA die Show *Holiday on Ice* gegründet, die ab 1947 durch die ganze Welt tourt. In Europa wird parallel dazu 1945 die *Wiener Eisrevue* ins Leben gerufen, die wie *Holiday on Ice* viele Sportler anlockt, die sich hier nach dem Ende ihrer Amateurkarriere als Profis ihren Unterhalt verdienen.

Auf die Verbindung zwischen Film- und Schlagerbranche und dem Sport habe ich bereits hingewiesen: In Deutschland sind es die Eislaufstars Marika Kilius und Hans-Jürgen Bäumler, die in den 1960er Jahren den Eisrevuefilm prägen. Regisseur Franz Antel dreht mit ihnen 1964 DIE GROSSE KÜR und 1967 DAS GROSSE GLÜCK. In beiden Filmen stellen Kilius und Bäumler sich selbst dar und präsentieren einen Teil ihrer Lebensgeschichte. Die Revueszenen spielen darin ausschließlich auf dem Eis. Neben ausgiebigen Sequenzen, die Marika Kilius und Hans-Jürgen Bäumler beim Paarlauf zeigen – was letztlich doch ein bisschen an Fred Astaire und Ginger Rogers erinnert –, gibt es ein Eisballett, das in unterschiedlichen Kostümen immer wieder einzelne Choreografien präsentiert. Analog zur Theaterbühne werden hier auf dem Eis bonbonfarbene Tableaus entwickelt, in denen die Handlung für einen Moment stoppt und auch ganz ohne Gesang auskommt, der sonst den Musikfilm der 1950er und 1960er Jahre dominiert.

61 Fuchsberger wird auf dem Eis von dem belgischen Rollkunstläufer Fernand Leemans gedoubelt, vgl. Hobsch: Liebe, Tanz und 1000 Schlagerfilme, S. 123.

62 So gab es schon Ende des 19. Jahrhunderts in Paris den »Palais de Glaces«. In Berlin eröffnete 1908 der »Berliner Eispalast«, der ab 1910 Schauläufe zeigt. Vgl. Jansen: Das Varieté, S. 204f.

9. *Vintage fürs Herz*

Schlagerfilm und Heimat in SCHWARZWALDMÄDEL (1950)

Heimat ist für viele Menschen ein Wort, das tiefe und zum Teil zwiespältige Emotionen hervorruft. Fragt man, was Heimat bedeutet, dann fallen im Allgemeinen Begriffe wie Nähe, Geborgenheit und Vertrauen. Heimat weckt Gefühle und Erinnerungen und ist damit Teil der persönlichen Identität.

> »Heimat ist nichts Einfaches, ist immer voller Widersprüche. Ursprünglich ist Heimat für mich das Land der Kindheit, die erste Liebe, Gerüche, der Duft des Heus, wenn es in die Scheune gebracht wird. Dann aber nimmt man Abschied und verlässt diese Landschaft. Und eines Tages sieht man all diese Dinge im Rückblick, empfindet sie als etwas Verlorenes. Dann mischen sich mit dem Wort Heimat auch Gefühle der Trauer und Sehnsucht.«[1]

Heimat – darauf verweist dieses Zitat von Regisseur Edgar Reitz – muss nicht zwingend ein Ort im Sinne eines Dorfes oder einer Stadt sein. Auch die Familie, die Zugehörigkeit zu einer Gruppe können Heimat bedeuten. Weil sich Heimat nicht auf ihre räumliche Dimension beschränken lässt,

1 Regisseur Edgar Reitz, zitiert nach Peter Sandmeyer: Was ist Heimat?, in: *Der Stern* 51 (2004), unter: http://www.stern.de/politik/deutschland/:Grundbed%FCrfnis-Was-Heimat/533320.html (letzter Aufruf: 28. Januar 2012).

kennzeichnet sie Bernhard Schlink auch als einen »Nichtort«[2], der erst dann intensiv erlebt wird, wenn er nicht mehr da ist. »Das eigentliche Heimatgefühl ist das Heimweh«[3], sagt Schlink. Deshalb wird Heimat auch gerne über ihren Gegenpol – die Fremde – und zugleich auch über die ›Entfremdung‹ definiert.[4]

In der Filmliteratur wird Heimat oft auf einzelne Motive reduziert: Rauschbächleinromantik, unberührte Naturlandschaften, intakte Dorfgemeinschaften. Es geht um die viel zitierte ›heile Welt‹, die in unzähligen Nachkriegsfilmen augenscheinlich reproduziert wird. In fast allen Kritiken und Aufsätzen wird Heimat im filmischen Zusammenhang als *locus amoenus*[5] beschrieben, der durch Gefahren von außen bedroht ist – zum Beispiel durch den Städter, der aufs Land kommt und die Ordnung stört. Der Gegensatz zwischen Stadt und Land wird im Heimatfilm besonders stark propagiert. Er gilt als genrekonstitutiv. Heimat liefert das Setting für den Film: das Schwarzwalddorf, die Heide, die Alm. Heimat steht für Natur, für das Dörfliche. Erst dahinter folgen die Personen und die Strukturen, die das Milieu bilden.

»Was Heimat ist, wird fassbar erst in dem, was sie sein könnte, oder in dem, was sie nicht mehr ist«[6], schreibt Martin Booms. »Heimat ist nur zu

---

2 Bernhard Schlink: Heimat als Utopie, Frankfurt a.M. 2000, S. 32. Der Text ist die erweiterte Fassung eines Vortrags, den Schlink im Dezember 1999 in der American Academy in Berlin gehalten hat und der dort den Titel *The Place of Heimat* trug. Dieser Aspekt ist deshalb relevant, weil sich Schlink in seinem Text rigoros gegen eine Verortung von Heimat in einem geografischen Raum wendet.

3 Ebd.

4 Dass Heimat in diesem Zusammenhang auch als Phantasiegebilde entlarvt werden kann, beschreibt Elisabeth Bronfen in ihrem Aufsatz zum Film DER BLAUE ENGEL (D 1930, R: Joseph von Sternberg), Elisabeth Bronfen: Heimweh: Illusionsspiele in Hollywood, Berlin 1999. Gymnasiallehrer Prof. Dr. Rath verliebt sich in eine Tänzerin und driftet von der bürgerlichen Welt ins Rotlichtmilieu ab. Eine Heimkehr in sein altes Leben ist für ihn nicht mehr möglich. Die Idee setzt jedoch voraus, so Bronfen, dass es eine nostalgische Vorstellung von einer unversehrten, intakten Heimat gibt. Vgl. ebd., S. 95-142, besonders S. 114f.

5 Vgl. Höfig: Der deutsche Heimatfilm, S. 362.

6 Martin Booms: Einführung: Philosophie der Heimat, in: ders. (Hg.): Heimat. Philosophie und Politik, Teil VI, Reader zum Öffentlichen Kolloquium im Wintersemester 2008/09 an der Universität Bonn, Bonn 2008, S. 5-6, hier S. 5.

haben im Modus der Utopie oder des Verlustes, sie ist auf eigenartige Weise ungegenwärtig als selbst flüchtiges Verhältnis zwischen der Vergangenheit und der Zukunft.«[7] Heimat erscheint in diesem Sinne als ein ambivalentes Konstrukt. Einerseits kennzeichnet es die klischeehafte Überzeichnung, das Postkartenidyll, andererseits wird Heimat offensichtlich erst durch ihre Abwesenheit fassbar. Gerade die Vorstellung, dass Heimat erst durch ihre Abwesenheit entsteht, ist ein Gedanke, der oft übersehen wird. Das Antiidyll wird immer mitgeliefert. Durch die besonders grelle, Agfacolor-farbene[8], überdeutlich inszenierte und heitere Darstellung der so genannten heilen Welt verkehrt sich die Aussage ins Gegenteil: Der Film verhandelt gerade in seinen knallbunten Bildern auch das, was er gerade nicht zeigen will.

Für Heimatfilme, die mit Schlagern oder volkstümlichen Liedern angereichert sind, trifft das in besonderem Maße zu, denn die Musikstücke sind »emotionale Appelle«[9] an die Zuschauer. »Je sentimentaler das Lied, desto schöner die Heimat.«[10] Dass Schlager ein Heimatgefühl konstruieren können und Identität stiften[11], ist dabei von entscheidender Bedeutung. Doch durch die implementierten Schlagernummern verweist der Film vor allem auf seine Hybridität. Wenn die Musik spielt, wird der Heimatfilm zugleich zum Schlagerfilm, zur Operette, zum Revuefilm.

Unter diesem Gesichtspunkt sind Heimatfilme bislang kaum betrachtet worden. Eindimensionale Perspektiven liefern immer gleiche Ergebnisse: Heimatfilme leisten angeblich einen »wesentlichen Beitrag zur Verdrängung und Verharmlosung der aktuellen Gegenwart und ihrer sozialen wie wirtschaftlichen Probleme aus dem Phantasiehaushalt des Kinopublikums«[12]. Dabei reicht eine solche kulturpsychologische Deutung nicht aus, um dem Heimatfilm gerecht zu werden. Dass sich die Menschen wohl im Kinosessel fühlten, wenn sie sich Bilder von Alpenpanoramen und küssen-

7 Ebd.

8 Agfacolor ist wie Technicolor ein Farbfilmverfahren, vgl. dazu James Monaco: Film verstehen. Kunst, Technik, Sprache, Geschichte und Theorie des Films und der Medien, Hamburg 2000 [1977], S. 113-121.

9 Trimborn: Der deutsche Heimatfilm der fünfziger Jahre, S. 124.

10 Höfig: Der deutsche Heimatfilm, S. 381.

11 Vgl. Mendívil: Ein musikalisches Stück Heimat, S. 276ff.

12 Bessen: Trümmer und Träume, S. 241.

den Paaren unterm Fliederbusch ansahen, lässt sich nicht anzweifeln. Auch nicht, dass es eine psychologische Erklärung für den Erfolg von Heimatfilmen in den 1950er Jahren gibt, dass die Filme Sehnsüchte bedienten und eine Folie für Wunschträume bildeten. Doch gerade weil die Eskapismusthese auf dieses Genre so perfekt zu passen scheint, wirkt sie oft vorgeschoben, ja sogar willkommen, um eine weitergehende Beschäftigung mit dem Thema Heimatfilm zu umgehen.

Manfred Barthel behauptet, dass der Heimatfilm 1950 durch einen »Zufallstreffer«[13] entstanden sei, und dieser Zufallstreffer hieß SCHWARZWALDMÄDEL (D 1950, R: Hans Deppe). Der Film ist die erste deutsche Farbfilmproduktion nach dem Zweiten Weltkrieg. Sie entsteht nach dem Agfacolor-Prinzip: »The very first postwar color feature [...] took full advantage of Agfacolor's tones in its showcasing of the attractions of rural communities, namely, blue skies, green hills and the rosy lips of ›real‹ women.«[14] Allein der Umstand, der erste Farbfilm der 1950er gewesen zu sein, verschafft SCHWARZWALDMÄDEL seit jeher eine exponierte Stellung und sichert ihm in Filmlexika, Aufsätzen und Anthologien zum deutschen Film eine gewisse Aufmerksamkeit. Dabei ist der Stoff eigentlich nicht neu. *Schwarzwaldmädel* lautet eine gleichnamige Operette in drei Akten. Sie stammt von Komponist Léon Jessl und wurde 1917 in der »Komischen Oper«[15] in Berlin uraufgeführt. Das Libretto schrieb August Neidhard. Bereits 1922, 1929 und 1930 wurde die Geschichte verfilmt. SCHWARZWALDMÄDEL beruft sich 1950 also auf eine ähnliche Bühnen- und Leinwandtradition wie das bereits besprochene WEISSE RÖSSL, das ebenfalls ursprünglich eine Operette war und dann gleich mehrfach in die Kinos wanderte.[16]

---

13 Barthel: Mehr Täler als Höhen, S. 90.

14 Jennifer M. Kapcynski: Imitation of Life. The Aesthetics of Agfacolor in Recent Historical Cinema, in: Jaimey Fisher/Brad Pager (Hg.): The Collapse of the Conventional. German Film and Its Politics at the Turn of the Twenty-First Century, Detroit 2010, S. 39-62, hier S. 46.

15 Gemeint ist eigentlich die ›alte‹ »Komische Oper« in der Berliner Friedrichstraße, die im Zweiten Weltkrieg ein Opfer der Bomben wurde und die nicht zu verwechseln ist mit der heute existierenden »Komischen Oper Berlin« in der Behrensstraße.

16 Vgl. Kapitel 4 in dieser Arbeit.

Von Zufall kann daher keine Rede sein. Hinter der Produktion steckte ein genaues Kalkül der Berolina-Filmgesellschaft. Für das SCHWARZWALDMÄDEL-Projekt engagierte das Unternehmen den bereits in den 1930er Jahren erfolgreichen Regisseur Hans Deppe und beauftragte den routinierten Autor Bobby E. Lüthge mit dem Drehbuch.[17] Weniger absehbar war dagegen, welchen Erfolg SCHWARZWALDMÄDEL tatsächlich beim Publikum feiern würde. 16 Millionen Kinobesucher in Deutschland wollten den Film damals sehen.[18] SCHWARZWALDMÄDEL war so erfolgreich, dass die Berolina-Film[19] das Erfolgsgespann Deppe/Lüthge in GRÜN IST DIE HEIDE (D 1951, R: Hans Deppe) gleich noch mal beschäftigte, ebenso wie das Protagonistenpaar Sonja Ziemann und Rudolf Prack.

Sonja Ziemann war gerade mal 24 Jahre alt und als Schauspielerin noch völlig unbekannt, als ihr mit SCHWARZWALDMÄDEL der Durchbruch gelang. Der ehemalige Max-Reinhardt-Schüler Rudolf Prack hatte schon in den Vorkriegs- und Kriegsjahren in zahlreichen Filmen mitgespielt. Beide gelten als Traumpaar der 1950er Jahre, und das, obwohl Prack gut 20 Jahre älter war als Sonja Ziemann.[20] Doch der große Altersunterschied scheint das als konservativ eingestufte Nachkriegspublikum nicht zu stören. GRÜN IST DIE HEIDE wurde mit geschätzten 25 Millionen Zuschauern sogar ein noch größerer Kassenmagnet als SCHWARZWALDMÄDEL. Beide Filme werden aufgrund der personellen Parallelen meist in einem Atemzug genannt; wobei SCHWARZWALDMÄDEL als Prototyp des Genres gilt, als die Produktion,

---

17 Der Berliner Hans Deppe (1897-1967) war selbst zunächst als Schauspieler im Filmgeschäft tätig. So spielte er zum Beispiel in der bekannten Komödie EIN BLONDER TRAUM (D 1932, R: Paul Martin) an der Seite von Lilian Harvey und Willy Fritsch, bevor er ins Regiefach wechselte und in den 1930ern und 1940ern zahlreiche Komödien und Liebesfilme inszenierte. Bobby E. Lüthge (1891-1964) gilt Anfang der 1950er Jahre mit knapp 200 Filmen als bis dato erfolgreichster deutscher Drehbuchautor.

18 Vgl. Strobel: Heimat, Liebe, Glück, S. 148, und Seidl: Das Pfeifen im Walde, S. 71.

19 Die Berolina-Film galt neben Artur Brauners CCC (Central Cinema Company Film) als eine der wichtigsten Berliner Produktionsfirmen.

20 Der Altersunterschied verweist auf das Fehlen jüngerer, männlicher Schauspielpartner. Ziemann ist Jahrgang 1926, gehört also der Kriegsgeneration an.

die eine ganze Heimatfilmwelle losgetreten hat und zum Auslöser eines wahren Booms wurde.[21]

Dabei wird oft verkannt, dass SCHWARZWALDMÄDEL wie bereits angedeutet auf eine Operettenvorlage zurückgeht und die Macher des Films ihr Metier zudem in den 1930er Jahren gelernt haben – zwei Aspekte, die für die Betrachtung des Films von entscheidender Bedeutung sind. Johannes von Moltke bemerkt dazu treffend:

»Given the generic hybridity even of those films which have long served as the prototypes of the genre – the first fifteen minutes of *Schwarzwaldmädel* (Black Forest Girl, 1950), for example, come straight out of an Ufa *Revuefilm* – it would thus be misleading to impose an essentialised, ahistorical generic unity on the *Heimatfilm*.«[22]

SCHWARZWALDMÄDEL steht als Operettenverfilmung im Austausch mit seiner Vorlage und deren Bühnenadaptionen, mit der Tradition der Berliner Operetten der 1910er und 1920er Jahre, mit den frühen Vorgängerfilmen ebenso wie mit verwandten Genres wie in diesem Fall zum Beispiel mit dem Revuefilm. Dramaturgisch gesehen handelt es sich beim SCHWARZWALDMÄDEL zudem um eine Verwechslungskomödie, in der sich die Figuren auf falsche Fährten begeben und sich erst am Ende alles auflöst. In dieser Mixtur liegt kein Widerspruch. Der Film macht sie zu seinem Prinzip. Der Begriff des Prototyps ist hier also kritisch zu hinterfragen, ebenso wie die These, dass sich anhand des SCHWARZWALDMÄDELS alle wesentlichen Elemente des Heimatfilms, also ein »bestimmter Typus von Setting, Handlung, Figurenkonstellation und Ideologie«[23], aufzeigen lassen.

Eine Lektüre von SCHWARZWALDMÄDEL als Schlagerfilm wird möglich, wenn man den Bogen in die späten 1950er und sogar in die 1970er Jahre spannt: So wird aus dem ›Schwarzwaldmädel‹ Bärbel Riederle zum Beispiel 1956 DIE ROSEL VOM SCHWARZWALD (R: Rudolf Schündler) mit

21 Vgl. Strobel: Heimat, Liebe, Glück, S. 150, und Trimborn: Der deutsche Heimatfilm der fünfziger Jahre, S. 20.

22 Johannes von Moltke: Evergreens: The Heimat Genre, in: Tim Bergfelder u.a. (Hg.): The German Cinema Book, London 2002, S. 18-28, hier S. 19f. *[Hervorhebung i.O.]*.

23 Strobel: Heimat, Liebe, Glück, S. 150.

Herta Staal und Helmuth Schneider in den Hauptrollen. 1973 tritt Schlagerstar Roy Black seine SCHWARZWALDFAHRT AUS LIEBESKUMMER (R: Werner Jacobs) an. Beide Filme erlauben Rückkopplungsprozesse, und das nicht nur durch die identische Wahl des Schwarzwalds als Handlungsraum. So hat Roy Black schon ein Jahr zuvor im Remake von GRÜN IST DIE HEIDE (D 1972, R: Harald Reinl) die Hauptrolle übernommen, die ihn ganz deutlich in der 1950er-Jahre-Tradition verortet. Zudem wurden Teile von SCHWARZWALDFAHRT AUS LIEBESKUMMER im selben Ort gedreht wie schon 1950 das SCHWARZWALDMÄDEL, nämlich in St. Peter, einem 2500-Einwohner-Dorf östlich von Freiburg. In DIE ROSEL VOM SCHWARZWALD entfaltet sich wie im SCHWARZWALDMÄDEL eine Dreiecksgeschichte um einen begehrten Junggesellen, nur dass es 1956 eben nicht mehr ein Maler ist, sondern ein Eishockeyspieler und Sohn des Sägewerksbesitzers.

SCHWARZWALDMÄDEL steht laut Theaterregisseur Bernd Mottl heute geradezu als Synonym für »Vintage«[24]. Vintage vertritt in der Modewelt einen Secondhand- bzw. *Used*-Look, der Retrotrends imitiert oder Originalstücke aus früheren Zeiten aufleben lässt.[25] Mottl hat Jessls Operette im April 2009 für die »Musikalische Komödie Leipzig« inszeniert und seine Probleme mit der Vorlage beschrieben, die »beinahe kabarettistisch angelegt ist, mit ganz vielen bitterbösen Anspielungen auf die Zeit um 1917«[26], also mit Pointen, die konfektioniert werden müssen, um überhaupt verstanden zu werden. Der Begriff Vintage eignet sich gut, um SCHWARZWALDMÄDEL als Genremix zu beschreiben. Denn auch die Deppe-Produktion ist 1950 in gewisser Weise secondhand: Der Regisseur und sein Team haben den Stoff so aufbereitet, umgeschrieben und mit neuen Ideen versehen, dass seine Tradition sichtbar bleibt. Allein durch die Beibehaltung des Operet-

24 »Ob man das nun Vintage nennt oder Schwarzwaldmädel«, sagt Mottl im Originalzitat in der *Leipziger Volkszeitung* vom 27. April 2009, unter: http://www.lvz-online.de/download/content/090427_kultur.pdf (letzter Aufruf: 31. Oktober 2010).

25 Im Internet gibt es ein Portal, das unter dem Namen *Schwarzwaldmädels* T-Shirts und Andenken vertreibt, unter: http://www.dieschwarzwaldmaedels.de (letzter Aufruf: 28. Januar 2012).

26 Vgl. das Interview der *Leipziger Volkszeitung* mit Regisseur Bernd Mottl vom 27. April 2009, unter: www.lvz-online.de/download/content/090427_kultur.pdf (letzter Aufruf: 31. Oktober 2010).

tentitels wird diese Strategie deutlich und erscheint von den Autoren sogar gewünscht. Dabei ist SCHWARZWALDMÄDEL inhaltlich alles andere als rückwärtsgewandt, auch wenn in Zusammenfassungen oft ein solcher Eindruck entsteht.

»Im Mittelpunkt des Films steht ein armes Schwarzwaldmädel, das einem kleinen Angestellten ein Schmuckstück, das er bewachen soll, vorsichtshalber abnimmt, weil dieser dabei ist, sich aus Liebeskummer zu betrinken. Ganz klar, dass der junge Mann als Dieb verdächtigt wird, und ebenso versteht sich, dass unser Schwarzwaldmädel alles aufklärt. [...] Natürlich gibt es ein großes Trachtenfest vorm Happy-End, bei dem das arme Schwarzwaldmädel und nicht die zickige Eisrevuetänzerin den berühmten Maler bekommt.«[27]

Schwarzwaldmädel Bärbel Riederle (Sonja Ziemann) ist in der Deppe-Verfilmung von 1950 keinesfalls arm. Sie arbeitet bei Juwelier Bussmann in Baden-Baden als Verkäuferin. Bedenkt man, dass eine solch repräsentative Berufstätigkeit in der Nachkriegszeit für viele Frauen nicht selbstverständlich ist und Juweliergeschäfte um 1950 in den noch vom Krieg zerstörten Innenstädten nur schwer zu finden sind, dann kann diese Ausgestaltung der Protagonistinnenrolle durchaus als progressiv gelten.[28] Baden-Baden ist jedoch immer schon bekannt für Kurbetrieb, Casino und Pferderennen. Insofern haben sich die SCHWARZWALDMÄDEL-Macher ein Umfeld ausgesucht, das seit jeher für Luxus und Vergnügen steht und im zerstörten Nachkriegsdeutschland reichlich Raum für materielle Wunschträume bietet.

Auch das Happy End, das Manfred Barthel im obigen Zitat verspricht, ist für einige Figuren im Film kein echtes Happy End. Die Zukunftsaussichten sind zum Teil getrübt, wie noch genauer darzulegen ist. Die Protagonisten Bärbel und Hans finden zusammen. Zugleich bleiben aber auch andere Figuren wie zum Beispiel der alte Domkapellmeister (Paul Hörbiger) allein und finden nicht das ersehnte Glück. Wie in diesen Beispielen bereits deutlich wird, stellt SCHWARZWALDMÄDEL Genregrenzen in Frage und ist damit

27 Barthel: So war es wirklich, S. 90.

28 Als einfache Angestellte passt Bärbels Rollenprofil aber ebenso zu dem der Sekretärinnen, Stenotypistinnen und damit im Sinne Kracauers zu den »kleinen Ladenmädchen«.

weit mehr als nur Symbol für – Zitat Strobel – »Heimat, Liebe und Glück«[29].

SCHWARZWALDMÄDEL handelt von der jungen Sekretärin Bärbel, die auf einem Maskenball die Bekanntschaft des Malers Hans Hauser macht. Der wiederum ist eigentlich mit Revuestar Malwine (Gretl Schörg) befreundet, ist in dieser Beziehung jedoch sehr unglücklich, weil Malwine ständig mit anderen Männern flirtet. Da kommt ihm die schüchterne Bärbel, die auf dem Maskenball als Schwarzwaldmädel verkleidet ist, gerade recht. Beide verlieren sich jedoch zunächst aus den Augen. Aus Frust über Malwines Eskapaden reist Hans mit Malwines Theaterkollegen Richard (Walter Müller) in den Schwarzwald und trifft dort im kleinen Dorf St. Christoph zufällig Bärbel wieder, die ihre Tante im Haus des alternden Domkapellmeisters für einige Tage als Haushaltshilfe vertritt. Die Verwicklungen nehmen ihren Lauf, als auch Malwine nach St. Christoph reist und mit ihr diverse Verehrer wie zum Beispiel Juwelier Bussmann[30] (Ernst Waldow) und dessen Mitarbeiter Theo Patzke (Hans Richter). Es entsteht ein Liebeswirrwarr, der, wie bereits berichtet, für einige Personen glücklich endet, für andere dagegen eher ernüchternd.

Das erste Viertel von SCHWARZWALDMÄDEL spielt in Baden-Baden, vorrangig im Theater. Es dauert also eine ganze Weile bis der Film in den Schwarzwald wechselt. Tatsächlich spielen 70 der insgesamt 100 Filmminuten in St. Christoph.[31] Das dörfliche Setting dominiert die Handlung nicht ganz so deutlich wie in anderen Heimatfilmproduktionen der 1950er Jahre, die ihre Handlung zum Teil komplett im ländlichen Milieu ansiedeln und ganz auf den städtischen Raum verzichten. Im Fall von SCHWARZWALDMÄDEL wird jedoch zu hinterfragen sein, ob die Schwarzwaldsequenzen und -inhalte überhaupt den vielfach zitierten Heimatfilmmotiven entsprechen.

Der Film startet mit einer Szene aus einer Eisrevue sowie einer zweiminütigen Schlagernummer von Malwine und Richard: *Musik von heute*. Hier

29 Vgl. den gleichnamigen und bereits erwähnten Aufsatz von Ricarda Strobel: Heimat, Liebe, Glück.

30 Juwelier Bussmann (in der Operette Schmußheim) gilt als Vorgänger des nörgeligen Berliner Fabrikanten Giesecke aus der Operette *Das Weiße Rössl*.

31 Der heilige Christopherus ist zugleich Schutzpatron der Reisenden. Die Wahl des Ortsnamens St. Christoph stellt somit eine Verbindung zu diesem Kontext her.

nimmt die Verwechslung ihren Anfang: Revuestar Malwine glaubt, dass sie in ihren Vorstellungen immer Schmuck im Wert von 85.000 Mark getragen hat. Das versichert ihr zumindest Juweliermitarbeiter Theo Patzke, der ihr den Schmuck besorgt hat. Kurz darauf erfährt Patzke jedoch von seinem Chef, dass der Schmuck gar nicht echt gewesen sei. Der echte lag angeblich im Safe. Patzke nimmt den echten heimlich an sich und bietet ihn Malwine auf dem so genannten Bühnenball an, weil er ihr aus Verliebtheit imponieren will. Malwine streitet sich dort wieder mal mit ihrem Freund Hans. Hans fühlt sich schlecht behandelt und bandelt auf dem Ball mit Bärbel an, die eine Schwarzwaldtracht trägt. Sie versichert Hans in Schwarzwälder Dialekt, dass dies keine Verkleidung sei, sondern alles »echt«.

Auf dem Ball präsentieren Malwine und Richard ihre zweite Musiknummer: den Schlager *Koketterie*. Bärbel, hingerissen von der Musik, ahnt nicht, dass Hans eigentlich mit Malwine liiert ist. Als sie das bemerkt, verlässt sie den Ball fluchtartig, erfährt allerdings zuvor noch, dass sie den Hauptgewinn bei der Tombola gezogen hat: einen Ford Taunus Cabrio. Sie nimmt den Preis an und fährt damit gleich in den Schwarzwald, wo ihre Tante eine Stelle als Haushälterin besitzt. Zeitgleich beschließt auch Hans zu verreisen. Er hat genug von Malwines Extravaganzen und möchte Abstand gewinnen. Es deutet sich an, dass sich dort auf dem Land in St. Christoph alle Personen treffen werden. Patzke reist Bärbel hinterher, weil die den Schmuck als Bussmann-Mitarbeiterin auf dem Ball sicherheitshalber an sich genommen hat. Malwine reist Hans hinterher, um sich mit ihm zu versöhnen. Und Juwelier Bussmann reist Malwine hinterher, weil er genau wie Patzke in die Revuesängerin verliebt ist.

Diese ersten 23 Minuten bilden die Exposition des Films: Die Hauptfiguren und die Konflikte werden eingeführt. Der Schwarzwald wird von Beginn an deutlich als Urlaubsziel konturiert. Man ›reist‹ quasi in die Heimat. Bärbel kommt zwar privat beim Domkapellmeister unter, Hans und Richard übernachten zunächst in einer Scheune. Aber es gibt ein Hotel, das Wirtshaus zum »Blauen Ochsen«: Hier bezieht die vor Eifersucht kochende Malwine ein Zimmer, ebenso der ihr nachgereiste Juwelier Bussmann. SCHWARZWALDMÄDEL konfiguriert sich somit selbst schon 1950 als Ferienfilm, obwohl das Thema Urlaub für die meisten Menschen in den Zeiten des Wiederaufbaus nicht existent war. Für eine junge Frau wie Bärbel wäre es um 1950 ungewöhnlich gewesen, mit einem Cabrio in den Schwarzwald zu reisen oder überhaupt einen Führerschein zu besitzen. (Den hat Bärbel übrigens, wie man von ihrer Vermieterin in Baden-Baden erfährt, schon lange in der Tasche.) Hans und Richard nehmen dagegen einen Motorroller, Theo Patzke ein Fahrrad, Malwine kommt mit dem Reisebus, nur Juwelier Bussmann trifft wie seine Verkäuferin und Assistentin Bärbel im Cabrio in St. Christoph ein. Traudl, die Haushälterin des Domkapellmeisters, reist zugleich mit dem Zug aus dem Schwarzwald ab. Die Gegend ist verkehrstechnisch also voll erschlossen. Der Film sendet damit ein entscheidendes Signal: Die Forschungsliteratur war bislang häufig der Ansicht, dass der Heimatfilm dem Ferienfilm vorausging, quasi als Folge einer gewissen Heimatmüdigkeit, die ab Mitte der 1950er Jahre einsetzte. Der Ferienfilm feierte daraufhin angeblich ab Ende der 1950er Jahre seine Erfolge – oder wie Walter Uka formuliert: »Aus dem Vagabunden der Heimatfilme wurde der Tourist in den Ferienhotelfilmen.«[32]

SCHWARZWALDMÄDEL widerlegt diese These jedoch und liefert zahlreiche Indizien dafür, dass man Genres nicht als in sich geschlossene, filmische Gruppen begreifen kann, die – wie bereits diskutiert – über einen exakt terminierbaren Beginn- und einen Endpunkt verfügen. Schon 1950 wählt der Film den Schwarzwald als eine touristische Region, in die man als Städter reist, um sich zu vergnügen. Dabei neigen viele Autoren, die über Deppes SCHWARZWALDMÄDEL geschrieben haben, zu einem verklärten Blick, wenn es um den Handlungsort St. Christoph geht:

> »Der Ort des Geschehens ist ein sauberer, ja von jeglichen Beschmutzungen der modernen Welt verschonter Raum, in dem alles noch beim alten ist: vom Dorfbrunnen über die schmucken Schwarzwaldhäuser bis hin zum Interieur der Häuser. Und natürlich liegt dieser Ort hoch im Schwarzwald, umgeben von vermeintlich ›unberührter‹ Natur.«[33]

Ähnlich äußert sich Ricarda Strobel: »Auffallend ist in SCHWARZWALDMÄDEL – und auch darin unterscheidet sich der Film nicht von anderen Heimatfilmen – die geschönte Darstellung des Schauplatzes. Hier erscheint al-

32 Uka: Modernisierung im Wiederaufbau oder Restauration?, S. 83.

33 Vgl. den Aufsatz von Ulrich Behrens: Das Verkehrte des Heimatfilms, unter: http://www.filmzentrale.com/rezis/schwarzwaldmaedelub.htm (letzter Aufruf: 29. Januar 2012).

les idyllisch, geordnet und schmuck.«[34] Diese Beobachtungen eines idealisierten Handlungsortes liefern ein perfektes Argument, SCHWARZWALDMÄDEL als Heimatfilm zu lesen. Dabei gibt es durchaus Punkte, die den Zuschauer stutzig machen müssten: Warum besitzt St. Christoph als kleines Schwarzwalddorf zum Beispiel gleich einen ganzen Dom samt Domkapellmeister?[35] Und warum pflegen die Dorfbewohner ihre eigene Vergangenheit inzwischen in einem extra eingerichteten Heimatmuseum? Der Domkapellmeister selbst hat es eingerichtet. Dort werden Trachten, Brautkränze, Kuckucksuhren und alte Musikinstrumente aufbewahrt. Das Heimatmuseum ist ein erster Hinweis darauf, dass die Tradition in St. Christoph längst vor dem Ausverkauf steht. Heimat ist ins Museum gewandert. Man kann sie sich dort anschauen, sie ist vom Aussterben bedroht und muss konserviert werden. Gelebt wird in den alten Trachten, wie der Bürgermeister der interessierten Malwine später bei einem Rundgang erklärt, nicht mehr.

Doch SCHWARZWALDMÄDEL stellt kein Loblied auf die Tradition und das Landleben dar. Im Gegenteil: Der Blick ist nach vorne gerichtet. Trachten eignen sich nur noch fürs Museum oder als Kostümierung beim Maskenball. Neben den leicht bekleideten Tänzerinnen zu Beginn des Films dominieren zudem materielle Symbole wie Cabrio, Schmuck und das Spielcasino. Die ländliche Welt wird von diesem Wandel langsam ergriffen. SCHWARZWALDMÄDEL zeigt die ersten Merkmale einer Erschütterung. Dabei baut der Film offensichtlich auf den für den Heimatfilm als genrekonstitutiv angesehenen Stadt-Land-Gegensatz:

> »Das Leben in der Stadt [...] wird grundsätzlich als etwas durchweg Negatives angesehen und vorgeführt und somit natürlich in Kontrast zu den durchweg positiv dargestellten Seiten des Lebens auf dem Lande, zur Geborgenheit in der HEIMAT gesetzt: Der Städter lebt [...] in einer kalten, hektischen, auf Erfolg und Karriere ge-

---

34 Strobel: Heimat, Liebe, Glück, S. 155.

35 SCHWARZWALDMÄDEL wurde in St. Peter im Südschwarzwald gedreht. Die dortige Barockkirche St. Peter diente als Kulisse für den Dom (!) des fiktiven Örtchen St. Christoph. Ebenso stand das heute noch existierende Hotel »Hirschen« Modell für das Wirtshaus »Zum Blauen Ochsen«. In St. Peter fanden gut 20 Jahre später auch die Dreharbeiten zum Roy-Black-Film SCHWARZWALDFAHRT AUS LIEBESKUMMER statt.

richteten Welt, der Landbewohner hingegen in einer durchschaubaren, einfach strukturierten Welt, die sich auf die ›wahren Werte‹ [...] besinnt.«[36]

Doch der Stadt-Land-Antagonismus funktioniert in SCHWARZWALDMÄDEL nicht richtig. Das liegt unter anderem daran, dass die Einwohner von St. Christoph aus einer Ansammlung skurriler Figuren bestehen, die das Leben auf dem Land nicht gerade in positivem Licht erscheinen lassen, zum Beispiel Lorle (Lucie Englisch), die altjüngferliche Tochter des Bürgermeisters, die geistig retardiert wirkt. Außerdem gibt es einen Kellner namens Gottlieb, der großwüchsig ist, fast schon eine Riese. Er verkörpert im Film das ›Unheimliche‹, nicht nur durch sein furchterregendes Aussehen, sondern auch durch seine Gewalttätigkeiten.[37] Gottlieb hat Interesse an Lorle, wird aber permanent zurückgewiesen, denn Lorle soll »einen aus der Stadt« bekommen, wie ihr Vater sagt, »etwas Besseres«.

In St. Christoph herrscht zudem ein Kampf um Ämter und Posten. Der Bürgermeister, der zugleich der Wirt des »Blauen Ochsen« ist, streitet sich mit dem Domkapellmeister, wer denn nun das Sagen im Festausschuss hat. Es wird keine vollständige Familie im Sinne von Vater, Mutter und Kindern vorgestellt. Lorle lebt offenbar mit ihrem Vater zusammen. Der Domkapellmeister hat nur seine Haushälterin Traudl und flüchtet sich in seine Kirchenmusik. Als er Bärbel einen schmissigen Walzer am Klavier vorspielen will, bittet er sie erst, das Fenster zu schließen, aus Angst, die Leute könnten über ihn reden. Gegenseitiges Misstrauen und Missgunst gehören zum Alltag.

Als der Domkapellmeister Bärbel zur Schwarzwaldbraut machen will, protestieren sowohl der Bürgermeister, der lieber die glamouröse Malwine in der Rolle sehen würde, als auch seine Tochter Lorle, die in den letzten Jahren diesen Part innehatte. Überhaupt ist die Auswahl der Schwarzwaldbraut eine Farce, die der Domkapellmeister und der Bürgermeister fast wie eine Misswahl unter alten Männern ausmachen: Der eine schickt Bärbel,

36 Trimborn: Der deutsche Heimatfilm der fünfziger Jahre, S. 42.

37 Für die Figur des Gottlieb, die sich durch Andersartigkeit, körperliche Deformation und unberechenbares Verhalten, ja fast Monströsität auszeichnet, gibt es in der Filmgeschichte zahlreiche Entsprechungen, vgl. Oliver Jahraus/Stefan Neuhaus (Hg.): Der fantastische Film. Geschichte und Funktion in der Mediengesellschaft, Würzburg 2005.

der andere Malwine ins Rennen – beide, weil sie von der jeweiligen jungen Dame angetan sind. Am Ende wird Bärbel beinahe unfreiwillig Schwarzwaldbraut, weil Malwine zu spät anreist und Bürgermeistertochter Lorle beleidigt ist. Ihr Auftritt ist Teil des Cäcilienfestes, auf das man sich in St. Christoph vorbereitet. Bei diesem Fest geht es jedoch offenbar nicht darum, der heiligen Cäcilia, der Patronin der Kirchenmusik, zu gedenken, sondern vor allem ums Biertrinken, ums Tanzen und um die Geselligkeit. Mit Gästen aus der Stadt rechnet man fest in St. Christoph. Es gibt Bierbuden und eine Eishalle, Schiffschaukeln, und eine Kapelle spielt. Den Höhepunkt des Festes bildet schließlich auch nicht die Eröffnung des Tanzes durch die Schwarzwaldbraut, sondern bezeichnenderweise eine wüste Schlägerei, angezettelt von Gottlieb.

Das Idyll ist also in mehreren Umständen getrübt. Der kirchliche Hintergrund des Festes ist trotz Festgottesdienst nahezu in den Hintergrund gerückt. Das Kirchenfest wird zu einem Event, bei dem das Vergnügen im Vordergrund steht und das zudem eine entsprechende Werbung braucht. Der Domkapellmeister gibt deshalb zuvor ein Werbeplakat in Auftrag. Es zeigt Bärbel, die mit Tracht und traditionellem Schwarzwälder Bollenhut posiert. Darüber steht: »Kommt alle zum Cäcilienfest in St. Christoph«. Hans hat das Plakat bei einem Spaziergang gemalt und den Ausflug in die Wälder genutzt, um Bärbel näher zu kommen, was ihm auch erst gelingt. Dann aber schaltet sich wieder Malwine ein und treibt aus Eifersucht einen Keil zwischen beide, woraufhin sich Bärbel stur stellt. Hans ist verzweifelt und schaut sich schmachtend im Beisein von seinem Freund Richard das Poster von Bärbel an.

Hans: »Tag und Nacht verfolgt mich ihr Bild. Ich halt's nicht mehr aus.«
Richard: »Bist ja selbst dran schuld, hast's ja entworfen. Sogar sehr schön.«

Diese Szene sei hier deshalb erwähnt, weil die Schwarzwaldwelt als eine Illusion erscheint. Bärbel besitzt eine Identität als Verkäuferin. Als Schwarzwaldmädel ist sie dagegen nur eine Kunstfigur, fast wie eine Person aus einer anderen Welt, die Hans mit seinen Idealen gefüllt hat. Unterstützt wird diese Lesart durch die Beobachtung, dass Bärbel ihren Schwarzwälder Dialekt nur spricht, wenn sie die Tracht trägt. Als Hans sie nach dem Streit bei Juwelier Bussmann im Laden antrifft, trägt sie ein gelbes Kostüm und spricht Hochdeutsch mit ihm – ein Indiz dafür, dass sie als Schwarzwaldmädel lediglich eine Rolle spielt – und das nahezu perfekt, wie Malwine in einem Dialog mit Hans enthüllt: »Kompliment! Dein Naturkind aus dem Schwarzwald kann noch besser Theater spielen als ich.«

Bärbel ist nur auf dem Land das Schwarzwaldmädel, oder beim Maskenball, oder vielleicht sogar nur in Hans' Phantasie. Als Schwarzwaldmädel verkörpert sie zumindest optisch die oben zitierten »wahren Werte«, auch wenn es in der Realität auf dem Land ganz anders aussieht. Dass Bärbel mit dieser Welt nichts zu tun hat, wird beim Cäcilienfest klar, als sie den Domkapellmeister zum Tanz auffordert, nicht Hans. Sie ist sich durchaus bewusst, dass sie nur zu repräsentativen Zwecken die Schwarzwaldbraut mimt. Das muss auch der Domkapellmeister schließlich schmerzlich einsehen. Somit stimmt es letztlich, dass die Figuren im Heimatfilm, wie Jürgen Trimborn schreibt, die natürliche Ordnung verkörpern und ihren quasi ›gottgegebenen‹ Platz im Gefüge der heimatlichen Lebenswelt einnehmen.[38]

Allerdings tun sie das in SCHWARZWALDMÄDEL nicht »schicksalsergeben«[39]. Lorle entwickelt ein durchweg utopisches Interesse an Juwelier Bussmann, lehnt dagegen die Annäherungsversuche von Gottlieb ab. Der greise Domkapellmeister verliebt sich in Bärbel, obwohl er altersmäßig eher ihr Großvater sein könnte. Dass diese zwischenmenschlichen Wunschbeziehungen (Lorle/Bussmann, Gottlieb/Lorle, Domkapellmeister/Bärbel) nicht zustande kommen, ist zwar einerseits typisch für den Heimatfilm – Versuche, aus der ländlichen Gemeinschaft auszubrechen, sind laut des Genreparadigmas von vornherein zum Scheitern verurteilt.[40] Andererseits wirkt das Interesse des Domkapellmeisters an einer jungen Frau wie Bärbel überzeichnet. Lorle wiederum konkurriert in der Gunst um Juwelier Bussmann mit Glamourgirl und Theaterschönheit Malwine, ebenfalls eine personelle Schieflage, die nicht ganz ernst gemeint sein kann und die auch das Publikum schon 1950 als Persiflage wahrgenommen haben muss.

Diese skurrilen Figurenkonstellationen verweisen meiner Ansicht nach auf die derbe, zum Teil zotige Berliner Operette der 1910er Jahre. Dazu gehört auch, dass Juwelier Bussmann eine Schwarzwälder Tracht aus dem Heimatmuseum entwendet, mit der er sich als Frau verkleidet, um nach di-

---

38 Trimborn: Der deutsche Heimatfilm der fünfziger Jahre, S. 74

39 Ebd.

40 Ebd.

versen Verstrickungen inkognito am Cäcilienfest teilnehmen zu können. Gottlieb fordert Bussmann zum Tanz auf und erkennt nicht, dass er eigentlich mit einem Mann tanzt. Bussmanns Auftritt wird zur Travestienummer.[41] Die Landbevölkerung wird insgesamt als naiv (Lorle), realitätsfern (Domkapellmeister) und streitsüchtig (Gottlieb) entlarvt. Im Sinne des Begriffs *Doing Gender*, der auf Geschlecht als performativen Akt hinweist,[42] wird auch Heimat in SCHWARZWALDMÄDEL auf verschiedene Weise hergestellt: Ein Signal stellt schon der Maskenball zu Beginn des Films dar, auf dem Bärbel als Figur eingeführt wird.

Die Städter bringen ihre Probleme mit nach St. Christoph, daraus bezieht der Film sein Konfliktpotential. Es geht in SCHWARZWALDMÄDEL also nicht darum, die ländliche Welt gegen den schädlichen Einfluss aus der Stadt zu verteidigen. Es geht eher darum, das zum Teil komische, dramaturgische Konfliktpotential zu nutzen, das entsteht, wenn Städter ihre Liebesfehden in einer Welt austragen, die selbst nicht heil ist und deshalb das Durcheinander nur vergrößert. Ricarda Strobel hat dennoch eine Reihe von Gegensatzpaaren aufgelistet, mit denen sie den Stadt-Land-Antagonismus verteidigt.[43] Unter anderem stellt sie dem Cäcilienfest den Maskenball gegenüber, was meiner Ansicht nach nicht funktioniert, da es bei beiden Veranstaltungen um Maskerade, ums Verkleiden und ums Vergnügen geht. Weder der Ball noch das Fest sind ›echt‹, beides ist inszeniert. Und so kann Bärbel als Schwarzwaldbraut auch nicht als »fruchtbare Symbiose beider Lebensbereiche«[44] gelten: Sie ist zwar in beiden Welten zu Hause, sowohl beim Maskenball als auch beim Fest, doch beide Male ist sie lediglich maskiert, sie vereint also beide Welten nicht.

Der Kuss zwischen Hans und Bärbel vor der Schwarzwaldkulisse bildet eine der letzten Szenen im Film. Ob Hans Bärbel heiraten wird, ob beide für immer zusammen sein werden, ob Bärbel die Schwarzwaldtracht wieder

41 Zur Erzeugung von Genderperformances im Film vgl. Oltmann: Remake/Premake, S. 38ff. Oltmann bezieht sich in ihrer Argumentation auf die Theorie von Judith Butler, nach der Geschlechtsidentität durch performative Akte hergestellt wird. Vgl. auch Judith Butler: Bodies That Matter. On the Discoursive Limits of »Sex«, New York/London 1993.

42 Vgl. ebd.

43 Vgl. Strobel: Heimat, Liebe, Glück, S. 155f.

44 Trimborn: Der deutsche Heimatfilm der fünfziger Jahre, S. 48.

ablegen wird, sie in der Stadt oder auf dem Land leben werden, das alles lässt der Film offen. Das Happy End ist situativ, es lässt Spielraum für vielfältige Interpretationen. Es ist jedoch kein Happy End zugunsten der Natur oder der Tradition. Im Film bilden sich ausschließlich Städterpaare: Hans und Bärbel, Malwine und Richard. Die Tatsache, dass sich Lorle durchringt, endlich mit Gottlieb zu tanzen, kann noch nicht als Liebesgeständnis gelten. Für die Städter sieht die Zukunft rosig aus. Lediglich Juwelier Bussmann muss sich damit arrangieren, dass er Malwines Herz auch mit Schmuck nicht gewinnen kann.

Für die Dörfler dagegen sind die Aussichten düster: Der Domkapellmeister muss einsehen, dass er zu alt ist für eine junge Frau wie Bärbel. Er zieht Hans gegenüber den Kürzeren und bleibt allein. Er wird fast zu einer tragischen Figur, wenn man bedenkt, dass er all die Jahre schon den Brautkranz für die Schwarzwaldbraut in seinem Heimatmuseum aufbewahrt. Doch auch für Lorle endet die Geschichte ernüchternd. Juwelier Bussmann bleibt für sie unerreichbar. Auf dem Fest tanzt sie mit Gottlieb zum Schluss wohl eher aus Einsicht, dass ihr keine andere Wahl bleibt.

Antagonismen entstehen im SCHWARZWALDMÄDEL auf anderer Ebene: Es geht nicht um den Gegensatz von Stadt und Land, sondern um den Gegensatz von Jung und Alt, der bereits in der Operettenvorlage von 1917 angelegt ist. Das Verhältnis von Walzer und Tanzmusik zur Kirchenmusik gilt hier als Indiz. Der Domkapellmeister blüht auf, als Bärbel bei ihm einzieht. Die Walzermelodien fallen ihm nur so zu. Die Orgelmusik dagegen steht für das Alte, das Herkömmliche, das sich letztlich der Jugend beugt, wie auf dem Cäcilienfest deutlich wird, als nur ein Walzer die Schlägerei stoppen kann.

SCHWARZWALDMÄDEL hat etliche Schlager aus der Operette beibehalten. Viele gelten in den 1950er Jahren als Gassenhauer und sind aus dem Radio bekannt. Das ist ein bislang kaum beachteter Punkt in der Diskussion um den Film. Jeder konnte 1950 im Kinosessel mitsingen, so wurde SCHWARZWALDMÄDEL zu einem zusätzlichen Gemeinschaftserlebnis. Der Film ist noch frei von amerikanischen Jazzeinflüssen und kennt noch keinen intermedial agierenden Star wie Jahre später Caterina Valente oder Vico Torriani. Der Film unternimmt zum Beispiel keinen Versuch, Bärbel als Schlagerstar zu etablieren und den Film möglichst stark zu personalisieren.

Die Musiktitel werden in SCHWARZWALDMÄDEL von verschiedenen Darstellern dargeboten, zum Teil auch von einem Chor. Sie unternehmen ganz unterschiedliche Funktionen. Eines der bekanntesten Stücke ist *Malwine, ach Malwine*, ein Lied, das Richard für seine angebetete Theaterkollegin mit der Mandoline anstimmt, nachdem Hans mit ihr Schluss gemacht hat und sie sich schmollend in ihr Hotelzimmer im Blauen Ochsen zurückgezogen hat.

»Malwine, ach Malwine,
Du bist wie eine Biene,
Du kehrst bei jeder Blume ein,
und schleckst der Blüten Honigseim.«

So lautet der Refrain des Liedes, der auf Malwines angebliche Mannstollheit anspielt. Dass es hier jedoch um einen *show stopper* geht und zunächst nicht darum, den Film inhaltlich voranzutreiben, beweist der Umstand, dass Malwine keinesfalls beleidigt ist, sondern sich zu Richard auf die Terrasse setzt und das schmissige Lied schließlich gemeinsam mit ihm zu Ende singt (»Malwine, ach Malwine, ICH bin wie eine Biene«). Erst im Anschluss schlägt Richard Malwine vor, doch mit ihm in ein »schnuckeliges, kleines Hotel« an den Titisee zu fahren. Sein Einsatz als Troubadour hat sich dank der Musik also gelohnt.

Volkstümlich dagegen kommt das Wanderburschenlied daher, das Hans und Richard anstimmen, als sie nach St. Christoph reisen. Es verortet SCHWARZWALDMÄDEL noch am ehesten im Heimatkontext, weil es die Landschaft besingt und beinahe wie ein Volkslied klingt.

»Wir sind auf der Walz
vom Rhein bis zur Pfalz
und suchen nach freundlichen Gaben.
Wir sind auf der Walz
vom Rhein bis zur Pfalz,
durch Bayern, durch Sachsen und Schwaben.«

In dieser Nummer ist SCHWARZWALDMÄDEL dem Heimatfilm am nächsten. Ebenso wie im berühmten *Schwarzwald-Lied*, das die Schwarzwälder Frauen als edelmutig und wählerisch beschreibt. Im Film stimmt ein Chor aus Mädchen in Tracht das Lied an und Bärbel stimmt in den Gesang ein, nachdem Hans ihr auf der Wanderung eindeutige Avancen gemacht hat, denen sie so leicht nicht nachgeben will.

»Mädle aus dem schwarzen Walde
sind nicht leicht zu haben.
Nur ein Schwabe hat die Gabe,
stiehlt ins Herz sich bald.«

Das Lied liest sich im Zusammenhang mit der vorangegangenen Situation als Antwort Bärbels auf Hans' Liebesmühen. Damit kommt ihm wie dem Wanderburschenlied eine andere Funktion zu als den Tanzmelodien, die Richard und Malwine vortragen und die eher als Showeffekte im Film angesehen werden können. Die Volkstümlichkeit, die in den beiden letztgenannten Liedern durchscheint, hat sicherlich dazu beigetragen, SCHWARZWALDMÄDEL als Heimatfilm zu rezipieren. Hält man sich aber vor Augen, dass die Lieder im Kontext der Berliner Operette entstanden sind, die sich immer auch selbst ein bisschen aufs Korn nimmt, als populistisch gilt und oft zweideutige Subtexte transportiert, dann sind diese Nummern im Film kritisch zu hinterfragen. Hans und Richard sind natürlich keine Wanderburschen, sondern Urlauber, denen zufällig ihr Motorroller geklaut wird. Ihr Wanderlied kommentiert den Verlust ihres Fortbewegungsmittels. Da sie zu Fuß gehen müssen, singen sie, um sich die Zeit zu vertreiben. Zusätzlich schwingt in ihrem Gesang die Reiselust mit. Das Lied besingt aus dieser Sicht nicht die Heimat, sondern die Ferienregionen »Bayern, Sachsen und Schwaben«. Wenn die Schwarzwaldmädels singen, dass sie nicht leicht zu haben sind, dann mag das aus der Perspektive von Lorle beinahe höhnisch klingen, denn sie unternimmt größte Anstrengungen, sich Bussmann gegenüber anzupreisen.

SCHWARZWALDMÄDEL transportiert somit vor allem auf der musikalischen Ebene die operettenhafte Doppelbödigkeit. Gerade die volkstümlich daherkommenden Nummern sind somit besonders vorsichtig zu betrachten, denn sie suggerieren das für den Heimatfilm typische »Landschafts- und Naturgefühl«[45] und unterlaufen es durch die im Film angelegten Subtexte zugleich.

45 Höfig: Der deutsche Heimatfilm, S. 374.

Insofern ist es problematisch, SCHWARZWALDMÄDEL vorrangig als Heimatfilm zu lesen. Wenn Heide Fehrenbach behauptet, dass Filme wie SCHWARZWALDMÄDEL und GRÜN IST DIE HEIDE Standards des Genres eingeführt haben,[46] dann trifft das zumindest für SCHWARZWALDMÄDEL nicht uneingeschränkt zu. Immer wieder durchbricht der Film die in der Sekundärliteratur beschriebenen, recht starren Regeln des Heimatfilms. »Die Heimatwelt ist konservativ. Das Alte wird schöner, romantischer und menschlicher genannt«[47], konstatiert Willi Höfig, dessen Studie bis heute immer wieder zitiert wird. Doch in SCHWARZWALDMÄDEL sind es die Städter, die die romantische Liebe erfahren. Die vermeintliche Heimatwelt von St. Christoph wird destruiert: Vor ihrer Kulisse finden sich die Paare, aber für die eigentlichen Bewohner bleibt die Liebe unerreichbar. Dass der Film nicht nach einem Baukastenprinzip funktioniert, wird besonders in der Beziehung von Hans und Bärbel deutlich. »Daß Liebende gleichaltrig sind«[48], gilt laut Höfig als Element der ›geordneten Welt‹ – genau das widerlegt SCHWARZWALDMÄDEL im großen Altersunterschied von Sonja Ziemann und Rudolf Prack.

Der Film hat dem 1950er-Jahre-Kino dennoch unbestritten Impulse geschenkt: Er hat ein neues Kinotraumpaar hervorgebracht und den Schwarzwald wie in den Fokus gerückt, ohne sich dabei in endlosen Landschaftspanoramen zu verlieren. Dabei hat er Elemente des Revuefilms mit einer Verwechslungsgeschichte vermixt und die Operettenverfilmung populär gemacht. Außerdem führt der Film vor, welche unterschiedlichen Funktionen Schlagernummern übernehmen können. Immer wieder treten folglich Filme mit SCHWARZWALDMÄDEL in einen Dialog – zum Beispiel DIE ROSEL VOM SCHWARZWALD, der bereits erwähnten Produktion von 1956, in der die Schwarzwaldbraut schließlich zur »Miss Kirschwasser« wird.

46 Vgl. Fehrenbach: Cinema in Democratizing Germany, S. 152.

47 Höfig: Der deutsche Heimatfilm, S. 389.

48 Ebd., S. 390.

10. *A happy bit of tropical fluff*

Film und Fernweh

Wie im vorangegangen Kapitel geschildert, definiert sich Heimat immer auch über die Fremde. Gerade im Schlager werden die Themen Heimweh und Sehnsucht immer wieder miteinander kombiniert. So wie der Schlagerfilm Heimatmotive verhandelt, wendet er sich auch der Fremde, dem Exotischen zu. Viele Schlagerfilme wie MANDOLINEN UND MONDSCHEIN (D 1959, R: Hans Deppe) oder WAS MACHT PAPA DENN IN ITALIEN (D 1961, R: Hans-Dieter Schwarze) spielen in den 1950ern und 1960ern in Italien, meist an der Rivieraküste. Durch die Wahl des Handlungsortes liefert der Film dem beliebten ›Italienschlager‹ den perfekten Rahmen. Es wäre eine eigene Studie wert, Filme mit Italienbezug hinsichtlich ihrer Schlagerrepräsentation zu untersuchen.

Während Italien, Spanien und die jugoslawische Adriaküste verhältnismäßig leicht mit dem Auto zu erreichen sind, gibt es Fernziele wie die Südsee, die für normale Urlauber schlichtweg unentdeckt bleiben, weil sie touristisch nicht vergleichbar erschlossen und finanziell unerschwinglich sind – zumindest in den 1950er und 1960er Jahren. Die Südsee ist ein solches Ziel. Die Inseln im so genannten Polynesischen Dreieck wie Tahiti, Tonga oder Samoa klingen nicht nur exotisch, sie sind auch 15.000 Flugkilometer von Deutschland entfernt. Wie es dort und auf dem benachbarten Hawaii im Nordpazifik aussieht, das lässt sich aus Schlagertexten wie Steig in das Traumboot der Liebe[1] (gesungen von Caterina Valente 1955) herauslesen:

1 Der Schlager ist eine von vielen erfolgreichen Produktionen des Texter-Komponisten-Gespanns Heinz Gietz und Kurt Feltz in den 1950er Jahren.

»Leise rauscht das Meer und leise singt der Wind. Alles wird so hell, duftet blütenschwer.« Hawaii wird in dem Lied als »Insel der Schönheit« beschrieben, als ein locus amoenus, an dem es keine Sorgen gibt. Doch egal, mit welchen Worten der Schlager das vermeintliche Südseeparadies in dieser Zeit beschreibt, überprüfen kann es aufgrund mangelnder Erfahrung ohnehin kaum jemand:

> »Fernweh, das war der lustvolle Moment, der einen zur Flucht aus der grauen Realität in die Traumwelt der Hula-Liebe und Tropical-Drinks verleitete – für die meisten ein unerfüllter Traum. Der Pauschalflug zu den Malediven war noch nicht im Reisekatalog.«[2]

Der Ferntourismus beginnt in Deutschland erst Mitte der 1960er Jahre mit dem Einsatz der ersten Düsenmaschinen: So fliegt Condor beispielsweise ab 1966 nach Thailand.[3] Zuvor hatten einzelne Reiseveranstalter schon Weltreisen im Angebot wie Dr. Tigges Ende der 1950er Jahre.[4] Allerdings ist vorstellbar, wie teuer und beschwerlich solche Ferntouren gewesen sein müssen. Es wird berichtet, dass schon erste Nachkriegsreisen auf die Baleareninsel Mallorca ein einziger »Verkehrsmittelcocktail«[5] sind. Sie führen zum Beispiel mit der Bahn nach Barcelona und von dort mit dem Flugzeug nach Palma oder müssen als kombinierte Bahn-Bus-Schiffsreisen angetreten werden.[6] Insgesamt macht die Zahl der Urlauber, die mit dem Flugzeug verreisten, 1960 gerade mal ein Prozent aus.[7] Das Verreisen mit Bus, Bahn und Auto beschränkt sich also fast ausschließlich auf Deutschland und Europa.

---

2 Hügel/Zeisler: Die süßesten Früchte, S. 85.

3 Heinz Göckeritz: Die Bundesbürger entdecken die Urlaubsreise, in: Haus der Geschichte der Bundesrepublik Deutschland (Hg.): Endlich Urlaub. Die Deutschen reisen, Begleitbuch zur Ausstellung im Haus der Geschichte der Bundesrepublik Deutschland, Bonn, 6. Juni bis 13. Oktober 1996, Köln 1996, S. 43-50, hier S. 48.

4 Wöhler: Endlich wieder urlauben, S. 267.

5 Göckeritz: Die Bundesbürger entdecken die Urlaubsreise, S. 48.

6 Ebd.

7 Schneider, Otto: Die Ferienmacher, Hamburg 2001, S. 94, zitiert nach Wöhler: Endlich wieder urlauben, S. 271.

Die Palmen, die sich »in der wilden Südseeluft biegen«[8], und die »roten Orchideen«[9], von denen in zeitgenössischen Schlagern die Rede ist, üben dennoch eine ungebrochene Faszination auf die Menschen aus. Diese Lust an der Exotik ist nicht neu. Historisch gesehen reicht die Südseebegeisterung der Europäer bis ins 18. Jahrhundert. Im Zuge der Entdeckerreisen von James Cook oder Louis Antoine de Bougainville werden die Südseeinseln in Zeiten der Aufklärung zum »emotionalen Gegenpol der intellektuellen Epoche«[10]. Reiseberichte dienen als Informationsträger und fachen das Südseefieber an, das sich auch deshalb so stark ausbreiten kann, weil andere Kontinente die Vorstellungen und Träume der Europäer enttäuschen.[11] Die Texte gelten als idealisierend, bisweilen wird ihnen sogar vorgeworfen, sie verklären die außereuropäische Kultur.[12] Die Südsee wird zur »Projektionsfläche des insularen Paradieses«[13] und damit schon früh zum Anziehungspunkt für Europäer, wie zum Beispiel Ende des 19. Jahrhunderts für den französischen Maler Paul Gaugin, die sich nach einem regelfreien Leben abseits der Zivilisation sehnen.

Im 20. Jahrhundert kommt die Südseebegeisterung in Deutschland in allen Bereichen der Kunst zum Ausdruck.[14] So bricht der nordfriesische Ma-

---

8 So lautet eine Textzeile aus dem Schlager *Südseewellen* von den »Kilima Hawaiians«.

9 *Rote Orchideen* lautet ein gleichnamiger Schlager von Komponist Paul Abraham von 1931.

10 Christiane Küchler: Erotische Paradiese. Zur europäischen Südseerezeption im 18. Jahrhundert, Diss., Göttingen 2004, S. 9.

11 Diese These stellt Christiane Küchler in ihrer Dissertation auf. So geht die Autorin davon aus, dass Asien sich gegen Eindringlinge sperrte, Südamerika von den Spaniern abgeriegelt war und Afrika den Europäern aufgrund seiner Wildheit unbezwingbar schien. Vgl. ebd., S. 11.

12 Vgl. Yomb May: Das xenologische Epithetum. Zur Konstruktion und Instrumentalisierung des Mythos vom insularen Paradies in den Reisebeschreibungen Antoine de Bougainvilles und Georg Forsters, in: Christian Bremshey u.a. (Hg.): Den Fremden gibt es nicht. Xenologie und Erkenntnis, Münster 2004, S. 55-71, hier S. 60.

13 Ebd., S. 63.

14 Die Südsee ist im Rahmen des Postkolonialismus jedoch auch ein problembehaftetes Feld. Postkoloniale Theorien werden im Rahmen der *Cultural Studies*

ler Emil Nolde 1913 mit einer medizinischen Expedition in den Pazifik auf. In der Überzeugung, dass die Völker und Kulturen dort dem Untergang geweiht sind, porträtiert er vor allem Menschen und verfolgt damit einen dokumentarischen Ansatz.[15] Auch Theater, Musik und Film nutzen das ungebremste Interesse an exotischer Lebensart. 1931 komponiert Paul Abraham die Operette *Die Blume von Hawaii*, die 1932 von Richard Oswald auch erstmals verfilmt wird. Ebenfalls 1931 dreht Regisseur Friedrich Wilhelm Murnau an Originalschauplätzen in der Südsee, auf Tahiti und Bora Bora, den Stummfilm TABU (Untertitel: A STORY OF THE SOUTH SEAS).[16] Komponist Peter Kreuder schreibt für den Marika-Rökk-Film EINE NACHT IM MAI (D 1938, R: Georg Jacoby) den Schlager *Eine Insel aus Träumen geboren*. Das niederländische Gesangsquartett »Kilima Hawaiians« feiert seit den 1940er Jahren in Deutschland Erfolge: Zum Repertoire der Band zählen einerseits US-amerikanische Nummern wie *On the Beach of Waikiki* (1914), aber auch Operettenmelodien aus *Die Blume von Hawaii* sowie eigene Kompositionen.[17] Das verbindende Element ihrer Musik sind die Instrumente wie die Ukulele und Hawaiigitarren, die den berühmten Seufzerton hervorbringen.[18]

---

verhandelt. Einen Überblick bietet Eberhard Kreuzer: Postkolonialismus/Postkolonialität, in: Nünning (Hg.): Metzler Lexikon Literatur- und Kulturtheorie, S. 542. Vgl. ebenso Franziska Schößler (Hg.): Literaturwissenschaft als Kulturwissenschaft, Tübingen 2006.

15 Denise Daum: Emil Nolde in der Südsee. Primitivismus, Kolonialismus und Reiseerfahrung, in: Christian Berkemeier, Katrin Callsen, Ingmar Probst (Hg.): Begegnung und Verhandlung: Möglichkeiten eines Kulturwandels durch Reise, Münster 2004, S. 33-47, hier S. 35.

16 Das Drehmaterial wurde auch in späteren Dokumentarfilmen verwertet wie TREIBJAGD IN DER SÜDSEE (D 1940, R: Wolfgang Buhre). Vgl. unter: http://www.filmmuseum-berlin.de/fwmurnau/tabu.htm (letzter Aufruf: 1. November 2010).

17 Cornelia Szabó-Knotik: Der Traum von Palmen und Meer zwischen Hawaii und Hausmeisterstrand, in: Kieler Beiträge zur Filmmusikforschung 2, 2008, unter: http://www.filmmusik.uni-kiel.de/artikel/KB2-Szaboarc.pdf (letzter Aufruf: 29. Januar 2012).

18 Ebd.

In den 1950er Jahren erlebt die Hawaiibegeisterung in Deutschland einen neuen Höhepunkt. Sie ist »Echo eines Trends aus den USA«[19]: Hawaii wird im August 1959 50. Bundesstaat der Vereinigten Staaten. Wie Musikbox, Petticoat, Hula-Hoop-Reifen oder der Rock 'n' Roll wird die Faszination Südsee aus Amerika importiert und gliedert sich in das Lebensgefühl der Menschen in der Bundesrepublik ein, die sich nach Jahren der Entbehrung nach der ›großen, weiten Welt‹ sehnen und den Anschluss an Amerika und den Westen finden wollen. Kulinarisch findet die Liebe zur Südsee in dieser Zeit Ausdruck im so genannten Toast Hawaii, der viereckigen Weißbrotscheibe, garniert mit Schinken, Ananas, Käse und Cocktailkirsche. Fernsehkoch Clemens Wilmenrod tritt Mitte der 1950er als Erfinder dieser Spezialität auf. Die exotischen Zutaten werden zum Symbol der neuen Wohlstandsgesellschaft: Man lässt es sich gut gehen und kann es sich leisten.

Bilder von der anderen Seite der Erdkugel liefert das Kino. Südseeträume werden auf der Leinwand wahr: 1957 erscheint der Film BLAUE JUNGS (D 1957, R: Wolfgang Schleif, D: Karlheinz Böhm, Claus Biederstaedt), der die »Herrlichkeit einer Fototapete«[20] besitzt: Matrosen der deutschen Kriegsmarine kommen nach Tahiti und werden dort von Eingeborenen empfangen. 1962 wird eine ähnliche Geschichte mit Schlagerstar Freddy Quinn produziert: FREDDY UND DAS LIED DER SÜDSEE (D 1962, R: Werner Jacobs). Quinn ist auf dem Höhepunkt seiner Karriere, er hat bereits acht Kinofilme gedreht. In seinem neuen Film spielt er den Seemann Freddy Petersen, der nach Tahiti kommt und dort erfährt, dass er das Haus seines verschollenen Onkels geerbt hat und nun entscheiden muss, ob er in der Südsee bleibt oder wieder hinaus aufs Meer fährt. FREDDY UND DAS LIED DER SÜDSEE steht weniger in der Tradition der populären Italienfilme, die moderne Formen des Reisens in den 1950er Jahren vorführen und oft wie Werbespots der Tourismusbranche wirken. Der Film erzählt eine Seemannsgeschichte und könnte damit auch parallel zu MUTINY ON THE BOUNTY (USA 1962, R: Lewis Milestone) gelesen werden. Näher liegt aufgrund der Einbettung zahlreicher Schlager jedoch ein Vergleich mit dem Elvis-

19 Ebd.

20 Zitat von Friedemann Beyer, zitiert nach Hobsch: Liebe, Tanz und 1000 Schlagerfilme, S. 139.

Presley-Streifen BLUE HAWAII, der im April 1962 in die deutschen Kinos kam – bis dato Presleys erfolgreichster Film überhaupt.[21]

»Der Erfolg des Films war natürlich nicht zuletzt der märchenhaften Landschaft Hawaiis zu verdanken. Man geht ins Kino, um zu träumen, und viele normale Sterbliche in nördlichen Breiten ersehnen sich nun einmal gerne ein unbeschwertes Leben auf der Südseeinsel.«[22]

Beliebt wurde der Film vor allem wegen seiner Lieder: Insgesamt 14 bietet Elvis Presley in BLUE HAWAII dar, darunter auch seine wohl bekannteste Ballade *Can't help falling in love with you.* Das umfangreiche Schlagerrepertoire, das auch hawaiische Lieder wie *Alo-Oe* und eine Coverversion des Evergreens *La Paloma* (unter dem neuen Titel *No More* aufgenommen) umfasst, verstärkt die romantische Stimmung im Film. Oft singt Presley seine Lieder am Strand, mit Gitarre – und: oberkörperfrei.[23]

Auch FREDDY UND DAS LIED DER SÜDSEE ist ein Musikfilm. Doch einen auf *beach boy* getrimmten, sonnengebräunten und singenden Freddy Quinn in Badeshorts sucht man in der deutschen Produktion vergeblich. Dafür gibt es verschiedene Gründe: Einer liegt im Starimage von Freddy Quinn, das alle Generationen des Schlagerpublikums ansprechen soll und damit frei bleiben muss von Sexualität. Als Sänger ist Quinn auf den Seemannsschlager gebucht. Mit dem Titel *Heimweh* hatte er 1956 seinen größten Erfolg. Im Film muss er dem Image des Saubermanns treu bleiben. »Das Etikett *Heimweh* war bis zum Auftauchen von Freddy Quinn in der deutschen Schlagerbranche unbesetzt«[24], stellt Siegfried Schmidt-Joos 1960 fest. Diese Chance hat die Industrie ergriffen. Quinns Biografie passt sich dem Image des singenden Seemanns und Weltenbummlers nahtlos an – und umgekehrt:

»Freddy hatte sich lange als Seemann, als Landstreicher, als ungebundener Abenteurer in der Welt herumgetrieben, hatte auf einer Amateur-Show in New York den Erfolg einer Nacht eingeheimst, war in Finnland in einem Reisebüro beschäftigt gewe-

21 Guttmacher: Elvis!, S. 53.

22 Seibel/Unucka: Elvis Presley und seine Filme, S. 31.

23 BLUE HAWAII trug zunächst den Arbeitstitel HAWAII BEACH BOY. Vgl. Guttmacher: Elvis!, S. 52.

24 Schmidt-Joos: Geschäfte mit Schlagern, S. 46 *[Hervorhebung i.O.]*.

sen und in Marokko von der Wüstenpolizei in ein Berbergefängnis gesperrt worden. Dann lag er eines Tages, ohne Job und ohne Geld, in Hamburg auf der Straße.«[25]

Anfang der 1950er Jahre wird er auf der Reeperbahn angeblich von der Plattenfirma Polydor entdeckt. Welche von all diesen Details stimmen und was vielleicht doch nur eine Erfindung seiner Produzenten und Manager ist, lässt sich heute nicht mehr endgültig klären. »Bei kaum einem anderen Vertreter der deutschen Schlager- und Filmbranche liegen so zahlreiche, widersprüchliche biographische Angaben vor«[26], stellt sogar das *Lexikon des deutschen Schlagers* fest. Auffällig bleibt jedoch, dass das Image von Freddy Quinn bis zum Ende seines Schaffens keinerlei Brüche aufweist. Der gebürtige Österreicher sollte kein neuer Elvis sein, kein Rebell, kein Schönling, der stets von schönen Frauen umgeben ist. Quinn musste bis zum Schluss familientauglich bleiben.

Aufgrund dieses Imagegedankens basiert FREDDY UND DAS LIED DER SÜDSEE auch auf einem ganz anderen inhaltlichen Konzept als BLUE HAWAII. In dem deutschen Film kommen die Protagonisten als Seeleute auf der Durchreise ins französisch geprägte Polynesien. Für Elvis Presley alias Chad Gates ist Hawaii dagegen Heimat. Hawaii gilt als interessantes Reiseziel für die Amerikaner, darauf baut die Handlung des Films auf: Presley spielt einen einheimischen jungen Mann, der sich von seinen reichen Eltern unabhängig machen will und sich sein Geld als Fremdenführer verdient. Den Job hat ihm seine Freundin Maile (Joan Blackman) organisiert, die in einem Reisebüro arbeitet. Aufgrund dieses Handlungsrahmens liegt es nah, BLUE HAWAII als Ferienfilm zu lesen.

In FREDDY UND DAS LIED DER SÜDSEE dagegen spielt das Thema Ferien trotz ausgeprägter Naturaufnahmen im Gegensatz zu vielen zeitgenössischen Unterhaltungsfilmen keine Rolle. Anders als Italien oder Spanien ist die Südsee im deutschen Film für die Protagonisten weder zweite Heimat noch ein potentielles Urlaubsziel, so meine Arbeitshypothese. Zwar wird Tahiti landschaftlich als Paradies dargestellt, letztlich aber entpuppt sich der Archipel im Pazifik als ein Refugium für Aussteiger und »Finsterlinge«[27].

25 Ebd., S. 44.

26 Bardong u.a.: Das Lexikon des deutschen Schlagers, S. 261.

27 Hobsch: Liebe, Tanz und 1000 Schlagerfilme, S. 170

Das bedeutet nicht, dass FREDDY UND DAS LIED DER SÜDSEE ein düsterer Film ist. Mit Peter Guttmacher ließe er sich durchaus als »a happy bit of tropical fluff«[28] beschreiben. Es werden Palmenlandschaften gezeigt und türkisblaues Meer. Die Menschen tragen Blumenketten um den Hals, es sind tropische Tierlaute zu hören, und wir sehen Freddy Quinn, der mit den Einheimischen am Strand gemeinsam musiziert – Bilder, die die Vorstellung vom exotischen Idyll bedienen. Doch das vermeintliche Paradies ist ein Paradies auf Zeit, in das die Protagonisten, Freddy Petersen und seine Matrosenkollegen Hein (Gunnar Möller) und Hannes (Ralf Wolter), stoßen. Ihr Schiff hat im Hafen der Insel angelegt. Freddy und seine Freunde werden durch ihren Landgang vordergründig Eindringlinge auf Tahiti.

Bei genauerer Betrachtung des Films ist es jedoch Tahiti, das Fremde und Exotische, das in die Welt der Seeleute eindringt. FREDDY UND DAS LIED DER SÜDSEE funktioniert damit schematisch wie ein Heimatfilm. Er operiert mit dem zentralen Motiv des Genres, dem Städter bzw. dem Fremden, der aufs Land kommt und dort in der Idylle die Ordnung stört, und verschiebt das Motiv in einem ersten Schritt in Richtung Ferienfilm: Freddy wird zum Eindringling, dem Durchreisenden, der ins Paradies kommt und durch das Erbe des Strandhauses das Leben der Einheimischen dort durcheinanderbringt. In einem zweiten Schritt – und das ist das Charakteristische – kehrt der Film dieses Motiv noch einmal um: Freddy muss seine eigentliche Heimat, nämlich die See und sein Leben als Matrose, vor den Versuchungen und Gefahren der Südsee, also des Fremden, schützen.

Es ist kein Zufall, dass der Film mit einem Sehnsuchtsschlager beginnt: *Alo-Ahe*.[29] »Die Heimat der Matrosen ist die See«, heißt es darin. Freddy Petersens Heimat ist das Schiff, auf dem er in der Südsee unterwegs ist. Heimat wird also zunächst als ein Ort konzipiert, auch wenn dieser Ort ein beweglicher ist und keinen festen Hafen kennt. Heimat sind aber auch Freddys Kollegen an Bord, vor allem seine besten Freunde Hannes und Hein. Die drei bilden ein Team, egal ob in der Kabine oder beim Landgang.

---

28 So bezeichnet Peter Guttmacher den Elvis-Presley-Film BLUE HAWAII (USA 1961, R: Norman Taurog), Guttmacher: Elvis!, S. 52.

29 Bei dem Lied handelt es sich eigentlich um ein altes hawaiisches Abschiedslied, dessen Entstehung der Königin Lilioukalani (1839-1917) zugeschrieben wird, der letzten regierenden Monarchin Hawaiis, vgl. Szabó-Knotik: Der Traum von Palmen und Meer zwischen Hawaii und Hausmeisterstrand, S. 2f.

Heimat ist hier eine soziale Bindung. Die Freundschaft der Männer ist Familienersatz. Diese Freundschaft wird in den ersten Minuten des Films in dem Schlager *In Hongkong da hat er 'ne Kleine* als unantastbar vorgestellt. Die Beziehungen zu Frauen gelten dagegen als instabil. Es lohnt sich aus Sicht der Matrosen nicht, sich fest zu binden, da es ohnehin nach ein paar Stunden wieder raus aufs Meer geht. Innerlich wünschen sich Freddy und seine Freunde jedoch ein Familienleben, vor allem Hannes. Er hat es auf Liz abgesehen, die Chefin der »Atuana-Bar« auf Tahiti, die zwar schon vier Kinder von ihrem Verehrer Gaston, auch einem Seemann, hat, aber bei der er trotzdem am liebsten für immer bleiben würde. Auch Freddy ist als Matrose nicht ganz glücklich: »Ein Haus müsste man haben, ein festes Haus an Land«, sagt er traurig, und prompt geht sein Wunsch in Erfüllung. Er erbt nämlich das Haus seines Onkels auf Tahiti.

Bei der Besichtigung sind Freddy und seine Freunde zunächst begeistert, dass das geerbte Haus laut Filmzitat mehr ist als eine »Hütte aus Palmenblättern, die gleich wegfliegt, wenn man mal Bohnensuppe gegessen hat«, und dass das alles nun Freddy gehört »ohne Bausparkasse«. Doch klar ist ihnen auch: Das Haus »liegt verkehrt, es müsste irgendwo in Deutschland« liegen. Tahiti – so viel scheint schon jetzt sicher – kann für Freddy nicht dauerhaft zur Heimat werden. Deshalb wird die Männerfreundschaft und die gemeinsame Herkunft von den Dreien um so mehr beschworen und besungen. Im Haus feiert das Trio eine kleine Willkommensparty und singt den Schlager *Keine Bange, Lieselotte*, erneut ein Lied auf die Herrlichkeit des Seemannslebens. Paradoxerweise handelt es sich dabei um eine Marschmelodie, die beinahe an einen Karnevalsschlager erinnert. Diese Konnotation wird unterstützt durch den Tanz, den das Trio während des Singens im Wohnzimmer des Strandhauses aufführt: Freddy, Hein und Hannes veranstalten dabei eine Polonaise, klettern aufs Sofa und werfen die Beine parallel in die Höhe wie ein Trupp Tanzmariechen auf der Bühne. FREDDY UND DAS LIED DER SÜDSEE ist dem klassischen Musical in dieser Nummer sehr nah.

In Szenen wie dieser wird deutlich, dass die Heimat der Männer (Freundschaft, Matrosenleben und der Traum von einem Haus in Deutschland) in großer Gefahr ist. Sie wollen ihre Werte bewahren. Der Schlagergesang wird zum Treueschwur. Doch die Verlockungen der Insel sind groß.

Tahiti gilt als »Metapher der weiblichen Schönheit«[30]. Diesen Topos greift der Film auf. So wird Freddy der schönen Insulanerin Mara (Jacqueline Sassard) vorgestellt. Sie wird ihm als Willkommensgeschenk präsentiert. Freddy reagiert auf die Offerte befremdlich und lehnt ab: »So was kennt man bei uns nicht.« Für die etwas übermütige Idee von Hein, »Schenk sie mir! Ich habe Geburtstag!«, hat Freddy allerdings auch kein Verständnis. Mara wird als Frau im Film idealisiert, doch zwischen ihr und Freddy entsteht statt Liebesknistern eine eigenartige Distanz, die bis zum Ende bestehen bleibt. Den Satz »Du gefällst mir besser, als gut für mich ist.« nimmt man Freddy Petersen nicht ab, signalisiert er doch zu keiner Zeit, dass er sich in Mara verlieben könnte. Vermutlich auf Kosten des Images von Quinn spart der Film hier Liebesszenen aus. Freddy bleibt seiner Heimat und dem Heimatgedanken treu, anders als seine Kumpels, die schnell feststellen: »Wenn du nicht in der Südsee bleiben willst, mach einen Bogen um die Frauen hier.« Interessanterweise stellt Hannes dabei der Barbesitzerin Liz nach, die keine Einheimische ist, sondern eindeutig eine Europäerin, die auf der Insel lebt. FREDDY UND DAS LIED DER SÜDSEE deutet den Gedanken der verführerischen Südseeschönheiten zwar an, verfolgt ihn aber nicht in aller Konsequenz.

Das Gefahrenpotential muss also auf einer weiteren, in diesem Fall personellen Ebene dargestellt werden: Die Insel entpuppt sich als Anziehungspunkt für allerhand dunkle Gestalten. So trifft Freddy in der Bar von Liz eine Wahrsagerin, die ihm Unglück voraussagt. Daraufhin kauft er einem alten Mann für eine hohe Summe eine angebliche Glücksflasche ab. Schließlich stellt sich heraus, dass der Alte und die Wahrsagerin gemeinsame Sache machen und Freddy um das Geld betrogen worden ist. Der eigentliche Finsterling ist jedoch Siebzehnstern (Albert Lieven), ein älterer Herr mit Shorts und Sonnenhut, den Freddy auf der Insel antrifft. Siebzehnstern gibt ihm gleich zu verstehen, er sei »der einzige Europäer« hier, verschleiert Freddy aber seine düstere Vergangenheit. So lässt sich vermuten, dass Siebzehnstern nicht ganz freiwillig in der Südsee gelandet ist. Vielmehr ist er hier untergetaucht. Der Hintergrund von Siebzehnsterns Rolle bleibt bis zum Ende unklar. Möglicherweise hat er etwas mit dem Tod von Freddys Onkel zu tun und ist habgierig auf das Erbe. Deshalb möchte er, dass Freddy schnellstmöglich wieder verschwindet. Siebzehnstern ist ein

30 May: Das xenologische Epithetum, S. 64.

Krimineller, der auch vor Mord nicht zurückschreckt. Im Haus des Onkels täuscht er mit Hilfe des Dieners Tati einen Spuk vor und hetzt die mit Pfeilen bewaffneten Einheimischen auf Freddy. Doch der kann sich wehren und entkommen.

Freddys Misstrauen und das seiner Matrosenkameraden ist groß. Die Südsee bleibt ihnen trotz all ihrer Schönheit suspekt. Der Film verhandelt diese Gegensätze. Das Fremde löst sowohl bei den Protagonisten als auch beim Zuschauer Faszination und Unbehagen gleichermaßen aus. »Das Fremde steht dem Vertrauten also entgegen. Es wird auf der einen Seite als das Unheimliche und Bedrohliche negiert und auf der anderen Seite als das Reizvolle und Geheimnisvolle positiviert.«[31] Freddy und seine Freunde sind im Film permanent bedroht. Ungetrübte Stimmung kommt nur kurzzeitig in einer Szene im Hafen von Papeete auf, in dem das Trio ankommt. Man sieht einen Sportwagen, Sportboote und eine junge Frau im Bikini – also die typischen Symbole des Wohlstands der Nachkriegsgesellschaft wie sie die Zuschauer aus Schlagerfilmen zuvor kennen. Doch diese Sequenz bleibt die einzige in FREDDY UND DAS LIED DER SÜDSEE, die eine moderne Zeit suggeriert. Tahiti bleibt ein exotisches Territorium. Anhand des Notars Camus und seines französischen Akzents wird zwar die Zugehörigkeit Tahitis zu Frankreich deutlich, doch die Einheimischen halten sich nicht an Regeln, die in Paris aufgestellt werden. Als Freddy und die anderen eine Gruppe Eingeborener beim Feiern am Strand antreffen, erklärt ihnen der Notar, dass sie den 14. Juli feiern, den französischen Nationalfeiertag. Freddy wendet ein, der sei doch lange vorbei, da antwortet Camus: »Die Eingeborenen feiern zwei Monate.« Die Polynesier haben ihre eigenen Rituale und Sitten, und die stellt der Film gleich in mehreren Szenen dar. So führt FREDDY UND DAS LIED DER SÜDSEE wohl einen der ersten Bungeesprünge der Filmgeschichte vor: Einheimische Männer springen an ein Seil gebunden von einem Holzgerüst. Laut Siebzehnstern handelt es sich dabei um eine Mutprobe. Freddy hört sich das alles interessiert an. Er verbrüdert sich sogar kurzzeitig am Strand mit den Eingeborenen, indem er mit ihnen singt und tanzt. Letztlich aber bleibt Tahiti ein Mysterium.

Die größte Gefahr für die Männer geht jedoch von der Vegetation der Insel aus. Das wird klar, als Hein vom Duft einer unbekannten Orchidee vergiftet wird. Jemand hat die Blumen im Haus verteilt. Ein Arzt attestiert

---

31 Küchler: Erotische Paradiese, S. 32.

Freddys Freund Spasmen in den Atmungsorganen. Die Giftstoffe der Blume lähmen Heins Atemsystem. Die Wahrsagerin kehrt auf Anweisung Maras zurück, um Hein mit einem Zauber zu heilen. Der überlebt die Attacke und kann am Ende darüber lachen, dass ihm jemand eine »giftige Primel« unter die Nase gehalten hat. Aber auch, wenn die Vergiftung ein weiterer Schachzug Siebzehnsterns war, um die drei Deutschen von der Insel zu vertreiben, die Männer müssen sich eingestehen, dass sie die exotischen Blumen nicht auseinanderhalten können, geschweige denn ihre Wirkung kennen.

All diese Herausforderungen müssen von den drei Freunden durchlebt werden, bevor sie schließlich doch aufs Schiff zurückkehren. Sogar Hannes hat sich von der Vorstellung verabschiedet, mit Liz glücklich zu werden. Deren Liebhaber Gaston ist nämlich inzwischen zurückgekommen. Für Hannes ist in Liz' Leben kein Platz. »Jetzt bin ich immer noch Junggeselle. Ist das vielleicht kein Glück?«, stellt er fest. Das Trio kehrt unversehrt an Bord zurück. Die Klammer des Films bildet der Schlager *Alo-Ahe*. »Die Heimat der Matrosen ist die See«, stellt Freddy Quinn ein zweites Mal im Abspann fest.

»Bunt wie eine kolorierte Ansichtskarte«[32] beschrieben Kritiker FREDDY UND DAS LIED DER SÜDSEE 1962. Durch die Einbindung der Schlagernummern bleibt der Film trotz aller Abenteuerszenen im Heimatfilmgenre verortet. Im Schlager wird die Heimat beschworen. Die Texte handeln fast immer von der Sehnsucht und dem guten Leben als Seemann. Zudem schreibt der Film den Mythos vom Inselparadies Tahiti fort. Obwohl die Europäer dort inzwischen längst angekommen sind und in Person von Siebzehnstern und anderer dunkler Gestalten ihr Unwesen treiben, hat die Region doch ihre Traditionen bewahrt. Von denen bleibt den Kinozuschauern ein geheimnisvolles, aber insgesamt positives Bild.[33]

FREDDY UND DAS LIED DER SÜDSEE steht als Schlagerfilm mit seinen Bezügen zu der Natur, dem Reisen, dem Abenteuer und der Suche nach dem Vertrauten in der Fremde in der Tradition des Feriengenres, ohne

32 Hobsch: Liebe, Tanz und 1000 Schlagerfilme, S. 171.

33 Das wandelt sich mit dem Schlagerfilm UNSERE TOLLEN TANTEN IN DER SÜDSEE (D 1963, R: Rolf Olsen, D: Gunther Philipp, Gus Backus, Udo Jürgens), in dem die Einheimischen der Südsee als Urwaldvolk und wilde Kannibalen dargestellt werden, vgl. ebd., S. 176.

selbst ein Ferienfilm zu sein. Er passt sich durch die Einflechtung einer Ganovengeschichte zugleich dem immer beliebter werdenden Krimigenre der 1960er Jahre an. Das bedeutet nicht, dass die Ära der nörgelnden Pauschalreisenden (eine Rolle, die oft mit Heinz Erhardt besetzt wird) im Film vorbei ist. Noch bis Mitte der 1960er Jahre geht man im Schlagerfilm »Baden auf Teneriffa«[34] und macht HOLIDAY IN ST. TROPEZ (D 1964, R: Ernst Hofbauer). Auch am Wörthersee werden weiter Ferien verbracht.[35] Erst Ende des Jahrzehnts ebbt diese ›Reisewelle‹ im deutschen Kino ab. Der Ferienfilm gerät in eine Krise, die bis in die 1980er Jahre andauert. Dort wird er schließlich mit Produktionen wie SUNSHINE REGGAE AUF IBIZA (D 1983, R: Franz Marischka) wiederbelebt. Auch das Abenteuergenre erlebt in IM DSCHUNGEL IST DER TEUFEL LOS (D 1982, R: Harald Reinl) kurzzeitig ein Revival. Schlager und Ferien – diese Kombination funktioniert plötzlich wieder. Richtig in die Ferne schweift aber ab 1981 das deutsche Fernsehpublikum mit dem ZDF-Mehrteiler *DAS TRAUMSCHIFF*. Das Format präsentiert seitdem nahezu alle nur möglichen Urlaubsdestinationen, immer wieder gemixt mit Liebe, Krimi und Abenteuer. Hier schließt sich dann auch tatsächlich der Kreis zu den 1960er Jahren. *DAS TRAUMSCHIFF* lässt nämlich ein bekanntes Gesicht mit an Bord: Horst Naumann alias Schiffsarzt Dr. Horst Schröder. Der spielte schon in FREDDY UND DAS LIED DER SÜDSEE einen Offizier auf dem Hochseedampfer.

34 WENN MAN BADEN GEHT AUF TENERIFFA (D 1964, R: Helmut M. Backhaus).

35 HAPPY-END AM WÖRTHERSEE (D 1964, R: Hans Hollmann).

11. Schlussbetrachtung

Der Schlagerfilm ist ein Genre, das in der deutschen Kinogeschichte aufgrund seiner zahlreichen Produktionen einen gewissen Stellenwert einnimmt. Wissenschaftlich wurde es jedoch bislang nur selten beachtet, die Kritik hat es verschmäht. Meist wird der Schlagerfilm als Subgenre des Heimatfilms gekennzeichnet und auch in dessen Kontext diskutiert. Doch viele Studien zum Heimatfilm gehen nach wie vor von einem strukturalistischen, fixen Genrebegriff aus, unter dem sich Filme anhand von bestimmten Merkmalen subsumieren und gruppieren lassen. In diesem Rahmen werden meist inhaltliche Aussagen über den Schlagerfilm getroffen, zum Beispiel über seine Rolle in der Jugendkultur der 1950er und 1960er Jahre und sein Mitwirken an den gesellschaftlichen Diskursen der Zeit. Zum Teil wird er auch einfach auf seine wirtschaftliche Bedeutung reduziert.[1]

Die vorliegende Arbeit hat auf die Problematik dieses Genreverständnisses aufmerksam gemacht und für einen Genrebegriff plädiert, der Filme als Hybride in den Blick nimmt. Das bedeutet, ihren prozesshaften Charakter wahrzunehmen: Genres wandeln sich in und mit der Zeit, sie sind keine transhistorischen Größen.[2] Vor diesem Hintergrund wurden verschiedene Perspektiven auf den Schlagerfilm eröffnet, die ihn als komplexes, filmisches Gebilde kennzeichnen. Jeder einzelne Film verhandelt auch seine Vorgängerfilme und vice versa. In diesem Geflecht habe ich den Schlager-

---

1 Knut Hickethier bemerkt zum Beispiel, dass Schlagerfilme kosteneffektiv waren und moderner als die alten Filmrevuen und Operetten, vgl. Hickethier: The Restructuring of the West German Film Industry in the 1950s, S. 199.

2 Vgl. Liebrand/Steiner: Einleitung, S. 7f.

film beschrieben und dabei auch seine Wurzeln in der früheren Filmgeschichte berücksichtigt.

Zwischen den 1950er und 1970er Jahren hat der Schlagerfilm stets sein Gesicht verändert. Grund dafür ist der Beginn des Fernsehzeitalters in Deutschland Mitte der 1950er Jahre, der auch Auswirkungen auf die Musikrepräsentation im Film hat. Der Schlagerfilm wird zunehmend personalisiert, seine Handlung wird durchlässiger. Er nähert sich mehr und mehr der Ästhetik des Fernsehens an, indem er – fast wie in den immer beliebter werdenden Unterhaltungsshows – reihenweise Künstler mit ihren Schlagern auftreten lässt, zum Teil lediglich in Form von Gastauftritten. Gegen Ende der 1960er Jahre zeigt sich, dass nur noch solche Stars als Schlagerfilmstars Karriere machen, die auch im Fernsehen erfolgreich sind.

Der Schlagerfilm ist ein selbstreflexives Genre, denn er kündigt sich meist schon im Vorspann als Schlagerfilm an: Der Zuschauer wird vorab mit den Musiktiteln bekannt gemacht, entweder in Schriftform oder per Einspielung der entsprechenden Lieder. Dieser Punkt ist in Filmbesprechungen bislang kaum beachtet worden. Zugleich zeigt der Schlagerfilm seine Affinität zum Heimatgenre. Auf dessen bereits erprobte Motive, wie zum Beispiel den Stadt-Land-Gegensatz, greift er vielfach zurück und nutzt deren Potential. Er konfektioniert sie jedoch auch für seine Zwecke: So wird zum Beispiel aus dem üblichen Trachtenfest im Schlagerfilm eine Hotelparty mit allen aktuellen Schlagern der Zeit, der Konflikt des Stadt-Land-Gegensatzes wird auf den Konflikt zwischen Jung und Alt übertragen.

Der Schlagerfilm kommt auch nicht ohne seine Stars aus, die er ganz in den Mittelpunkt des Interesses stellt. Ich möchte den Gedanken vom Anfang aufgreifen, wonach ›Nummern‹ im Musikfilm nicht zwangsläufig realistisch motiviert sein müssen, weil dem Film sonst das Wunderbare fehlt. Im Schlagerfilm begegnen dem Zuschauer immer wieder kuriose Figuren: singende Oberkellner und Kinderärzte, Lehrer und Journalistinnen. Darauf muss man sich als Zuschauer einstellen, wenn man einen Schlagerfilm heute anschaut.

Nur weil ich mich in dieser Arbeit auf die 1950er bis 1970er beschränkt habe, heißt das nicht, dass der Schlagerfilm mit Roy Black sein Ende erlebt hat. In den 1970ern können die Wirtinnen- und Softsexfilme als Fortschreibung des Schlagerfilms gelten. Auch in den 1980ern entstehen eine Reihe von Filmen wie SUNSHINE REGGAE AUF IBIZA (D 1983, R: Franz Marischka) oder ZÄRTLICHE CHAOTEN (D 1987, R: Franz Josef Gottlieb). Sie können als legitime Nachfolger gelten.

Der Schlagerfilm bietet zur wissenschaftlichen Beschäftigung insgesamt noch viele Möglichkeiten: Die Rolle der ›Italienschlager‹ und der ›Italienfilme‹, die gerade Ende der 1950er Jahre sehr populär waren, bilden ein eigenes Kapitel in der Schlagerfilmgeschichte. Auch der Einfluss der Rock-'n'-Roll-Musik auf den deutschen Schlagerfilm stellt aus wissenschaftlicher Perspektive ein Forschungsfeld dar. Interessant wäre zudem, die Rolle eines ›Song-and-Dance-Man‹ wie Peter Alexander genauer zu untersuchen und damit Gender-Aspekte zu fokussieren. Ebenso existieren insgesamt noch zu wenige Studien zu einzelnen Künstlern und Regisseuren dieses Zeitraums. Gerade die Regisseure der Unterhaltungsfilme hätten mehr Aufmerksamkeit verdient. Ihnen wurde jedoch vorgeworfen, mit den Schlagerfilmen Konfektionsware abzuliefern. Sie und ihre Filme wurden damals zum Gegenpol des Autorenkinos gesehen, waren letztlich ein Mitgrund, warum es in den 1960ern zur Rebellion der jüngeren Filmemachergeneration kam. Doch an Namen wie Werner Jacobs, Franz Antel oder Géza von Cziffra lässt sich diesbezüglich eine große Kontinuität und möglicherweise auch eine eigene Handschrift nachweisen.

Insgesamt ging es mir um eine Nobilitierung des Genres, das durch seine fortlaufende Fernsehpräsenz weiterhin ein fester Bestandteil der heutigen Medienkultur ist. Schlagerfilme aus den 1950ern bis 1970ern haben im deutschen Fernsehprogramm Konjunktur, einige von ihnen haben in den vergangenen Jahren auch Kultstatus erlangt, viele sind inzwischen auf DVD erhältlich. Im Internet werden alte Produktionen in Filmforen besprochen, ebenso wie in Weblogs. Es zirkuliert ein großes Wissen über Schlagerfilme.

In der Musik durchdringen sich Schlager und Pop immer mehr, dafür ist unter anderem die jüngste Zusammenarbeit von Musikproduzent und ›Poptitan‹ Dieter Bohlen mit Schlagersängerin Andrea Berg ein Indiz. Im Sommer 2010 hatte zudem eine Band namens »Yolanda Be Cool« großen Charterfolg mit dem Lied *Tu vuò fà l'americano*. Nur wenigen ist bekannt, dass dieses Lied aus einem Schlagerfilm stammt: Gesungen hat es der italienische Schlagerstar Renato Carosone in TOTÒ E PEPPINO (I 1956, R: Mario Mattoli). Im Rahmen einer Bühnensituation präsentiert er den Song mit seiner Band. Der Schwarz-Weiß-Film unterscheidet sich kaum von zeitgenössischen deutschen Produktionen. Es geht auch hier um Camping, um schicke Autos und natürlich um Musik. Der Film dient als Ort der Schlagerpräsentation. Rückwirkend hat der Charterfolg von *Tu vuò fà l'americano* also auch TOTÒ E PEPPINO gewürdigt und nicht nur zu einer Relektüre dieses Films animiert, sondern den Schlagerfilm insgesamt wieder in den Blickpunkt des Interesses gerückt.

Abbildungen

Filme und Serien

AM SONNTAG WILL MEIN SÜSSER MIT MIR SEGELN GEHN (D 1961, R: Franz Marischka)

ANNA (D 1987, R: Frank Strecker)

AUSSER RAND UND BAND AM WOLFGANGSEE (D/Ö 1970, R: Franz Antel)

BATHING BEAUTY (USA 1944, R: George Sidney)

BEI DIR WAR ES IMMER SO SCHÖN (D 1953, R: Heinz Wolf)

BLAU BLÜHT DER ENZIAN (D 1973, R: Franz Antel)

BLAUE JUNGS (D 1957, R: Wolfgang Schleif)

BLOND MUSS MAN SEIN AUF CAPRI (D 1961, R: Wolfgang Schleif)

BLUE HAWAII (USA 1961, R: Norman Taurog)

BONJOUR, KATHRIN (D 1955, R: Karl Anton)

CAFE ORIENTAL (D 1962, R: Rudolf Schündler)

CASINO DE PARIS (D/F/I 1957, R: André Hunebelle)

CHARLEYS TANTE (D 1963, R: Géza von Cziffra)

CONNY UND PETER MACHEN MUSIK (D 1960, R: Werner Jacobs)

DA WO DAS GLÜCK BEGINNT (D 2006, R: Karl Kases)

DA WO DIE FREUNDSCHAFT ZÄHLT (D 2007, R: Heidi Kranz)

DA WO DIE HEIMAT IST (D 2004, R: Karl Kases)

DA WO DIE HERZEN SCHLAGEN (D 2004, R: Karl Kases)

DA WO DIE LIEBE WOHNT (D 2002, R: Kurt Ockermüller)

DA WO ES NOCH TREUE GIBT (D 2006, R: Heidi Kranz)

DA WO WIR ZU HAUSE SIND (D 2009, R: Gloria Behrens)

DANCE, GIRL, DANCE (USA 1940, R: Dorothy Arzner)

DAS ALTE FÖRSTERHAUS (D 1956, R: Harald Philipp)

DAS EINFACHE MÄDCHEN (D 1957, R: Werner Jacobs)

DAS GROSSE GLÜCK (Ö 1967, R: Franz Antel)

DAS KIND DER DONAU (Ö 1950, R: Georg Jacoby)
DAS MUSIKHOTEL AM WOLFGANGSEE (D/Ö/CH 2008, R: Stefan Pichl)
DAS TRAUMSCHIFF (D seit 1981)
DAS WIRTSHAUS IM SPESSART (D 1958, R: Kurt Hoffmann)
DER BERGDOKTOR (D 1993-1998)
DER BLAUE ENGEL (D 1930, R: Joseph von Sternberg)
DER BOCKERER (D 1981, R: Franz Antel)
DER BUNTE TRAUM (D 1952, R: Géza von Cziffra)
DER FERIENARZT AUF CAPRI (D 2005, R: Stefan Bartmann)
DER FERIENARZT AUF TENERIFFA (D 2005, R: Dieter Kehler)
DER FERIENARZT IN DER WACHAU (D 2004, R: Hans-Jürgen Tögel)
DER KONGRESS TANZT (D 1931, R: Eric Charell)
DER LACHENDE VAGABUND (D 1958, R: Thomas Engel)
DER PLÖTZLICHE REICHTUM DER ARMEN LEUTE VON KOMBACH (D 1971, R: Volker Schlöndorff)
DER SCHWARZE BLITZ (D 1958, R: Hans Grimm)
DER VOGELHÄNDLER (D 1953, R: Arthur Maria Rabenalt)
DER WEISSE TRAUM (D 1943, R: Géza von Cziffra)
DER ZAREWITSCH (D 1954, R: Arthur Maria Rabenalt)
DEUTSCHLAND – EIN SOMMERMÄRCHEN (D 2006, R: Sönke Wortmann)
DIE ABENTEUER DES GRAFEN BOBBY (Ö 1961, R: Géza von Cziffra)
DIE BESTEN FRAUEN DER WELT (D 2008, R: Britta Becker)
DIE DREI VON DER TANKSTELLE (D 1930, R: Wilhelm Thiele)
DIE DRITTE VON RECHTS (D 1950, R: Géza von Cziffra)
DIE FÖRSTERCHRISTL (D 1952, R: Arthur Maria Rabenalt)
DIE FRAU MEINER TRÄUME (D 1944, R: Georg Jacoby)
DIE GROSSE KÜR (Ö 1964, R: Franz Antel)
DIE GROSSE SEHNSUCHT (D 1930, R: Steve Sekely).
DIE LÜMMEL VON DER ERSTEN BANK (D 1967, R: Werner Jacobs)
DIE MÄDELS VOM IMMENHOF (D 1955, R: Wolfgang Schleif)
DIE NACHT VOR DER PREMIERE (D 1959, R: Georg Jacoby)
DIE NIKLASHAUSER FAHRT (D 1970, R: Rainer Werner Fassbinder)
DIE PRINZESSIN VON ST. WOLFGANG (D 1957, R: Harald Reinl)
DIE PRIVATSEKRETÄRIN (D 1931, R: Wilhelm Thiele)
DIE ROSEL VOM SCHWARZWALD (D 1956, R: Rudolf Schündler)
DIE VERLIEBTE FIRMA (D 1932, R: Max Ophüls).
DORT OBEN, WO DIE ALPEN GLÜHN (D 1956, R: Otto Meyer)

DREI MÄDELS VOM RHEIN (D 1955, R: Georg Jacoby)
DU BIST MUSIK (D 1956, R: Paul Martin)
EASY TO LOVE (USA 1953, R: Charles Waters)
EIN HERZ VOLL MUSIK (D 1955, R: Robert A. Stemmle)
EIN SCHLOSS AM WÖRTHERSEE (D 1990-1993)
EIN STÜCK VOM HIMMEL (D 1957, R: Rudolf Jungert).
EINE KLEINE HARMONIELEHRE (D 1966, R: Karl Vibach)
EINE NACHT IM MAI (D 1938, R: Georg Jacoby)
ES LEUCHTEN DIE STERNE (D 1938, R: Hans H. Zerlett)
ES WAR EINE RAUSCHENDE BALLNACHT (D 1939, R: Carl Froelich)
EVA ERBT DAS PARADIES (Ö 1951, R: Franz Antel)
FLYING DOWN TO RIO (USA 1933, R: Thornton Freeland)
FORSTHAUS FALKENAU (D seit 1989)
FREDDY UND DAS LIED DER SÜDSEE (D 1962, R: Werner Jacobs)
FREDDY UND DIE MELODIE DER NACHT (D 1960, R: Wolfgang Schleif).
FREDDY, DIE GITARRE UND DAS MEER (R: Wolfgang Schleif)
FRENCH CAN CAN (F/I 1954, R: Jean Renoir)
FRÜHLING AUF DEM EIS (D 1950, R: Georg Jacoby)
FÜNF MILLIONEN SUCHEN EINEN ERBEN (D 1938, R: Carl Boese)
GABRIELA (D 1950, Regie: Géza von Cziffra)
GEIERWALLY (D 2004, R: Peter Sämann)
GIB GAS – ICH WILL SPASS (D 1985, R: Wolfgang Büld)
GITARREN DER LIEBE (D 1954, R: Werner Jacobs)
GRÄFIN MARIZA (D 1958, R: Rolf Schündler)
GRÜN IST DIE HEIDE (D 1951, R: Hans Deppe)
GRUSS UND KUSS AUS DER WACHAU (D 1950, R: Fritz Schulz)
HALLO JANINE (D 1939, R: Carl Boese)
HAPPY END AM WÖRTHERSEE (Ö 1964, Regie: Hans Hollmann)
HEIMWEH... DORT WO DIE BLUMEN BLÜHN (Ö 1957, R: Franz Antel)
HEINTJE – EIN HERZ GEHT AUF REISEN (D 1969, R: Werner Jacobs)
HEINTJE – EINMAL WIRD DIE SONNE WIEDER SCHEINEN (D 1970, R: Hans Heinrich).
HIER BIN ICH – HIER BLEIB ICH (D 1959, R: Werner Jacobs)
HURRA, DIE SCHULE BRENNT! – DIE LÜMMEL VON DER ERSTEN BANK, 4. TEIL (D 1969, Regie: Werner Jacobs)
IM DSCHUNGEL IST DER TEUFEL LOS (D 1982, R: Harald Reinl)
IM SCHWARZEN RÖSSL (Ö 1961, R: Franz Antel)

IM SINGENDEN RÖSSL AM KÖNIGSEE (Ö 1963, R: Franz Antel)
IM WEISSEN RÖSSL (D 1935, R: Carl Lamac)
IM WEISSEN RÖSSL (D 1952, R: Willi Forst)
IM WEISSEN RÖSSL (Ö 1960, R: Werner Jacobs)
IM WEISSEN RÖSSL (D 1967, R: Hans-Dieter Schwarze)
JAGDSZENEN AUS NIEDERBAYERN (D 1968, R: Peter Fleischmann)
KAUF DIR EINEN BUNTEN LUFTBALLON (D/Ö 1960, R: Géza von Cziffra)
KEINE LIEDER ÜBER LIEBE (D 2005, R: Lars Kraume)
KINDERARZT DR. FRÖHLICH (D 1972, R: Kurt Nachmann)
KNOCKOUT – EIN JUNGES MÄDCHEN, EIN JUNGER MANN (D 1935, R: Carl Lamac, Hans H. Zerlett)
KOMMISSAR X – DREI GOLDENE SCHLANGEN (D/I 1969, Roberto Mauri)
KÖNIGIN EINER NACHT (D 1951, R: Kurt Hoffmann)
LASS MICH AM SONNTAG NICHT ALLEIN (D 1959, R, Arthur Maria Rabenalt)
LAST ACTION HERO (USA 1993, R: John McTiernan).
LE CONGRÈS S'AMUSE (D/F 1931, R: Eric Charell, Jean Boyer).
LICENCE TO KILL (USA 1989, R: John Glen).
LIEBE IM RING (D 1930, R: Reinhold Schünzel)
LIEBE, JAZZ UND ÜBERMUT (D 1957, R: Erik Ode)
MÄDCHEN IN UNIFORM (D 1931, R: Leontine Sagan)
MAMMA MIA (GB/USA 2008, R: Phyllida Lloyd)
MANDOLINEN UND MONDSCHEIN (D 1959, R: Hans Deppe)
MARIANDLS HEIMKEHR (Ö 1962, R: Werner Jacobs)
MARINA (D 1960, R: Paul Martin)
MASTERS OF VENUS (GB 1962, R: Ernest Morris)
MAX SCHMELING (D 2010, R: Uwe Boll)
MEIN MANN, DAS WIRTSCHAFTSWUNDER (D 1961, R: Ulrich Erfurth)
MEIN SCHATZ IST AUS TIROL (D 1958, R: Hans Quest)
MILLION DOLLAR MERMAID (USA 1952, R: Mervyn LeRoy).
MIT DEN WAFFEN EINER FRAU – GOLD IM VISIER (D 2007, R: Ralf Heincke, Florian Leidenberger)
MUSIK, MUSIK, DA WACKELT DIE PENNE (D 1970, R: Franz Antel)
MUSIKHOTEL AM WOLFGANGSEE (D/Ö/CH 2008, R: STEFAN PICHL)
MUSIKPARADE (D 1956, R: Géza von Cziffra)
MUTINY ON THE BOUNTY (USA 1962, R: Lewis Milestone)
NACHTS IM GRÜNEN KAKADU (D 1957, R: Georg Jacoby)
OHNE KRIMI GEHT DIE MIMI NIE INS BETT (Ö 1962, R: Franz Antel)

ON CONNAIT LA CHANSON (F/CH/GB 1997, R: Alain Resnais)

OSCAR PER IL SIGNOR ROSSI (I 1960, R: Bruno Bozzetto)

PROJEKT GOLD (D 2007, R: Winfried Oelsner)

RHYTHM IS IT! (D 2004, R: Thomas Grube, Enrique Sánchez Lansch)

ROSAMUNDE PILCHER – DER LANGE WEG ZUM GLÜCK (D 2000, R: Dieter Kehler)

ROTE LIPPEN SOLL MAN KÜSSEN (Ö 1963, R: Franz Antel)

SCHATTEN DER ERINNERUNG (D 2010, R: Hartmut Griesmayr)

SCHLAGERPARADE (D 1960, R: Franz Marischka)

SCHLAGER-RAKETEN (D 1960, R: Erik Ode)

SCHNEEWITTCHEN UND DIE SIEBEN GAUKLER (D/CH 1962, R: Kurt Hoffmann)

SCHWARZWÄLDER KIRSCH (D 1958, R: Géza von Bolváry)

SCHWARZWALDFAHRT AUS LIEBESKUMMER (D 1974, R: Werner Jacobs)

SCHWARZWALDKLINIK – DIE NÄCHSTE GENERATION (D 2005, R: Hans-Jürgen Tögel)

SCHWARZWALDKLINIK – NEUE ZEITEN (D 2005, Regie: Hans-Jürgen Tögel)

SCHWARZWALDKLINIK (D 1984-1988)

SCHWARZWALDMÄDEL (D 1950, R: Hans Deppe)

SHALL WE DANCE (USA 1937, R: Marc Sandrich)

SILK STOCKINGS (USA 1957, R: Rouben Mamoulian)

SO EIN MILLIONÄR HAT'S SCHWER (Ö 1958, R: Géza von Cziffra)

SOLANG' ES HÜBSCHE MÄDCHEN GIBT (D 1955, R: Arthur Maria Rabenalt)

SOMMER I TYROL (DK 1964, R: Erik Balling)

SUNSHINE REGGAE AUF IBIZA (D 1983, R: Franz Marischka)

SUNSHINE SUSIE (GB 1931, R: Victor Saville)

SYMPHONIE IN GOLD (Ö 1955, R: Franz Antel)

TABU (USA 1931, R: Friedrich Wilhelm Murnau)

TAUSEND MELODIEN (D 1956, R: Hans Deppe)

TAUSEND STERNE LEUCHTEN (D 1959, R: Harald Philipp)

THE BARKLEYS OF BROADWAY (USA 1949, R: Charles Walters)

THE CONGRESS DANCES (D/UK 1931, R: Eric Charell)

THE JAZZ SINGER (USA 1927, R: Alan Crosland)

THE MAN WHO KNEW TOO MUCH (USA 1956, R: Alfred Hitchcock)

THE MATRIX (USA 1999, R: Andy & Larry Wachowski)

TOTÒ E PEPPINO (I 1956, R: Mario Mattoli).

TREIBJAGD IN DER SÜDSEE (D 1940, R: Wolfgang Buhre)

UND ABENDS IN DIE SCALA (D 1957, R: Erik Ode).

UNSER DOKTOR IST DER BESTE (D 1969, R: Harald Vock)

UNSERE TOLLEN TANTEN (D 1961, R: Rolf Olsen)

UNSERE TOLLEN TANTEN IN DER SÜDSEE (D 1963, R: Rolf Olsen)

UNTER DEN STERNEN VON CAPRI (D 1953, R: Otto Linnekogel)

VERSCHWENDE DEINE JUGEND (D 2003, R: Benjamin Quabeck)

VIER MÄDELS AUS DER WACHAU (Ö 1957, R: Franz Antel)

VIKTORIA UND IHR HUSAR (D 1931, R: Richard Oswald)

WAS MACHT PAPA DENN IN ITALIEN (D 1961, R: Hans-Dieter Schwarze)

WENN AM SONNTAGABEND DIE DORFMUSIK SPIELT (D 1953, R: Rudolf Schündler).

WENN DER WEISSE FLIEDER WIEDER BLÜHT (D 1953, R: Hans Deppe)

WENN DIE CONNY MIT DEM PETER (D 1958, R: Fritz Umgelter)

WENN DU BEI MIR BIST (D 1970, R: Franz Josef Gottlieb)

WENN FRAUEN SCHWINDELN (D 1957, R: Paul Martin)

WENN MAN BADEN GEHT AUF TENERIFFA (D 1964, R: Helmuth M. Backhaus).

WENN MEIN SCHÄTZCHEN AUF DIE PAUKE HAUT (D 1971, R: Peter Weck)

WER ZULETZT LACHT, LACHT AM BESTEN (D 1970, R: Harald Reinl)

WHAT PRICE HOLLYWOOD? (USA 1932, R: George Cukor)

WIR MACHEN MUSIK (D 1942, R: Helmut Käutner)

WIR WOLLEN NIEMALS AUSEINANDER GEHEN (D 1960, R: Harald Reinl)

WIR WUNDERKINDER (D 1958, R: Kurt Hoffmann)

WITWER MIT FÜNF TÖCHTERN (D 1957, R: Erich Engels)

ZÄRTLICHE CHAOTEN (D 1987, R: Franz Josef Gottlieb)

ZUM TEUFEL MIT DER PENNE (D 1968, R: Werner Jacobs)

ZWEI HERZEN IM DREIVIERTELTAKT (D 1930, R: Géza von Bolváry)

ZWEI ROTE ROSEN (D 1928, R: Robert Land)

ZWÖLF MÄDCHEN UND EIN MANN (Ö 1959, R: HANS QUEST)

Literatur

Abels, Norbert: Operettenfinale und Weltverspottung. Das *Weiße Rössl*, Robert Gilbert und das Ende einer Kunstform, in: Tadday (Hg.): Im weißen Rössl, S. 5-24.

Adolph, Jörg/Scherer, Christina: Tabellen zur Programm- und Institutionsgeschichte des Fernsehens in der Bundesrepublik Deutschland, in: Hickethier (Hg.): Geschichte des Fernsehens in der Bundesrepublik Deutschland, S. 405-418.

Adorno, Theodor W.: Über den Fetischcharakter in der Musik und die Regression des Hörens, in: ders.: Dissonanzen, S. 15-50.

——: Dissonanzen. Einleitung in die Musiksoziologie, Gesammelte Schriften, Bd. 14, Frankfurt a.M. 1973.

Allihn, Isabel u.a.: Berlin, in: Blume (Hg.): Musik in Geschichte und Gegenwart, Sachteil 1, Kassel u.a. 1994, S. 1442-1457.

Altman, Rick: Das Hollywood-Musical, in: Nowell-Smith (Hg.): Geschichte des internationalen Films, S. 268-276.

——: Film/Genre, London 1999.

——: The American Film Musical, Bloomington 1989.

Ames, Christopher: Movies about the Movies. Hollywood Reflected, Lexington 2007.

Andersen, Arne: Der Traum vom guten Leben. Alltags- und Konsumgeschichte vom Wirtschaftswunder bis heute, Frankfurt a.M./New York 1997.

Ankum, Katharina von: Gendered Urban Spaces in Irmgard Keun's Das kunstseidene Mädchen, in: dies. (Hg.): Women in the Metropolis. Gender & Modernity in Weimar Culture, Berkeley u.a. 1997, S. 162-184.

Baer, Hester: Dismantling the Dream Factory. Gender, German Cinema and the Postwar Quest for a New Film Language, Oxford/New York 2009.

Bandur, Matthias: Schlager, in: Hans Heinrich Eggebrecht (Hg.): Handwörterbuch der musikalischen Terminologie, 19. Aufl., Stuttgart 1999, S. 1-12.

Barclay, Simon: The Eurovision Song Contest. Lugano 1956-Oslo 2010. Complete & Independent Guide, Raleigh 2010.

Bardong, Matthias u.a. (Hg.): Das Lexikon des deutschen Schlagers. Geschichte – Titel – Interpreten – Komponisten – Texter, 2. Aufl., Mainz/München 1993.

Barndt, Kerstin: »Engel oder Megäre«. Figurationen einer ›Neuen Frau‹ bei Marieluise Fleißer und Irmgard Keun, in: Maria E. Müller/Ulrike Vedder (Hg.): Reflexive Naivität. Zum Werk Marieluise Fleißers, Berlin 2000, S. 16-34.

——: Sentiment und Sachlichkeit. Der Roman der Neuen Frau in der Weimarer Republik, Köln 2003.

Barris, Alex: Stop the Presses! The Newspaperman in American Films, London 1976.

Bartetzko, Dieter: »Wo meine Sonne scheint«. Caterina Valente. Ein Wirtschaftswunder, München 1998.

Barthel, Manfred: So war es wirklich. Der deutsche Nachkriegsfilm, München/Berlin 1986.

Bartz, Christina: Massenmedium Fernsehen: Die Semantik der Masse in der Medienbeschreibung, Bielefeld 2007.

Baum, Vicki: It was all quite different. The Memoirs of Vicki Baum, New York 1964.

Baumgarten, Oliver: Im Schwarzen Rössl. Ein Klassiker des österreichischen Heimatfilms, unter: http://www.schnitt.de/236,3239,01 (letzter Aufruf: 31. Januar 2012).

Becker, Sabina: Neue Sachlichkeit. Bd. 1: Die Ästhetik der neusachlichen Literatur (1920-1933), Weimar/Wien 2000.

Behrens, Ulrich: Das Verkehrte des Heimatfilms, unter: http://www.filmzentrale.com/rezis/schwarzwaldmaedelub.htm (letzter Aufruf: 29. Januar 2012).

Belach, Helga (Hg.): Wir tanzen um die Welt. Deutsche Revuefilme 1933-1945, München/Wien 1979.

Bergfelder, Tim: Between Nostalgia and Amnesia: Musical Genres in 1950s German Cinema, in: Marshall/Stilwell (Hg.): Musicals, S. 80-88.

Bessen, Ursula: Trümmer und Träume. Nachkriegszeit und fünfziger Jahre auf Zelluloid. Deutsche Spielfilme als Dokumente ihrer Zeit. Eine Dokumentation, Bochum 1989.

Björnberg, Alf: Return to Ethnicity: The Cultural Significance of Musical Change in the Eurovision Song Contest, in: Raykoff/Tobin (Hg.): A Song for Europe, S. 13-24.

Blaseio, Gereon: Genre und Gender. Zur Interdependenz zweier Leitkonzepte der Filmwissenschaft, in: Liebrand/Steiner (Hg.): Hollywood hybrid, S. 29-44.

Blaukopf, Kurt: Massenmedium Schallplatte. Die Stellung des Tonträgers in der Kultursoziologie und Kulturstatistik, Wiesbaden 1977.

Bled, Jean-Paul: Wien. Residenz – Metropole – Hauptstadt, Wien u.a. 2002.

Bleicher, Joan Kristin: Institutionsgeschichte des bundesrepublikanischen Fernsehens, in: Hickethier (Hg.): Geschichte des Fernsehens in der Bundesrepublik Deutschland, S. 67-132.

Blume, Friedrich (Hg.): Die Musik in Geschichte und Gegenwart. Allgemeine Enzyklopädie der Musik (MGG), Bd. 11, Kassel u.a. 1963.

Blume, Friedrich (Hg.): Die Musik in Geschichte und Gegenwart. Allgemeine Enzyklopädie der Musik (MGG), Bd. 8, Kassel u.a. 1998.

Boa, Elizabeth/Palfreyman, Rachel: Heimat – A German Dream. Regional Loyalities and National Identity in German Culture 1890-1990, New York 2000.

Bock, Hans-Michel: Cinegraph. Lexikon zum deutschsprachigen Film, Lieferung 10, München 1988.

Böhnke, Alexander: Paratexte des Films. Über die Grenzen des filmischen Universums, Diss., Bielefeld 2007.

——: The End, in: Kreimeier/Stanitzek (Hg.): Paratexte in Literatur, Film, Fernsehen, S. 193-212.

—— u.a. (Hg.): Das Buch zum Vorspann. The Title is a Shot, Berlin 2006.

Bohrmann, Hans: Entwicklung der Zeitschriftenpresse, in: Wilke (Hg.): Mediengeschichte der Bundesrepublik Deutschland, S. 135-145.

Booms, Martin: Einführung: Philosophie der Heimat, in: ders. (Hg.): Heimat. Philosophie und Politik, Teil VI, Reader zum Öffentlichen Kolloquium im Wintersemester 2008/09 an der Universität Bonn, Bonn 2008, S. 5-6.

Bordwell, David: Making Meaning. Inference and Rhetoric in the Interpretation of Cinema, Harward 1991.

Borstnar, Nils u.a (Hg.): Einführung in die Film- und Fernsehwissenschaft, Konstanz 2002.

Braidt, Andrea B.: Film-Genus. Zu einer theoretischen und methodischen Konzeption von Gender und Genre im narrativen Film, in: Liebrand/Steiner (Hg.): Hollywood hybrid, S. 45-66.

Braunberger, Gerhard: Manager, Girls und Marketing. Die Zukunft der Pariser Amüsierbetriebe hängt von neuen Kunden und Ideen ab, in: *Frankfurter Allgemeine Zeitung* vom 5. Januar 2002, S.13.

Brecht, Christoph: Teenage Negotiations. Gender als Erzähltechnik in Amy Heckerlings Teen Movie CLUELESS, in: Liebrand/Steiner (Hg.): Hollywood hybrid, S. 67-90.

——/Steiner, Ines: »Dames are necessary to(ols of) show business«. Busby Berkeleys Production-Numbers in der Multimedialität des Film-Musicals, in: Liebrand/Schneider (Hg.): Medien in Medien, S. 218-250.

Brednich, Rolf Wilhelm: Das Lied als Ware, in: ders. (Hg.): Jahrbuch für Volksliedforschung, 19. Jhg., Berlin 1974, S. 11-20.

Bredow, Wilfried von/Zurek, Rolf (Hg.): Film und Gesellschaft in Deutschland. Dokumente und Materialien, Hamburg 1975.

Brenner, Lili: Die vergessene Ouvertüre, in: Markus Merz/Jürgen Riethmüller (Hg.): Die vergessene Ouvertüre. Sechs Kulturstudien, Stuttgart 2004, S. 141-160.

Bronfen, Elisabeth: Heimweh: Illusionsspiele in Hollywood, Berlin 1999.

Brussig, Thomas: Heimat, in: *Frankfurter Allgemeine Sonntagszeitung* vom 30. Dezember 2001, unter: http://www.gemeinsamlernen.de/laufend/heimat/h371.htm (letzter Aufruf: 16. Januar 2012).

Bühler, Gerhard: Postmoderne, auf dem Bildschirm, auf der Leinwand. Musikvideos, Werbespots und David Lynchs *Wild at Heart*, Filmstudien, Bd. 24, Sankt Augustin 2002.

Busse, Burkhard: Der deutsche Schlager. Eine Untersuchung zu Produktion, Distribution und Rezeption von Trivialliteratur, Diss., Wiesbaden 1976.

Butler, Judith: Bodies That Matter. On the Discoursive Limits of »Sex«, New York/London 1993.

Caine, Andrew: Interpreting Rock Movies. The Pop Film and its Critics in Britain, Manchester 2004.

Chotjewitz, Peter O.: »Einsamer nie« oder »Love me do«. Zum Sprachgebrauch in Beat- und Schlagertexten, in: *Akzente* 18 (1971), S. 194-206.

Clarke, Kevin: Zurück in die Zukunft. Zur Aufführungspraxis des Weißen Rössl, in: Tadday (Hg.): Im weißen Rössl, S. 101-126.

——/Peter, Helmut: Im weißen Rössl. Auf den Spuren eines Welterfolgs, St. Wolfgang 2007.

Cohan, Steven: »Feminizing« the Song-and-Dance-Man. Fred Astaire and the Spectacle of Masculinity in the Hollywood Musical, in: ders./Hark (Hg.): Screening the Male, S. 46-69.

—— (Hg.): Hollywood Musicals. The Film Reader, London 2002.

——/Ina Rae Hark (Hg.): Screening the Male. Exploring Masculinities in Hollywood Cinema, London/New York 1993.

Conrich, Ian: Merry Melodies: The Marx' Brothers Musical Moments, in: Marshall/Robynn (Hg.): Musicals, S. 47-54.

——/Tincknell, Estella: Introduction, in: dies. (Hg.): Film's Musical Moments, Edinburgh 2006, S. 1-14.

Currid, Brian: Das Lied einer Nacht. Filmschlager als Organe der Erfahrung, in: Hagener/Hans (Hg.): Als die Filme singen lernten, S. 48-60.

Czerny, Peter/Hofmann, Heinz: Der Schlager. Ein Panorama der leichten Musik, Bd. 1, Berlin 1968.

Dandjinou, Hugues Gérard: Modernistische Erzähltechniken im Roman der Weimarer Republik. Studien zur Ästhetik des neusachlichen Romans, Aachen 2007.

Daniel, Marcel: Streiflichter bundesdeutscher Zuwanderung – Reise auf abwechslungsreichen Wegen, in: Karin Meendermann (Hg.): Migration und politische Bildung – Integration durch Information, Münsteraner Forum zur Politischen Bildung, Bd. 3, Münster 2003, S. 53-82.

Daum, Denise: Emil Nolde in der Südsee. Primitivismus, Kolonialismus und Reiseerfahrung, in: Christian Berkemeier/Katrin Callsen/Ingmar Probst (Hg.): Begegnung und Verhandlung: Möglichkeiten eines Kulturwandels durch Reise, Münster 2004, S. 33-47.

Dax, Max: Das Musikvideo als Kommentar zur Zeit, unter: http://www.theeuropean.de/max-dax/1508-aesthetik-des-musikvideos (letzter Aufruf: 16. Januar 2012).

Dayan, Daniel/Katz, Elihu: Media Events. The Live Broadcasting of History, Cambridge/London 1992.

Degenhardt, Wolfgang u.a.: Europäisches Fernsehen bis 1970. Eine Idee wird zum Laufen gebracht. Eine kleine Geschichte der Europäischen Rundfunkunion und der Eurovision, Arbeitshefte Bildschirmmedien 61, Siegen 1996.

Deuter, Margaret (Hg.): Das große Oxford Wörterbuch, Englisch-Deutsch, Deutsch-Englisch, 2. Aufl., Oxford 2009.

Dietrich, Marlene: Ich bin, Gott sei Dank, Berlinerin. Memoiren, Berlin 1997.

Dilloo, Rüdiger: Legenden der Schneelandschaft, in: *Die Zeit* 7 (2003), unter: http://images.zeit.de/text/2003/07/Sport_2fValerien (letzter Aufruf: 12. Januar 2012).

Distelmeyer, Jörg u.a. (Hg.): Babylon in FilmEuropa. Mehrsprachen-Versionen der 1930er Jahre, München 2006.

Donsbach, Wolfgang: Journalismus und journalistisches Berufsverständnis, in: Wilke (Hg.): Mediengeschichte der Bundesrepublik Deutschland, S. 489-517.

Dussel, Konrad u.a.: Rundfunk in Stuttgart 1950-1959, Südfunkhefte, Nr. 21, Stuttgart 1995.

Dyer, Richard: Entertainment and Utopia [1977], in: Steven Cohan (Hg.): Hollywood Musicals, S. 19-30.

——: Heavenly Bodies. Film Stars and Society, Basingstoke/London 1987.

Ehnert, Günter: Hitbilanz. Deutsche Chart Singles 1956-1980, Hamburg 1990a.

——: Hitbilanz. Deutsche Chart Singles 1956-1980. Top 10, Hamburg 1990b.

Ellrich, Lutz: Tricks in der Matrix oder der abgefilmte Cyberspace, in: Liebrand/Schneider (Hg.): Medien in Medien, S. 251-275.

Elsaesser, Thomas: The BFI Companion to German Cinema, London 1999.

Esterhammer, Ruth: Heimatfilm in Österreich: Einblicke in ein facettenreiches Genre, in: Stefan Neuhaus (Hg.): Literatur im Film: Beispiele einer Medienbeziehung, Würzburg 2008, S. 177-198.

Fahle, Oliver: Woher kommt das Lied? Alain Resnais' »Das Leben ist ein Chanson«, in: Jörn Glasenapp/Claudia Lillge (Hg.): Die Filmkomödie der Gegenwart, Paderborn 2008, S. 33-46.

Faulstich, Werner: Deutsche Schlager und deutsche Fernsehstars. Wertekontinuität im Medienwandel, in: ders. (Hg.): Die Kultur der 60er Jahre, München 2003, S. 177-193.

——: Die Kultur der fünfziger Jahre, 2. Aufl., München 2007.

——: Grundwissen Medien, 5. Aufl., Stuttgart 2004.

——: Filmgeschichte, Paderborn 2005.

——: Grundkurs Filmanalyse, 2. Aufl., Stuttgart 2008.

——/Korte, Helmut: Der Film zwischen 1961 und 1976: ein Überblick, in: dies. (Hg.): Fischer Filmgeschichte, Bd. 4: Zwischen Tradition und Neuorientierung 1961-1976, Frankfurt a.M. 1992, S. 11-39.

Feddersen, Jan: Ein Lied kann eine Brücke sein. Die deutsche und internationale Geschichte des Grand Prix Eurovision, Hamburg 2002.

——: Wunder gibt es immer wieder. Das große Buch zum Eurovision Song Contest, Berlin 2010.

Fehrenbach, Heide: Cinema in Democratizing Germany. Reconstructing National Identity after Hitler, Chapel Hill/London 1995.

Feuer, Jane: The Hollywood Musical, 2. Aufl., London 1993 [1982].

——: The Self-reflective Musical and the Myth of Entertainment, in: Rick Altman (Hg.): Genre: The Musical, London 1981, S. 159-174.

Fiedler, Manuela: Heimat im deutschen Film. Ein Mythos zwischen Regression und Utopie, Aufsätze zu Film und Fernsehen, Bd. 16, Frankfurt a.M. 1995.

Flender, Reinhard/Rauhe, Hermann: Schlager und Popularität, in: Herbert Bruhn u.a. (Hg.): Musikpsychologie. Ein Handbuch in Schlüsselbegriffen, München u.a. 1985, S. 378-384.

Freitag, Jan: Die Rückkehr der Entwurzelten, unter http://www.fr-online.de/kultur/medien/die-rueckkehr-der-entwurzelten/-/1473342/4465812/-/index.html (letzter Aufruf: 16. Januar 2012).

——: Operation am triefenden Herzen, in: *die tageszeitung* vom 9. August 2004, S. 13.

Fritz, Elisabeth T./Kretschmer, Helmut (Hg.): Wien. Musikgeschichte, Teil 1. Volksmusik und Wienerlied, Geschichte der Stadt Wien, Bd. 6, Wien 2006.

Garncarz, Joseph: Jahrmarktkino: Eine europäische Institution, in: Sacha Szabo (Hg.): Kultur des Vergnügens. Kirmes und Freizeitparks, Schausteller und Fahrgeschäfte. Facetten nicht-alltäglicher Orte, Bielefeld 2009, S. 123-144.

Geldner, Wilfried: Heulende Hotelsirenen, unter: http://www.monstersandcritics.de/artikel/200838/article_102753.php/Das-Musikhotel-am-Wolfgangsee-18-10-2008-20-15-ARD (letzter Aufruf: 16. Januar 2012).

Genette, Gérard: Paratexte. Das Buch vom Beiwerk des Buches, Frankfurt a.M./New York 1989.

Gledhill, Christine: »Rethinking Genre«, in: dies./Linda Williams (Hg.): Reinventing Film Studies, London 2000, S. 221-243.

Göckeritz, Heinz: Die Bundesbürger entdecken die Urlaubsreise, in: Haus der Geschichte der Bundesrepublik Deutschland (Hg.): Endlich Urlaub. Die Deutschen reisen, Begleitbuch zur Ausstellung im Haus der Geschichte der Bundesrepublik Deutschland, Bonn, 6. Juni bis 13. Oktober 1996, Köln 1996, S. 43-50.

Göcmener, Bettina: Die Rückkehr der Geierwally, in: *Die Welt* vom 7. Januar 2005, unter: http://www.welt.de/print-welt/article362446/Die_Rueckkehr_der_Geierwally.html (letzter Aufruf: 16. Januar 2012).

Gokulsing, K. Moti/Dissanayake, Wimal: Indian Popular Cinema. A Narrative Of Cultural Change, New Delhi 1998.

Good, Howard: Girl Reporter. Gender, Journalism and the Movies, London 1998.

Gottgetreu, Sabine: Der Arztfilm. Untersuchung eines filmischen Genres, Bielefeld 2001.

Göttler, Fritz: Westdeutscher Nachkriegsfilm. Land der Väter, in: Jacobsen u.a.: Geschichte des deutschen Films, S. 171-210.

Green, Stanley: Hollywood Musicals Year by Year, 2. Aufl., Milwaukee 1999.

Gregor, Ulrich: Geschichte des Films 1960, München 1978.

Grisko, Michael: Von röhrenden Hirschen und feschen Förstern. Der deutsche Heimatfilm der 50er Jahre, in: *Der Deutschunterricht* 5 (2001), S. 62-73.

Grossklaus, Götz: Das Lied als Ware, in: Anton Kaes/Bernhard Zimmermann (Hg.): Literatur für viele 1. Studien zur Trivialliteratur und Massenkommunikation im 19. und 20. Jahrhundert, Zeitschrift für Literaturwissenschaft und Linguistik, Beiheft 1, Göttingen 1975, S. 43-58.

Gunning, Tom: The Cinema of Attractions: Early Film, Its Spectator and the Avant-Garde, in: Thomas Elsaesser (Hg.): Early Cinema: Space, Frame, Narrative, London 1990, S. 56-62.

Guttmacher, Peter: Elvis! Elvis! Elvis! The King and his Movies, New York 1997.

Guy, Stephen: Calling All Stars: Musical Films in a Musical Decade, in: Jeffrey Richards (Hg.): The Unknown 1930s. An Alternative History of the British Cinema, 1929-1939, London/New York 1998, S. 99-120.

Haas, Daniel: Horror vor der Russendisko, in: *Spiegel Online* vom 12. Mai 2007, unter: http://www.spiegel.de/kultur/musik/0,1518,482555,00.html (letzter Aufruf: 31. Januar 2012).

Haas, Willy: Das Schlagerbuch, München 1957.

Hagemann, Walter: Die soziale Lage des deutschen Journalistenstandes, insbesondere ihre Entwicklung seit 1945, Münster 1956.

Hagener, Malte/Hans, Jan (Hg.): Als die Filme singen lernten: Innovation und Tradition im Musikfilm 1928-1938, München 1999.

——/——: Musikfilm und Modernisierung, in: dies. (Hg.): Als die Filme singen lernten, S. 7-22.

Hahn, Werner: Schlagertexte, in: Helms (Hg.): Schlager in Deutschland, S. 25-40.

Hakanen, Ernest H.: Counting Down to Number One: The Evolution of the Meaning of Popular Music Charts, in: *Popular Music* 17 (1998), S. 95-111.

Hake, Sabine: Popular Cinema of the Third Reich, Austin 2001.

——: Film in Deutschland. Geschichte und Geschichten seit 1895, Hamburg 2004.

——: Colorful Worlds. The West German Revue Film of the 1950s, in: Stephan K. Schindler/Lutz Koepnick (Hg.): The Cosmopolitan Screen: German Cinema and the Global Imaginary, 1945 to the Present, Michigan 2007, S. 59-76.

Halefeldt, Horst O.: Programmgeschichte des Hörfunks, in: Wilke (Hg.): Mediengeschichte der Bundesrepublik Deutschland, S. 211-230.

Hans, Jan: Musik- und Revuefilm, in: Harro Segeberg (Hg.): Mediale Mobilmachung I. Das Dritte Reich und der Film, Mediengeschichte des Films, Bd. 4, München 2004, S. 203-228.

Haupt, Else: Stil- und sprachkundliche Untersuchungen zum deutschen Schlager unter besonderer Berücksichtigung des Vergleichs mit dem Volkslied, Diss., München 1957.

Hayward, Susan: Cinema Studies. The Key Concepts, 3. Aufl., London/New York 2006.

——: Genre/Subgenre, in: dies. (Hg.): Cinema Studies, S. 163-168.

Hegele, Günter: Heiße Liebe und heiße Musik, 3. Aufl., München 1961.

Heister, Hans-Werner: Die Musikbox. Studie zur Ökonomie, Sozialpsychologie und Ästhetik eines musikalischen Massenmediums, in: Jürgen Alberts u.a. (Hg.): Segmente der Unterhaltungsindustrie, Frankfurt a.M. 1974, S. 11-65.

Helmes, Günter: Popularmusik und Gefühle. Beobachtungen und Überlegungen zum deutschen Schlager (unter besonderer Berücksichtigung der späten 40er bis frühen 60er Jahre), in: *Der Deutschunterricht* 2 (1996), S. 62-82.

Helms, Siegmund (Hg.): Schlager in Deutschland. Beiträge zur Analyse der Popularmusik und des Musikmarktes. Wiesbaden 1972.

Hermanni, Horst O.: Von Jean Gabin bis Walter Huston. Das Film ABC, Norderstedt 2009.

Hickethier, Knut (Hg.): Geschichte des Fernsehens in der Bundesrepublik Deutschland. Bd. 1: Institution, Technik und Programm. Rahmenaspekte der Programmgeschichte des Fernsehens, München 1993.

——: Film- und Fernsehanalyse, 2. Aufl., Stuttgart/Weimar 1996.

——: Genre und Genreanalyse, in: Jürgen Felix (Hg.): Moderne Film Theorie, 2. Aufl., Mainz 2003, S. 62-96.

——: The Restructuring of the West German Film Industry in the 1950s, in: John Davidson/Sabine Hake (Hg.): Framing the Fifties. Cinema in a Divided Germany, New York/Oxford 2009, S. 194-204.

Hobsch, Manfred: Liebe, Tanz und 1000 Schlagerfilme. Ein illustriertes Lexikon – mit allen Kinohits des deutschen Schlagerfilms von 1930 bis heute, Berlin 1998.

Hoffmann, Bernd: Liebe, Jazz und Übermut. Der swingende Heimatfilm der 1950er Jahre, in: Thomas Phleps: Heimatlose Klänge? Regionale Musiklandschaften – heute, Beiträge zur Popularmusikforschung 29/30, Karben 2002, S. 259-286.

Hoffmann, Hilmar: 100 Jahre Film. Von Lumière bis Spielberg, Düsseldorf 1995.

Höfig, Willi: Der deutsche Heimatfilm 1947-1960, Stuttgart 1973.

Holba, Herbert u.a.: Reclams deutsches Filmlexikon. Filmkünstler aus Deutschland, Österreich und der Schweiz, Stuttgart 1984.

Hügel, Hans-Otto/Zeisler, Gert (Hg.): Die süßesten Früchte. Schlager aus den Fünfzigern, Frankfurt a.M./Berlin 1992.

Hüser, Gisela/Grauer, Manfred: Zur Verbreitung des Internets und des Mobilfunktelefons in der Netzwerkgesellschaft, in: Peter Gendolla/Jörgen Schäfer: Wissensprozesse in der Netzwerkgesellschaft, Bielefeld 2005, S. 83-118.

Hüser, Rembert: Found – Footage – Vorspann, in: Liebrand/Schneider (Hg.): Medien in Medien, S. 198-217.

Hunkemöller, Jürgen: Schlager, in: Ralf Noltensmeier u.a. (Hg.): Das neue Lexikon der Musik in vier Bänden, Bd. 4, Stuttgart/Weimar 1996, S. 201-203.

Hutchison, Tom u.a.: Record Label Marketing, 2. Aufl., Oxford/Burlington 2010.

Jacobsen, Wolfgang u.a. (Hg.): Geschichte des deutschen Films, Stuttgart/Weimar 1993.

Jahraus, Oliver/Neuhaus, Stefan (Hg.): Der fantastische Film. Geschichte und Funktion in der Mediengesellschaft, Würzburg 2005.

Jansen, Wolfgang: Das Varieté. Die glanzvolle Geschichte einer unterhaltenden Kunst, Diss., Berlin 1990.

Kallweit, Petra: Anmerkungen zu Selbstreflexion und Selbstreferenz in TWIN PEAKS und LOST HIGHWAY, in: Eckhard Papst (Hg.): »A Strange World«. Das Universum des David Lynch, 4. Aufl., Kiel 2005, S. 213-229.

Kanzog, Klaus: Wir machen Musik, da geht euch der Hut hoch! Zur Definition, zum Spektrum und zur Geschichte des deutschen Musikfilms, in: Michael Schaudig (Hg.): Positionen deutscher Filmgeschichte: 100 Jahre Kinematographie. Strukturen, Diskurse, Kontexte, diskurs film, Bd. 8, Münchner Beiträge zur Filmphilologie, München 1996, S. 197-240.

Kapcynski, Jennifer M.: Imitation of Life. The Aesthetics of Agfacolor in Recent Historical Cinema, in: Jaimey Fisher/Brad Pager (Hg.): The Collapse of the Conventional. German Film and Its Politics at the Turn of the Twenty-First Century, Detroit 2010, S. 39-62.

Kaschuba, Wolfgang: Der Deutsche Heimatfilm – Bildwelten als Weltbilder, in: Bundeszentrale für politische Bildung (Hg.): Heimat. Analysen, Themen, Perspektiven, Schriftenreihe Bd. 294/I, Bonn 1990, S. 829-866.

Kayser, Dietrich: Neuere Publikationen der Schlager- und Popmusikforschung. Ein Forschungsbericht, in: Rolf Wilhelm Brednich (Hg.): Jahrbuch für Volksliedforschung, 22. Jhg., Berlin 1977, S. 130-140.

Keun, Irmgard: Das kunstseidene Mädchen, Bergisch Gladbach 1980 [1932].

——: Gilgi, eine von uns, Bergisch Gladbach 1981 [1931].

Kiefer, Marie Luise: Fernsehnutzung, in: Wilke (Hg.): Mediengeschichte der Bundesrepublik Deutschland, S. 426-448.

Killy, Walther: Gedanken über deutsche Schlagertexte, in: *Neue Rundschau* 82 (1971), S. 259-279.

Kirschner, Stefan: »Optische Sensationen, spektakuläre Vorgänge, frappierende Überraschungen, in: *Die Welt* vom 25. August 2004, unter http://www.welt.de/print-welt/article336323/Optische_Sensationen_spektakulaere_Vorgaenge_frappierende_Ueberraschungen.html (letzter Aufruf: 28. Januar 2012).

Klooss, Reinhard/Reuter, Thomas: Körperbilder. Menschenornamente in Revuetheater und Revuefilm, Frankfurt a.M. 1980.

Klügl, Michael: Erfolgsnummern. Modelle einer Dramaturgie der Operette, Thurnauer Schriften zum Musiktheater, Bd. 13, Laaber 1992.

Kneer, Georg/Nassehi, Armin: Niklas Luhmanns Theorie sozialer Systeme. Eine Einführung, 4. Aufl., Stuttgart 2000.

Koch, Gertrud: Vom Heimatfilm zur *Heimat*, in: Gisela Eckert (Hg.): Kein Land in Sicht. Heimat – weiblich?, München 1997, S. 203-212.

Koch, Hans-Jörg: Das Wunschkonzert im NS-Rundfunk, Köln 2003.

Korte, Helmut: Der Spielfilm und das Ende der Weimarer Republik. Ein rezeptionshistorischer Versuch, Göttingen 1998.

Kracauer, Siegfried: Die Angestellten. Eine Schrift vom Ende der Weimarer Republik, 3. Aufl., Allensbach/Bonn 1959 [1930].

——: Die kleinen Ladenmädchen gehen ins Kino, in: ders. (Hg.): Das Ornament der Masse. Essays, Frankfurt a.M. 1977, S. 279-294.

——: Theory of Film. The Redemption of Physical Reality, Princeton 1997 [1960].

Kraushaar, Elmar: Rote Lippen. Die ganze Welt des deutschen Schlagers, Hamburg 1983.

Kreimeier, Klaus/Stanitzek, Georg (Hg.): Paratexte in Literatur, Film, Fernsehen, Berlin 2004.

Kreis, Gabriele: Irmgard Keun. Was man glaubt, gibt es, München 1991.

Kreuder, Peter: Nur Puppen haben keine Tränen. Erinnerungen, München 2003.

Kreuzer, Eberhard: Postkolonialismus/Postkolonialität, in: Nünning (Hg.): Metzler Lexikon Literatur- und Kulturtheorie, S. 542.

Küchler, Christiane: Erotische Paradiese. Zur europäischen Südseerezeption im 18. Jahrhundert, Diss., Göttingen 2004.

Kurme, Sebastian: Halbstarke. Jugendprotest in den 1950er Jahren in Deutschland und den USA, Diss., Frankfurt a.M. 2006.

Lachmann, Ulrich: Die Struktur des deutschen Musikmarktes, Tübingen 1960.

Langer-El Sayed, Ingrid: Frau und Illustrierte im Kapitalismus. Die Inhaltsstruktur von illustrierten Frauenzeitschriften und ihr Bezug zur gesellschaftlichen Wirklichkeit, Köln 1971.

Lehning, Thomas: Das Medienhaus. Geschichte und Gegenwart des Bertelsmann-Konzerns, Diss., München 2004.

Lichtfuss, Martin: Operette im Ausverkauf. Studien zum Libretto des musikalischen Unterhaltungstheaters im Österreich der Zwischenkriegszeit, Wien/Köln 1989.

Liebe, Ulrich: Verehrt, verfolgt, vergessen. Schauspieler als Nazi-Opfer, Weinheim/Basel 2005.

Liebrand, Claudia: Einleitung, in: dies. (Hg.): Gender-Topographien. Kulturwissenschaftliche Lektüren von Hollywoodfilmen der Jahrhundertwende, Köln 2003, S. 7-21.

——: Hybridbildungen – Filme als Hybride, in: dies./Schneider (Hg.): Medien in Medien, S. 179-183.

——/Schneider, Irmela (Hg.): Medien in Medien, Mediologie, Bd. 6, Köln 2002.

——/Steiner, Ines (Hg.): Hollywood hybrid. Genre und Gender im zeitgenössischen Mainstream-Film, Marburg 2004.

——/——: Einleitung, in: dies (Hg.): Hollywood hybrid, S. 7-15.

Liessmann, Konrad Paul: Kulturindustrie, in: Nünning: Metzler Lexikon Literatur- und Kulturtheorie, S. 360-361.

Lott, Sylvia: Die Frauenzeitschriften von Hans Huffzky und John Jahr. Zur Geschichte der deutschen Frauenzeitschrift zwischen 1933 und 1970, Beiträge zur Medientheorie und Kommunikationsforschung, Bd. 24, Diss., Berlin 1985.

Lowry, Stephen: Stars und Images. Theoretische Perspektiven auf Filmstars, in: *montage/av* 6 (1997), S. 10-35.

——/Korte, Helmut: Der Filmstar, Stuttgart 2000.

Ludes, Peter: Programmgeschichte des Fernsehens, in: Wilke (Hg.): Mediengeschichte der Bundesrepublik Deutschland, S. 255-276.

Ludewig, Alexandra: Screening Nostalgia. 100 Years of German Heimat Film, Bielefeld 2011 [noch nicht erschienen].

Luley, Peter: Süßstoff für den Samstagabend, unter: http://www.spiegel.de/kultur/gesellschaft/0,1518,584668,00.html (letzter Aufruf: 16. Januar 2012).

Mann, Heinrich: Ein ernstes Leben. Roman, Frankfurt a.M. 1991 [1932].

Matijevich, Elke: The Zeitroman of the Late Weimar Republic, in: *Studies in modern German literature* 77 (1995), S. 63-93.

Marshall, Bill/Stilwell, Robyn (Hg.): Musicals. Hollywood and Beyond, Exeter 2000.

May, Yomb: Das xenologische Epithetum. Zur Konstruktion und Instrumentalisierung des Mythos vom insularen Paradies in den Reisebeschreibungen Antoine de Bougainvilles und Georg Forsters, in: Christian Bremshey u.a. (Hg.): Den Fremden gibt es nicht. Xenologie und Erkenntnis, Münster 2004, S. 55-71.

Mendívil, Julio: Ein musikalisches Stück Heimat. Ethnologische Beobachtungen zum deutschen Schlager, Bielefeld 2008.

Metz, Christian: Die unpersönliche Enunziation oder der Ort des Films, Film und Medien in der Diskussion, Bd. 6, Münster 1997 [1991].

Mezger, Werner: Schlager. Versuch einer Gesamtdarstellung unter besonderer Berücksichtigung des Musikmarktes der Bundesrepublik Deutschland Untersuchungen des Ludwig-Uhland-Instituts der Universität Tübingen, Bd. 39, Tübingen 1975.

Mielke, André: Auf der Spur von Peter Alexander am Wolfgangsee, in: *Die Welt* vom 17. Oktober 2008, unter: http://www.welt.de/fernsehen/article2591574/Auf-der-Spur-von-Peter-Alexander-am-Wolfgangsee.html (letzter Aufruf: 16. Januar 2012).

Moltke, Johannes von: Evergreens: The Heimat Genre, in: Tim Bergfelder u.a. (Hg.): The German Cinema Book, London 2002, S. 18-28.

——: No Place like Home. Locations of Heimat in German Cinema, Berkeley/London 2005.

Monaco, James: Film verstehen. Kunst, Technik, Sprache, Geschichte und Theorie des Films und der Medien, Hamburg 2000 [1977].

Mulvey, Laura: Visual Pleasure and Narrative Cinema, in: dies. (Hg.): Visual and Other Pleasures, Basingstoke/London 1989, S. 14-26.

Mundy, John: Popular Music on Screen. From Hollywood Musical to Music Video, Manchester 1999.

Neale, Steve: Genre and Hollywood, London/New York 2000.

——: Masculinity as Spectacle. Reflections on Men and Mainstream Cinema, in: Cohan/Hark (Hg.): Screening The Male, S. 9-22.

——: Questions of Genre, in: Barry Keith Grant (Hg.): Film Genre Reader III, Austin 2003, S. 160-184.

Neumann-Braun, Klaus/Schmidt, Axel: Charts, in: Hans-Otto Hügel (Hg.): Handbuch populäre Kultur. Begriffe, Theorien und Diskussionen, Stuttgart 2003, S. 131-134.

——/——: McMusic. Einführung, in: Klaus Neumann-Braun (Hg.): Viva MTV! Popmusik im Fernsehen, Frankfurt a.M. 1999, S. 7-42.

Nieragden, Göran: Émile Benveniste, in: Nünning (Hg.): Metzler Lexikon Literatur- und Kulturtheorie, S. 58-59.

Nowell-Smith, Geoffrey (Hg.): Geschichte des internationalen Films, Stuttgart/Weimar 1999.

Nünning, Ansgar: Metzler Lexikon Literatur- und Kulturtheorie. Ansätze – Personen – Grundbegriffe, 3. Aufl., Stuttgart/Weimar 2004.

Nutz, Walter: Trivialliteratur und Popularkultur. Vom Heftromanleser zum Fernsehzuschauer; eine literaturpsychologische Analyse unter Einschluß der Trivialliteratur der DDR, Wiesbaden 1999.

o.V.: 50 Jahre BRIGITTE – 50 Jahre Gegenwart: Die Geschichte der meistgelesenen klassischen Frauenzeitschrift Deutschlands, unter: http://www.guj.de/downloads/aktuell/brigitte50/Geschi_l.pdf (letzter Aufruf: 27. Januar 2012).

o.V.: Friedrichstadtpalast: Revues gegen die roten Zahlen, in: *Der Tagesspiegel* vom 10. Januar 2008, unter: http://www.tagesspiegel.de/berlin/Friedrichstadtpalast-Revue;art270,2453719 (letzter Aufruf: 28. Januar 2012).

o.V.: »... kurzweilige, schöne Musik«. Interview mit Dieter Thomas Heck, in: Stiftung Haus der Geschichte der Bundesrepublik Deutschland (Hg.): Melodien für Millionen, S. 44-49.

o.V.: Neues deutsches Entertainment. »Ganz einfach Jazzschlager!« Ein Interview mit Götz Alsmann, in: Dieter Gorny/Jürgen Stark (Hg.): Popkultur 2002/2003. Das Jahrbuch für Musikkultur, Musikmedien und Musikindustrie, Hamburg 2002, S. 192-194.

o.V.: »Wer ist ›tu‹«? – Das Kartell der Schlagermacher, in: *Der Spiegel*, Nr. 40 (1963), S. 95-110.

Oltmann, Katrin: Remake/Premake. Hollywoods romantische Komödien und ihre Gender-Diskurse 1930-1960, Diss., Bielefeld 2008.

Ott, Dorothee: Shall We Dance and Sing? Zeitgenössische Musical- und Tanzfilme, Diss., Konstanz 2008.

Otto, Isabell: Korreferat zum Vortrag von Eike Muny: Verfahren der Erzähltheorie. Vom Weg zu einer Narratologie des Dramas, in: Martin Roussel u.a. (Hg.): Eingrenzen und Überschreiten. Verfahren in der Moderneforschung, Würzburg 2005, S. 227-229.

Panter, Peter: Operettenmusik, in: *Die Schaubühne* 1930, S. 1072, unter: http://www.textlog.de/tucholsky-operettenmusik.html (letzter Aufruf: 16. Januar 2012).

Perthes, Nicolas: Paratext, in: Schnell (Hg.): Metzler Lexikon Kultur der Gegenwart, S. 403.

Hans Günther Pflaum/Hans Helmut Prinzler: Film in der Bundesrepublik Deutschland. Der neue deutsche Film von den Anfängen bis zur Gegenwart, Bonn 1992.

Phleps, Thomas: Schlager, in: Schnell (Hg.): Metzler Lexikon Kultur der Gegenwart, S. 456.

Port le Roi, André: Schlager lügen nicht. Deutscher Schlager und Politik in ihrer Zeit, Essen 1998.

Prox, Lothar: Melodien aus deutschem Gemüt und Geblüt, in: Helga Belach (Hg.): Wir tanzen um die Welt, S. 73-86.

Quaresima, Leonardo: Tankstelle und Hinterhof: »Genre«-Entwicklung als Modernisierungsprogramm, in: Hagener/Hans (Hg.): Als die Filme singen lernten, S. 61-70.

Rajan, Rekha Kamath: Popularisierungsstrategien. Die Bombay-Filmindustrie und Hollywood, in: Gereon Blaseio u.a. (Hg.): Popularisierung und Popularität, Köln 2005, S. 282-302.

Raykoff, Ivan/Tobin, Robert Deam (Hg.): A Song for Europe: Popular Music and Politics in the Eurovision Song Contest, London 2007.

Redden, Guy: Making Over the Talent Show, in: Gareth Palmer (Hg.): Exposing Lifestyle Television. The Big Reveal, Hampshire/Burlington 2008, S. 129-144.

Reinpfand, Christoph: Niklas Luhmann, in: Nünning (Hg.): Metzler Lexikon Literatur- und Kulturtheorie, S. 408-410.

Rentschler, Eric: Film der achtziger Jahre. Endzeitspiele und Zeitgeistszenerien, in: Jacobsen u.a.: Geschichte des deutschen Films, S. 285-322.

——: Das Dritte Reich und die Folgen, in: Nowell-Smith (Hg.): Geschichte des internationalen Films, S. 338-347.

Ritzel, Fred: More than you know – Musikpräsentationen als dramaturgische Orte in Spielfilmen der 80er und 90er Jahre, unter: http://www.staff.uni-oldenburg.de/ritzel/Material/More (letzter Aufruf: 16. Januar 2012).

——: »... vom Paradies ein gold'ner Schrein« – Schlagerpräsentationen im Tonfilm der Weimarer Republik, in: Helmut Rösing (Hg.): Populäre Musik zur Zeit der Weimarer Republik, Beiträge zur Popularmusikforschung 15/16, Freiburg 1995, S. 157-180.

Rohde, Carla: Leuchtende Sterne?, in: Belach (Hg.): Wir tanzen um die Welt. Deutsche Revuefilme 1933-1945, München/Wien 1979, S. 119-128.

Rohde, Konstanze: Die Karriereleiter. Ausbildung und Einkommen im Journalismus von der Mitte des 19. Jahrhunderts bis zur Gegenwart, in: Hans Mathias Kepplinger (Hg.): Angepaßte Außenseiter. Was Journalisten denken und wie sie arbeiten, Freiburg/München 1979, S. 189-209.

Rosenstein, Doris: Irmgard Keun. Das Erzählwerk der dreißiger Jahre, Forschungen zur Literatur- und Kulturgeschichte, Bd. 28, Frankfurt a.M. u.a. 1991.

Röser, Jutta: Frauenzeitschriften und weiblicher Lebenszusammenhang. Themen, Konzepte und Frauenbilder im Kontext von Emanzipation, Individualisierung und sozialer Differenzierung, Diss., Opladen 1992.

Rother, Rainer: Heimatfilm, in: Schnell (Hg.): Metzler Lexikon Kultur der Gegenwart, S. 201.

——: Kriegserfahrung im Heimatfilm, in: Ursula Heukenkamp (Hg.): Schuld und Sühne? Kriegserlebnis und Kriegsdeutung in den deutschen Medien der Nachkriegszeit (1945-1961), Amsterdamer Beiträge zur neueren Germanistik, Bd. 50-1, 2001, S. 321-332.

Rotifer, Robert: Singers, Wingers & Swingers. From Beckenbauer via Best to Beckham: Why footballers will never quite cut it as pop icons. In: Anstoss. Die Zeitschrift des Kunst- und Kulturprogramms zur FIFA WM 2006. Nr.1 (2004), S. 94-97.

Rubin, Martin: Busby Berkeley and the Backstage Musical, in: Cohan (Hg.): Hollywood Musicals, S. 53-62.

Ruchatz, Jens/Bartz, Christina: Tele-Medien: Telegrafie, Television, in: Claudia Liebrand u.a. (Hg.): Einführung in die Medienkulturwissenschaft, Einführungen Kulturwissenschaft, Bd. 1, Münster 2005, S. 199-222.

Rucktäschel, Annamaria: Die Schlager des Jahres. Analysen erfolgreicher Schlagertexte, in: dies./Hans-Dieter Zimmermann (Hg.): Trivilalliteratur, München 1976, 377-401.

Rügner, Ulrich: Die Filmmusik der Weimarer Republik im Kontext der Künste, in: Harro Segeberg (Hg.): Die Perfektionierung des Scheins. Das Kino der Weimarer Republik im Kontext der Künste, Mediengeschichte des Films, Bd. 3, München 2000, 159-176.

Saltzman, Joe: Sob Sisters: The Image of the Female Journalist in Popular Culture, 2003, unter: http://www.ijpc.org/sobessay.pdf (letzter Aufruf: 27. Januar 2012).

Sanders, Ulrike: Zarah Leander – Kann denn Schlager Sünde sein?, Pahl-Rugenstein-Hochschulschriften Gesellschafts- und Naturwissenschaften 251, Köln 1998.

Sandmeyer, Peter: Was ist Heimat?, in: *Der Stern* 51 (2004), unter: http://www.stern.de/politik/deutschland/:Grundbed%FCrfnis-Was-Heimat/533320.html (letzter Aufruf: 28. Januar 2012).

Sannwald, Daniela: Von der Filmkrise zum Neuen Deutschen Film. Filmausbildung an der Hochschule für Gestaltung Ulm 1958-1968, Berlin 1997.

Schäffner, Gerhard: »Das Fenster in die Welt«. Fernsehen in den fünfziger Jahren, in: Faulstich (Hg.): Die Kultur der fünfziger Jahre, S. 91-102.

Schär, Christian: Der Schlager und seine Tänze im Deutschland der 20er Jahre. Sozialgeschichtliche Aspekte zum Wandel der Musik- und Tanzkultur während der Weimarer Republik, Diss., Zürich 1991.

Schaudig, Michael: »Flying Logos in Typosphere«. Eine kleine Phänomenologie des graphischen Titeldesigns filmischer Credits, in: Hans-Edwin Friedrich/Uli Jung (Hg.): Schrift und Bild im Film, Schrift und Bild in Bewegung, Bd. 3, Bielefeld 2002, S. 163-183.

Schildt, Axel: Die Sozialgeschichte der Bundesrepublik Deutschland bis 1989/90, Enzyklopädie Deutscher Geschichte, Bd. 80, München 2007.

——: Modernisierung im Wiederaufbau. Die westdeutsche Gesellschaft der fünfziger Jahre, in: Faulstich (Hg.): Die Kultur der fünfziger Jahre, S. 11-22.

Schlaffer, Hannelore: Fasten, joggen, selber nähen, in: *Die Zeit* 20 (2004), unter: http://www.zeit.de/2004/20/Brigitte (letzter Aufruf: 12. Januar 2012).

Schlink, Bernhard: Heimat als Utopie, Frankfurt a.M. 2000.

Schmidt-Joos, Siegfried: Geschäfte mit Schlagern, Bremen 1960.

Schmitt, Peter-Philipp: Margot Hielscher. Musik für den Wiederaufbau, unter: http://www.faz.net/themenarchiv/2.1121/margot-hielscher-musik-fuer-den-wiederaufbau-1768497.html (letzter Aufruf: 22. Januar 2012).

Schneider, Irmela: Genre, Gender, Medien. Eine historische Skizze und ein beobachtungstheoretischer Vorschlag, in: Liebrand/Steiner (Hg.): Hollywood hybrid, S. 16-28.

——: *Tele-Dialog* und das ›Stimmrecht‹ des Mediennutzers, in: Irmela Schneider/Cornelia Epping-Jäger (Hg.): Formationen der Mediennutzung III. Dispositive Ordnungen im Umbau, Bielefeld 2008, S. 147-168.

Schneider, Otto: Die Ferienmacher, Hamburg 2001.

Schnell, Ralf (Hg.): Metzler Lexikon Kultur der Gegenwart. Themen und Theorien, Formen und Institutionen seit 1945, Stuttgart/Weimar 2000.

Schößler, Franziska (Hg.): Literaturwissenschaft als Kulturwissenschaft, Tübingen 2006.

Schreitmüller, Andreas: Elektronischer Kitsch? Über Triviales und Kitschiges im Fernsehen, in: Wolfgang Braungart (Hg.): Kitsch. Faszination und Herausforderung des Banalen und Trivialen, Tübingen 2002, S. 213-220.

Schulz-Köhn, Dietrich: Die Schallplatte auf dem Weltmarkt, Berlin 1940.

Schwaegerl, Tony: Die fröhlichen Wellen. Das Buch von Radio Luxemburg, München 1963.

Schweinitz, Jörg: ›Genre‹ und lebendiges Genrebewußtsein. Geschichte eines Begriffs und Probleme seiner Konzeptualisierung in der Filmwissenschaft, in: *montage/av* 3 (1994), S. 99-118.

——: »Wie im Kino!« Die autothematische Welle im frühen Tonfilm. Figurationen des Selbstreflexiven, in: Thomas Koebner (Hg.): Diesseits der »Dämonischen Leinwand«. Neue Perspektiven auf das späte Weimarer Kino, Frankfurt a.M. 2003, S. 372-392.

Seeßlen, Georg: Durch die Heimat und so weiter. Heimatfilme, Schlagerfilme und Ferienfilme der fünfziger Jahre, in: Hilmar Hoffmann/Walter Schobert (Hg.): Zwischen Gestern und Morgen. Westdeutscher Nachkriegsfilm 1946-1962, Frankfurt a.M. 1989, S. 136-161.

Seibel, Bernard/Unucka, Christian: Elvis Presley und seine Filme: Ein filmographischer Bildband, Herbertshausen 1988.

Seidl, Claudius: Das Pfeifen im Walde. Das deutsche Genre: der Heimatfilm, in: ders. (Hg.): Der deutsche Film der fünfziger Jahre, München 1987, S. 52-102.

Seitz, Josef: »Das ist bitterer Ernst« – Sascha Hehn will lieber Rasen mähen als Filme drehen wie sein ARD-Machwerk »Musikhotel am Wolfgangsee«, in: *Focus* 37 (2008), S. 130.

Selmer, Nicole: Watching the Boys Play. Frauen als Fußballfans, Kassel 2004.

Semrau, Eugen: Der Rivale von Ralph Benatzky: Robert Stolz, in: Tadday (Hg.): Im weißen Rössl, S. 81-100.

Shafer, Stephen C.: British Popular Films, 1929-1939. The Cinema of Reassurance, London/New York 1997.

Sonderhoff, Joachim/Weck, Peter: Musical: Geschichte. Produktionen. Erfolge. Die 53 beliebtesten Musicals, Augsburg 1998.

Sontag, Susan: Notes on ›Camp‹, in: dies.: Against Interpretation and Other Essays, New York 1966, S. 275-293.

Sowade, Hanno: Mein Herz müsste ein Rundfunksender sein. Technischer Fortschritt und die Ware Schlager, in: Stiftung Haus der Geschichte der Bundesrepublik Deutschland (Hg.): Melodien für Millionen, S. 22-33.

Stam, Robert: Film Theory. An Introduction, New York/Oxford 2000.

Stanitzek, Georg: Texte, Paratexte, in Medien: eine Einleitung, in: Kreimeier/ders. (Hg.): Paratexte in Literatur, Film, Fernsehen, S. 3-20.

——: Vorspann (titles/credits, générique), in: Böhnke u.a. (Hg.): Das Buch zum Vorspann, S. 8-20.

Sternfeld, Jessica: The Megamusical, Bloomington/Indianapolis 2006.

Stiftung Haus der Geschichte der Bundesrepublik Deutschland (Hg.): Melodien für Millionen. Das Jahrhundert des Schlagers, Bonn 2008.

Stöber, Rudolf: Die erfolgverführte Nation, Stuttgart 1998.

Strobel, Ricarda: Heimat, Liebe und Glück: SCHWARZWALDMÄDEL (1950), in: Werner Faulstich/Helmut Korte (Hg.): Fischer Filmgeschichte, Bd. 3: Auf der Suche nach Werten, Frankfurt a.M. 1990, S. 148-170.

——/Faulstich, Werner: Die deutschen Fernsehstars, Bd. 2, Show- und Gesangsstars, Göttingen 1998.

——/——: Peter Alexander – Der multimediale Star, in: dies. (Hg.): Die deutschen Fernsehstars, Bd. 2, S. 112-153.

Stubbe-da-Luz, Helmut: Boy Gobert, in: Franklin Kopitzsch/Dirk Brietzke (Hg.): Hamburgische Biografie. Personenlexikon, Bd. 2, Göttingen 2003, S. 147-148.

Szabó-Knotik, Cornelia: Der Traum von Palmen und Meer zwischen Hawaii und Hausmeisterstrand, in: *Kieler Beiträge zur Filmmusikforschung* 2 (2008), S. 76-88. unter: http://www.filmmusik.uni-kiel.de/kielerbeitraege 2/KB2-SzaboKnotik.pdf (letzter Aufruf: 29. Januar 2012).

Tadday, Ulrich (Hg.): Im weißen Rössl. Zwischen Kunst und Kommerz, Musik-Konzepte H. 133/134, München 2006, S. 5-24.

Terkessidis, Mark: Die Eingeborenen von Schizonesien. Der Schlager als deutscheste aller Popkulturen, in: Tom Holert/ders.: Mainstream der Minderheiten. Pop in der Kontrollgesellschaft, Berlin 1996, S. 115-138.

Tobin, Robert Deam: Eurovision at 50: Post-Wall and Post-Stonewall, in: Raykoff/ders. (Hg.): A Song for Europe, S. 25-36.

Toeplitz, Jerzy: Geschichte des Films, Bd. 5: 1945-1953, Berlin 1992.

Trautwein, Wolfgang: Liebeswalzer an der Tankstelle. Werner Richard Heymann und die Begründung der Tonfilm-Operette, in: Wolfgang Schaller (Hg.): Operette unterm Hakenkreuz. Zwischen hoffähiger Kunst und »Entartung«. Beiträge einer Tagung der Staatsoperette Dresden, Berlin 2007, S. 61-75.

Trimborn, Jürgen: Der deutsche Heimatfilm der fünfziger Jahre. Motive, Symbole und Handlungsmuster, Filmwissenschaft 4, Köln 1998.

Tucholsky, Kurt: Operetten [1914], in: Mary Gerold-Tucholsky/Fritz J. Raddatz (Hg.): Kurt Tucholsky. Gesammelte Werke, Bd. 1, 1907-1924, Hamburg 1960, S. 143-145.

Tudor, Andrew: Theories of Film, New York 1974.

Tyler, Don: Music of the Postwar Era, Westport 2008.

Uka, Walter: Modernisierung im Wiederaufbau oder Restauration? Der bundesdeutsche Film der fünfziger Jahre, in: Werner Faulstich (Hg.): Die Kultur der 50er Jahre, München 2002, S. 71-89.

Ulze, Harald: Frauenzeitschrift und Frauenrolle. Eine aussagenanalytische Untersuchung der Frauenzeitschriften BRIGITTE, FREUNDIN, FÜR SIE und PETRA, Hochschul-Skripten: Medien, 1, 2. Aufl., Berlin 1979.

Vatter, Christoph: Gedächtnismedium Film. Holocaust und Kollaboration in deutschen und französischen Spielfilmen seit 1945, Würzburg 2009.

Verlan, Sascha/Loh, Johannes: Hiphop, Sprechgesang: Raplyriker und Reimkrieger. Ein Arbeitsbuch – Materialien für den Unterricht, Mülheim an der Ruhr 2000.

——: Rap-Texte, Arbeitstexte für den Unterricht, Reclams Universal-Bibliothek Nr. 15050, Stuttgart 2000.

Volkmann, Laurenz: Trivialliteratur, in: Nünning (Hg.): Metzler Lexikon Literatur- und Kulturtheorie, S. 671-672.

Völmecke, Jens-Uwe: Die Berliner Jahresrevuen 1903-1913 und ihre Weiterführung in den Revue-Operetten des Ersten Weltkriegs, Diss., Köln 1997.

——: Die Stars von Charells *Rössl*-Inszenierung – vor und nach 1933, in: Tadday (Hg.): Im weißen Rössl, S. 127-150.

Wallraf, Rainer: Revue, in: Ralf Noltensmeier/Gabriela Rothmund Gaul (Hg.) Das neue Lexikon der Musik in vier Bänden, Bd. 4, Stuttgart/Weimar 1996, S. 23.

Weckel, Ulrike: Zwischen Häuslichkeit und Öffentlichkeit. Die ersten deutschen Frauenzeitschriften im späten 18. Jahrhundert und ihr Publikum, Studien und Texte zur Sozialgeschichte der Literatur, Bd. 61, Tübingen 1998.

Weingarten, Susanne: Bodies of Evidence. Geschlechtsrepräsentationen von Hollywood-Stars, Marburg 2004.

Westermann, Bärbel: Nationale Identität im Spielfilm der fünfziger Jahre, Europäische Hochschulschriften Bd. 39, Frankfurt a.M. u.a. 1990.

Wicke, Peter: Schlager, in: Blume (Hg.): MGG, 1998, S. 1063-1070.

——: Wenn der Zeitgeist singt. Warum Schlager klingen, wie sie klingen, in: Stiftung Haus der Geschichte der Bundesrepublik Deutschland (Hg.): Melodien für Millionen, S. 14-21.

Wilke, Jürgen (Hg.): Mediengeschichte der Bundesrepublik Deutschland, Schriftenreihe der Bundeszentrale für politische Bildung, Bd. 361, Bonn 1999.

Witte, Karsten: Gehemmte Schaulust. Momente des deutschen Revuefilms, in: Helga Belach (Hg.): Wir tanzen um die Welt, S. 7-52.

——: Lachende Erben, Toller Tag. Filmkomödie im Dritten Reich. Berlin 1995.

Wöhler, Karlheinz: Endlich wieder urlauben. Urlaub in den fünfziger Jahren als ein Phänomen der Moderne, in: Faulstich (Hg.): Die Kultur der fünfziger Jahre, S. 263-275.

Wolf, Lutz-W.: Puppchen, du bist mein Augenstern. Deutsche Schlager aus vier Jahrzehnten, München 1981.

Wolther, Irving: Kampf der Kulturen. Der Eurovision Song Contest als Mittel national-kultureller Repräsentation, Würzburg 2006.

Worbs, Hans Christoph: Der Schlager. Bestandsaufnahme – Analyse – Dokumentation. Ein Leitfaden, Bremen 1963.

——: Schlager, in: Blume (Hg.): MGG, 1963, S. 1738-1745.

Wulf, Carmen: Historischer Wandel von Liebesvorstellungen: theoretische Aspekte emotionalen Wandels und empirische Untersuchung des Wandels von Liebesauffassungen in populären Liebesliedern, Diss., Hamburg 2008.

Würz, Anton: Operette, in: Friedrich Blume (Hg.): Die Musik in Geschichte und Gegenwart. Allgemeine Enzyklopädie der Musik (MGG), Bd. 10, Kassel u.a. 1962.

Zombik, Peter: Die Bedeutung der Charts für die Musikwirtschaft, in: Rolf Moser /Andreas Scheuermann (Hg.): Handbuch der Musikwirtschaft, 6. Aufl., München 2003, S. 67-75.

Zweig, Stefan: Die Welt von Gestern. Erinnerungen eines Europäers, 32. Aufl., Frankfurt a.M. 2000 [1944].

Webseiten

http://www.bad-bad.de/schlagerfestspiele/1961.htm (letzter Aufruf: 22. Januar 2012).

http://www.casinodeparis.fr (letzter Aufruf: 31. Januar 2012).

http://www.cinegraph.de/kongress/98/k11_06.html (letzter Aufruf: 31. Januar 2012).

http://www.dieschwarzwaldmaedels.de (letzter Aufruf: 28. Januar 2012).

http://www.filmmuseum-berlin.de/fwmurnau/tabu.htm (letzter Aufruf: 1. November 2010).

http://www.friedrichstadtpalast.de (letzter Aufruf: 28. Januar 2012).

http://www.fuenfzigerjahresaenger.de/Lexikon/Moorefield.htm (letzter Aufruf: 31. Januar 2012).

http://www.imdb.com/find?s=all&q=Im+wei %DFen+R %F6ssl (letzter Aufruf: 22. Januar 2012).

http://www.junioreurovision.tv/ (letzter Aufruf: 31. Januar 2012).

http://www.kw-berlin.com/english/archiv/bedvl.htm (letzter Aufruf: 1. November 2010).

http://www.lvz-online.de/download/content/090427_kultur.pdf (letzter Aufruf: 31. Oktober 2010).

http://www.quotenmeter.de/index.php?newsid=8329 (letzter Aufruf: 16. Januar 2012).

http://www.swr3.de/musik/charts/ (letzter Aufruf: 31. Januar 2012).

Danke

Die vorliegende Studie ist das Ergebnis mehrjähriger Forschungsarbeit und Recherche. Sie wurde im Wintersemester 2010/11 von der Universität zu Köln als Dissertation angenommen. Ich möchte an dieser Stelle denjenigen danken, ohne deren Unterstützung die Arbeit nicht entstanden wäre.

Mein Dank gilt in erster Linie meiner Betreuerin Prof. Dr. Claudia Liebrand – für ihr Vertrauen und die Begeisterung, mit der sie dieses Dissertationsprojekt begleitet hat.

Ich danke auch Prof. Dr. Lutz Ellrich für seine Bereitschaft, das Zweitgutachten zu übernehmen.

Wertvolle Anregungen erhielt ich vom Forschungskolloquium „Medienkulturwissenschaft“ am Lehrstuhl von Claudia Liebrand, das den Fortgang meiner Studien über viele Semester begleitet hat. Ich danke allen Teilnehmern für ihre Diskussionsbereitschaft, ihre Kritik und die konstruktiven Denkanstöße.

Eine besondere Erwähnung gilt in diesem Zusammenhang Gereon Blaseio, der mir von Beginn an zur Seite stand und dessen Wissensschatz meine Forschungsarbeit immer wieder bereichert hat.

Meine Eltern Ilse und Hans-Werner Schulz waren für mich mehr als nur ein liebevoller Rückhalt. Sie haben mich bei Filmrecherchen unterstützt und meine Texte mit viel Engagement gelesen. Ihnen gebührt ein ganz besonderes Dankeschön.

Daniela Schulz

Film

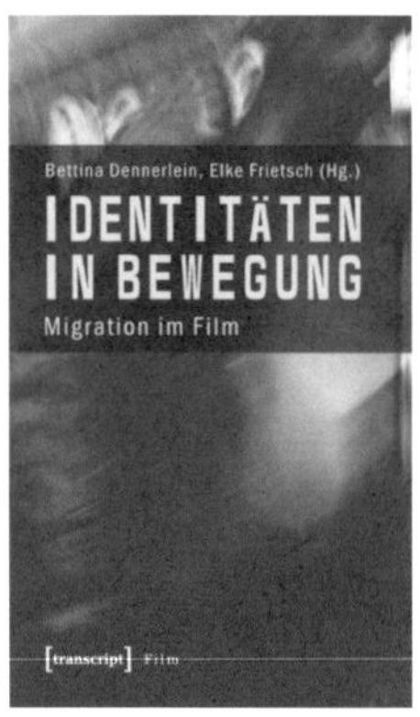

Bettina Dennerlein, Elke Frietsch (Hg.)
Identitäten in Bewegung
Migration im Film

2011, 324 Seiten, kart., zahlr. Abb., 32,80 €,
ISBN 978-3-8376-1472-5

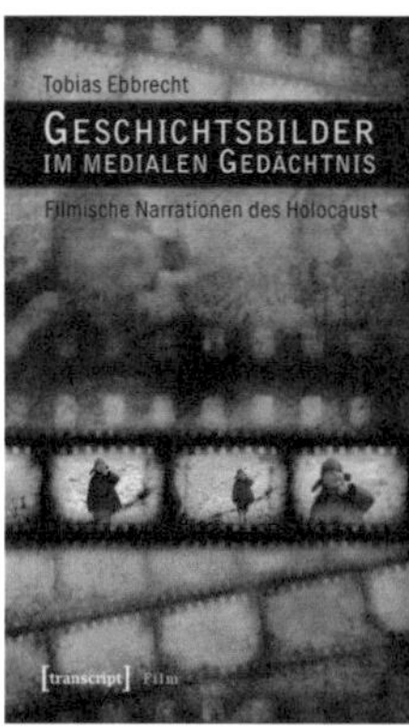

Tobias Ebbrecht
Geschichtsbilder im medialen Gedächtnis
Filmische Narrationen des Holocaust

2011, 356 Seiten, kart., zahlr. Abb., 29,80 €,
ISBN 978-3-8376-1671-2

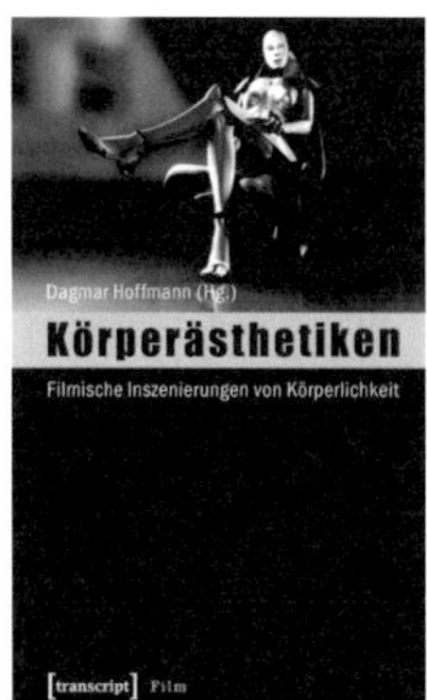

Dagmar Hoffmann (Hg.)
Körperästhetiken
Filmische Inszenierungen von Körperlichkeit

2010, 352 Seiten, kart., zahlr. Abb., 29,80 €,
ISBN 978-3-8376-1213-4

Film

Maik Bozza,
Michael Herrmann (Hg.)
Schattenbilder – Lichtgestalten
Das Kino von Fritz Lang und F.W. Murnau. Filmstudien
2009, 212 Seiten, kart., zahlr. Abb., 25,80 €,
ISBN 978-3-8376-1103-8

Nicole Colin, Franziska Schößler, Nike Thurn (Hg.)
Prekäre Obsession
Minoritäten im Werk von Rainer Werner Fassbinder
Juni 2012, ca. 250 Seiten, kart., ca. 27,80 €,
ISBN 978-3-8376-1623-1

Catrin Corell
Der Holocaust als Herausforderung für den Film
Formen des filmischen Umgangs mit der Shoah seit 1945. Eine Wirkungstypologie
2009, 520 Seiten, kart., zahlr. Abb., 39,80 €,
ISBN 978-3-89942-719-6

Uwe Christian Dech
Der Weg in den Film
Stufen und Perspektiven der Illusionsbildung
2011, 302 Seiten, kart., zahlr. Abb., 29,80 €,
ISBN 978-3-8376-1716-0

Daniel Fritsch
Georg Simmel im Kino
Die Soziologie des frühen Films und das Abenteuer der Moderne
2009, 248 Seiten, kart., zahlr. Abb., 27,80 €,
ISBN 978-3-8376-1315-5

Hans-Christian Mennenga
Präödipale Helden
Neuere Männlichkeitsentwürfe im Hollywoodfilm. Die Figuren von Michael Douglas und Tom Cruise
2011, 258 Seiten, kart., 29,80 €,
ISBN 978-3-8376-1797-9

Tobias Nanz, Johannes Pause (Hg.)
Das Undenkbare filmen
Atomkrieg im Kino
August 2012, ca. 160 Seiten, kart., zahlr. Abb., ca. 24,80 €,
ISBN 978-3-8376-1995-9

Asokan Nirmalarajah
Gangster Melodrama
»The Sopranos« und die Tradition des amerikanischen Gangsterfilms
2011, 332 Seiten, kart., 32,80 €,
ISBN 978-3-8376-1843-3

Bettina Papenburg
Das neue Fleisch
Der groteske Körper im Kino David Cronenbergs
2011, 208 Seiten, kart., zahlr. Abb., 27,80 €,
ISBN 978-3-8376-1740-5

Elisabeth Scherer
Spuk der Frauenseele
Weibliche Geister im japanischen Film und ihre kulturhistorischen Ursprünge
2011, 314 Seiten, kart., zahlr. Abb., 33,80 €,
ISBN 978-3-8376-1525-8

Tina Welke
Tatort Deutsche Einheit
Ostdeutsche Identitätsinszenierung im »Tatort« des MDR
Mai 2012, ca. 374 Seiten, kart., ca. 34,80 €,
ISBN 978-3-8376-2018-4

Waltraud »Wara« Wende, Lars Koch (Hg.)
Krisenkino
Filmanalyse als Kulturanalyse: Zur Konstruktion von Normalität und Abweichung im Spielfilm
2010, 354 Seiten, kart., zahlr. Abb., 29,80 €,
ISBN 978-3-8376-1135-9

Leseproben, weitere Informationen und Bestellmöglichkeiten finden Sie unter www.transcript-verlag.de